数字架构与法律
互联网的控制与生产机制

胡凌 著

北京大学出版社
PEKING UNIVERSITY PRESS

图书在版编目(CIP)数据

数字架构与法律:互联网的控制与生产机制/胡凌著. —北京:北京大学出版社,2024.3

ISBN 978-7-301-34705-8

Ⅰ. ①数… Ⅱ. ①胡… Ⅲ. ①互联网络—法律规范—研究 Ⅳ. ①D912.174

中国国家版本馆 CIP 数据核字(2023)第 239385 号

书　　　名	数字架构与法律：互联网的控制与生产机制 SHUZI JIAGOU YU FALÜ：HULIANWANG DE KONGZHI YU SHENGCHAN JIZHI
著作责任者	胡　凌　著
责 任 编 辑	王　晶
标 准 书 号	ISBN 978-7-301-34705-8
出 版 发 行	北京大学出版社
地　　　址	北京市海淀区成府路 205 号　100871
网　　　址	http://www.pup.cn
新 浪 微 博	@北京大学出版社　@北大出版社法律图书
电 子 邮 箱	编辑部 law@pup.cn　总编室 zpup@pup.cn
电　　　话	邮购部 010-62752015　发行部 010-62750672 编辑部 010-62752027
印 刷 者	大厂回族自治县彩虹印刷有限公司
经 销 者	新华书店
	965 毫米×1300 毫米　16 开本　20.5 印张　325 千字 2024 年 3 月第 1 版　2025 年 1 月第 4 次印刷
定　　　价	59.00 元

未经许可，不得以任何方式复制或抄袭本书之部分或全部内容。
版权所有，侵权必究
举报电话：010-62752024　电子邮箱：fd@pup.cn
图书如有印装质量问题，请与出版部联系，电话：010-62756370

献给我的姥爷和姥姥

目录
CONTENTS

导　论　/001
　　一、"马的法律"　/001
　　二、网络规制思想的"左、中、右"　/004
　　三、沙漏架构与分层控制　/008
　　四、重新理解架构问题　/010
　　五、本书的结构　/015

第一部分　架构与生产

第一章　互联网架构的非法兴起　/021
　　一、引子　/021
　　二、互联网"非法兴起"的过程与实质　/022
　　三、浮现中的法律问题与后果　/025
　　四、框架的扩展适用　/028
　　五、结语　/030

第二章　赛博空间架构的构成及其法律　/031
　　一、引子　/031
　　二、架构演进的逻辑　/033
　　三、架构横向与纵向的基本维度　/038
　　四、架构的衍生维度　/043
　　五、结语　/050

第三章 当架构变得智能 /051

一、引子 /051

二、架构理论中的人工智能 /054

三、人工智能与我们：从游乐场/商场到工厂 /056

四、人工智能如何(不正当)竞争 /060

五、智能架构的生长与法律保障 /063

六、结语 /069

第四章 主权如何塑造网络架构 /070

一、主权与信息基础权力 /070

二、电信基础设施发展简史 /074

三、域名与IP地址备案 /092

第二部分 架构的微观结构

第五章 架构中的微观控制/生产机制 /099

一、引子 /099

二、连接点：账户、认证与识别 /104

三、作为生产资料的数据：生产与利用 /109

四、作为黑箱的算法 /115

五、规训：行为评分机制 /117

六、围绕四要素开展的控制权博弈 /120

七、结语 /124

第六章 塑造数字身份：通过账户的认证与识别 /125

一、引子 /125

二、数字账户的多重性质 /128

三、基础身份认证的政治逻辑 /132

四、商业导向的数字身份识别 /140

五、结语 /146

第七章 商业模式视角下的"信息/数据"产权 /147
一、引子 /147
二、"信息/数据"所有权与商业模式的关系 /151
三、形式法治：两权分离如何发生 /157
四、新经济如何要求对传统信息保护模式进行改造 /160
五、两类数据资源池 /163
六、结语 /166

第八章 从"治理软件"到"通过软件的治理" /167
一、引子 /167
二、软件架构与互联网架构 /168
三、软件保护的政治经济学 /171
四、计算机病毒与信息安全：创生性的后果 /183
五、结语 /190

第九章 作为规则的算法 /191
一、引子 /191
二、生产方式对算法责任形态变化的影响 /193
三、算法如何变成规则 /197
四、平台发包制下的算法规则 /202
五、结语 /208

第十章 数字社会权力的来源：评分、算法与规范的再生产 /210
一、引子 /210
二、理论分析框架：架构理论 /213
三、评分的商业起源：从市场到平台 /217
四、社会信用建设：作为平台的政府 /223
五、评分对其他权力机制的整合性影响 /227
六、结语 /230

第十一章 在线声誉系统：演进与问题 /231
一、引子 /231
二、在线声誉机制的演进 /233
三、声誉系统的失灵：炒信与歧视 /240
四、结语 /243

第十二章 架构理论下的脑机接口技术 /246
一、引子 /246
二、从单一技术到生产方式变革 /249
三、脑机接口架构的微观机制 /256
四、反思技术规制的研究路径 /259
五、结语 /263

第三部分 架构的未来

第十三章 网络安全、隐私与互联网的未来 /267
一、引子 /267
二、谁保护赛博空间？ /268
三、谁保护用户桌面？ /272
四、主要的法律争议 /276
五、互联网"入口"与新经济的商业模式 /280
六、互联网的两种未来 /283
七、结语 /286

第十四章 "3Q大战"的遗产 /288
一、引子 /288
二、空间与数字圈地运动 /290
三、干扰、不兼容与竞争秩序 /294
四、用户主体性的削弱与重建 /298
五、结语 /301

第十五章　架构的开放与封闭及其法律回应　/304

　　一、引子　/304

　　二、互联网架构的生成和转变　/305

　　三、法律如何回应架构的开放—封闭　/311

　　四、架构之间的互联互通　/314

　　五、结语　/317

后　记　/319

导　论

一、"马的法律"

　　1996年，在芝加哥大学举办的一次网络法研讨会上，美国第七巡回上诉法院法官F. Easterbrook提交了题为《赛博空间与马的法律》的论文[①]，引起了学界为时数年的广泛讨论。

　　Easterbrook的文章可以分为两部分。前半部分认为不需要有一门"网络法"（cyberlaw）的课程，因为很多现实中的法律如宪法、侵权法、合同法，都可以应用到赛博空间中解决问题。他以"马的法律"作类比，认为普通法上有很多涉及马的案例，但这并不意味着我们需要一门有关马的法律的课程，因为这些案件完全可以经由其他部门的法律解决。"法律课程应该限制在那些能够展现整个法律的科目上"，并且，"学习那些适用于专业领域的法律的最好方法就是学习一般原理（general rules）"。因此网络法可以依此类推，学生只需要学习好一般的法律推理技术即可应用到虚拟空间中。后半部分则体现了他一贯的法律经济学思想。他认为，尽管我们可以在虚拟空间中适用现实法律，但我们并不知道什么样的法律是最优的。那么最有效的办法就是让当事人自主选择，自己决定解决问题的方式，而不需要政府立法干预。政府要做的是明确规则，增设新的财产权利，以及创立使讨价还价更为简易的制度。这样人们便会在这一最广泛的框架内寻求自己最大的利益，达成协议。

[①] F. Easterbrook, "Cyberspace and the Law of the Horse", 1996 *University of Chicago Legal Forum* 207. 除非另有说明，本书在不同部分会交叉使用"赛博空间""网络空间""互联网空间"等术语。

可以看出，作者讨论的并不仅仅是学科设置的问题，而是究竟如何看待赛博空间与适用法律的问题，法官的身份使得这一视角更加突出了。首先，我们可以通过拟制将现实世界中的法律应用至赛博空间，不需要制定新的法律。事实上很多美国法院就是这样进行推理的，比如它们将普通法上的"非法侵入"(trespass to chattels)应用至机器人搜索程序[1]和垃圾邮件[2]上面，创造了新的判例。其次，和上一点相联系，对政府来讲，不需要主动去规制网络行为，只需要明确一般规则和财产权利，而由当事人自己去选择最优的解决纠纷的方式。因此重点仍然在于现实中已经存在的法律方法，政府并不需要制定新的网络法。

Easterbrook 的观点遭到了众多批评。除了那些需要保住饭碗的网络法学者们，严肃的批评也多集中在第一部分课程设置上面。一个简单的理由便是社会的需求与供给：法学院的课程很大程度上是对社会需求的回应。[3] 法律诸学科不是从来就有的，是随着社会现实的发展变化逐渐变化的。诸如环境法、家庭法和金融法等部门都可以应用一般的法律原则，但由于它们成为这个社会不可或缺的重要问题，因此学校有义务开设课程来向社会提供符合条件的法律人才。实际上，对网络法专门人才的需求在 1996 年就已经很多了，直到当下仍不能满足市场需要。

当然，课程选取也是法学院价值取舍的问题，但总体而言，社会需求仍然支配着课程设置。"马法"不是不能开，而是没有必要。如果回到古希腊，一定会有一门这样的课程，因为按照亚里士多德在《雅典政制》中的描述，马对古代城邦实在是太重要了，也许是最重要的动产之一。[4] 而在法律高度发达的美国，存在着各种各样的部门法，当然不可能任何法律都开授相应的课程，而只需要教授普通法的一般原理和重要判例即可。那

---

[1] eBay, Inc. v. Bidder's Edge, Inc., 100 F. Supp. 2d 1058 (N.D. Cal. 2000).
[2] Intel Corp. v. Hamidi, 43 P. 3d 587 (2002).
[3] David Post, "Cyberspace and the Law of the (Electronic) Horse, or Has Cyberspace Law Come of Age?" (1998), http://www.temple.edu/lawschool/dpost/horse.html.
[4] 这里的动产只是借用表述，因为所谓"动产"与"不动产"之分是西方法律体系中的古老分类，不仅外表可认，还需要登记注册作为区分标准。但实际上外表并不可靠。政府对某种财产实行注册并不是从理论体系出发，而是出于对资源和财产的控制。比如在马比较重要的社会，完全有理由让所有人进行编号注册。

么问题仍然在于：赛博空间是否可以直接应用现实的法律原则解决问题，从而成为名副其实的"马的法律"？

另一位法学教授则从正面给出了答案。1999年哈佛大学的Lawrence Lessig撰长文回应了Easterbrook的观点。[①] 他认为，网络法存在的必要性就在于赛博空间与现实空间的不同，比如隐私和儿童色情的规制。两个空间都需要以四种力量进行规制：法律、社会规范、市场以及架构（architecture）。在赛博空间中，由代码主导的技术架构最为重要，使得赛博空间可以被控制。"代码就是法律"，这样的说法并不为过。[②] 网络法研究不仅可以研究网络中独特行为的规范，也可以对现实法律进行修正，正体现了对Easterbrook所说的"整体的法律"的关照。这是学界为网络法正名的最强有力的论证，教授们从此可以安心地讲授网络法了，无论是否关于传统的法律原则。

如果不是执着于"网络法"的"名"，可以看出，Lessig的观点更多地采取了一种实用主义的进路，即我们关心的不应该仅仅是要不要开设网络法课程的问题，而是如何看待政府可以利用法律直接规制网络行为，或者利用市场、社会规范和代码间接规制网络行为的问题。[③] 对他来说，赛博空间的架构正在日益被改变，"如果这种转变能够沿着现有的轨迹继续进行的话，赛博空间就将变成一个高度可规制的空间——不是自由的圣地，也不是失控的空间，而是政府和商务力量组成的技术系统统治我们生活的方方面面的空间"[④]。

就Easterbrook文章第二部分内容来看，其实他的意思和Lessig并不矛盾，而且和主张赛博空间自由的后者立场更是一致。他是在说，无论

[①] Lawrence Lessig, "The Law of the Horse: What Cyberlaw Might Teach," 113 *Harvard Law Review* 501 (1999). 他的观点集中体现在《代码：塑造网络空间的法律》（中信出版社2004年版）一书中，该书目前已经出了第二版。

[②] 另可参见 Joel R. Reidenberg, "Lex Informatica: The Formulation of Information Policy Rules Through Technology," 76 *Texas Law Review* 553 (1998); Tim Wu, "When Code isn't law," 89 *Virginia Law Review* 679 (2003).

[③] 参见 Lawrence Lessig, "The New Chicago School," 27 *Journal of Legal Studies* 661 (1998).

[④] 〔美〕劳伦斯·莱斯格：《代码：塑造网络空间的法律》，李旭译，中信出版社2004年版。这就是他提出的"实然—应然"（is-ism）的问题，赛博空间的架构是一个实然问题，不论是否同意都现实存在，但是这无法推断应当这样。

网络法的来源何在,作为政府都应该少管,让当事人自己去形成治理规范,让网络世界的秩序自己去不断自发演化。那么下一个问题就是:没有政府的网络世界,是否一定能产生秩序而不是无政府状态?政府又是何时出场呢?这还需要从另一篇广为流传的"宣言"谈起。

二、网络规制思想的"左、中、右"

在众多早期网络法研究文献中,最著名的可能就要数 John Perry Barlow 于 1996 年发表的《赛博空间独立宣言》①了。文章开宗明义:

> 工业世界的政府,你们这些肉体和钢铁的巨人,令人厌倦,我来自赛博空间,思维的新家园。以未来的名义,我要求属于过去的你们,不要干涉我们的自由。我们不欢迎你们,我们聚集的地方,你们不享有主权。

Barlow 是典型的赛博空间无政府主义者,他质疑现实世界政府的权威,"你们没有任何道德权利统治我们,你们也没有任何强制方法,让我们真的有理由恐惧",并主张政府不应介入赛博空间的任何事项,一切应该由技术人员和网民组成的共同体来统治。这一宣言实际上是针对美国政府 1996 年 2 月通过的《通信规范法》(The Communication Decency Act)而作,后者因禁止互联网站向未成年人发放或展示猥亵或明显令人不安的信息内容,而被法院宣布部分违宪。② 可以说,Barlow 的思想代表了当时相当一部分人的主张,尤其是因为美国政府自互联网诞生之日起就没有制定过法律来规制网络行为。③ 这是和互联网发展初期很多人认为互

---

① John Perry Barlow, "A Declaration of the Independence of Cyberspace"(1996),中译见〔美〕约翰·P. 巴洛:《网络独立宣言》,李旭、李小武译,载《清华法治论衡》(第四辑),清华大学出版 2004 年版。
② ACLU v. Reno, 929 F. Supp. 824 (1996).
③ 参见 Jonathan Zittrain "A History of Online Gatekeeping", 19 Harvard Journal of Law and Technology 253 (2006).

联网极大地增加了个人对抗政府的力量相一致的。①

  显然,随着互联网商业化而大规模普及,它不再是一小撮技术人员的独占领地了,而是扩展到了世界上千百万普通人。互联网打破了原有国界的限制,在线活动多样化,问题也层出不穷,这种情况下认为赛博空间中不需要法律规管就很难说得过去。② 那么我们究竟需要一个怎样的网络法呢? David Johnson 和 David Post 两位教授于 1996 年发表的论文《法律与国界:赛博空间中法律的兴起》即讨论了这个问题。③ 他们分析了网络行为由于突破了国界限制而带给网络治理的新挑战,认为赛博空间需要一套与现实世界截然不同的法律。"对跨越物理国界的电子信息流通的控制——将地方规制和物理边界应用至赛博空间的努力——很可能证明是徒劳的,至少在那些希望参与全球商业的国家里是这样。"④"赛博空间并非一个同质性的地域;在各种线上场所中的诸多群体和活动都拥有独特的性质和特征,每个地区都可能发展出自己独特的规则。"⑤ 随后他们列举了商标、诽谤、欺诈、反垄断和版权等诸多法律领域中新的规则的出现,认为这套规则不应由政府来制定,而应由每个虚拟地区的成员来制定和执行。可以看出,作者们的思想比 Barlow 更进一步,从法律的现实发展入手说明政府无法有效管理全球化的信息流通,只能依靠国际组织或各虚拟地区的网民自我规制(self-regulation)。这样每一个国家的政府不仅不应当管理赛博空间,而且事实上也做不到。和 Easterbrook 法官相比,作者们更倾向于不能用传统的法律方法对互联网进行治理,而需要另起炉灶。基于这些立场,他们被认为是赛博空间中的自由主义者。

  此文一出,即引来不少评论,赞同者有之,批评者亦有之。前面提到

---

  ① 参见 Andrew L Shapiro, *The Control Revolution*, 1999; Yochai Benkler, *The Wealth of Networks: How Social Production Transforms Markets and Freedom*, Yale University Press, 2006。

  ② Barlow 在 2004 年的一次访谈中承认自己改变了原初的想法,认为在反对互联网商业巨头的垄断上还是需要政府立法规制的。见 Brian Doherty, "John Perry Barlow 2.0," http://www.reason.com/news/show/29236.html。

  ③ David R. Johnson & David Post, "Law and Borders-The Rise of Law in Cyberspace", 48 *Stanford Law Review*1367-1402 (1996)。

  ④ Ibid., p.1372.

  ⑤ Ibid., p.1379.

的 Lessig 教授提出了两点异议①：首先，一项规制并不意味着要绝对有效，并不需要为了根本减少被禁止的行为而无限地增加该行为的成本，换句话说，任何规制都不是百分之百完美的，但这并不影响其成为有效的规制。其次，和他一贯的主张一致，政府有能力采取多种方式管理互联网，特别是通过代码，使得赛博空间可以被人为"分区"(zoning)加以控制，这才是人们需要警惕的。② 和两位教授认为互联网朝向一个无国界的自由王国的乐观主义不同，Lessig 认为人们面临着改变赛博空间架构的重大选择：是朝向一个更加自由开放的赛博空间，还是走向一个封闭的世界。③

与 Lessig 的观点相呼应，Jack Goldsmith 教授也从国际法与国界的角度对主权国家控制互联网进行了思考。他认为互联网和电话、电报以及电讯信号一样，都是人们进行跨国界交流的媒介手段，而非真正独立于现实空间的虚拟空间，每一次国家都有能力对这些新技术手段加以控制④，特别是通过对一些物理设施（网线光缆、服务器）和中间人(intermediary)的控制来间接规制网络世界。而这些控制背后的主权原则不但没有被消解，反而更加巩固。⑤

现实的发展似乎不断印证着这一观点：各国政府有能力而且应当对互联网世界进行管理。⑥ 因此 1990 年代中后期的那种乐观主义气氛已经一扫而空了，就连号称自由国家的美国也在不断使用各种手段对互联

---

① Lawrence Lessig, "The Zones of Cyberspace", 48 *Stanford Law Review* 1403 (1996).

② 另可参见 Lawrence Lessig and Paul Resnick, "Zoning Speech on the Internet: A Legal and Technical Model", 98 *Michigan Law Review* 395(1999).

③ 《代码》一书出版近十年之后，Lessig 认为当初预言的黯淡未来已经多少成真。互联网的未来与"自由文化"就不单纯是一个版权法上的问题，而是涉及立法机关和游说集团的政治问题。因此他开始转而研究所谓"腐败"，并大力支持当时提出"改变国会"口号的民主党总统候选人奥巴马。

④ Jack Goldsmith, "The Internet and the Abiding Significance of Territorial Sovereignty", 5 *Indiana Journal of Global Legal Studies* 475 (1998); Jack Goldsmith, "Against Cyberanarchy", 65 *University of Chicago Law Review* 1199 (1998).

⑤ Jack Goldsmith and Tim Wu, *Who Controls the Internet: Illusions of a Borderless World*, Oxford University Press, 2006.

⑥ 有学者认为世界范围内网络法正经历着从无边界到有边界、从代码规制到规制代码、从自我规制到政府规制的转变，这标志着"第二代网络法"的兴起。见 Michael Geist, "Cyberlaw 2.0", 44 *Boston College Law Review* 323 (2003)。另可参见，Michael Geist, "The Law of Cyberspace", 112 *Harvard Law Review* 1574-1704 (1999).

网进行管理。① 特别是"9·11"之后，政府的控制更是空前收紧。网络法研究也从争论赛博空间能否及应否被法律规制转移到包括自我规制在内的种种具体规制措施和制度上来了。② 这些学者也许在看待互联网治理的时候更加清醒，立场也更加偏右。尽管互联网极大地增加了个体的力量和自由，但同时也增加了政府控制社会的能力，两者并非是一种此消彼长的关系。至于政府规制赛博空间的正当性问题，实际上也是通过诉诸宪法不断挑战政府规制网络行为而得到宣扬的。这也是 Lessig 提出的"转译"(translation)的问题，即如何将古老宪法中规定的原则与权利在一个相当不同的架构下面进行解释，从而维护这些原则和权利。这些挑战自《通信规范法》被宣布违宪以来就一直持续不断，也仍将是未来争议的焦点。

至此，我们可以进行初步总结。上述争论的焦点在于：在一个信息自由流通的世界中，各国政府是否应当对新兴的互联网技术和赛博空间进行规制？它们有没有能力这样做？如果答案是否定的，即政府无法依照旧有治理手段进行控制，那么是否能够出现新的赛博空间法律规范加以替代？如果答案是肯定的，那么政府可以依赖的手段有哪些？能否有效进行？由此也可以看到，"马的法律"更多的是一种隐喻，它清楚地揭示出上述诸多问题的联结点和分歧。尽管十多年之后的今天，政府管理互联网的合法性与能力已经大大增强，但这些争论并非仅仅是文人之争，一无是处。在我看来，它们最重要的启示在于：第一，澄清了赛博空间的性质以及和现实空间的不同，特别是架构可以通过设计成为具有规制能力的工具③；第二，和上一点相联系，使人们认识到网络法的制定仅仅是互联网治理的一个部分，为更有效地对网络世界进行统治，政府需要不拘泥于法律的直接规制，而更多地需要利用其他手段和方式进行间接规制，以实现原有

---

① 参见陆文军、孙丽萍：《美国从六大关键领域管理互联网》，载《网络传播》2007 年第 5 期。

② 例如，Giampiero Giacomello, *National Governments And Control of The Internet*: *A Digital Challenge*, Routledge, 2005; Richard A. Spinello, *Regulating Cyberspace*: *The Policies and Technologies of Control*, Quorum Books, 2002; Andrew D. Murray, *The Regulation of Cyberspace*: *Control in the Online Environment*, Routledge-Cavendish, 2007。

③ Stuart Biegel, *Beyond Our Control?*: *Confronting the Limits of Our Legal System in the Age of Cyberspace*, MIT Press, 2001.

的目标;第三,除了各国政府的努力之外,也确实需要某种程度的国际合作,很多国际组织在确定互联网技术规范(IETF)、分配域名和地址(ICANN)、协商各国的网络法政策(比如 WIPO)等方面都起到了不可替代的作用。[1]

三、沙漏架构与分层控制

对政府规制的一个正当性论证是,互联网最初是由政府投资进行修建和实验的,政府创设和保护了赛博空间中的财产权利,这都使得政府有权利对网络行为进行某种程度的管理。[2] 另外,政府为了保护和促进某些宪法权利也应当对赛博空间中的不当行为(如网络犯罪)进行干预,而不仅仅是消极不作为。[3] 而且,即使政府不利用代码架构控制赛博空间,现实的某种状况也完全有可能使某些商业组织进行控制。

另一个证明是时任牛津大学法学教授 Jonathan Zittrain 给出的。[4] 他提出了一个类似于自生自发秩序的概念:"创生能力"(generativity),认为互联网的原初设计是没有中心的发散式架构,通过个人电脑和操作系统,互联网得以不断地自我生长发展,不断创造出新的文化。这样的架构虽然使人们得到了自由,同时也不得不向安全问题妥协。因为病毒、蠕虫、恶意软件、垃圾邮件等危害赛博空间秩序的事物不断出现,却由于自由的架构而无法得到控制。这样网民和消费者们就产生了对安全秩序的一定程度的需求,哪怕是以牺牲生成能力为代价。即使政府不干预或无所作为,各种服务商也开始回应消费者的需求,比如操作系统与软件的自

---

[1] 例如,参见 Viktor Mayer-Schönberger, "The Shape of Governance: Analyzing the World of Internet Regulation", 43 *Virginia Journal of International Law* 605 (2003);对 IETF 的批评,见 A. Michael Froomkin, "Habermas@discourse.net: Toward a Critical Theory of Cyberspace", 116 *Harvard Law Review* 368 (2003);对 ICANN 的批评,见 John G. Palfrey, "The End of the Experiment: How ICANN's Foray into Global Internet Democracy Failed," 17 *Harvard Journal of Law and Technology* 409 (2004).

[2] Cass R. Sunstein, *Republic.com 2.0*, Princeton University Press, 2007, 第七章。

[3] 参见〔美〕霍尔姆斯、桑斯坦:《权利的成本——为什么自由依赖于税》,毕竞悦译,北京大学出版社 2004 年版;Dawn C. Nunziato, "The Death of the Public Forum in Cyberspace", 20 *Berkley Technology Law Journal* 1115, (2005).

[4] Jonathan Zittrain, "The Generative Internet," 119 *Harvard Law Review* 1974 (2006). 一个更加详细的论证则见于他的 *The Future of the Internet—And How to Stop It*, Yale University Press, 2008.

动更新,这在客观上同样会导致一个封闭的互联网架构。这有些类似于霍布斯版本的社会契约论证:人们出于怕死的欲望和虚荣的激情,不得不依靠理性组成国家,由政府保证他们的安全,同时却丧失了自由。然而,不同的是,组成国家的人们可以有一些权利保留(例如洛克版本的社会契约),而且现实世界的架构也允许他们这样做,而赛博空间的架构则操纵在众多商业力量和政府的手中,一旦经由代码改变,普通网民是无法保留自己自由的权利的,比如"匿名阅读的权利"。①

那么,互联网的架构究竟是怎样的呢?这里首先有个看待互联网的角度问题。② 众多网民和法学家会把互联网看成是一个"虚拟世界",很多在线活动均可以用线下世界的规则进行拟制和类比;技术人员则把互联网看成是一整套协议和程序的组合,这就是互联网原初设计的"沙漏式架构",也被广泛地称为"端对端原理"。③ 按照这个架构,作为上端的"应用层"(软件)和底端的"物理层"(硬件)都向广大的不特定用户开放,各种应用设备和程序都由终端用户自行操作,而作为传输字节管道的网络接入服务商则要尽量保持简约和中立,它们的任务只是确保网络传输的便利,而不能对终端行为施加任何影响。这个两头大中间窄的原初网络设计对互联网早年的发展功劳甚大,因为上千万用户可以使用他们的终端不受约束地进行各式各样的活动,使网络文化愈加繁荣。

然而当政府和商业力量意欲控制网络世界的时候,"端对端原理"就开始受到改变。④ 首先在上面所说的"内容层""代码层"和"物理层"中,每一层都可以通过不同手段进行控制,例如著作权人通过设计代码来保护自己的数字产品。⑤ 其次,政府可以通过控制网络服务提供商来管理

---

① Julie E. Cohen, "A Right to Read Anonymously: A Closer Look at 'Copyright Management' In Cyberspace," 28 *Cornell Law Review* 981 (1996); Cohen, "DRM and Privacy," 18 *Berkeley Technological Law Journal* 575 (2003).

② Orin S. Kerr, "The Problem of Perspective in Internet Law", 91 *Georgetown Law Journal* 674(2003).

③ J. H. Saltzer, D. P. Reed, and D. D. Clark, "End-to-end Arguments in System Design", 2 *ACM Transactions on Computer Systems* 277 (1984).

④ Mark Lemley and Lawrence Lessig, "The End of End-to-End: Preserving the Architecture of the Internet in the Broadband Era", 48 *UCLA Law Review* 925 (2001).

⑤ 参见 Lawrence B. Solum and Minn Chung, "The Layers Principle: Internet Architecture and the Law", U San Diego Public Law Research Paper No. 55;〔美〕劳伦斯·莱斯格:《思想的未来》,李旭译,中信出版社 2004 年版。

终端用户的行为,例如通过过滤关键字、过滤有害网址以及封堵垃圾邮件发送 IP,等等。① 第三,甚至各种软件商家也可以将其在线产品转化为服务,从而牢牢控制住终端用户的自由创生能力。② 这些手段不仅能够最大限度地保护商业巨头们的利益,也便利了政府的规管,从而真正使赛博空间向所谓的"信任系统"(trusted system)转变。③

在 Lessig 提出"代码就是法律"的时候,赛博空间尚处于转变的十字路口,以至于有学者乐观地认为只要政府提供平等竞争的机会和法律保护,这样黯淡的未来就未必能够到来,因为网络服务商们的"信任系统"本身就是处于高度竞争中的服务,只要有用户对此感到反感,希望能够摆脱"信任系统",那么就会有服务商提供相应服务满足需求,因此似乎不必通过政治行为来阻止可能的转变。④ 但当下国家权力在赛博空间中的扩展已经完全证明政府有充分能力对赛博空间进行规制,经过二十余年的扩展,互联网治理已超出早期研究文献作者们能够设想的范围和尺度,甚至就成为社会治理的一部分。

四、重新理解架构问题

前文不主要是为了文献综述,而是试图展示"架构"这一观念如何通过美国早期互联网治理的学术争议被逐步提出、深化,并嵌入网络法治诸多议题的研究。随着互联网在中国社会中的不断扩展,网络法治演进的逻辑愈发清晰,其需要解决的问题也更加凸显,我们需要重新在中国语境下对这一概念和思维框架进行验证和延伸。从原理看,中国学界也经历了类似的争论,即从互联网商业化开始,研究者就开始争论网络行为是不是一类特殊对象,以至于需要创制独立的线上行为规则,还是说只要将线

---

① Jonathan Zittrain,"Internet Points of Control",44 *Boston College Law Review* 154 (2003).
② Jonathan Zittrain,"The Generative Internet",119 *Harvard Law Review* 1974 (2006).
③ M. J. Stefik,"Trusted Systems",276 *Scientific American* 78 (1997); Stefik,"Shifting the Possible: How Digital Property Rights Challenge Us to Rethink Digital Publishing",12 *Berkeley Technology Law Journal* 137 (1997).
④ David G. Post,"What Larry Doesn't Get: Code, Law, and Liberty in Cyberspace",52 *Stanford Law Review* 1439 (2000).

下规则和原理应用至线上即可。① 同时，人们也发现塑造赛博空间的技术架构可以起到约束人行为的功能，进而引导研究者思考如何合理设计架构本身。

这些争论集中在法律如何规制新型行为，在当时不太可能预见到数字经济如何蓬勃发展。但事后从更加宏观的政治经济角度来看，个体行为规则的形成是逐步和次要的，更关键的是首先确保和引导一种新型生产方式平稳有序地发生，有条件稳定生产以便产生更大社会经济价值，提升国际竞争力，这是网络法治更加重要的功能。这种视角更加符合我们理解法治现代化的意义，即作为上层建筑的法律规则直接或间接反映占社会主导地位的经济生产方式，一旦先进生产力出现并试图整合和重塑既有生产方式，法律需要及时进行回应和推动，帮助新的生产关系出现，避免阻碍生产力。我们已经看到，借助互联网信息技术和新型商业模式的推动，数字平台不断努力塑造不同于工业经济生产方式的新经济生产方式，并试图推动不同领域和类型的网络法及其标准出现，将自身行业的特殊性上升为全社会的普遍性。因此，影响社会主体在线行为的法律/架构就不单纯是规制性的，也是生产性的，其基本指向在于如何确立新生产方式合法性、解决新旧利益群体的冲突，并帮助建设更具公共性的数字基础设施。在这一过程中，约束线下行为的传统法律规则逐渐演化为调整平台内主体之间、主体和平台之间、平台和平台之间三种关系的不同范畴，其核心都在于如何处理生产要素的流动性，增进社会整体福利。

也就是说，需要看到赛博空间（cyberspace）的出现逐渐带来了整个社会的政治经济结构改变，法律作为上层建筑也不例外。近年来越来越多的研究集中在互联网引发的新问题上，且多从部门法切入，单对整个赛博空间的规则模式进行整全式思考的讨论相对较少。这不仅因为技术和商业模式的变化产生了大量新问题亟需法律进行回应，也因为层出不穷的新概念容易导致对赛博空间原初问题的偏离和遗忘，从而陷入并追随流行的意识形态。② 增进我们对赛博空间及其治理问题理解的少数核心概

---

① 周汉华：《论互联网法》，载《中国法学》2015 年第 3 期。
② 诸如"失控""连接一切""分享"以及"智能"。详细讨论见胡凌：《连接一切：论互联网帝国意识形态与实践》，载《文化纵横》2016 年第 1 期。

念之一就是"架构",它的设计和使用直接影响社会主体的活动,并塑造新秩序。有必要穿越看似复杂多变的新鲜问题迷雾,从作为问题本源的架构入手,结合互联网形态的变化重新解释这一概念,并将各类法律问题与之系统地勾连起来。

在本书看来,围绕架构展开讨论的主要目的是为中国语境下讨论互联网治理问题找到一个理论根基和逻辑原点。从历史上看,中国并未将赛博空间抽象为一种超越性的空间,也几乎没有出现无政府主义思潮,而是十分实用地将线上线下问题联系起来。因此需要续接既有的理论资源重新对架构问题进行讨论。在追溯和解释法律变化之前,有必要理解数字经济如何兴起和运作,正是在这一过程中提出了对法律的挑战和新的要求,也正是在这一过程中使我们得以重新理解和丰富"经济基础决定上层建筑,上层建筑反作用于经济基础"的历史唯物主义原理。法律,作为主权者的命令和依托国家机器可见暴力支撑的上层建筑,其主要变化与代表先进生产力的经济形态有千丝万缕的联系。正是新型经济形态反映了新型阶层和利益群体的利益,从而要求法律确认其合法性,并协调新旧业态利益之间的冲突,而这种冲突一直伴随互联网发展始终,并将不断持续下去。

按照这一思路,有必要把互联网及其带来的社会变化看成一种生产过程,即经济价值的生产和社会控制权力关系的生产。这两类事物通过赛博空间的生产和再生产对法律产生重大影响,至少包括:(1)法律内容的变化,(2)法律自身生产过程的变化,和(3)法律发生作用的形态变化。这三种变化皆因信息技术的使用方式和商业模式而出现,有些是行动者的追求,如新经济利益要求法律作出调整;有些是行动者顺应趋势的选择,如法律职业的数字化与智慧化转型;有些则是未意料到的后果,如传统法律的领地可能逐渐被新型控制方式侵占。同时,法律及其背后的政治意志也保有一定的自主性。这不仅突出地体现在赛博空间本身就是政治决定的产物,也体现在国家对网络主权的不断追求,塑造赛博空间的基础架构和控制体系,从而直接或间接影响互联网经济的发展路径。

自《代码》出版以来,代码/架构理论为人们理解互联网及其规制提供了深刻而简明的框架指引。然而随着互联网在深度(算法和数据)和广度(物联网)上扩展,代码/架构理论也有必要更新,以及在中国语境下重新理解。如果说 Lessig 提出的作为社会控制手段的代码/架构理论是 1.0 版本的话,那么作为资本主义生产方式的架构设计则产生了 2.0 版本的代码/架构理论,按照这一理论维度,法律需要放在经济价值的生产与再生产过程中理解。更进一步,随着政治逻辑和商业逻辑的不断呈现,我们发现两大逻辑逐渐趋同,生发出适应于愈加动态复杂的社会关系的微观控制和生产机制,推动权力的进一步弥散。这一机制由趋向统一认证与识别的账户、不断积累的行为数据及其评分和日益复杂的算法构成,重新塑造了包括法律在内的社会控制/生产过程。本书将展示这一理论框架,为我们理解未来信息社会和法律互动提供一个基础性视角。

从这一政治经济立场出发,架构设计推动的要素流动性就成为我们认识网络法治核心问题的起点,平台企业有效调动和匹配各类碎片化的社会资源和经济要素,连接生产者与消费者,将生产环节与流通、消费环节紧密联系在一起,能够产生规模经济和网络效应,充分利用多边市场带来的交叉网络外部性,提升交易机会。在这一过程中,平台经济逐渐需要各类要素稳定地在特定架构空间内生产,要求架构内的生产秩序和组织得到法律承认和保护,不受外部任意干扰。这个过程反映在不同部门法中,出现了一些值得关注的新型问题,这些问题虽然相对零散,但已经能够反映出法律规则应对数字经济的过程。

第一,数字经济探索出新型社会控制/生产机制,即通过实名账户机制为社会主体赋予独一无二的数字身份,可以不断在账户中追踪用户,收集和积累个人信息,通过形式上的告知同意就可以进行分析利用,以便提供因人而异的手段约束、影响和预测用户行为。第二,在财产关系上,作为生产资料的软件和算法仍然受到财产法的保护,而作为消费资料的信息内容则变成一种服务许可,消费者不再能够占有和任意处分他们在终端上消费的音乐、图书、影像,受到用户协议的极大限制。第三,平台经济对内需要整合性而非碎片化的集合权益,以便能够改进对架构内要素和参与者的服务,形成某种公共性。只要平台能够持续为要素提供更多交易机会,就不太需要将要素和平台相互绑定(大众劳动开始变得灵活),也不太需要针对像数据那样的新型要素确权,否则会产生反公地悲剧,增加平台经济成本。但对外而言,平台经济希望法律保护作为生产方式的架构和秩序不受不正当竞争行为的干扰,出现了大量对抗未经许可进入特定架构空间行为的诉讼。第四,鉴于多边市场模式的复杂性,很难科学地在反垄断法执法中沿用传统相关市场界定等方式认定平台经济的状况,除了对像"二选一"这样的行为进行处罚威慑,国家规制方式更多在确认超级平台的优势地位,但同时施加了更多主体责任和行政义务。

  上述简要总结集中说明,在国家夯实网络主权和数据安全的大背景下,整体上网络法治较好地回应了新型生产方式带来的变化和过渡,共同指向确保数字经济的安全稳定生产的目标,并逐步在不同部门法中实现新知识的转型,为未来进一步实现产学研融合创造条件。伴随着新技术和商业模式的进一步发展,有必要及时总结演进经验,思考下一阶段网络法治需要应对和解决的突出问题。

  首先,网络法治不仅关于生产,也关于分配。过去二十余年中,生产秩序一直是网络法治的主题,但应当逐步回应社会主义发展的本质要求,在推动生产力的同时,思考合理有效的不同层次的分配机制问题,降低社会整体风险,凸显经济和社会过程中的公平感。数字经济一方面通过私人平台不断将生产要素数字化,推动了经济和社会数字化进程,并建立了标准化的数字基础设施,有助于在特定行业和地域范围内的要素有序流动和联通,通过组织生产的方式把蛋糕做大,形成了半封闭的生产秩序;另一方面,随着平台竞争的加剧,基础设施会帮助形成某种反流动机制,特别是像定价、匹配和声誉机制越来越接近于企业内部的劳动管理制度,同时,仅仅以效率为导向的流动性对市场、社会和劳动者都产生了较大的负外部性。因此,单纯以效率为导向的生产要素匹配,不仅忽视了劳动者本身的权益保障,也陷入了市场貌似在真空中运行的迷思。不能单纯以市场的方式解决市场问题,因为它同时也是社会问题,需要在市场网络与社会网络关系的更大视角下思考。在法律和政策制定过程中就需要考虑如何兼顾诸多非效率导向的社会性价值。

  其次,网络法治不仅有关架构利益保护,也有关架构的联通和共享。我们已经看到数字基础设施帮助推动了数字经济的发展,但随着网络效应加剧和大型平台资本不断进入更多领域,如何在宏观上判断不断扩展的巨头平台架构会不会影响更多新兴平台企业进行创新和竞争,以及如何允许不同生态系统之间的流量和服务相互共享,变得更加迫切。换句话说,如果巨头平台的架构已经成为创新和竞争的潜在阻碍,需要思考如何既保持其动态的竞争力,又能够在整体上推动更多资源要素的跨平台流动。可以尝试逐步推进一些现有的数字基础设施服务进行联通。例如,可信账户联通,即国家加强对各类账户的真实身份认证,允许用户以统一身份登录不同平台进行活动,在这一过程中可以发生账户行为数据的交换和增值。支付方式联通,即国家推动包括银联在内的各类支付方式进入不同的生态系统,允许消费者自主选择不同的支付渠道和金融服务。评价信息的联通,即对生产要素价值的评估需要统一标准,和传统价格反映价值一样,对数字市场中的劳动力的评估也需要标准化,从而帮助要素在流动之后还能保持一定的市场价值和竞争力,带动更多平台获益。

最后,网络法治不仅关乎网络化的信息治理,也关乎网格化的组织治理。新冠疫情极大改变了国家治理手段,特别是对公共信息的有效利用对阻止疫情传播、保护群众生命健康起到了重要作用。平台经济能够将社会主体超越地域时空组织起来,但单纯依赖信息并不能解决全部社会问题。随着线下和线上活动进一步打通联动,更加需要治理者意识到信息技术的有效利用离不开线下各类社会与基层组织效能的提升。在高度流动性的社会中,网络法治主要是关于信息的生产、流通和消费,推动网络化治理模式;一旦遭遇疫情这样减缓要素流动的公共事件,就需要具有底线思维,充分利用信息技术切换到社会基本单元,关注信息如何帮助降低系统性风险,整合网格有效行动,最终恢复流动性。单纯强调平台更加灵活的生产和组织方式无助于我们有效思考可能的风险防范机制。从这个意义上说,网络法治已经超越了单纯的互联网法或信息技术法,而是作为一个媒介不断将线上与线下行为联通,因地制宜地解决实际问题,这也是网络法治在现代化过程中演进的重要体现。

五、本书的结构

本书将分三部分展开论证,第一部分聚焦于重新解释代码/架构理论,即从控制性的代码工具转向生产性的架构空间。第一章从政治经济角度提供一个中国互联网兴起和架构生成的宏观理论框架,按照新经济的逻辑聚焦于作为信息经济生产过程的代码和赛博空间如何从生产资料、生产组织、生产关系等几个维度发生,并要求物理空间中的法律(本质上代表了工业经济形态)适应其变化、为其服务,将原本作为"例外"的赛博空间拓展为普遍性法权要求。我们已经看到,在隐私、财产、知识财产、言论、不正当竞争、垄断、劳动等法律领域出现了诸多新问题,它们主要由新的商业模式和技术的广泛应用而推动。更重要的,新经济还要求法律对这一经济形态的合法性进行突破和确认,特别是平台作为一种超越传统企业组织边界的生产形态的法律地位,并在无法完全突破时在新旧经济利益之间作出平衡和妥协,这一过程十分明显地在中国互联网发展二十年的过程中体现出来,我称之为"非法兴起"。第二章和第三章把规制性代码/架构理论看成架构原理的1.0版本,要在其"控制性"功能基础上挖掘其"生产性"意蕴,主张代码本身就是一种新经济的价值生产过程,这是架构原理的2.0版本,从而试图在横向和纵向上展示,什么是与赛博空间控制/生产过程相适应的架构,以便形成完整的架构理论。第四章从历史维度指出从历史上看赛博空间的创生和发展恰好产生于政治权力,即信息社会的发展依托于主权权力对基础设施的建设与投入,特别是对信息基础能力的追求,而非自生自发形成。

第二部分试图挖掘架构作为一种社会控制和生产机制的微观面向,信息经济对管理不断流动的生产资料的需求催生了更为强大的底层基础能力,经由账户(account)、数据(data)、算法(algorithm)和评分机制(scoring)的开发推动了控制力更强的权力关系和生产关系,这和赛博空间看上去"失控"是一枚硬币的两面。本书第五章对这一框架进行概括性综述,第六章到十二章分别对上述机制进行细致探讨。首先,账户变得无处不在,早期互联网账户是为了区别不同的人群分时服务而出现,但随着平台提供越来越多的业务,特别是日常服务账户和金融账户绑定在一起,账户越来越成为赛博空间和物理空间的唯一连结点,它要求对物理空间主体进行认证,确保唯一性,并不断对该主体的社会身份和行为进行识别,以便在各类场景下进行预测,降低风险。其次,经由账户,平台服务积累了大量作为个人在线行为副产品的结构化与非结构化数据,并通过这些数据为用户画像,基于过去数据更好地预测和指引他们的行为。再次,为了更有效地规范和约束他们的微观行为,评分机制被开发出来,将传统的征信原理用于更多场景,不断推动更多优质的在线行为和生产活动,从而潜在地获利。复次,这些机制都由若干算法主导进行,在客观上促成了生产环节和流程的自动化,这种发生在社会日常工作与生活中的自动化被称为"机器智能"。上述机制的核心思想是,新经济进一步推动加速流动的现代社会形成,并从中探索稳定获利的机制,互联网对大众而言既是游乐场也是工厂。最后,如果将该模型应用于 Lessig 提出的法律、规范、市场和架构上,不难发现这一底层的变化会推动传统上影响社会主体行为的要素进一步转型和同质化,即从理性化到过度理性化。私人力量主导的平台要求制定更多的私人化规则,借助评分等微观机制通过平台强大的控制力和数据分析更好地主导资源配置,这产生了大量平台的公法义务和私法责任的讨论。随着赛博空间中的市场和架构趋于同质化,两者都会预测用户的偏好和未来行为,形成个人化和场景化的价格和信息环境。这产生了用户的自主选择权被压缩,不得不接受越来越多的默认设置的问题。法律在多大程度上需要或能够介入这类默认设置或黑箱,是关乎未来大量公平实践能否实现的关键问题。

第三部分聚焦于架构的未来,进一步从政治经济学角度展示数字封建经济体形成的过程,特别是平台企业如何通过技术变迁和商业模式最大限度地从事赛博空间的生产和再生产,在智能终端挤压私人隐私和公共领域;同时又和其他竞争对手展开争夺,最终塑造了封闭的赛博空间。本书第十三章和十四章从著名的"3Q 大战"入手分析这一过程产生的缘由和内生动因,第十五章对这一趋势带来的问题和前景进行反思,认为互联网架构的开放—封闭话语的实质是架构的开放—封闭,即伴随新型生产方式出现的生产要素聚合与分散的动力学,以及何种权力在其中能够发挥作用。我们既想要安全可信的互联网,也想要充满创新和竞争、提供多种可能性的互联网,兼顾和平衡两种存在张力的价值就需要重新回到原初互联网面对的要素流动性问题,思考如何通过基础设施的延伸逐渐带动各类要素,提升整个赛博空间的价值。如果政策措施得当,生产性资源将是一个不断重新组合流动的过程,最终真正打破各种架构的无形界限,形成一个统一的赛博空间。

第一部分
架构与生产

第一章　互联网架构的非法兴起

一、引　　子

　　本章首先从政治经济角度提供一个中国互联网兴起和架构生成的理论框架,它也可以用来解释中国网络法的兴起,并预测未来相关法律冲突如何可能。互联网在中国的发展有着非常复杂的背景和社会因素,本章仅从作为一种新形态"资本主义经济"的互联网切入,观察该种经济如何在生产方式上超越传统经济,并在生产资料的获取上与后者发生冲突,最终要求法律承认其合法性和经济利益。

　　尽管新旧利益冲突是一个非常明显的事实(反映在法律上是存在大量的侵权行为和诉讼),但仍然很少有文献从这个角度解释互联网在中国的兴起。受西方主流意识形态影响,流行的研究更愿意采用"国家与市民社会"这样传统的框架对中国互联网进行观察,一方面强调国家在塑造信息技术基础设施、打造一个可管可控、拥有主权的赛博空间方面的努力,一方面强调普通民众如何利用互联网建设一个在线公共领域,推动信息自由流通、公开和民主化进程。在这一二元结构下,追寻经济利益快速发展的平台企业被有意无意忽视。按照传统框架,网络法是自上而下施加给新经济的,体现了主权者的单方意志,是一种外在的基于政治逻辑对网络行为的管控;但本章将侧重内生性的商业逻辑探讨互联网及其法律的生成和演进,认为这一逻辑真正奠定了信息资本主义发展的基础。同时,大量关于互联网法律问题的部门法研究都对利益冲突提出了非常细致的解决思路,但缺乏一个总体性的框架认识,无法将看似不同的新型法律问题在抽象层面上统合起来。

本章试图提出的基本框架是,互联网经济的实质是通过信息分析将各类生产要素更加精确地匹配,在一个超越传统生产组织的更大范围内调配和使用生产资源,实现最优配置,利用组织外资源产生价值。这不可避免和传统生产组织发生冲突,产生种种法律上的新问题。鉴于既有法律与政府规制和传统工业经济相适应,新经济要求新的解决方案,特别是首先承认其商业模式的合法性,即承认其未经许可更有效率地使用资源的优先性和创造力。互联网法律就是在新旧利益冲突妥协的基础上出台的。随着互联网不断从虚拟的比特世界向现实的原子世界扩张,冲击更多的市场,越来越多的现有规则将受到挑战。本章将这一过程称之为"非法兴起"[1],并认为这一过程并非只在互联网发展早期存在,而是伴随着整个互联网创新的不断出现而更加激烈。

本章按如下顺序展开论证:第二节通过对互联网商业模式的简要描述分析互联网从文化产业向其他服务行业扩张的诸多特点,并集中讨论互联网经济的实质,即对生产要素、资料和劳动的创造式利用;第三节概括其中的法律问题,描述"非法"的争议点,并讨论法律在保护新经济利益上扮演的角色;第四节将这一解释框架进一步扩展,证明其不仅是对互联网发展二十年历史的一个总结,也可以进一步解释和预测"非法"行为继续发生在新经济内部。最后是简要的总结。

二、互联网"非法兴起"的过程与实质

互联网在引入中国的二十年间发生了巨大变化,一些作为新经济基本要素的内容被广泛实践和接受,例如,"免费+广告+增值"的模式牢固树立;数据作为基本生产资料和企业资产的地位被发现和发掘;伴随着平台型企业崛起,"连接一切"(或互联网+)成为互联网发展主要目标;"云—网—端"框架作为新型信息基础设施得到推广;"分享经济"和"双创"更成为人人都在谈论的主流意识形态。无论如何,纷繁复杂的创新背后都难以掩盖一条明显的平台企业赖以发展的逻辑:以低成本获取免费

---

[1] 我在之前的文章中从不同角度对这一概念进行了分析,例如胡凌:《谁拥有互联网信息?从百度文库说起》,载《北大法律评论》2013年第1期;胡凌:《连接一切:论互联网帝国意识形态与实践》,载《文化纵横》2016年第1期。

内容或劳动力。

在早期阶段,互联网从赛博空间发展起来,由于它侧重于信息传播,脱离物理世界,以至于引发政府是否该对这一空间规制的争论。中国引入互联网之初并没有出现类似的理论反思,相反,互联网的兴起更多由商业力量推动,一开始就和传统行业发生了冲突,在这一过程中,平台企业不仅没有拒斥国家法律,反而希望法律对其经济模式进行确认和保护。

这一冲突不难理解:早期互联网为吸引用户,需要在短时间内集聚大量免费内容,这不仅是资本扩张的需要,也是创业者逐渐达成的共识。这一阶段的互联网看上去和传统媒体模式类似,都采用了"免费内容+广告"的营利模式。免费内容大多来自未经许可使用传统渠道发行出版的图书、音乐和影视作品,将其数字化供用户免费使用。这种显而易见的侵权和风险投资一起帮助实现新经济的原始积累,吸引大批忠实的用户。它至少有两个功能:首先,投入大量成本将非数字化的作品数字化,为后续用户直接生产数字化作品奠定了基础和标准;其次,一次性地在用户心中造成互联网基础服务即免费的印象,为整个中国互联网发展模式确定基调。[1]

随着我国加强对知识产权的保护,获取免费内容需要更多的正版投入,为节约成本,平台企业转向了大量用户,鼓励他们为互联网生产。将用户转变为免费的劳动力是互联网行业的一大创举,它的深远意义在于:首先,将用户紧密捆绑在信息技术设备上,将其身份转变成"产消者",既可以生产独创作品,也可以被鼓励提供盗版作品或者成为网络推手;其次,一条不同于传统出版渠道的新型生产方式逐渐得到探索,在线作品打破传统图书、音乐的物理限制,变得更加碎裂,便利了大众生产;再次,传统经济学理论着重分析的传统生产组织——企业——的边界不断消融,其生产活动被大量外包给大众,价值上形成一条长尾链条,带来了经济理论的创新[2];最后,个体化生产成为当下炒得火热的"分享经济"的前身,

---

[1] 这一模式扩展到线下,在资本撮合下,在很多细分市场中形成两家或三家寡头垄断局面,并纷纷被 BAT 投资或收购。同时,基础服务和信息服务收费一直不被看好,免费成了击垮传统竞争对手的利器。

[2] Yochai Benkler, *The Wealth of Networks*, Yale University Press, 2006.

为互联网迅速向线下实体服务业扩展提供了借鉴模式。①

在第三阶段,随着移动互联网迅速取代台式机时代的网络,互联网地位牢固确立,开始从信息分享平台转向金融、人力、实物的连接和分享。传统的金钱、劳动力和实物资源要么控制在传统经济组织手中,没能得到充分的利用和匹配,要么游离于生产组织之外,因信息成本高昂而无法有效使用。通过信息技术平台,这些生产要素被抽离出来,在超越传统生产组织的更大范围内加以利用,提升了使用效率。同时,平台也逐渐成为由算法驱动资源流动的新渠道和新组织,或者将旧组织整体纳入平台链条。在生产资源从既有组织流向新平台的过程中,不可避免受到既有法律规则的约束,进而引发新旧生产组织的冲突,需要法律重新确认利益边界。

通过上述对新经济发展阶段的描述可以看出,互联网在本质上是以低成本利用社会中的生产资料和劳动力,积累其使用和匹配的数据(方式包括未经许可使用、提供增值服务、通过信息平台调动、盗版与不正当竞争)。由于平台并不对这些生产资料与劳动力行使所有权,更愿意主张其并不承担传统组织的责任(雇主、中间人),而是一种"连接器",尽量降低调动资源的成本,使其尽可能自由流动。从这个意义上讲,互联网反对一切阻碍从比特到原子自由流动的法律和制度(包括国界),其逻辑一直是商业的而非政治的。晚近的分享经济不过是互联网发展到更大规模协作阶段的产物,云端储存能力、精确的算法能力和对分散资源的控制力都极大地增强了。②

互联网需要首先以优质内容吸引用户使用,这是为什么信息经济革命会首先发生在大众传媒领域,从自行提供内容到动员用户生产到未来的机器生产,互联网逐渐探索出独特的商业模式,贯穿其中的始终是盗版侵权等非法行为。需要注意的是,有必要区分早期零星的个别盗版行为和作为一种新生产方式的大规模支配调用行为,尽管后者在传统权利人看来是更严重的行为。从新经济的角度出发,通过信息精确匹配的资产调用是更具有创造性的价值生产方式,提供了广泛的合作机会,提升了总

---

① 代表性研究文集见朱克力、张孝荣编著:《分享经济》,中信出版社2016年版。
② 例如通过信用评价和认证机制,平台企业可以对流动于其上的资源实现更加动态地管理,并辅以保险等机制。

体经济效率。① 互联网的"非法兴起"更多是生产方式上的一场变革,为立法者和执法者提出了如何在法律上确认新生产方式的合法性以及利益分配的具体问题,同时也凸显出新经济内部自我颠覆的关键问题。

三、浮现中的法律问题与后果

从表面上看,互联网是一次增量变革,它把原来政府和传统经济组织顾及不到的资源(既包括体制内也包括体制外)统和起来加以利用,由于这一转变发生得太快,不仅传统的工业化经济思维跟不上,规制者的管理思维也跟不上。新的法律问题表面上看是对现有社会秩序和管理方式造成冲击,更深层次的因素则是现有规则背后反映的工业时代经济发展的方式和路径,例如,传统企业是标准的生产组织,占有大量生产性资源;要使用某些资源必须以合同形式获得权利人事先同意;这种使用还需要获得规制机构的规制措施,如许可、年检等。相反,平台企业要求快速调动更多更广泛的生产要素,摆脱既有规则束缚,从而间接地影响那些尚未采用信息技术获利的传统组织,后者则有动力游说政府加强对新经济的规制,维护既得经济利益和经济形态。在版权、信息财产、隐私、不正当竞争、反垄断、劳动法、安全规制等诸多法律领域都出现了新问题。

从一开始,新经济并非试图改变传统规则的性质,而是希望自己成为这一规则的例外,减轻侵权责任和安全保障责任,从而确保新商业模式能够存活。其核心主张在于,互联网平台并不拥有对任何资产的所有权,只是调动和匹配的信息中介,希望形成平台上生产要素自治的生态系统,尽可能减少传统所有者或雇主责任。"所有权与使用权的分离"这一逻辑一贯地体现在互联网兴起的各个阶段:早期对其他网站信息内容的复制可以说是一种使用(由此出现盗版和不正当竞争),晚近调动私人拥有的交通工具和房屋仍然可以说是一种使用(由此出现违反现行规制规则)。下面以两类最常见的非法行为——版权侵权和不正当竞争——为例说明法

---

① "分享经济"一词被过度使用,以至于人们更多地关注现有生产性资源的配置问题(调动闲置资源),而非利益分配问题(生产者使用信息平台的利益分割)。姜奇平率先看到了这一问题,并在他的作品中一直强调后者的重要性,并使前者看上去更像一种虚伪的意识形态。参见姜奇平:《分享经济的政治经济学及其政策含义》,载《中国信息化》2016年第4期。

律如何回应互联网带来的利益冲突,揭示其遵循的复杂商业逻辑和政治经济背景。

Lawrence Lessig 在《代码》一书中提出,作为赛博空间中的规则,代码可以和现实世界中的法律与社会规范一道保护知识产权,甚至比法律更有效。① 特别是在法律已经提供和物理空间同等保护的前提下,代码能起到双重保护功能,兴极一时的"数字权利保护系统"(DRM)就是此类代表。受美国《千禧年数字版权法》(DMCA)影响,很多国家的数字版权法都加入了不得破解技术保护措施的内容。在极端情况下,DRM 可能由拥有大量版权的公司用于大规模生产难于被合理使用的受限的数字作品侵蚀公共领域。但这一论断是否在中国互联网市场语境下成立仍有疑问。

在抽象意义上,代码可以被用于版权保护。但未言明的问题常常是,保护谁的版权?谁更有能力使用代码保护?在互联网发展的最初阶段,平台企业们为了以免费内容吸引用户,常常通过盗版方式以低廉成本将发行于传统渠道的作品搬上互联网。鉴于传统渠道的资源整合能力和集体维权能力都比较弱,在全国范围内没能阻止互联网作为一种新型渠道的非法兴起。平台企业借助 DMCA 的东风,荫庇在避风港原则下逐渐壮大,在拥有众多用户的基础上获得与传统文化产业合作的机会,打造"连接一切"的平台。这一历史奠定了互联网产业的基础,代码被用来将发行于传统媒介的作品数字化,并通过免费商业模式加以充分利用,首先成为侵权工具。而法律被要求在与传统行业的对抗中保护新兴经济,确认其整体上的合法性,这一点在国家支持发展信息产业的大背景下业已成功。这并不是说国家没有采取措施打击网络盗版,例如对 BT 等 P2P 软件的专项整治,但这只能打击那些分享软件提供商和下载盗版作品的用户,无法撼动更多像百度那样的公司。这和当时很多用户习惯于将数字作品下载到电脑上的现实相呼应,在线浏览和观看尚未成为主流互联网模式。无论是传统出版还是数字出版都还未成熟到依靠代码加强版权保护。

侵犯"信息网络传播权"是早期发生在传统文化产业和新经济之间较为普遍的诉讼,有趣的是,从 2010 年左右起,更多侵犯此种权利的诉讼纷

---

① Lawrence Lessig, *Code*, Basic Books, 1999.

纷以不正当竞争为由提起。这一转向和几个重要因素密切相关。首先，这些诉讼较少发生在新旧经济体之间，而更多发生在新经济内部，原来的视频网站可能作为侵犯信息网络传播权的被告，现在则摇身一变成为原告。这主要是因为，面临国内外双重压力，中央政府决意推动"国家知识产权战略"，发展自主知识产权的文化产业和信息产业。像网络视频这样的资源密集型行业出现了大规模整合的趋势，投资人不惜重金购买国内外正版作品，也推升了正版版权价格。大型平台企业成为新的知识产权拥有者，和传统行业相比，更有动力和能力进行维权。

但这并不意味着盗版终结了，只是侵权方式发生了很大变化。用户下载盗版作品的习惯逐渐被在线免费观看和试听等商业模式改变，随着4G网络的逐渐普及，人们越来越习惯于接受流媒体服务，软件、游戏、歌曲、影视都以源源不断的服务形态出现，而非出售的商品，这也解释了同一时期来自用户的盗版行为逐渐减少。传统数字出版可能仍然会依靠数字副本，在零边际成本的信息服务中人为创设出稀缺性，从而利用DRM加以保护。然而流媒体服务则完全摆脱了这种思路。在新阶段有动力通过代码工具盗版的往往是那些初创企业，他们缺乏足够的资金挤进资源密集型行业，无法通过免费内容吸引用户，只能采取侵权方式将其他公司的内容免费加以利用。他们会抓取版权作品、UGC（用户生产内容）和用户数据，以成本最低的方式展开同类竞争。从这个意义上讲，"非法兴起"生生不息，现在轮到拥有海量资源的巨头们受到侵权挑战了。

法院对网络不正当竞争的扩张性解释也刺激了这类诉讼的爆炸式增长。侵犯信息网络传播权的行为在某种意义上也是不正当竞争行为，哪怕侵权者与权利人分属两个不同行业（例如内容和搜索引擎）。由于《反不正当竞争法》第2条足够宽泛，在平台企业密集的大城市的法院中都获得了广泛的支持。权利人的代理律师们也愈加倾向于以不正当竞争案件起诉（难于证明自己受到的实际损失及其因果关系，不便以单纯侵权起诉），进一步强化了法院的认知趋势。在这个过程中，代码仍然没有被广泛运用到保护自身资源的用途上。

但是法律真的提供了有效保护吗？大部分案件的赔偿数额还不及侵权者一天的广告收入，也很难证明权利人的收入因此就一定减少了。可以说类似的官司更多是一个象征，权利人希望法院确认相关的权利和商业模式,例如享有财产权利的数据池和商业广告的重要作用。近期出现的不正当竞争模式是,通过浏览器或播放器拦截或剔除和免费视频内容相伴随的广告,变相利用和"截取"免费内容放置自己的广告。法院倾向于认定不正当竞争,这相当于赋予了权利人审查下游软件工具技术标准的权利,势必进一步导致权利人控制从播放器到浏览器甚至路由器的做法,防止拦截屏蔽广告。

由此可以进一步总结依靠法律而非代码进行保护的社会后果。[1] 我们已经看到,和第一阶段不同,第二阶段的法院不遗余力地加强对网络侵权案件的保护,但效果不佳,无法在一个飞快变动的市场中树立规则和权威。法院的判决本意是减少不正当竞争,但弱保护可能会促使互联网企业开始加大投入,利用技术保护措施防止自身数据被抓取,同时打造更加垂直封闭的播放器、浏览器和移动终端 APP,进一步导致互联网内容服务的割据。但需要注意的是,第一阶段的代码保护出现在商业模式尚未成熟的年代,代码还主要被加在单个资源上面用来防止用户未经授权使用,减少流动性;到了第二阶段,代码更多的是在确保流动性的基础上对信息内容流动渠道和框架的设计,以便最大限度地在自己的服务体系内使用这些资源,并允许用户合理分享。

作为回应,传统经济体分别采取不同的策略应对这一挑战,最为直接的行为是协商或起诉,要求赔偿损失,一旦它们认清信息经济势不可挡,就会转而采取与平台企业合作或者自己进入互联网行业。无论如何,这都意味着新生产方式被广泛接受,也成为政府推行"互联网+"政策的社会基础。在这一过程中,互联网商业模式得到承认、漂白,也经历了从粗糙到精细的提炼升级,进一步通过算法提升竞争能力。[2]

四、框架的扩展适用

作为一个理论框架,"非法兴起"除了对历史事实的描述与解释,还需

---

[1] 代码并非一开始就出场,新经济的兴起和发展首先需要法律和外在主权者的保护,这取决于新经济战胜旧经济的策略。生产方式之间的冲突是传统代码/架构理论没有看到的。

[2] 2016 年魏则西事件导致对百度竞价排名制度的声讨,实质上是对这一粗糙商业模式的否定。

要具有一定的适用性,用以预测移动互联网甚至未来出现的可能问题。从历史上看,产业之间的整合程度与冲突程度①、国家政策扶持②、社会整体的市场化状况和行政管理方式、法院判决效果,甚至ICT(信息和通信技术)的普及程度都直接或间接影响互联网的扩散。如果说"非法兴起"主要是新经济不断侵蚀传统经济的过程性描述,那么不难发现,这一过程在新经济内部也在不停上演,从而使这一框架得以继续解释中国互联网市场的演化。

平台时代的平台企业竞争主要集中在数据分析(云)、内容渠道(网)和终端硬件(端),为吸引用户,内容渠道仍然是初创企业最为看重的竞争优势。鉴于平台型企业占有大量正版内容资源和用户数据,中小开发者只能通过第三方开发合作或侵权来获取生产资料。③ 移动互联网保持着台式机时代互联网的商业逻辑,生产要素仍然被创造性地争夺,以搭便车的方式使用平台企业上的资源。④ 除了个人电脑终端之外,大量新型终端不断涌现,例如平板电脑、智能手机、机顶盒、智能手表,以及未来的智能汽车和VR(虚拟现实)设备。迅速的变化使得很多拥有大量资源的互联网巨头将更多精力放在跨屏竞争上,将一个屏幕上展示的免费资源利用到其他屏幕上去。将旧终端渠道上的内容转移到新终端、取得竞争优势也就成了新兴企业的不二选择,其商业逻辑和早期互联网侵占传统文化产业的方式并无二致,甚至也和未经许可调用实物资源的分享经济逻辑并无二致。由于学术界没能提供一个统一的网络不正当竞争理论作为指导,无法指望法院的判决为未来侵权提供清晰的指引。

不同之处可能在于,早期获利的互联网平台巨头比昔日竞争对手们强化了对生产性资源的保护力度,并通过技术措施进行。可以预见,除了和更多传统行业的冲突外,未来的法律冲突仍将围绕着内容资源和数据展开。从过去二十年的经验看,互联网给中国社会带来的破坏式创新的

---

① 不同产业的整合程度和议价能力直接影响了互联网对该产业渗透的程度,此外,国家在平衡利益冲突时也会考虑到传统行业参与人的行为习惯,例如为避免出租车司机罢工,影响社会稳定,交通部在专车规制方案中采取了折中立场。
② 如"互联网+""政府数据开放""分享经济"等国家政策。
③ 2016年发生的脉脉与新浪微博的纠纷即属于此类型。
④ 深度链接与视频聚合是最为典型的一种侵权方式,参见爱奇艺和VST全聚合软件的不正当竞争纠纷。

影响巨大,国家在政策和法律上都在为新经济的崛起铺路;然而,当平台巨头成为既得利益者,掌控互联网入口和作为创新基础的生产资料的时候,有必要观察立法者是否真的理解了互联网发展的内在逻辑。创新的过程永远伴随着侵权和生产资料使用边界的重新塑造,平衡不正当竞争带来的市场秩序的破坏和创新带来的新价值将是重要的竞争政策和信息政策问题。

五、结　　语

从西方历史看,每一次技术革命都会带来不同利益的碰撞,对互联网而言尤为如此,本章试图在中国语境下对类似的冲突展开讨论。在一个更加一般的意义上,改革开放的历史也是一部生产方式不断颠覆既有规则的历史,在这一过程中,"法治"形式上的统一性掩盖了背后不断出现的利益冲突,信息技术引发的新经济不过是其中一例。

本章回到更为基本的内生性思路观察互联网治理,即新型经济组织和生产方式如何要求国家和法律承认其合法性,并保护其利益;这同时意味着将自身的特殊利益包装成普遍性利益加以游说,最终由国家推动传统经济竞争对手们支付更多成本向新经济转移,最终确立其主导地位。内生性思路在某种程度上也可以对一些传统命题提供新的思考角度,例如,信息自由流动对维护一个健全的公共领域是必不可少的,但这一价值的最大支持者不是社会组织或普通公民,而是平台企业,后者将信息看成一种资源,需要最大限度地挖掘其价值,排除任何形式的针对生产资料流动的阻碍是互联网经济永不停息的引擎。又例如,在讨论线上规则与线下规则的关系时,将传统线下规则应用到互联网上不仅出于规制者管理便利和路径依赖,也是传统工业经济组织的内在要求,反过来新经济则要求打破线下规则,尊重新经济的运行规律,鼓励行业自治。兼顾两种视角才能更好地理解互联网在中国的发展轨迹,为未来的治理提供经验借鉴。

第二章　赛博空间架构的构成及其法律

一、引　　子

"架构"作为一个隐喻,可从多个视角进行观察,每一个视角都能帮助重新理解赛博空间的特质以及如何对法律和治理产生影响。[①] 在《代码》一书中,Lawrence Lessig 首次将架构纳入法律社会学分析,提升到与法律、市场、社会规范平行的高度,系统地说明(甚至预言)架构如何"规制"社会主体的在线行为,影响诸如版权、隐私、言论这样的法律制度[②],进而提出赛博空间中的根本问题:谁最终控制架构的生产和运作。[③] 受限于电子屏幕和终端设备,用户较容易区分以互联网为媒介的赛博空间和物理世界,即在线/离线的二分,随着万物互联和智能时代的到来,赛博空间的架构最终将涵摄物理世界中的一切事物。由此有必要超越电子屏幕,在一个更大范围内探讨架构的具体意涵,并将其分解为有意义的法律问

[①] 关于赛博空间的特质,近期研究偏重于强调"数据"和"算法",例如姜浩:《数据化:由内而外的智能》,中国传媒大学出版社 2017 年版;克里斯托夫·库克里克:《微粒社会:数字化时代的社会模式》,黄昆、夏柯译,中信出版社 2017 年版;John Cheney-Lippold, *We Are Data: Algorithms and The Making of Our Digital Selves*, New York University Press, 2017. 后文内容将表明这些概念可以被纳入统一分析框架内。

[②] 如今架构的观念已被广泛应用于互联网治理实践中,例如对非法在线内容的自动化屏蔽、版权法上的技术保护措施、通过设计的隐私保护(privacy by design)、真实身份认证等。也见 Francesca Musiani *et al*. ed., *The Turn to Infrastructure in Internet Governance*, Palgrave Macmillan, 2016.

[③] Lawrence Lessig, *Code and Other Laws of Cyberspace*, Basic Books, 1999,该书于 2006 年出了第二版。作者使用"代码"(code)一词利用其语义双关,同以民主程序制定的"法律"形成对照,即(美国)东海岸的法典 vs. 西海岸的代码。最早提出这一视角的是 Joel Reidenberg, "Lex Informatica: The Formulation of Information Policy Rules Through Technology", 76 *Texas Law Review* 553 (1998).

题。如果把规制性代码/架构理论看成架构原理的 1.0 版本,那么本书主要是在其"控制性"功能基础上挖掘其"生产性"意蕴,主张代码本身就是一种新经济的价值生产过程,这是架构原理的 2.0 版本。本章试图在横向和纵向上展示,什么是与赛博空间控制/生产过程相适应的架构,以便形成完整的架构理论。此外,网络信息传播、接受的架构设计与动态变化引发关于公共领域内民主沟通机制和议程设置的讨论[1],人工智能快速发展带来对"黑箱"问题的隐忧[2],数据跨境流通与管辖,都可在一定程度上纳入架构理论。

架构理论并非无所不包,它不是关于网络法新生问题事无巨细的罗列,其核心是架构的建构过程、构成及边界,揭示架构权力如何从内在生发,并像触手一样蔓延。代码/架构理论 1.0 的不足在于,尽管它看到了架构的"规制能力"(regulability),却没能更精确地抽象出架构的一般含义。根据日常互联网使用经验,技术架构的边界似乎是清晰明确的,但在现实中却充满争议:架构有时可能会延伸到无法预测的场景,有时则成为深不可测的黑箱,那么充分有效的信息披露就变得重要,其意义不主要在于赋予用户多少操作权限,而是清楚地说明架构边界可识别的标准,给予用户适当预期;而在无法通过语言精确说明的场合应给予用户足够的技术操作能力。因此我们需要一个更为系统和综合的架构分类,并在其中讨论每一类的边界问题。

本章的结构如下:第二节反思架构如何伴随新经济和架构性企业而兴起和生长,这体现了互联网产业一直以来的超越既有规则的逻辑,这一过程中最核心的法律保障机制是"选择退出"与"知情同意";第三节和第四节分别对架构的基本横向(场景)与纵向(分层)维度,及其衍生出的三个子维度(网络、黑箱、基础设施)进行梳理,将既有法律问题放置其中理解,特别关注架构的边界划定;最后概括分析究竟以何种方式对架构进行治理更为有效,特别强调增强用户选择能力的重要意义。

---

[1] 例如,Cass Sunstein, *Republic. com 2.0*, Princeton University Press, 2007;Cass Sunstein, *#Republic: Divided Democracy in the Age of Social Media*, Princeton University Press, 2017.

[2] Frank Pasquale, *The Black Box Society: The Secret Algorithms That Control Money and Information*, Harvard University Press, 2015.

二、架构演进的逻辑

1."架构性企业"的兴起

在代码/架构理论的原初论述中,架构只是一个隐喻,涵盖了从微观程序设计到宏观网络传输协议的多个层面,其核心在于对架构内行为主体产生的"规制能力"。① 从这个意义上说,"代码就是法律",这一表达形象地将赛博空间塑造主体行为的空间感描绘出来,甚至容易令人和物理空间结构进行类比。这种描绘更多是一种静态的说明,随着互联网自身形态的不断变化,以及赛博空间不断向物理世界智能性地扩展,有必要将架构置于一个动态生成的历史语境下理解,进而发掘架构形成的逻辑。

抽象来看,架构诞生并依托于场景,通过场景汇聚生产性资源,形成各类社会关系,从而促成更多交易与连接。架构的不断形成依赖于新经济同传统行业争夺生产资料的强大竞争力,对外表现为"非法兴起",不断将已有的社会关系转化为生产关系("商品化"过程),并要求最终上升为法律关系。这一过程延续了传统资本主义生产方式将社会中各类"坚固的东西"持续碎片化的过程②,利用信息技术将各类生产资料"数字化",分解为更为细小的模块与微粒,并加以重新组合、连接与创造性使用。微粒重组体现在宏观层面是所谓"分享经济"的兴起:平台企业为零散(甚至闲置)的生产要素提供直接交易组合的机会,同时增进对于参与者偏好的了解,预测其未来行为,给予信息性指引或通过经济手段引导,影响其实际选择,或者便利传统企业组织更加灵活地低成本外包③;体现在微观层面则是"数据化",在识别社会主体行为基础上,根据既有行为和交易数据

---

① Lawrence Lessig, *Code Version 2.0*, pp. 23-24.
② "一切坚固的东西都烟消云散了",马克思:《共产党宣言》,载中共中央马克思恩格斯列宁斯大林著作编译局编译:《马克思恩格斯文集》(第2卷),人民出版社2009年版。
③ 中美分享经济发展的背景和文化稍有不同,但总体而言,都因为实体经济受到2008年金融危机的影响导致社会相当多劳动力失业,进而成为分享经济平台上的灵活劳工。相关比较分析,见 Christian Fuchs, *Social Media: A Critical Introduction*, 2nd ed., SAGE Publications Ltd, 2017。

为其重新画像,生成未来多变的社会连接和社会身份,产生新的科学知识。① 架构就是微粒重组过程的重要模式,它是活动场景,是生产方式,也是计算方式。

微粒重组催生平台企业大量出现,后者通过构建双边市场形成新的经济模式,随着平台开发越来越多的服务功能,双边市场业已演进成多边市场。② 但交易结构与利润模式是一回事,平台与流动于其上的资源活动之间的生产与法律关系是另一回事。从生产关系上看,大量流动资源无疑为平台贡献了有形与无形的经济价值,有趣的是,其民事法律关系十分松散,尽管行政义务越来越接近传统媒介守门人。例如,用户在平台公开区域生产的作品显然不是职务作品,得不到相应的广告分成;专车司机、主播们与平台不是劳动关系,受到的工作管理和监视程度却远超出传统企业。相应地,从早期的避风港原则开始,扩展中的平台一直在争取更少行政义务和更多自治权利,因为这样才能充分利用流动资源获得竞争优势,降低运营成本,迅速增值。③ 由此可以看出,一方面,经济学上的平台理论无法描绘真实的平台运作,它仅说明平台上各类交叉价值链如何生成,但不能反映平台本身为实现更多交易进行的建构性努力,也无法解释从传统组织中释放(或"解放")出的无序社会资源因何变得有序而非失控;另一方面,单纯指责平台试图一味减轻责任也不符合现实,至少就成熟的大型平台企业而言,事后责任成本事实上被更多地转化为事前预防成本,用于完善交易流程降低纠纷风险,即投入作为基础服务的架构建设中。此外,"平台"一词本身可能会给受众带来某种二维平面感,无法充分描绘赛博空间中来自各个维度的影响力。因此,本章使用"架构性企业"(architecture enterprise)一词作为具有更广泛解释力的研究术语,它涵盖了平台的经济学维度,还能把架构的规制能力置于平台和流动资源之间的变动关系中看待,揭示"架构性企业"如何实质性介入在线交易与活动

---

① 〔美〕玛蒂娜·罗斯布拉特:《虚拟人:人类新物种》,郭雪译,浙江人民出版社 2016 年版,第 2 章;〔美〕戴维·温伯格:《知识的边界》,胡泳、高美译,山西人民出版社 2014 年版,第 4—6 章。
② David S. Evans and Richard Schmalensee, *Matchmakers: The New Economics of Multisided Platforms*, Harvard Business Review Press, 2016.
③ 系统回顾,见刘文杰:《从责任避风港到安全保障义务:网络服务提供者的中介人责任研究》,中国社会科学出版社 2016 年版。

过程,对主体产生规制效应①,这也是原初代码/架构理论没有进一步回答的问题。这一变动关系最为主要的是架构与作为产消者(prosumer)的用户之间的关系,架构的现实边界即形成于两者的互动过程中。

2. 架构与用户的法律关系

作为消费者的用户与作为生产者/劳工的用户会带来对赛博空间完全不同的法律想象②,限于篇幅和主题,本章主要讨论作为消费者的用户。由于架构权力的多样性,我们可从如下个案中感受其模糊的边界(对其问题的不同答案都将导致不同的架构):

➢ 例1:百度的广告联盟在多大程度上可以在用户实际上不知情的情况下通过cookies追踪用户③;

➢ 例2:安装360水滴摄像头的商家是否应当告知进入特定区域的顾客直播已经开始(或者,其他场合下,人脸识别已经开启)④;

➢ 例3:消费者是否有权要求卸载预装在智能手机上的吸费应用程序(或者干脆自己越狱卸载)⑤;

➢ 例4:QQ聊天软件是否可以基于聊天记录向用户推送定向广告⑥;

➢ 例5:视频网站能否因探测到用户正在使用装有广告屏蔽插件的浏览器(或者其他"干扰性"软件)而拒绝服务⑦;

---

① 这种规制效应既体现在用户和架构之间,也体现为用户之间,例如滴滴软件被设计成滴滴司机无法查看用户行程信息,以防止拒载,且交易双方通过虚拟电话进行沟通,避免恶意骚扰。以"私权力"为视角的研究,见周辉:《变革与选择:私权力视角下的网络治理》,北京大学出版社2016年版,第4章。

② 换句话说,赛博空间究竟是游乐场还是工厂,架构究竟是服务流程还是生产流水线,这是思考赛博空间特质的另一个角度。见 Trebor Scholz ed., *Digital Labor: The Internet as Playground and Factory*, Routledge, 2012; Trebor Scholz, *Uberworked and Underpaid: How Workers Are Disrupting the Digital Economy*, Polity, 2016.

③ "北京百度网讯科技有限公司与朱某隐私权纠纷管辖权异议上诉案",江苏省南京市中级人民法院二审民事裁定书,(2013)宁民辖终字第238号。

④ 《360水滴直播陷争议 公共场所直播也算泄露隐私吗?》,载《法制晚报》2017年12月13日。

⑤ "上海市消费者权益保护委员会诉天津三星通信技术有限公司侵权责任纠纷案"(2015年)上海市第一中级人民法院一审民事裁定书,(2015)沪一中民一(民)初字第10号。

⑥ 熊定中、向子曈:《认真尊重公民宪法权利》,载《中国法律评论》微信公众号,2017年12月10日。

⑦ "合一信息技术(北京)有限公司与暴风集团股份有限公司不正当竞争纠纷案"(优酷诉暴风屏蔽广告案),北京市石景山区人民法院民事判决书,(2016)京0107民初5376号;"深圳市腾讯计算机系统有限公司与北京世界星辉科技有限责任公司不正当竞争纠纷案"(腾讯诉世界星辉屏蔽广告案),北京市朝阳区人民法院一审民事判决书,(2017)京0105民初70786号。视频服务商的反击措施包括探测到广告插件后拒绝服务,或者干脆更换片头广告,变成无法屏蔽的中插广告。

➢ 例6:用户是否有权要求使用第三方工具(如今日头条)批量将自己在微博上创作的内容"一键搬家"①;

➢ 例7:用户能否永久删除特定服务账户及其活动历史数据,甚至退出赛博空间②。

表面上看,上述个案仅有关服务合同效力或消费者保护,实际上共同指向用户在赛博空间中的行动能力和范围。代码/架构理论1.0告诉我们,用户的行为边界止于架构建立起来的地方,但用户能否依据协议或法律要求改变架构,获得知情权甚至更大的自主权(例如财产权)则没有统一规则。根据用户能够对架构进行操作的能力程度,可将架构大致分为四类:

(1)类型1:用户必须接受作为基础设施的架构之基本功能和默认设置,不可更改,否则侵犯了架构性企业的财产权利,除了操作信息,基本的技术信息没有必要向用户披露(这属于规制范畴),用户只是单纯的消费者和使用者;

(2)类型2:用户接受架构的基本功能和默认设置,架构未必是基础设施,但不可更改,否则侵犯了架构性企业的财产权利,基本的技术信息可向用户披露,便于用户及其代理人评估这些信息给自身权益带来的影响,如不接受可自行退出架构;

(3)类型3:用户接受架构的基本功能和默认设置,可以在架构性企业允许的情况下进行对部分功能的选择操作,或更改架构的非基本设置,用户需要在特定情况下为自己的选择负责;

(4)类型4:用户接受架构的基本功能和默认设置,不经架构性企业允许即可进行功能上的选择操作,或更改架构的基本/非基本设置,甚至自主设计因人而异的架构。

从类型1到4的光谱变化是用户获得更多行动自主权并控制架构某

---

① 《谁的用户:微博欲诉今日头条非法抓取内容》,载《21世纪经济报道》2017年8月15日。
② 《电信和互联网用户个人信息保护规定》(工业和信息化部令第24号)第9条规定:"电信业务经营者、互联网信息服务提供者在用户终止使用电信服务或者互联网信息服务后,应当停止对用户个人信息的收集和使用,并为用户提供注销号码或者账号的服务。"注销账户的权利只是在2017年网信办联合四部委对主流互联网服务条款进行审查后才进一步推进,并未涉及已搜集信息是否会永久删除以及如何查证,而通行的用户协议早已写明服务提供商有权永久利用用户创造内容。

些层面的过程,架构性企业与用户之间的责任分担也应随之改变,上述七个案例也基本围绕架构的何种权力能被法院或立法者界定在哪一类而展开,从而划定架构内消费者的权利边界:(1)如果用户行为规则被写入架构变成默认设置,则一般而言较难改变,只能遵循架构设定,法律往往更倾向于保护架构性企业基于投入开发形成的财产权利(例 3、6)、在先合同权利(例 2、7)和基于特定技术的商业模式正当性(例 1、4、5),一旦发生纠纷,首先被归结为一个知情同意的合同问题;(2)如果用户行为可以突破默认设置,在架构中有较大的行为空间和控制权,则架构性企业需要承担更多的协助与监控义务,增加运营成本。有时用户需要法律作为架构之上的规范干预架构默认的权力,而一旦架构权力吸纳公法上的行政义务,又会引发此种义务设定是否会不当影响私法义务的范围的争议。①

上述例子也说明,架构兴起的法律保障主要依赖于用户知情权和选择权的实现过程。物理世界中的传统规则是知情基础上的自由选择(选择加入),但赛博空间的逻辑相反:首先,早期互联网行业支持"选择退出",以避风港减轻责任为名,把各类线下资源引入赛博空间,推动了多个行业的数字化进程,相比之下"选择加入"就非常没有效率,还可能产生反公地悲剧。结果是当事人可能选择在某个未经授权使用作品的平台退出,但却最终决定选择拥抱互联网。类似地,用户不过是新经济生产链条上的一环,既需要作为生产者不断生产信息内容,也需要作为消费者不断反馈使用数据,选择退出为这一过程的顺利实现提供了法律的形式正当性,但在实际操作中表现为"删除权"则远未得到落实。② 架构从默认保护隐私翻转为默认搜集使用隐私,传统的空间/信息隐私不复存在③,随着架构有能力获取更加丰富的用户数据,表面上的明示知情同意几乎无法阻止这一过程。

---

① 姚志伟:《公法阴影下的避风港——以网络服务提供者的审查义务为中心》,载《环球法律评论》2018 年第 1 期。

② 《网络安全法》第 43 条规定:"个人发现网络运营者违反法律、行政法规的规定或者双方的约定收集、使用其个人信息的,有权要求网络运营者删除其个人信息;发现网络运营者收集、存储的其个人信息有错误的,有权要求网络运营者予以更正。网络运营者应当采取措施予以删除或者更正。"

③ Lawrence Lessig, "The Architecture of Privacy", 51 *Duke Law Journal* 1783 (2002); Ronald Leenes *et al.* ed., *Data Protection and Privacy*:(In)*visibilities and Infrastructures*, Springer International Publishing, 2017.

其次，选择退出权往往以用户协议形式告知，而绝大部分用户不会浏览协议而直接使用特定服务，根据协议规定这等同于认可协议的效力。① 从这个意义上说，用户协议不完全是协议合同，而更类似于悬挂张贴于架构入口处的单方公告。但问题不在于这些文字的真实法律性质（无论是合同还是公告，特定内容都可因侵犯消费者权益而事后宣布无效），而在于试图改进这一问题的多少意识形态化的流行思维方式：假定消费者会理性地权衡利弊，而非在特定架构和具体场景内拓展真正的选择能力和操作空间，从而不断要求加强信息披露，使他们获得最大限度的形式知情权。这种路径的必然结果是：用户协议越来越冗长，以影响体验的方式展示，以全有或全无的形式要么接受要么退出，而用户无法判断其实质意义何在，宁愿接受架构性企业提供的一切告知②；同时，以人类语言形式写成的用户协议永远无法涵盖架构的全部维度，一旦出现纠纷还需要法院进一步解释。

三、架构横向与纵向的基本维度

上一节已经例示，当下赛博空间的默认架构边界是，用户得容忍架构之内定向广告的追踪和监控，即使退出并删除账户也无法彻底消除数据，还要尊重包括终端和服务器在内的架构性企业财产权，而架构的范围还在以无法感知的速度不断扩展。本节将从架构的两个基本维度——横向的场景与纵向的分层开始，下一节在此基础上展开三个重要衍生维度，以便细致讨论架构权力的实现与边界。

1. 架构的横向场景

场景是最基本的架构形态，也是构成赛博空间可见部分的基本单元，它是架构性企业实现特定服务功能的样态，以 B2B 或 C2C 模式打造出供诸多社会主体活动的"空间"。赛博空间的演进由简单到复杂，早期停留

---

① 现实中我们不需要浏览用户协议的任何内容，这几乎对我们流畅使用在线服务不产生任何影响，恰好说明用户协议和用户日常感知关联不大，不主要用于征求同意。

② 更宽泛的对强制信息披露的反思见〔美〕沙哈尔、施奈德：《过犹不及：强制披露的失败》，陈晓芳译，法律出版社2015年版，第3章。

在大众媒体的单向传播模式,后来则试图还原和塑造愈加复杂的交互式场景,捕捉和预测主体行为。场景既可以是通过电子屏幕使用的在线虚拟世界,也可以是以传感器、摄像头覆盖物理场所的空间再造①;可以是单一的应用程序功能,也可以是一整套代码设计的行为流程组合。我们在日常工作生活中需要使用大量各类以 APP 为基础的服务,会在赛博空间中不断从一个场景转向下一个,架构设计允许我们在一个场景中能够做什么、无法做什么。

场景内的实际活动产生了大量副产品——数据,脱离了实际活动的泡沫或虚假数据无法带来分析有效性,只有应用才能得到检验;反之有效的数据分析能提升实际活动的数量和规模,从而扩大市场。架构性企业将收集到的数据标准化,以自身为中介向第三方开发者提供挖掘消费者数据、提供多样服务的机会,是目前较为有效率的做法。② 架构性企业向第三方开发者开放某类标准化数据的端口,后者可接触到用户储存在架构中的相关数据,但作为交换,要与前者分享用户后续使用其服务的衍生数据。

与连续的物理空间不同,赛博空间场景下的行为都会被若干具有横向关系的架构覆盖、记录与追踪,并存储在该场景对应的账户中。随着商业逻辑的泛化和商业模式扩散,大量场景都具备"账户—数据—评分"的微观权力结构,意味着赛博空间的同构性和趋同性,架构既可以交叉、重合,也可以分离,其边界代表了架构性企业的(排他)控制力。③ 用户使用便利性的需求(很难记住数十个不同的账户登录信息)催生了对微小场景进行整合,不仅合并虚拟场景(例如打造一站式服务,或打通不同的终端服务),也合并线上与线下场景(例如 O2O),使原本分散的场景连通起来。场景维度提示我们,赛博空间未必是天然铁板一块的自由世界,而是由无数个独立架构相互连结构成,只实现了以 TCP/IP、WWW 协议和

---

① 〔美〕什洛莫·贝纳茨、乔纳·莱勒:《屏幕上的聪明决策》,石磊译,北京联合出版公司 2017 年版,第 4 章。
② 这就是为什么架构性企业也被称为信息中介,尽管它做的远多于单纯的信息匹配。见张翼成、吕琳媛、周涛:《重塑:信息经济的结构》,四川人民出版社 2018 年版。
③ 互联网发展早期普遍认为不同的架构设计会反映不同价值观,变得很不相同,也有人强调市场竞争机制会带来摆脱控制的架构,见 David G. Post,"What Larry Doesn't Get: Code, Law, and Liberty in Cyberspace", 52 *Stanford Law Review* 1439 (2000)。

Windows 操作系统为底层标准的最简统一性。在控制/生产机制下运行的赛博空间从一开始就注定是分裂的,由巨型架构性企业进行的横向和纵向架构合并将架构之间的连接内化,或者民族国家在一国内建设电信基础设施,反而增进了用户行为的便捷和统一性。①

不难看出,代码/架构理论 1.0 就是在场景意义上讨论架构,就其构成而言,除了(1)交易流程设计与辅助功能,(2)以账户为核心的行为控制机制,更重要的是包含了(3)属于默认设置的商业定向广告。所有用户协议都表明,用户不仅需要容忍作为商业模式的广告展示,还需要接受广告不断在架构内识别与定向追踪,第二节的例 4 就是一个明显的例子;而例 1 进一步说明,用户已经进入了百度及其广告联盟的架构中,其行为被转化为可识别分析的数据,进而触发定向广告,这并未发生在用户所处的私人物理空间内,从而不受后者规范(如生活安宁)的约束。例 5 则说明,无论是用户还是竞争对手,试图破坏商业广告的行为是法律禁止的,相关架构性企业当然有权利自保或回击。同时,作为承载特定架构功能的应用程序也受到知识产权法律保护,破解终端软件或以 DRM 加密的数字作品,都会被视为破坏技术保护措施。②

最后,场景视角还可帮助部分地理解网络法的演进。在规制者或法院试图规制线上行为时,要么为看上去新的活动制定新规则,要么就套用既有规则。鉴于场景是和物理空间较为接近的概念,很多情况下会按照线下场所的惯常思路进行拟制,触发这种思维方式的首先不是思考行为本身应当如何科学地解释定性,而是行为发生场景的类似性引发法律上的类比可以方便地解决问题。例如,对寻衅滋事行为的规制从线下公共场所扩展至线上③,深度链接视为破坏了被侵权内容原初展示的场景,等等。即使在需要对非法行为定性的案件中,法院也更愿意以架构边界

---

① Milton Mueller, *Will the Internet Fragment?: Sovereignty, Globalization and Cyberspace*, Polity, 2017.

② 互联网发展早期曾经有过软件用户终端行为权限的讨论,尽管背景是针对外国软件企业,见寿步等编:《我呼吁:入世后中国首次立法论战》,吉林人民出版社 2002 年版,第 75—131 页。

③ 最高人民法院、最高人民检察院《关于办理利用信息网络实施诽谤等刑事案件适用法律若干问题的解释》(2013 年)。

为标准确定行为非法与否,而不愿意更多地区分特定行为的性质。[1]

2. 架构的纵向分层

互联网分层理论是纵向观察架构的重要视角,能彰显赛博空间的物理性和复杂性。以分层形式发展互联网并提出技术标准的实践由来已久[2],法律与公共政策分析也发现这一视角可清晰地讨论互联网不同层面的规制问题及其相互影响[3],它们往往采用较为笼统的非技术性分层,且多基于 PC 互联网形态。早期影响力较大的分层理论将赛博空间分为内容层、逻辑层、物理层[4];在此基础上的沙漏式协议分层则用于论证"创生性互联网"理论[5],以及互联网架构如何有利于分布式创新。[6] 综合之前的研究,本章把适用于当下赛博空间的纵向分层以水平顺序展示如下:

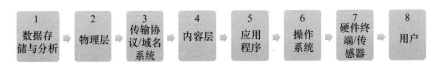

图 2.1　赛博空间纵向分层

---

[1]　国内外一系列案件中都提出类似问题:究竟是非法侵入(trespass)还是发送垃圾邮件,究竟是入侵计算机系统还是盗窃虚拟财产,究竟是侵犯计算机系统的架构财产权还是侵犯特定数据财产权。

[2]　如国际标准化组织提出的开放式系统互联通信参考模型(OSI)7 层标准,包括应用层、表示层、会话层、传输层、网络层、数据链路层和物理层。

[3]　从方法论上说,互联网的不同层面分别形成不同的市场结构和原则,哪怕是同一个法律制度概念,涉及不同层面的问题也应分开深入讨论,而不是笼统地置于貌似铁板一块的赛博空间下。例如,在讨论互联网垄断案件时,人们往往把微软案、3Q 案和百度案放在一起讨论,而混淆了他们分别处于赛博空间架构的不同层面,得出的结语的科学性就很有限。

[4]　Lawrence B. Solum and Minn Chung, "The Layers Principle: Internet Architecture and the Law", U San Diego Public Law Research Paper No. 55 (2003); Andy Yee, "Internet Architecture and the Layers Principle: A Conceptual Framework for Regulating Bitcoin", 3 *Internet Policy Review* 3 (2014).

[5]　根据这一理论,互联网在沙漏的顶端和低端均可不断创生扩展,见 Jonathan Zittrain, *The Future of the Internet-And How to Stop It*, Yale University Press, 2008, Chapter 3. 分层理论从另一个角度看就是信息内容和数据沿着不同的端点进行传输,也成为规制的重要思路,见 Jonathan Zittrain, "Internet Points of Control," 44 *Boston College Law Review* (2003)。PC 互联网时代的网吧是重要的控制端点,后来因为智能手机兴起而衰落,但有可能在 VR 时代复兴。无人驾驶汽车等新终端也会出现,人的身体也有成为"容器"的趋势。

[6]　Barbara van Schewick, *Internet Architecture and Innovation*, MIT Press, 2012, Chapter 2.

这一图示表明,除用户外,架构至少可以通过七个层面生成和扩展。与横向场景(内容与应用层)不同,纵向分层涵盖了支撑场景的若干物理机制(如硬件、物理层和云端存储)和逻辑机制(如传输协议/域名系统),展示出原初互联网的"端到端"分布式架构如何塑造赛博空间①,并引发包括信息安全在内的一系列新问题②,也启发当下的物联网和智慧城市网络如何通过架构设计而拓展。③ 表面上看,架构性企业开发出更多类型的终端,适应更多场景与用户,使赛博空间变得更加异质多元,但通过提升计算能力、整合数据分析,可在更大范围内追踪和分析更多主体的行为,并且每一个层面都可以通过"账户—数据—评分"机制加以改造,使实际控制力和服务效率不断提升。④

纵向分层的视角使我们更好地理解网络法新问题。首先,纵向分层本身拉伸了赛博空间的维度,从日常可接触的终端到不可见的云端,也由此创造了新型权力关系。例如,云计算和流媒体服务模式的出现永久改变了消费者和服务商的法律关系,前者没有能力在技术上控制他们付费使用的虚拟物品(因此不是财产),只能依协议获得许可使用权;类似地,如同第二节例 3 表明的那样,用户也无法以解锁或破解的方式任意操控已经"购买"的智能手机。⑤ 这充分说明了架构的边界已侵入传统生活的物理空间。其次,分层理论指出了架构并非只沿着水平场景扩展,也会在纵向进行"垂直整合"(vertical integration),这将重塑数据传输服务商与内容服务商之间的法律关系,带来网络中立性的争议。⑥ 推而广之,垂直

---

① J. H. Saltzer, D. P. Reed, and D. D. Clark, "End-to-end Arguments in System Design", 2 *ACM Transactions on Computer Systems* 277 (1984).

② Jonathan Zittrain, "The Generative Internet", 119 *Harvard Law Review* 1974 (2006).

③ 江崎浩:《融入互联网基因的设计》,清华大学出版社 2018 年版;〔美〕弗朗西斯·达科斯塔:《重构物联网的未来:探索智联万物新模式》,周毅译,中国人民大学出版社 2016 年版。

④ 例如,(1)早期 Windows 操作系统相对开放,微软对其上运行的软件控制力较弱,现在学习苹果商店模式变得更强;(2)浏览器和任何一个终端软件都在商业模式上趋同,成为能够影响上层内容商业模式的权力;(3)像微信这样的终端开发小程序,试图取代操作系统;(4)电信企业和终端企业也试图成为数据商,不甘于被 OTT 企业超越。

⑤ 详细的说明见 Joshua A. T. Fairfield, *Owned*: *Property*, *Privacy*, *and the New Digital Serfdom*, Cambridge University Press, 2017。"3Q 大战"已经展示出用户无法完全控制终端,只能将控制权交给特定软件厂商。

⑥ 美国经历了网络中立政策由存到废的过程,中国的情况相对简单,见胡凌:《网络中立在中国》,载《文化纵横》2014 年第 4 期;杨坚琪:《互联网分层的不正当竞争》,载《法律和社会科学》(第 15 卷第 1 辑),法律出版社 2016 年版。

整合凸显了架构之间的嵌套性,即底层架构性企业在多大程度上有动力和能力影响上游架构性企业,重新划定架构之间的利益边界,以及底层架构多大程度上应当为法定强制中立而非可由谈判改变。① 强大的底层架构会影响上层活动者,把自己确立的标准变成行业标准,通过技术措施强制执行。反之如果谈判不成,像例6展示的那样,边界更有可能通过实际侵权而划定或默认。最后,架构内的生产性资源和在横向场景中一样会沿着纵向架构流动。例如,各类数据可能存储在云端服务器上,也可能显示在智能终端屏幕上,甚至在往来传输的管道中,由此形成了对架构性企业而言都需要能够随时调取控制并要求法律保护的"数据池"。② 这些数据并非集中在特定位置,而是一个抽象的集合性财产权利,是架构性企业可资使用的全部不特定数据的总和,重点在于企业通过架构进行支配的能力。③ 由此也引申出一国政府对赛博空间管辖权涵盖范围的问题,即在何种程度上可要求深入架构性企业的物理服务器获取数据。

四、架构的衍生维度

本节讨论作为基本架构内容补充的三个衍生子维度,它们一定意义上代表了架构的特殊性。首先是贯穿场景与分层的更为复杂的动态网络化架构,其次是以黑箱视角看待驱动整个架构变化的内核——算法,最后则是如何将架构看成是一种基础服务(不仅仅是公用事业基础设施)。

---

① 例如,苹果公司在最新的《安全审核指南》中明确应用内向原创作者的"打赏"属于"应用内购买",其支付行为均需通过苹果提供的支付方式,并与其三七分成。这不仅减少了微信公众号原创作者的收入,也影响了微信支付的使用率。荣耀Magic手机智能服务在各类App推送信息中加入关键词的超链接,基于用户口味推送餐厅、根据用户喜好推荐电影,在应用于微信信息推送服务时引发了和腾讯的利益摩擦。反之,腾讯打造的小程序平台也完全可以将硬件厂商架空。

② 数据有两种含义,一种是传统意义上的,强调数值、量值,和统计有关;另一种是伴随数字化产生出来的新含义,指的是数字比特的结构化的可支配的集合,比如数据库,数据结构,数据通信等,这就是抽象意义上的数据池概念。见姜浩《数据化:由内而外的智能》,中国传媒大学出版社2017年版,第1章。

③ 数据池同传统数据库法律的比较,见李谦:《互联网数据开放的中国逻辑:经济动力与政治意涵》,载《文化纵横》2016年第1期。

1. 网络化的架构

场景对行动者而言是给定的静态架构,但场景创设的目的大多是为了创设连接,即将各类生产性资源吸引至架构中建立联系,互通信息,从而达成潜在合作与交易。作为社会性动物,人类一直处于复杂的社会网络中,但信息技术的普及使这种网络(及其权力关系及产生的社会资本)更容易被意识到和追求。赛博空间中的用户时刻处于与他人(社交网络)、服务应用(随时使用)和传感器(交流数据)之间的持续连接中,成为不断生成的网络上的节点[①],行为也因此受到影响和制约,这是一种观察架构的动态视角。

有意义的连接都发生在场景之中,是被不断发现和创设出来的结果,其中既体现了架构中的社会关系,也体现了架构性企业针对特定场景设计的意图,希望将社会关系转化成体现经济价值的生产关系。架构设计能微妙的影响信息传播和连接,例如微博的设计鼓励用户更多地生产和更便利地传播图片和观点(而非博客式长篇大论,只能写140个字),这加速促成了以网络大V为核心节点的贵族式网络[②];像今日头条这样的架构性企业甚至进一步使这种分享自动化,在用户登录之后根据浏览记录预测偏好,推送(也是匹配)相关信息。这都反映了架构性企业在塑造网络连接方面产生的巨大影响,将B2C和C2C模式愈加紧密地整合,彰显出网络化的架构不只是关于用户之间的关系,也是用户和架构之间的关系。

网络化架构对法律的影响尚有待深入探讨,就本章的目的而言至少可以从若干方面例示。首先,这一视角凸显了隐私的"关系性"本质,而非纯粹个人可支配拥有,即无论是空间性还是信息性隐私,都处于个体和他人之间的关系当中,可沿着特定网络流动分享,而侵犯隐私的标准就在于是否超出当事人的预期/控制能力而转移到网络之外流动。[③] 社交网络

[①] 这多少反映了社会对加速提供服务与交易的需求,作为生物体,人类的大脑和身体需要离线休息(尽管睡眠越来越少),但其账户(或智能代理人)要永远在线,随时记录和反映用户(包括睡眠在内)的实际状况。

[②] 胡凌:《新媒体的暗面》,载《文化纵横》2013年第6期。

[③] Daniel J. Solove, *Understanding Privacy*, Harvard University Press, 2009, Chapter 5.

企业使更容易地分享隐私成为默认设置,彰显了隐私的本质。其次,网络言论的影响力与该种言论传播的信息渠道和架构设计密切相关,这使得贵族式网络逐渐形成,核心节点成为重要的规制对象;同时,社交网络可以追踪并量化特定言论(如谣言),通过舆情监控技术进行风险防范。[①] 再次,社会主体的身份变得愈加网络化,在与不同种类的社会存在之间的相互连结中不断形成新社会身份和认同[②],进而产生特定场景中的"社会信用",其本质在于依托特定主体的历史记录通过算法预测其未来行为和本性,以便降低风险。不断流动形成的数据和连接使主体的身份更加动态,出现了当下以社会信用为基础的公共管理模式,试图从时刻变动的行为过程中找到不变的标准。[③] 最后,网络视角还可能为竞争法中的相关市场认定提供新思路,当市场行为越来越可以通过网络化进行追踪和计算时,传统上以地域划分相关市场的标准就会变得粗糙,因为架构性企业的影响力完全可能超越地域限制,隐性地发挥网络效应,沿着特定网络传输价值。[④]

2. 作为(算法)黑箱的架构

使用"黑箱"的隐喻意在突出架构和信息披露的关系,而非仅仅关注算法规制。对用户而言,纵向分层结构中从云计算、算法到操作系统、终端都算得上是黑箱,它们通过技术实现某种功能,构成了赛博空间中的生产过程,而作为非专业人士的用户只能依赖这些功能设计和披露出的有限信息进行活动。[⑤] 这里以算法为例简要展示应如何以黑箱为视角看待架构,说明用户需要容忍黑箱无法彻底透明化的现实,也没有必要这样做。算法是架构权力起作用的决定性力量,决定了生产资料的匹配调用,对架构性企业而言也是核心商业秘密;算法黑箱本质上包括了技术层面

[①] 〔美〕艾伯特—拉斯洛·巴拉巴西:《链接:商业、科学与生活的新思维》,沈华伟译,浙江人民出版社2013年版,第10章。

[②] Oscar H. Gandy Jr., "Exploring Identity and Identification in Cyberspace", 14 *Notre Dame Journal of Law, Ethics & Public Policy* 1085 (2014).

[③] 王瑞雪:《政府规制中的信用工具研究》,载《中国法学》2017年第4期。

[④] 见"北京奇虎科技有限公司、奇智软件(北京)有限公司与腾讯科技(深圳)有限公司、深圳市腾讯计算机系统有限公司不正当竞争纠纷案"("3Q大战"案),最高人民法院二审民事判决书(2013)民三终字第5号。

[⑤] 胡凌:《人工智能的法律想象》,载《文化纵横》2017年第2期。

的复杂性和默认使用性,几乎不可能公开。但为了消费者知情和安全规制需要,有必要在一定范围内将技术性的构成和功能加以披露,转译成普通人可理解的文字,以增强技术产品的可信性,①但这种信息披露需要和架构性企业的财产权利相平衡。

同第二节对架构分类的标准类似,根据信息强制披露标准,可把作为黑箱的架构大致分为两类,从而设定不同的治理思路:(1)用户无权获悉黑箱的技术细节,只能根据功能设置使用软件程序,如发生意外仅根据表现出的行为和后果判断责任,不关心黑箱本身的设计(无论有多智能)。这是最为符合现状的模式,基本上依靠市场化的运作方式,通过竞争推动算法的改进和创新,也符合对企业财产权利的一般认知。与这种低责任水平制度相配套的安排是在风险较大的服务中为用户事先购买保险。②(2)黑箱被强制要求进行一定程度的信息披露,对大部分用户而言,算法的技术细节难于理解,需要依赖语言说明,主要通过用户协议(或产品说明书)对相关功能和商业模式进行精确描述。充分利用专职代理人的专业优势帮助进行监督,推动公私合作,例如在特定范围内披露源代码或系统安全漏洞,鼓励白帽黑客在有限范围内公开漏洞,以便缺陷及时得到修补;同时也需要某些市场中介(如软件评级和安全软件厂商)帮助发现漏洞,使消费者作出更好的选择。③尽管像网络推手、职业打假人、刷单组织等异化的代理人有时也会帮助用户,但这对一个健康的架构性企业而言始终是有隐患的。

3. 作为数字基础设施的架构

架构的复杂性要求一个统一可信的底层基础设施,以确保赛博空间中交易的安全和稳定持续。我们已经见证了在中国由架构性企业提供私

---

① 特别需要对智能产品"非人化",否则一旦拥有和真人一样外貌的机器人开始交流思考,可能让用户陷入恐慌,进而抛弃使用,这就是著名的"恐怖谷"理论。

② 在北京的无人驾驶汽车测试要求中,需要有人类驾驶员协助,如果发生事故则由驾驶员承担法律责任,但由企业购买保险赔偿。这种双层责任可能会带来人类驾驶员理性怠工的后果。

③ 其中也会涉及安全软件厂商的不正当竞争行为,如"北京百度网讯科技有限公司、百度在线网络技术(北京)有限公司诉北京奇虎科技有限公司、奇智软件(北京)有限公司不正当竞争纠纷案"(360插标案),见北京市高级人民法院二审民事判决书,(2013)高民终字第 2352 号。

人数字基础设施的过程①,这些基础设施同物理世界中的市场基础设施十分类似,其演进方式是,首先为了解决某个架构性企业自身业务的特定问题而开发,当该企业不断增长或发现这类问题具有普遍性时,就产生了将基础服务进行扩展的需求和动力,规模效应使得边际成本不断降低,而收益递增。② 同时,国家对于某些基础服务的牌照许可管理也直接影响了这类服务的供给(如第三方支付)。以下重点讨论除了一般技术服务之外的四种基础服务,它们或多或少都针对生产性资源的流动方式,以及更为基础的增强信任的设施。③

(1) 支付与结算。支付是支撑数字经济的核心功能,没有快捷的支付手段,互联网只能停留在"免费内容+广告"这样的初级媒体模式,或者仅仅允许用户在特定服务体系内使用自创点卡或虚拟币,价值交换无法真正融入赛博空间。中国互联网发展史表明,第三方支付服务适应了早期像淘宝那样的大规模以个体为单位的远程交易,对线下支付手段的缺失是一个强力补充,并迅速扩展到淘宝体系以外的各类商业场景,使无处不在的交易成为可能。④ 更重要的是,第三方支付的担保功能和累计评分机制解决了陌生人交易的信任问题,这在信任程度较低的社会环境中尤其关键。后续发展的非金融机构支付业务更有助于平台重塑支付渠道,向更多消费零售新场景扩展。一些分享经济企业还承担统一结算的功能,意味着对交易更强的控制力。

(2) 物流。物流伴随着电子商务的兴起而不断扩展,其核心思路是,原子应当追赶比特传输的速度,从人力到电动物流车到无人机的不断创新都说明了这一点。⑤ 民营快递业利用成本低廉的劳动力得到大力发

---

① 底层电信和域名基础设施仍然是由国家提供的。
② 〔美〕杰里米·里夫金:《零边际成本社会:一个物联网、合作共赢的新经济时代》,赛迪研究专家组译,中信出版社 2014 年版; Jean-Francois Blanchette, "Introduction: Computing's Infrastructural Moment", in Christopher S. Yoo and Jean-Francois Blanchette, ed. , *Regulating the Cloud: Policy for Computing Infrastructure*, The MIT Press, 2015。
③ Rachel Botsman, *Who Can You Trust?: How Technology Brought Us Together and Why It Might Drive Us Apart*, PublicAffairs, 2017.
④ 关于第三方支付的历史,见马梅等:《支付革命:互联网时代的第三方支付》,中信出版社 2014 年版,第 2 章;由曦:《蚂蚁金服:科技金融独角兽的崛起》,中信出版社 2017 年版,第 1、2 章。
⑤ 快递业和网约车、共享单车(以及未来的无人驾驶汽车)共同探索塑造新型智慧城市的交通规划和城市规划,争取新的路权,这本质上是由互联网生产方式推动的。

展,而无论是国营的邮政快递还是四大国际快递企业都没能充分适应这一变化。① 部分架构性企业拥有自营的物流服务,而像阿里巴巴这样的企业则把 C2C 模式推广到快递服务,通过建立第三方快递业务的菜鸟联盟打造一个可控的快递二级市场。②

（3）认证。实名制认证在互联网治理中是一个逐步完善的过程。尽管国家按照政治治理逻辑不断要求落实互联网各层面的实名认证,架构性企业通过账户体系绑定和识别固定的生产者和消费者,对及时预测和平衡不稳定的新经济有重要意义。特别是互联网时代的金融账户和用户行为账户合二为一,有利于将用户日常行为和消费行为结合在一起分析,加深对用户的认识。

（4）征信与金融。传统征信服务无法满足大众参与的分享经济；在掌握大量中小企业和用户的交易/消费数据后,架构性企业有能力进行预测分析,以算法重新构建新型征信体系,为众多中小企业或个人提供贷款或其他金融服务(如货币市场基金、保险),反过来进一步推动实体经济交易,形成正向循环,缓解商业银行无法解决的普惠金融服务问题。③ 国家允许私人企业征信服务开展试点后,各类信用算法使用非信贷个人数据,还被应用于越来越多的网络服务中,往往起到促销或折扣的功能,偏离了征信服务的信贷本意。④

值得注意的是,上述基础服务一旦由巨头架构性企业推动,会形成更具有公共性的基础设施(如占有移动支付市场重要份额的支付宝和微信支付)或《网络安全法》意义上的关键基础设施,这将促成由国家主导的相关产业平台产生(如"网联"⑤和"信联"⑥),由国家规制其运行数据和信息安全。

---

① 李芝巍:《快递时代 3.0》,中国铁道出版社 2017 年版；Ned Rossiter, *Software, Infrastructure, Labor: A Media Theory of Logistical Nightmares*, Routledge, 2016.

② 近期发生的菜鸟联盟和顺丰之间的商业争议即围绕用户使用快递服务的数据和潜在的市场展开。

③ 刘新海:《征信与大数据:移动互联时代如何重塑"信用体系"》,中信出版社 2016 年版,第 146—169 页。

④ 2015 年初央行发布《关于做好个人征信业务准备工作的通知》,要求 8 家机构做好个人征信业务的准备工作,但因种种原因至今尚未正式发牌。央行征信局局长万存知的一篇论文或许可以解释央行的担忧,见万存知:《个人信息保护与个人征信规制》,载《中国金融》2017 年第 11 期。

⑤ 2017 年央行主导的非银行支付机构网络支付清算平台试运行,系统监督第三方支付的支付清算业务。

⑥ 2018 年百行征信有限公司获批首张个人征信业务牌照,其主要股东为中国互联网金融协会、芝麻信用、腾讯征信等 8 家首批个人征信牌照试点机构。

4. 诸视角的综合

如果把前述基本架构和衍生架构综合在一起，则可进一步充实"账户—数据—评分"框架，围绕何种力量能够对主体行为产生影响这一主题重新认识架构性企业的生态系统。这一视角更贴近于一般意义上的"平台治理"，既突出场景中的生产资料，也突出具有规制能力的诸多要素。本章以水平顺序展示总结如下：

图 2.2　架构基本要素

这一图示表明，除用户外，架构至少由九个基本要素构成，在架构内影响主体行为的力量除了默认的刚性场景设计，还包括更加柔性的平台规则（及其纠纷解决机制）和信用与评分机制。这里凸显出架构与其他具有不同效力等级的规范之间既有协调关系，也有竞争关系。

值得一提的是架构性企业的生产和交易管理功能。这至少包括：（1）交易流程可以通过代码设计强制实施[1]；（2）为海量交易者制定交易规则和指引，并对违规者采取强制力处罚[2]；（3）通过声誉评价机制等社会规范利用交易双方主体进行评分排序，本质上是一种劳动管理过程；（4）通过技术手段对假冒伪劣商品、网络推手、非法内容等活动进行甄别发现。[3]（5）将用户的纠纷行为进行标准化和类型化，在解决未来纠纷时由用户选择类别进行简易处理，这是在线争议解决的核心。平台管理权

---

[1]　Benkler 早就发现，依托大众贡献的网络平台的架构必须设计明确，见 Yochai Benkler, "Sharing Nicely: On Shareable Goods and the Emergence of Sharing as a Modality of Economic Production", 114 *Yale Law Journal* 273 (2004)。

[2]　戴昕、申欣旺：《规范如何"落地"——法律实施的未来与互联网平台治理的现实》，载《中国法律评论》2016 年第 4 期。

[3]　例如，网络推手和刷单行为是头疼的问题，平台企业会通过技术手段予以甄别，对推手或制售假货者进行封号处罚或起诉赔偿。参见胡凌：《商业网络推手的演进与法律回应》，载《经济法论丛》(2017 年第 1 期)，社会科学文献出版社 2017 年版。

来自通过用户协议确立的管理权,也来自某些行政法规的行政义务。①

五、结　　语

架构理论试图绘制一幅地图,展示赛博空间的架构在多大程度上影响用户行为,其权力通过何种可见/不可见的途径发生作用,这取决于如何想象用户和架构的关系。本章主要以消费者视角进行了探讨,展示出架构性企业需要的法律和技术边界,这也构成了当下我们熟悉的赛博空间基本样态。

本章经由架构还提出了两种不同层面的契约问题:(1)缔结新世界的社会契约,讨论人们是否有权退回/重建架构以外的"乌托邦"世界(被架构遗忘、免于自动化算法分析);(2)人们是否能通过民事契约在架构之内行使选择权操作,而非表面上的知情同意。除了详细分析的第二种思路,我们也有必要进一步探讨第一种理论路径,即推动用户通过账户参与架构性企业的治理,参与规则制定与架构设计,这超越了简单的技术操作层面,而是需要用户产生某种公共性的自我意识,维护数字公共资源的生产和合理分配,这需要良好高效的沟通和信息传播机制。

---

① 与传统组织的章程、内部管理规范类似,和交易活动相关的网规不能完全被协议覆盖,其制定过程需要有更加公开透明的程序。商务部发布的《网络零售第三方平台交易规则制定程序规定(试行)》对平台企业制定用户协议和网规进行了规定。

第三章 当架构变得智能

一、引　　子

"人工智能"（以下简称 AI）这一词既在技术层面使用（工具、客体），也逐渐在道德与法律主体意义上得到讨论。AI 首先依托于现有互联网底层架构和商业模式得到开发，原本没有那么智能的算法在运算和数据处理能力上得到提升，甚至算法本身能够自主学习，对数据进行识别、分类、决策，可应用的场景也可能从单一扩展到多元，最终变成通用 AI。不难看出，AI 这一概念容纳了相当混杂多元的对象，而人们在谈论时头脑中往往想象不同的（甚至当下不存在的）实体。如果讨论对象模糊不清，就很难对不同判断达成一致，各说各话（例如是否应赋予 AI 适格的法律主体地位[①]）。本章延续思考网络法核心问题的一贯视角，将 AI 置于互联网演变过程（特别是生产过程）之中，观察 AI 对既有赛博空间秩序的影响，以及法律如何回应。这一视角的好处是，首先，AI 依托于不同场景和商业模式，可以在当下针对特定模式的立法体系下讨论，避免在同一个标签下谈论不同层面的问题[②]；其次，可以折射出 AI 的生产性维度，看到 AI 使用背后的生产关系和政治经济利益，而这往往被实证法学忽视；最后，可以将既有网络法问题置于更加自动化、智能化的环境中，思考什么构成

---

① 人们在讨论这一问题时，无一例外地列举 AlphaGo 和无人驾驶汽车，而少有人讨论已经在影响我们生活的电商、搜索引擎和新闻推送服务，因为后者无法激发论者想象中的主体感。一旦日常服务通过终端具象化，例如语音音箱或送货机器人，改变人机交互方式，就会增强这种主体感。

② 国家网信办自 2011 年成立以来，强化了对特定形态商业模式的规制，立法模式由过去统一行为立法转向不同模式特殊性立法，例如《即时通信工具公众信息服务发展管理暂行规定》《互联网信息搜索服务管理规定》《互联网论坛社区服务管理规定》等。

了中国语境下独特而持续的理论与实践问题。

以互联网为媒介的数字资本主义的重点在于价值生产。不难发现，AI 时代是算法驱动的社会化生产过程演进至更为自动化的阶段，也是继云计算、大数据之后互联网进一步发展的阶段。这一阶段明显的特征在于对算法的智能开发与广泛应用，如果说前两个阶段的主题过于技术化，普通人难于理解，AI 阶段则更富有戏剧性：它伴随着神奇的竞赛故事、大众媒体炒作以及耸人听闻的警告和担忧。① 技术公司们担心，把 AI 看成是未来人类的竞争者和统治者的论调会促使政府加强规制，导致这一领域的研发和投入减少，但事实上人们很快就发现媒体、好莱坞影视剧和科幻小说中的 AI 并不会短时间成真，世界主要国家的政府和所有大型平台企业都在鼓励 AI 研发，并将之视为未来国家间、企业间竞争的真正力量。② 恐怖谷理论(Uncanny Valley)业已说明，人形机器人可能不会在消费者市场上受欢迎，除非它们被刻意设计得远离人形，以至于不会给人类使用者造成"同类"的反感印象，哪怕在机器人文化盛行的日本也是这样。③ 相反，在现实中 AI 依托互联网服务大有可为，越来越深入地介入普通人生活，不局限于某类特殊技能的智能水平提升，而是通过数据分析和精准预测带来实在的经济利益。

笔者在其他地方区分了 AI 及其法律的双重属性：实证性(规范性)和生产性；前者指由作为一种黑箱的 AI 引发的权利和责任配置问题，如谁来承担无人驾驶汽车事故的责任，这些新兴规则的生成遵循着已有的网络法规则创设模式④；后者则指 AI 作为新经济的生产要素如何受到规制和约束。⑤ 生产的维度之所以重要，是因为它延续了传统政治经济学关于经济民主、歧视、平等、劳动过程等关键问题的讨论，法律问题只是这些

---

① 目前区块链和各类 ICO 似乎更能吸引眼球和盲目的投资者。

② 尽管仍然有警惕的声音，例如 OpenAI、牛津大学、剑桥大学等 14 家机构和高校共同发布的《人工智能恶意使用》(*The Malicious Use of Artificial Intelligence*)报告。

③ Yuji Sone, *Japanese Robot Culture: Performance, Imagination, and Modernity*, Palgrave Macmillan, 2016.

④ Frank H. Easterbrook, "Cyberspace and the Law of the Horse", 1996 *University of Chicago Legal Forum* 207 (1996); Lawrence Lessig, "The Law of the Horse: What Cyberlaw Might Teach", 113 *Harvard Law Review* 501 (1999); Ryan Calo, "Robotics and the Lessons of Cyberlaw", 103 *California Law Review* 513 (2015).

⑤ 胡凌：《人工智能的法律想象》，载《文化纵横》2017 年第 2 期。

宏大问题的具体缩影。如果 AI 只是传统生产组织用以提高生产效率的工具,那么也并没有提出全新问题,但只要 AI 生产依托于互联网,遵循网络生产的模式,就会延续一些和传统经济相比不同的问题,特别是劳动组织和劳动关系。实际上,AI 的特殊性是互联网整体问题的映射,这未必是法律意义上的独特问题(任何新事物都可通过法律解释活动在既有概念体系中得到解释),而是需要作为一种新型权力和利益相关人出现,以争夺现实的合法性。

就生产而言,新经济业已展示出两种类型:线上信息生产与通过算法驱动供需匹配,前者用于吸引大规模用户并将其作为免费劳工,后者则体现为信息经济带动更广泛的经济活动,更为精确地对供需进行匹配。类似地,AI 阶段的生产指(1)AI 正在取代越来越多的人类线上行为和劳动,以极低成本产生信息内容,吸引更多用户;(2)通过 AI 驱动线下资源生产更加精准,减少信息不对称,塑造价值再生产过程,并从交易双方获取最大程度的剩余价值。

贯穿本书的一个核心观点是,网络法的核心问题在于互联网如何进行控制和生产,其微观机制和宏观架构是什么,以及更进一步,谁能控制赛博空间。在生产和控制过程中,形成了两组主要关系:一是平台企业和用户的关系,一是平台企业之间的竞争关系,它们都可置于同一个生产性网络法框架中得到探讨。这些关系是辨证的,一方面共同体现了新经济内生地需要何种法律,另一方面又是不断生成演进的,是企业与用户、竞争对手不断博弈过程中形成的秩序。本章认为,AI 日益成为智能架构的核心构成,关于 AI 的任何法律安排(无论是法律主体还是客体)都需要放在上述不断互动的关系中观察理解,而无法先验地由法律拟制确定。

本章结构如下:第二节首先将 AI 置于现有网络法的架构理论下进行解释,认为 AI 是整个智能生态系统中不可或缺的一部分,有必要和其他互联网层面联系在一起系统讨论,而不是作为独立对象(这是任何法律主体讨论的思想根源)。第三节和第四节讨论 AI 如何推进网络法的上述两对核心关系,即智能化和自动化进一步改变用户和服务商的生产关系,同时也可能加剧不正当竞争,需要法律给予回应,划清架构边界。在讨论服务商和用户之间的关系时,AI 作为法律主体的问题似乎凸显出来,在这一过程中用户并未在架构中显著增加控制能力和活动空间,AI 企业的控制力反而进一步增强。第五节继续在架构视角下讨论如何通过合同和规制处理作为黑箱的 AI 信息披露问题。

二、架构理论中的人工智能

上一章提出的横向与纵向架构展示了赛博空间控制/生产的范围，AI 正是其中关键一环。以架构视角观察，不难发现人们对 AI 的不同想象取决于对不同架构要素组合的理解和认知：

表 3.1 AI 的惯常分类

	有终端硬件	无终端硬件
较弱智能	一般电动玩具	一般软件程序
较强智能	智能手机、无人驾驶汽车、人脸语音识别、智能音箱、自动化武器	搜索引擎、今日头条、搜狗输入法

尽管大众愿意将 AI 设想为有形体的"机器人"，但目前相当多的 AI 应用都依托于现有互联网服务，且出现硬软件垂直整合的趋势。按照通行的互联网商业模式，可将 AI 分解为"算法＋第三方应用（场景）＋硬件终端"，各类场景由多个算法组合控制，形成生产和交易流程，从具有强大运算能力的云端服务器进行远程控制；中层则由第三方应用开发者形成交易平台，允许用户通过终端进行交互使用；终端不过是连接线上和线下的界面，最初是智能手机，也可以演变成包括智能音箱、无人驾驶汽车在内的任何硬件。其商业目的是加强人机交互，按照分享经济思维促成大规模交易与合作。这一架构中的 AI 会通过账户对使用者进行认证，对账户中积累下来的用户行为数据进行分析识别，生成动态身份，并对其行为进行评分指引，预测其偏好和未来行为。从这个意义上看，AI 就不单纯是一个"大脑"或终端产品，而是一整套生产流程，甚至就是架构本身。

按照这个思路，也可以按照不同功能区分位于赛博空间架构不同层面的 AI：

➢ I 类为 C2C 模式平台本身，通过大量数据分析精准调配资源、设计场景；

➢ II 类为 B2C 模式,向用户直接提供在线服务;

➢ III 类为用户的智能代理人,代理用户在平台上参与交易,但可能和 I 类的角色相冲突;

➢ IV 类则是用户购买的终端智能产品。

四者之间的关系一定程度上反映出互联网架构和权力关系在过去十多年间的重大变化。互联网发展早期的智能、创新和控制力集中在无处不在的终端,经由创生性的个人电脑、端到端分布式架构以及大众分享的文化造就了我们熟悉的互联网生态。然而随着云计算的兴起,越来越多的服务以信息流方式在线提供,同时应用商店模式使终端越来越变成哑终端(尽管芯片处理能力不断增加),用户在架构中的行为能力受到愈加严格的限制,一切指令都来自智能云端。[①] 理解这一点有助于理解未来可能出现的形形色色的 AI 终端产品,表面上看由用户购买控制,但它们并不能独立运作,需要时刻与服务商中央服务器相连更新,甚至可在一个封闭网络中相互沟通传输数据(智能物联网),使用户成为遵循许可使用协议的终端租客而非购买者。此外,I 类 AI 还可能通过特定方式(如许可牌照)成为寡头垄断的基础设施服务,为更多中小开发者提供计算能力和数据分析服务,也变相地推动形成巨头主导的生态系统。

如果将横向与纵向视角合并,可以看到智能架构中上述四类 AI 的地位及其对社会主体行为的影响。AI 作为整个架构演变的引擎,对外开拓架构的疆界,对内则塑造生产关系和生产活动,与平台规则、评分机制、用户协议等一并构成了架构权力。较为完美的控制/生产体系是文字规则与代码规则保持一致,外在的用户协议与平台规范能够精确地描述变动中的算法功能,但在实际中却难以实现,后文还将进一步讨论。

在这个智能架构中,既包含高度流动和不确定的要素,也包含稳定不变的要素。例如,架构中汇集的生产性资源是不断流动、多属的,但架构通过账户认证和识别稳定地追踪用户,并根据其数字画像加强预测降低风险;架构的硬件层面的质量要得到保证,确保符合质量安全标准,但其软件功能又需要不断更新升级,要求用户容忍配合。在这样的辩证法中,

---

① Jonathan Zittrain, *The Future of the Internet-And How to Stop It*, Yale University Press, 2008.

AI 经济得以不断崛起演进,使 AI 企业与用户、竞争者的关系变得日益复杂。

三、人工智能与我们:从游乐场/商场到工厂

上文已经说明,常识能够想象和理解的 AI 服务会以何种方式开展。这意味着 AI 产品很可能进一步脱离终端用户操控,由 AI 企业持续保持强劲控制力,在此背景下谈论独立的 AI 法律人格可能会有截然不同的政治经济意蕴。本节将这一话题放置于 AI 与我们(作为产销者,prosumer)的关系中,指出无论是消费者还是数字劳工,都需要认真对待更加智能化的数字架构,后者驱使互联网带来的控制/生产过程走得更远。

机器正在取代人类工作的讨论方兴未艾[1],最早反映在互联网上主要是由算法直接生成或辅助人类制作可供消费的内容,后来扩展至更多元的场景,可能的模式既包括 B2C,也包括 C2C,这一方面无疑影响了那些难以快速适应新技术变化的传统职业,另一方面更加便利了消费者,同时将更多熟悉数字环境的消费者转变为可产生价值的灵活劳动者。下面简要勾勒出 AI 生产场景的演进(上文的 II 类和 IV 类):

➢ 新闻报道、法律服务、编曲、文学创作、广告这样的初级信息编纂工作可以又快又好地由 AI 承担,以接近于零的边际成本向用户提供,降低用工成本。这更多是结构化的数据自动生成的结果,只要对输入的数据进行结构化整理,就可以按照一个模板生产出所需的信息产品[2]。

➢ 机器人推手、僵尸粉、刷单和个人信息打码这样的灰/黑产的生产主要由 AI 实现。

➢ 虚拟交互或创设虚拟形象,诱使更多的用户参与使用,如直播平台和微博上的粉丝或者在线游戏虚拟对手、聊天机器人。

---

[1] 〔美〕杰瑞·卡普兰:《人工智能时代:人机共生下财富、工作与思维的大未来》,李盼译,浙江人民出版社 2016 年版;〔美〕埃里克·布莱恩约弗森、安德鲁·麦卡菲:《第二次机器革命:数字化技术将如何改变我们的经济与社会》,蒋永军译,中信出版社 2016 年版。

[2] AI 的数据训练需要大量人类劳动的帮助,例如数据标注。参见《数据折叠:今天,那些人工智能背后标数据的人正在回家》,载"甲子光年"微信公众号,2018 年 2 月 15 日。

➢ 基于去世用户数据开发出虚拟人像对话服务,模拟用户生前行为和思想,实现"永生"。

➢ 在软件智能化基础上,将电脑和智能终端稍加改进扩展,形成各类新型终端,即会思考的机器人雏形。

对用户而言,智能服务是一个合同问题,如果他们接受一个存在大量AI拟人化生产的虚拟环境的话,规制者会要求企业在用户协议中披露这类信息,并提供能够验证真伪的方法,以免用户遭受欺诈造成误解。机器生产的意义在于,它不仅反映了赛博空间价值生成的劳动本质,也折射出用户在互联网空间生产中的转瞬即逝的地位,甚至还反映了机器生产和人类劳动之间的连续性。伴随着人工成本的增加和竞争更加激烈,我们有可能见证更多由AI创作的网络信息和文化作品(哪怕是初级的),而在未来则会出现一个完全由机器生产主导的虚拟世界。

这一过程如果逐渐成真,部分互联网平台可能会从C2C第三方平台模式转向B2C自营模式,如果前者的成本远高于后者。这当然会部分地减轻地域性规制的压力(无须为不良内容找到人类责任主体),取而代之的是针对企业统一算法的规制。但就目前法律实践而言,无论是法院还是规制者,都倾向对网上的外在行为或结果进行认定、确定责任分担,而不是探究黑箱内部(详见第五节)。AI无须作为法律主体接受规制,而只是平台企业生产过程中的工具而已。即便是在搜索引擎公司强调其搜索推荐或竞价排名推广信息是"自动生成"的时候,人们也从未想过要由一个纯粹的机器算法承担责任,独立法律主体的说辞只是在为免费利用开放网络信息且承担较轻的审查责任提供理由(这一说辞仍值得重视)。如果越来越多的网络内容不但由AI自动筛选,甚至组合排序,形成某种新作品,就会涉及与当下搜索结果的排列顺序的区分,机器介入的程度越来越深使得形式上的分别愈加不重要。

作为直接生产者的AI无疑会大量增加网络公共资源的供给,避免出现人类生产者动力不足的公地悲剧问题。然而,人类的同侪生产过程,同时承载着沟通交流与合作的关系和纽带,而不简单表现为纯粹的劳动和价值交换。① AI生产的增多可能逐渐会减少这类活动的文化、社会意义，使经济性成为最主要的衡量标准，同时意味着平台对公共资源池的掌控能力更强。下面将细致讨论在互联网经济基础上生发出的AI法律人格主张。

从生产的角度看，AI法律人格和地位的主张不过是延续了传统媒体对消费者人格商业利用的做法②，赛博空间在宏观架构上将用户的人格（如隐私）不断转化为可持续利用的数据财产③，并通过微观用户协议"知情同意"实现这一商品化过程，但有趣的是，AI产品（作为架构的延伸）最终能够积累（或要求创设）出自己的独立人格，表面上似乎能与用户保持某种平等的地位或得到法律特别保护，但更多折射出背后的AI企业财产权利，时刻受到企业的远程控制，用户并未真正脱离架构权力影响。

AI法律人格的拟制主张从一个侧面看并不复杂，在制度设计上甚至水到渠成：平台企业拥抱以AI为基础的平台架构，同时开发出更贴近用户日常生活的、可自主思考决策的智能终端/机器人，要求赋予其某种独立而有限的责任，并与AI企业在形式上脱钩。这种思路与当下的平台责任讨论一脉相承，甚至可以看成是"非法兴起"过程中的最新主张。本章无法系统设想AI产品成为法律主体可能的制度设计，从已经进行的讨论来看，至少包含以下重要方面：

➢ 算法自动生成的内容享有著作权，可积累个人财产。④ 这会使网上属于公有领域的内容通过抓取和创造活动进一步私有化，而竞争对手不得侵犯；同时AI企业不会为任何侵权内容负责，但可以通过AI的再创作而间接获利，吸引消费者。

➢ 享有一定程度的言论自由。⑤ 这无疑可降低对AI企业的商业言论规制要求，减轻平台审查责任，得到相关法律（如第一修正案）的保护。

---

① Yochai Benkler, *The Wealth of Networks: How Social Production Transforms Markets and Freedom*, Yale University Press, 2006.
② 〔美〕胡·贝弗利—史密斯：《人格的商业利用》，李志刚、缪因知译，北京大学出版社2007年版。
③ Lawrence Lessig, "The Architecture of Privacy", 51 *Duke Law Journal* 1783 (2002).
④ 例如，熊琦：《人工智能生成内容的著作权认定》，载《知识产权》2017年第3期。
⑤ Tim Wu, "Machine Speech", 161 *Univeristy of Pacific Law Review* 1495 (2013).

➢ 购买服务的用户并不实际拥有虚拟影像,它在形式上独立,但由 AI 企业算法控制。

➢ 容忍终端产品的软件瑕疵。类似于软件拆封合同,AI 产品需要实时联网反馈使用数据,以确保功能稳定更新,不断增强企业的远程控制力。

➢ 如果智能产品包含硬件,可在消费者法律要求下承担产品质量责任。

➢ 有限侵权责任。AI 企业为特定情况下出现的因 AI 运转失灵导致的侵权责任购买保险,特别是风险大概率小的极端行为。但在人机交互过程中,有时很难区分责任边界,也较难取证。

➢ "不得伤害机器人",智能终端不得随意破解拆分,因为它代表了 AI 企业的知识财产,用户也不能未经许可自行编程设计 AI 作为代理人进入平台服务器沟通交换数据。

➢ 在人机交互中有权使用用户数据,默认追踪用户,形成因人而异的 AI。

➢ 容忍可能的广告等商业模式,不得以不正当竞争方式屏蔽。

上述例举均为业已发生的各类互联网案件/事件的延续,本身没有更多特殊性,只不过更加强调 AI 的"自主性"和"不可控制性",引发人们的关于"自由意志"的想象。在相关法律出台之前,这种来自 AI 企业的主张在实践中已经成型(请对比快播案)"快播公司诉深圳市场监管局著作权行政处罚纠纷案"(快播案)[①]。首先,可以通过用户协议展示,在知情同意通行说辞下避免运营风险;其次,可以以不可控为由,主张"网络中立"或"技术中立",要求用户为自身行为负责;最后,可以以算法黑箱的深度学习过程不可回溯为由,主张降低可能的信息安全保障义务。如果用户购买到的是一个完全自主的智能产品,对用户的终端能力和选择权将有极大提升,也可以真正和 AI 企业脱钩,但无论是目前的信息安全审查制度还是互联网商业模式,都不允许这种情况发生。

此外,人格化的结果是在人类生产过程中合法引入了超级竞争者,这可能会迅速取代更多简易工作,并创造出更多初级消费品。再次强调,人

[①] 广东省高级人民法院二审行政判决书,(2016)粤行终 492 号。

格化同时意味着希望人们无视 AI 公司背后可获得的经济利益和控制力量,重要的不是最后一公里产品本身是否足够智能从而在法律形式上更加独立,而是从云端到终端的整个流程代表了生产性的权力关系,有必要思考未来如何通过法律调整这种关系,使之变得更加公平,否则只是针对纯粹法律技术和拟制的研究在实质问题上改进不大。

AI 带给我们的不只是游乐场或商场,也可能是无薪劳作的工厂,想象我们和 AI 关系的另一种方式就是数字劳工。[①] 如前所述,由于互联网兴起的商品化逻辑没有改变,不断碎片化的人类劳动在相当时间内还会持续成为 AI 演进(无论是 I 类还是 II 类)的免费生产资料。AI 通过大量真实数据得到训练,并不断搜集、追踪用户数据,变得更加智能。松散的劳动关系是互联网成功的关键要素之一,目前一系列案件已经确认像主播和专车司机这样的灵活劳动力不是平台雇员,也因此无法享有社会保障、参加工会等劳动权利。[②] 以低成本获得无偿劳动将继续成为 AI 企业不断扩展的推动力。

四、人工智能如何(不正当)竞争

除了直接生产信息内容,AI 更多地用于平台经济上的调配资源、营销推荐、内容分发,甚至预测未来(上文的 I 类)。这一预测本质上是依据不断生成的动态数据对个体加以追踪,更加精确地计算和判断每一次网络点击和活动会引发何种连锁反应。这种经济类型从生产资料的角度数年前便被称为"分享经济",是因为平台试图创设生态系统,为中小生产者和消费者提供交易中介服务,但由于平台广泛搜集交易数据,撮合交易,由此获得广告收入甚至交易分成,已经深深介入交易过程,在这个意义上称之为"平台经济"更加准确。随着更加成熟的 AI 创设出来,平台与双方交易更像是一个相互嵌入的合作过程,甚至拥有某种强大权力。[③] 为了

---

① Trebor Scholz, *Uberworked and Underpaid: How Workers Are Disrupting the Digital Economy*, Polity, 2016.
② 因为法律形式上是合作合同或经纪合同,实质上平台也没有进行工作安排或者控制指挥劳动过程。
③ 周辉:《变革与选择:私权力视角下的网络治理》,北京大学出版社 2016 年版。

打造互联网入口，平台会尽可能将生产资源纳入自己的生态系统，并采取补贴优惠等活动吸引交易双方，提供良好的服务，更进一步表明平台的非中立特征。与其他平台竞争者相比，特定平台是非中立的，但对平台上流动的资源和交易而言，中立和公正性又是确保一个良好生态运转的核心。从这个意义上说，未来的公共资源池会变得更加封闭，进一步受控于核心算法，生产性而非公共性进一步得到强化。

和众多互联网导致的传统行业的衰落（实质上是生产方式的转变）类似，AI 时代进一步将战火引至更多服务业，如交通、法律、医疗和教育。尽管不断有针对互联网平台的不正当竞争控诉，法律事实上反映了新经济的利益，并按照新经济的需求发生转变。在 AI 主导的平台时代，平台之间的不正当竞争可能会有如下新特点：

➢ 通过机器人爬虫不断抓取竞争对手控制下的数据和信息可能会更加猖獗，尽管法院在近年的新浪微博诉脉脉（2016）一案[①]中确认了此类行为的不正当性，但最终需要的仍然是通过技术保护措施的硬性自我防护，而非像 robots 协议这类柔性行业规范。

➢ 同时，关于比价插件的不正当竞争案件却反映出法院对平台利益的过度保护，忽视了插件软件的公益属性，也失去了平台价格规制的可行的替代方案。[②]

➢ 竞争者和其他交易主体会雇用网络推手制造虚假数据，造成数据污染，反过来对平台的精确分析造成干扰；平台如果不能识别并抑制这类虚假交易，会遭受极大损失。[③] 网络上有大量机器人不断破解各类在线账户（如博客）并自动发表不相关的垃圾内容，占用了相当的网络流量，也是不正当行为的一个变种。

➢ AI 时代的任何插件、APP、软件甚至硬件都可能是自动化和数据驱动的，这可能引发上游架构性企业借助硬件优势对下游企业提出强制性要求，意图通过统一 AI 调动特定应用（往往以向用户推荐或投放定向

---

① "北京淘友天下技术有限公司等与北京微梦创科网络技术有限公司不正当竞争纠纷二审民事判决书"，(2016)京 73 民终 588 号。

② "浙江天猫网络有限公司诉上海载和网络科技有限公司不正当竞争纠纷二审民事判决书"，(2017)沪 73 民终 197 号。

③ 胡凌：《商业网络推手的演进与法律回应》，载《经济法论丛》（2017 年第 1 辑），社会科学文献出版社 2017 年版。

广告的方式),这意味着上游企业更加强大的掌控力,甚至不惜排斥其他应用,走向垂直整合的自我封闭性。①

➢ 算法竞争本质上首先仍然是资源竞争和架构边界的划定。魏则西事件折射出 AI 公司(例如搜索引擎)的竞争策略是资源先占(从通用搜索转向垂直搜索),而怠于开发精确的算法,商业模式和新入口的打造使得相关市场不断被颠覆,更加不需要精确算法来在边际上推动获利。这一现象表明算法可能不会因单纯的市场竞争而推动改进,AI 公司仍然会依靠更加省事的广告和竞价排名以及不正当竞争获利。②

上述特点说明了,AI 时代的不正当竞争可能会围绕生产性资源和数据争夺进一步加剧,成为"非法兴起"逻辑持续的另一例证。这一争夺由 AI 内在驱动,表现在外则是架构之间的碰撞、排斥和冲突,从而导致更加封闭的垂直平台或生态系统,不利于推动基于生产资料创造性再利用的创新。缺乏有价值生产资料的新兴 AI 企业更加会利用自动化手段在赛博空间中以不正当竞争方式扩展,而且有趣的是,这种扩展往往打着用户代理人或技术中立的旗号进行,例如帮助用户"一键搬家"创制的内容③、屏蔽广告④或者便利传输盗版作品。这产生了更多深层次的法律问题:(1)为了更加有效地利用生产资料,需要探索合作共享机制而非圈地机制,但无论是共享还是圈地,都往往是 AI 企业以冲突方式不断试探架构的边界而产生,法院应根据资源的有效利用程度考虑辨识是否属于不正当竞争;(2)变成底层基础设施的 I 类 AI 企业在竞争关系上应与上层的 II 类 AI 有所分别,防止底层企业过度整合,滥用支配地位,影响上层企业自主经营行为;(3)更重要的是,需要关注发生于架构之内的用户真实控

---

① 2012 年的"3Q 大战"是在 PC 互联网时代争夺的最显著例子,AI 时代的例子则体现为各类独特应用以 AI 方式对其他应用进行了干扰,例如用户在使用搜狗输入法参与"百万英雄"活动的过程中,搜狗输入法提供"答题"助手功能,用户点击"搜狗输入法"上带有"答题"字样的图标时,搜狗输入法会在"百万英雄"活动直播页面底部,擅自增加"答题"助手页面,对用户的实时在线评论进行遮挡,同时隐藏了活动评论功能按钮,使用户无法和主持人进行在线互动。

② 胡凌:《走向封闭的搜索引擎》,载腾讯研究院《网络法论丛》(第二卷),中国政法大学出版社 2018 年版。

③ 《谁的用户:微博欲诉今日头条非法抓取内容》,载《21 世纪经济报道》2017 年 8 月 15 日。

④ 例如,"合一信息技术(北京)有限公司与暴风集团股份有限公司不正当竞争纠纷一审民事判决书"(优酷诉暴风屏蔽广告案),(2016)京 0107 民初 5376 号。

制能力，允许用户自行开发或雇佣 III 类智能代理人，自主地掌握个人数据进行合作交易。

五、智能架构的生长与法律保障

1. 架构延伸及其边界标准

随着架构性企业发展，架构变得愈加智能和复杂，其触手也围绕"账户—数据—评分"这个核心机制不断在横向场景和纵向层面上对外延伸，对内强化控制和生产，从早期的机械合并到有机智能整合。这一过程主要通过如下方式进行：

➢ 线上开发更多新功能，以软件自动更新的方式捆绑扩展，尽管可能会引发反垄断争议；线下以"账户—数据—评分"机制通过终端设备覆盖更多物理场景，允许用户通过一个账户使用多种服务；

➢ 线上通过架构性企业合并获得既有平台流量；线下与传统组织合作获得更多场景，吸纳更多资源，沿着物理世界的地理位置扩展，但可能会受到线下资源流动性规制；

➢ 通过广告联盟扩展影响力，在不同架构中持续追踪用户；

➢ 将基础服务（特别是受到牌照规制的支付、物流）向更多企业和开发者提供和外包；

➢ 算法不断自动更新，变得更加智能，架构的流程更加简单和自动化，将所有的交易过程隐藏在架构之中，基于数据分析形成的架构越来越因人而异。

从用户的角度看，架构的迅速扩张为其清楚知晓边界带来了困惑，法律上目前有几种可资判断的标准：(1) 用户感知标准，即以用户在使用终端时感知到的违法行为为边界。[①] 这对信息披露提出了较高的要求，需要向用户清楚展示架构权力之所及，否则用户可能无法实际判断广告的来源或服务来源，也并不知道摄像头的默认开启是否会影响其账户行为。(2) 用户协议文字标准，这往往很模糊，在一些涉及较为复杂的分层与功

---

① 该标准最早用来判断数字侵权行为，见北京市第一中级人民法院民事判决书（2003）一中民初字第 12189 号；北京市朝阳区人民法院民事判决书（2015）朝民（知）初字第 44290 号。

能标准的场合可能无法实现,只能由专业人士和规制机构进行监督。但只要用户协议展示得当,语言清晰易懂,法院往往倾向于认可知情同意有效。① (3) 技术标准,如深层服务器或云端标准,这超越了用户感知,只在特定侵权案件中认可,也需要相当的专业知识和取证能力。② 第一种标准对用户最为有利,后两种则对架构性企业有利。在理想状态下,三个标准应当相互对应解释,保持一致,但在实际中用户协议无法完全涵盖技术标准,用户感知标准无法完全以常识方式得到应用,技术标准本身也会模糊不清,出现架构的重叠冲突。同时,法院尚未在思维方式上突破知情同意的约束,即正视赛博空间架构问题,有必要进一步讨论架构的延伸是否恰当地入侵了传统空间,对传统权利和价值造成了威胁。③ 从这个意义上讲,为赛博空间的边界划定标准就是围绕社会共识和基本价值展开的论争。

架构的扩展是既封闭又开放的动态竞争过程,架构性企业有动力使用各类方式将生产性资源留在架构中,这一过程伴随着基础服务能力的提升,从而为向新的生产性资源开放奠定基础。互联网行业的发展过程就是架构性企业不断调整架构边界而展开的竞争。架构性企业希望不断厘清边界,为自身扩张寻求法律和技术依据,并阻止竞争对手扩张。④ 我们在第二节已经看到消费者如何推动架构边界形成,但用户与架构性企业的关系在某种场合下也可以转化为架构性企业之间的关系,这就是塑造架构事实边界的第二种力量:企业间(不正当)竞争,这类力量往往以保护消费者权利、增强其选择能力为理由试图重新划定架构边界⑤,例如,

---

① 少数法院对用户协议进行审核,都未对条款内容进行实质判断,如"周某诉阿里巴巴(中国)有限公司计算机软件著作权许可使用合同纠纷案",浙江省杭州市西湖区人民法院一审民事判决书(2015)杭西知民初字第667号,"北京百度网讯科技有限公司与朱某隐私权纠纷管辖权异议上诉案",江苏省南京市中级人民法院二审民事裁定书(2013)宁民辖终字第238号。

② 该标准最早用来判断数字侵权行为,见北京市高级人民法院民事判决书(2004)年高民终字第1303号;北京市海淀区人民法院民事判决书(2007)海民初字第25153号;北京市高级人民法院民事判决书(2007)高民初字第1201号;最高人民法院民事判决书(2009)民三终字第2号。

③ 例如在注释①中提及的百度案中,法院完全可使用传统的干扰安宁权理论来判决,而不是被绕进知情同意的传统思路。

④ 软件开发普遍存在的兼容性就是这个问题,见张吉豫:《探寻知识产权的边界:以信息技术平台兼容性为视角》,法律出版社2017年版,第四章。

⑤ 这是奇虎360一系列官司的主要说辞,见周鸿祎、范海涛:《颠覆者:周鸿祎自传》,北京联合出版公司2017年版,第323—357页。

在哪一层架构抓取竞争对手的数据不违规，如何为消费者屏蔽广告（同时放置自己的广告）或干扰他人的软件运行，如何帮助用户创制内容一键搬家，等等。①

2. 智能架构需要何种法律

在因人而异的智能架构出现时，似乎问题就解决了，因为架构会随着用户的需求有多种可能性，而一切的可能性也都是在设计之中，只要用户行使同意权就可以展示出来。② 因此，理想中的充分知情并选择退出已经不符合互联网的现实，持续地监控架构功能变动和了解自身数据使用状况，进行充分选择操作才是需要解决的问题。核心问题在于，作为架构组成部分的数据池在多大程度上能够为用户掌控、由第三方代理人处理或只能由架构性企业排他地分析。架构性企业无疑希望排他使用数据池，从而打造更加智能的服务，将数据服务变成不可更改的默认设置。智能服务是架构的进一步提升，但仍遵循互联网兴起的逻辑，在宏观上使资源配置和交易流程更加自动化，在微观上通过数据分析提升预测质量，以便更了解和塑造用户身份。③ 这一服务的前提是，只有事先获得各类资源（包括用户数据、版权作品、线下服务）的使用权，能够轻易调取，掌握真实的元数据，才能精确匹配或推送广告，或者推动开发新服务。这似乎陷入了悖论：形式上在使用特定个人数据时需要明示授权，但在架构之中已经进行了模拟，而模拟的前提又基于之前的一揽子授权。换言之，智能服务依托的架构首先取代物理世界变成新世界的默认设置，再由用户在架构内行使经由设计的"自由选择"。

架构的历史表明，通过用户协议的知情同意并非真正让用户作出选择（否则完全可以通过特定功能设计体现出来，并辅以文字说明），而是为

---

① 在新浪微博诉脉脉不正当竞争案（2016 年）中，二审法院给出一个三重授权的模式：明确第三方应用通过开放平台例如 Open API 模式获取用户信息时应坚持"用户授权"＋"平台授权"＋"用户授权"的三重授权原则。见"北京淘友天下技术有限公司等与北京微梦创科网络技术有限公司不正当竞争纠纷二审民事判决书"，(2016)京 73 民终 588 号。这一原则仍以平台为主导，因为是平台连接了用户和第三方开发者，如果对平台无益，就不会开放接口。用户的数据同意使用权仍然只是特定技术条件下的合同权利，而非法定权利，更不是自然权利。

② 架构性企业有动力推动人工智能的法律人格化，这将帮助减轻相关责任，但问题仍然在于架构控制权归属。

③ 胡凌：《人工智能的法律想象》，载《文化纵横》2017 年第 2 期。

架构权力的出现提供正当性证明，是一种宣示。真正的选择是行动，而用户只能在架构允许的有限范围内行动。此外，在用户无法控制的架构黑箱内，通过数据分析模拟构造无数的可能世界和场景，只是尚未具象化。用户的点击同意不过是将可能世界之一种现实化，并不断优化，并以实际展示的架构样态呈现出来，进而塑造整个社会的行为和身份。

综上，架构理论已经充分显示出架构需要何种法律确认合法性、保护其利益，架构性企业希望能将自身的法律权利扩展至架构的各个层面及其边界，目前形成了清楚的权利束：

➢ 在服务器存储层/数据层，以不正当竞争为由阻止竞争对手侵入或抓取数据，要求确认架构财产权或数据池财产权；

➢ 在硬件层，阻止用户破解和破坏终端，保护自身的知识产权；

➢ 在应用层，阻止终端用户和竞争对手干扰或破解，而软件自动更新和风险则需要拆封合同加以确认；

➢ 在内容层，阻止任何广告屏蔽行为，用户只能观看使用这些内容，无法下载；

➢ 通过用户协议尽可能对架构进行全覆盖，推动知情同意；

➢ 推动横向与纵向架构的整合和扩张，反对传统垄断标准。

为探索如何保持架构性企业与消费者权利的平衡，有必要在确定架构边界的时候不简单以用户协议为标准，而是实质性地考虑用户在架构中所处的地位，给予细致的可操作性、足够选择能力和活动空间，同时兼顾硬软件综合开发与架构性企业财产权。本章最后总结一些原则性的要点如下：首先，在特定架构中给予用户更多市场选择，防止平台捆绑独家应用，推动开发应用市场。智能手机预装应用程序卸载的实践合理区分了手机的基本功能与非基本功能，基本功能（特别是调动硬件的程序）无法卸载或更改，但需要披露基本信息，而非基本功能则需要给予用户包括卸载在内的操作空间。类似地，架构性企业在各类服务场景中也可以按此标准设计（如点击关闭浮动广告，阻止追踪等）。其次，在另一些架构中，用户也需要自行更改的能力，至少是用户购买而非租用的终端中，应当允许用户对硬件和软件的特定层面进行个人化的合理使用，但不允许使用第三方提供的工具自动化批量处理。再次，任何架构都由"质量"和"功能"两个层面组成，质量层面需要符合行业技术标准，受消费者法和产品质量法约束,而功能层面则给予架构性企业以更多灵活性,确保算法不断智能演进,通过可删除、开发应用市场、自动更新说明和保险等方式弥补可能的风险。最后,通过外在法律和监规制约架构设计,设定标准并要求对事后产生的外部行为负责,包括对黑箱设计的伦理干预,审查商业模式和用户协议等。

前两节内容都暗含了 AI 企业和产品在演进过程中受到的质疑和挑战:对消费者而言,需要确保交易公平,防止消费者剩余过度剥夺,出现隐性歧视;对劳动者而言,需要在灵活用工环境中得到社会保障;对竞争者而言,需要划定平衡创新与秩序的架构边界。这些挑战可以通过合作协议实现,也可以经由外部规制介入推动。我们已经看到知情同意原则被广泛用于 AI 企业确立合法性的实践中,但在黑箱背景下仍需进一步探讨,即保持架构黑箱的技术秘密性/复杂性与特定信息披露之间的动态平衡,同时使算法对其外在活动有效地承担责任。[①]

传统规制思路是针对黑箱外在行为的负外部性进行约束,这是以往"技术中立"的思想根源,如果负外部性影响较大,就会认为该软件程序的设计有实质性侵权用途,但基本上没有介入黑箱之中干预。这种司法选择是有道理的,主要因为法院或规制者缺乏相关知识,哪怕是专业规制者也无法理解复杂代码的设计,只能依据其表现出来的模式加以判断。但这并不意味着黑箱的设计不受约束,当代码设计和商业模式、用户协议愈加紧密地结合在一起时,即使法院无法审查代码,仍可以审查商业模式合法性和用户协议效力。在特定情况下(特别是安全领域),除了直接针对 AI 产生的外在行为进行规制,也会有尝试对算法本身进行管控,包括算法设计过程的伦理规则、安全性审查标准、针对代码的备案制等。软件产品的一般缺陷多少可以被拆封合同掩盖,但仍然有必要对已经出现的几类足以影响 AI 发展的规制方式和现象稍加讨论:

(1) AI 分级,判断人机交互的程度和责任分担。现有无人驾驶汽车的分级制度为具有较大风险性的 AI 产品规制提供了指引,即在设计不同

[①] Finale Doshi-Velez et al., "Accountability of AI Under the Law: The Role of Explanation", Berkman Center Research Publication 2017, Available at SSRN: https://ssrn.com/abstract=3064761; Joshua A. Kroll et al., "Accountable Algorithms", *165 University of Pennsylvania Law Review* 633(2017).

层次的 AI 服务过程中,清楚地说明在不同场景下使用者和智能服务之间的主辅关系,提供相应激励。但在实践中仍然可能出现责任不清的状况,需要合理分配举证责任。

(2)在判断软件侵权行为时对算法设计的初衷和用途实质进行判断,以决定是否彻底禁止该软件。例如法院对 P2P 软件是否构成"实质性非侵权用途"作出的判断。这类判断并未深入软件内部,而是对软件开发者和使用软件的行为进行了分割,这就比简单模糊的"技术中立"主张更具有可分析性和操作性。针对关键算法开发者可以施加一定的基本功能说明义务,向规制者和用户充分合理地说明,用自然语言描述出其功能和可能的风险。

(3)信息披露与共享。由于软件缺陷会造成严重后果,一定程度的关于代码信息缺陷的披露可以帮助填补漏洞,平衡黑箱的不透明,并促使企业更自觉地加大对自身产品的安全检测。允许像白帽子黑客这样的第三方组织进行披露有利有弊,而在一定范围内进行的代码信息共享(包括企业间、政企间)是另一种通过信息流通发现算法缺陷的手段。

(4)规制合同。尽管无法深入 AI 内部,但规制者可以要求用户协议尽可能地反映算法的功能和商业模式,并在事后对合同进行形式审查,如果合同预期的效果和展示出来的功能不一致或有违公序良俗,法院就可能进行实质审查,变更或撤销涉案条款,并间接地对 AI 的设计和外在效果产生影响,比如广告自动推送系统的设计。问题在于,法院有时会严格按照合同制度法规定进行形式审查,却怠于进行实质审查,使一些用户无从得到救济。

(5)数据的清洁性。在很多情况下,法律无意干预黑箱的运作过程,只希望对黑箱处理的生产资料进行约束和清洁,从而替代对黑箱设计本身的规制,这一思路和规制者的事前规制有所不同。例如,为防止 AI 侵犯个人隐私,法律会要求对搜集到的个人数据进行脱敏,无法追踪到个人。

有必要看到,披露的信息并非越多越好,在披露信息的同时需要考虑信息的消化能力和认知偏差,也需兼顾 AI 企业的财产权利和用户自主的合理使用和操作空间,从而有利于多元的互联网创新。

六、结　　语

本章简要讨论了架构与人工智能的关系,以及如何理解其与使用者、竞争者之间的关系,进而帮助我们更好地理解作为网络法核心问题的控制/生产机制。至少在中国语境下,两组关系都在不断地重塑架构边界,特别是伴随 AI 企业扩张引起的生产关系与法律关系的诸多调整,这也意味着这些关系有待法律进一步确认而非固定不变,展示出信息时代经济基础对上层建筑的巨大影响。信息技术曾许诺成为一种"解放性"技术,但从初期互联网到 AI 的发展过程表明,这种解放不过是把生产资源和劳动从传统组织中释放出来,给予高度流动性,组织新的生产活动而已,同时伴随着更为强劲、弥散的权力和社会控制。这就回到了架构理论的原初问题:赛博空间中的我们如何在微观机制和宏观架构上争取更多的自由和控制力。

第四章 主权如何塑造网络架构

一、主权与信息基础权力

前文讨论了生产方式和商业模式下的架构生成，本章回到国家主权，关注互联网主权的具体实现过程，这是赛博空间架构生成的有效保障。从技术发展的角度看，互联网只是电信和信息技术的晚近形态，之前的电视和广播已经产生了对封闭国界和主权的冲击。① 如果在规范意义上抽象讨论互联网与主权问题，可以认为互联网产生了更大规模的跨界数据流通问题，影响力超出了传统媒体。首先，数据跨界流通会带来诸如版权、隐私、税收、服务贸易、网络犯罪、恐怖行为等多种法律问题，以及相关的管辖权问题。其次，这增加了全球范围内的不确定性和系统性风险，加大了国际合作的成本，协调起来十分麻烦。当下各国对互联网管理的逐渐收紧并非偶然，这是以既有治理体制应对新兴事物的自然反应，付出的成本要比跨国协调合作减少很多。另外，消费者对互联网安全的担忧也要求大型平台企业确保在线服务和交易安全，从而在终端和操作系统层面改变互联网架构。主权国家与互联网巨头联手，共同向系统性风险宣战，压缩了世界范围内网络活动家的空间。②

由此看来，所谓建立互联网主权，就是国家试图控制本国的信息流通，以及和信息有关的贸易，既包括抽象的文化霸权与软实力，也包括具体的管辖权和实质控制能力。这不仅关系本国政治社会稳定，也涉及实

---

① 〔美〕门罗·E.普莱斯：《媒介与主权：全球信息革命及其对国家权力的挑战》，麻争旗译，中国传媒大学出版社2008年版。
② 例如维基解密和"棱镜门"事件。

际经济利益。实际控制能力和手段是实现互联网主权的前提,尽管互联网信息流动可以跨国流通,但国家仍然可以通过技术手段阻止访问外国网站,并通过控制境内服务器和数据存储服务实行直接管理。无论如何强调原子与比特的不同,虚拟世界仍然需要现实世界的载体才能生存,控制现实世界的信息基础设施才是真正互联网治理的基础。①

Michael Mann 曾作出民族国家的基础性权力(infrastructural power)与专断性权力(despotic power)的著名区分。② 前者指国家渗透和影响社会基层组织的能力,对一个现代国家而言,实际上包括了引导社会舆论、掌控信息渠道的能力。在互联网时代,这种"信息基础权力"显得尤为突出,既包括对信息基础设施的掌控和运作(硬实力),也包括意识形态上的文化领导权(软实力)。较少有文献探索这一基础性权力③,主要原因可能是信息传播在 16、17 世纪民族国家的形成中所起的作用并不显著。④ 随着 19、20 世纪电话、电报的发明,电信传播成为帝国主义世界扩张的有力工具,从而将信息权力引入国家能力的讨论。⑤ 在互联网时代,按照通行的网络分层,互联网的三层都可以包含在信息基础权力中。⑥

---

① DeNardis, Laura, "Hidden Levers of Internet Control: An Infrastructure-based Theory of Internet Governance", *Information, Communication & Society*, Volume 15, Issue 5, 2012.

② Michael Mann, "The Autonomous Power of the State: Its Origins, Mechanisms, and Results", in John A. Hall ed., *States in History*, Blackwell, 1986, pp. 109-136; "Infrastructural Power Revisited," *Studies in Comparative International Development*, Volume 43, Issue 3-4, pp. 355-265。

③ Michael Mann 的名著《社会权力的来源》最后一卷 *Globalizations, 1945-2011* 居然也完全没有提到互联网和信息技术在全球化进程中的作用。见 Michael Mann, *The Sources of Social Power*, *Volume 4*, Cambridge University Press, 2013。

④ 吉登斯的《民族-国家与暴力》(胡宗泽、赵力涛、王铭铭译,生活·读书·新知三联书店 1998 年版)也没有将控制信息传播和舆论作为民族国家兴起的主要因素。本尼迪克特的《想象的共同体:民族主义的起源与散布》(吴叡人译,上海人民出版社 2005 年版)则提到信息和新闻媒介对塑造民族国家的重要作用。

⑤ 参见 Daqing Yang, *Technology of Empire: Telecommunications and Japanese Expansion in Asia, 1883-194*, Harvard University Asia Center, 2010; Daniel R. Headrick, *The Invisible Weapon: Telecommunications and International Politics, 1851-1945*, Oxford University Press, 1991; Jill Hills, *Telecommunications and Empire*, University of Illinois Press, 2007.

⑥ 这三层并非孤立存在,互联网原初架构的设想是三层互不干扰,各司其职,政府不能通过管理某一层而影响到其他层面的正常运作。这一原则早已被政府和互联网巨头打破。参见 Lawrence B. Solum and Minn Chung, "The Layers Principle: Internet Architecture and the Law", 79 *Notre Dame Law Review* 815(2004)。

从互联网的诞生地美国的经验来看,对信息基础设施的建造和推进是其经营数字边疆、确立全球互联网霸权的重要步骤,包括1995年以来的美国国家信息基础设施计划(NII)、全球信息基础设施计划、互联网域名和地址管理机构的重组以及近年的赛博空间安全战略。同时政府积极支持私人主导的互联网产业,不断向全球扩张。① 这也说明信息基础设施建设对塑造信息基础性权力、厘定数字边疆不可或缺。②

但是在历史发展的描述意义上,中国并非从一开始就秉持规范的互联网主权观念,信息化始终是中国发展互联网的直接动因。20世纪90年代初,中国多次向美国表达希望接入互联网,实现科学技术现代化,而并不谈及主权问题。③ 随后在入世谈判中,主权问题成为谈判焦点,但最终中国承诺电信市场按照循序渐进的原则开放,先开放电信增值业务(互联网、IP电话以及外资在电信业中的股权比例),再开放基础电信业务(移动电话、固定网络)。时隔十年之后,除了在本章开头提及的部分媒体宣传,在2012年国际电信世界大会(WCIT-12)上,中国会同俄罗斯、伊朗、沙特等国提出主权国家对互联网加强管理的《信息安全国际行为准则》,但并未在国际群体中推广互联网主权观念,最终也撤回了提案。这说明,主权本身作为意识形态往往和国家利益捆绑在一起,取舍与否以国家利益为衡量标准,并不受制于一个抽象系统的主权理论。

在赛博空间中摒除国家权力存在的想法,从互联网商业化的开始就存在于西方世界,最著名的要数约翰·P. 巴洛的《网络独立宣言》④(1996年),但美国的历史表明,政府和商业力量都试图控制互联网,这一控制不

---

① 杨剑:《数字边疆的权力与财富》,上海人民出版社2012年,第5章;James W. Cortada, *The Digital Flood: the Diffusion of Information Technology Across the U. S. , Europe, and Asia*, Oxford University Press, 2012, Chapter 2; Jeffery Cooper, "The CyberFrontier and America at the Turn of the 21st Century: Reopening Frederick Jackson Turner's frontier", *First Monday* (July 2000).

② 值得注意的是,美国的互联网发展政策是扩张式的,追求世界范围内的信息自由流通,而中国提出"互联网主权"是防御性的,意在排除西方世界的影响。

③ 中国互联网络信息中心(CNNIC):《1986年—1993年互联网大事记》,载 http://www.cnnic.net.cn/hlwfzyj/hlwdsj/201206/t20120612_27414.htm,2022年10月20日最后访问。1987年中国人向德国发出的第一封电子邮件"越过长城,走向世界",清楚地反映了国家的意图。而从美国的角度看,中国接入互联网是其全球信息基础设施计划和开展信息经济竞争的一步。

④ 〔美〕约翰·P. 巴洛:《网络独立宣言》,李旭、李小武译,载《清华法治论衡》(第四辑),清华大学出版社2004年版。

仅通过法律，更通过赛博空间中的架构——代码——得以有效实施。[①]然而，中国互联网发展一开始就没有产生任何独立于国家的想法，对"赛博空间"的追寻也没有上升到形而上学高度[②]，具有独立探索精神的网络工程师和黑客群体较为缺乏，最早在国内传播互联网观念的是一批媒体人和商人。互联网基础设施一直在国家推动之下产生发展，合法性并未受到太大挑战。随着内容层私人平台企业的兴起，政府对网络媒体的管理在摸索中逐渐定型。这些背景都决定了中国互联网发展不具备和西方类似的文化基因，从而决定了不同路径的互联网进化模式。

讨论互联网主权无法简单割断历史的有机联系，往往需要追溯工业时代信息技术的历史。[③] 限于篇幅，本章讨论的时间段从1994年中国正式引入互联网开始。[④] 就国家推动信息化建设而言，国家信息化领导小组扮演了重要角色，在2001—2007年间共召开了六次会议，每次通过的决议都决定了中国信息化的走向。国家的努力体现在五个主要方面：(1) 电子政务与数据库建设[⑤]；(2) 网络安全[⑥]；(3) 工业化与信息化的对接与推进[⑦]；(4) 电子商务[⑧]；(5) 新闻宣传。[⑨] 可以看出，其基本思路仍然是一种工业时代建造基础设施的手法，并不特别关注互联网本身的特性。本章主要关注主权行为如何塑造作为网络架构底层基础的电信基础设施和域名与网站备案系统的早期历史。

---

① Lawrence Lessig, *Code Version 2*, Basic Books, 2006.
② 直到因为两高关于网络诽谤的司法解释，学界才开始讨论"赛博空间"或赛博空间的公共性质，以及和公权力的边界问题，与西方学界差了十余年。
③ 美国的例子，参见〔美〕钱德勒、科达塔编：《信息改变了美国：驱动国家转型的力量》，邱艳娟、万岩译，上海远东出版社2007年版。
④ 关于中国邮电事业的发展，及其和信息革命的关系，参见 James W. Cortada, *The Digital Flood: The Diffusion of Information Technology Across the U.S., Europe, and Asia*, Oxford University Press, 2012, Chapter 9。
⑤ 《国家信息化领导小组关于我国电子政务建设指导意见》《中共中央办公厅、国务院关于加强信息资源开发利用工作的若干意见》。
⑥ 《国家信息化领导小组关于加强信息安全保障工作的意见》。
⑦ 《2006—2020年国家信息化发展战略》《国民经济和社会发展信息化"十一五"规划》。
⑧ 《国务院办公厅关于加快电子商务发展的若干意见》。
⑨ 《关于进一步加强互联网新闻宣传和信息内容安全管理工作的意见》(已失效)。

二、电信基础设施发展简史

自从 1987 年中国向德国发出第一封电子邮件以来①，互联网在中国迅速发展。到 2001 年年底，现有的十大骨干网实现了互通互联，从而真正形成了中国本土内部的"互联网"。② 关于互联网的基础设施建设和架构，计算机和网络技术专家们已经进行了许多研究，但这个架构对于互联网控制的政治和社会意义，却一直没有得到重视。人们经常认为互联网是铁板一块的网络，但这是骨干网之间进行互联的结果。③ 不同的骨干网（及其子网络）要由不同的运营单位对口进行管理和经营，它们是国家治理互联网的重要中介。本章首先将简要描述这十大骨干网从 20 世纪以来的变化发展，然后讨论国家网络治理是如何通过电信基础设施及其管理格局展开的，重点分析骨干网的对口管理机构及其特征。本章相信，网络控制只有放在一定架构下面探讨才有意义，现实中的很多因素都会极大影响这些控制的实现，地域和物理性基础设施就是其中之一。④

中国互联网其时十大骨干网分别是：中国科技网（CSTNET）、中国教育和科研计算机网（CERNET）、中国公用计算机互联网（CHINANET）、宽带中国 CHINA169 网、中国移动互联网（CMNET）、中国联通互联网

---

① 有关中国互联网的历史，参见 CNNIC:《中国互联网发展大事记》，http://www.cnnic.net.cn/html/Dir/2003/09/22/0358.htm，2022 年 10 月 20 日最后访问。但是关于谁发出第一封电子邮件，还有争议，见科技中国网组织的考证：http://hot.techcn.com.cn/1121internet/index.html，2022 年 10 月 20 日最后访问。

② 2001 年 10 月 8 日，信息产业部发布《互联网骨干网间互联管理暂行规定》，其中第六条规定："互联网骨干网间必须在国家级交换中心进行多边对等互通。"这时中国已有八个骨干网建成投入使用。第八条规定："除国家级交换中心的多边对等互通外，如有特殊需要，经信息产业部批准，互联网骨干网间还可在自愿、互利的基础上，选择通过直接电路互联方式或交换中心方式实现双边互通，但不得影响国家级交换中心多边对等互通的正常运行。"目前中国已经有北京、上海、广州三个国家级交换中心。

③ 即使在美国，互联网也是几个大型骨干网互联的结果，这在一个大国似乎是不可避免的。参见 Janet Abbate, *Inventing the Internet*, MIT Press, 1999.

④ 本章在此无法对控制网络资源进行全面分析，这还涉及域名体系和电信资源分配的问题。有关域名管理体制较为全面的评述，见董皓：《中国域名制度产生与发展的回顾与反思》，载 http://www.blawgdog.com/douzilaw/fxpl/fxpl053.htm，2022 年 10 月 20 日最后访问。

(UNINET)、中国国际经济贸易互联网(CIETNET)、中国长城互联网(CGWNET)、中国卫星集团互联网(CSNET)和中国铁通互联网(CRNET)。另外在骨干网发展过程中还出现过已经被合并的中关村地区教育与科研示范网(NCFC)和中国金桥信息网(CHINAGBN),我也将一并介绍。

(一)中关村地区教育与科研示范网(已合并)

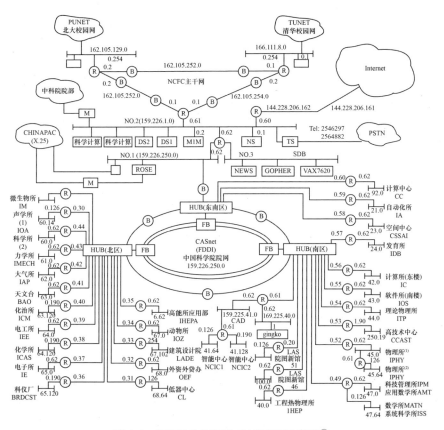

图 4.1　NCFC 主干网及 CASNET 示意图[1]

---

[1] 马影琳:《NCFC 及其与 Internet 的连接》,载《现代图书情报技术》1995 年第 1 期。

像世界上很多国家一样，中国的互联网的发展最初也是从研究所和高等院校开始的。① 1990年4月，世界银行贷款项目中关村地区教育与科研示范网络（NCFC）工程开始启动。它是由世界银行贷款"重点学科发展项目"中的一个高技术信息基础设施项目，由国家计委、国家科委、中国科学院、国家自然科学基金会、国家教委配套投资和支持。项目由中国科学院主持，联合北京大学、清华大学共同实施。当时立项的主要目标是在北京大学、清华大学和中国科学院三个单位间建设高速互联网络，以及建立一个超级计算中心。1992年，NCFC工程的院校网，即中国科学院院网（CASNET，连接了中关村地区三十多个研究所及三里河中国科学院院部）、清华大学校园网（TUNET）和北京大学校园网（PUNET）全部完成建设。1993年年底完成了NCFC主干网的建设（图4.1）。② 由于当时网站与网上信息很少，国家一方面在国内要加强信息网站建设，另一方面也在积极争取接入美国Internet，便利科学研究。尽管有1987年美国国家科学基金会（NSF）的政治性认可，中国研究人员可以随时向国外发送电子邮件，但成本极高③；中国要求连入美国骨干网的努力也存在着种种"政治障碍"。④ 经过外交上的不断努力，1994年年初在华盛顿举行的中美科技合作联委会上，NSF终于正式允许中国应用TCP/IP协议连入Internet。同年4月20日，NCFC正式开通可以全功能访问国外Internet的64K专线。随后，中国科学院计算机网络信息中心于同年5月21日完成了中国国家顶级域名（CN）的注册，设立了中国自己的域名服务器，改

---

① 这主要是美国向世界其他国家输出互联网连结的结果，见Janet Abbate, *Inventing the Internet*, MIT Press, 1999。

② 吴养怡：《风物长宜放眼量》，载 http://www.cnnic.net.cn/resource/daily/199907/info5.shtml，2022年10月20日最后访问。

③ Jay Hauben, "Some Steps Toward the Internet in China: 1984-1994", World Summit on the Information Society, 2004；李南君、措恩（Werner Zorn）：《中国接入互联网的早期工作回顾》，载 http://media.people.com.cn/GB/40628/5076637.html，2022年10月20日最后访问。

④ CNNIC：《中国互联网发展大事记》，http://www.cnnic.net.cn/html/Dir/2003/09/22/0358.htm，2022年10月20日最后访问。1993年3月2日，中国科学院高能物理研究所租用AT&T公司的国际卫星信道接入美国斯坦福线性加速器中心（SLAC）的64K专线正式开通。专线开通后，美国政府以Internet上有许多科技信息和其他各种资源，不能让社会主义国家接入为由，只允许这条专线进入美国能源网而不能连接到其他地方。这一条已经被最新版本的"大事记"删除。

变了中国的顶级域名服务器一直在国外运行的历史。① 这标志着中国正式进入互联网时代。

当时最紧迫的任务是维护互联网的物理设施安全。1994年2月18日国务院发布《计算机信息系统安全保护条例》(2011年修订),对联网的计算机系统安全问题进行了规定,主要由公安机关负责保卫工作。② 其中最关心的是计算机病毒,但国家也已经开始关注不良信息等其他网络信息安全的问题。在有关互联网发展和管理谁者优先的问题上,有专家回忆(注释为笔者所加)③:

> 当时社会上也有许多不同意见,有的意见认为互联网在国家的发展要等一等,还有则认为还是先发展,在发展中管理。同时在各领导层也引起了一定的异议。在这种情况下,在1995年2月联席会议的第三次会议上国家领导人提出如何加强对国际联网接口的管理,而且确定了由联席会议办公室负责进行统一管理,并对互联单位进行审批。④ ……根据1994—1995暴露出来的问题,国家希望通过整顿以后再进一步稳步发展。⑤ 1995年12月联席会议第四次会议决定要迅速建立国际联网的管理规定,并且授权联席办负责日常管理。当时提出互联网用户暂时先不扩大,暂缓发展,维持现状的政策。……到了1996年6月,国家经济信息联席会议转变为国家信息

---

① 中国顶级域名CN此前一直位于德国大学的服务器上。参见李南君、措恩(Werner Zorn):《中国接入互联网的早期工作回顾》,载http://media.people.com.cn/GB/40628/5076637.html,2022年10月20日最后访问。中国域名管理服务也从此开始,见刘志江:《国家域名注册管理体制发展回眸》,http://www.cnnic.cn/resource/daily/2002-8/5.pdf,2022年10月20日最后访问。
② 具体职责是:(1)监督、检查、指导计算机信息系统安全保护工作;(2)查处危害计算机信息系统安全的违法犯罪案件;(3)履行计算机信息系统安全保护工作的其他监督职责(第十七条)。"国家安全部、国家保密局和国务院其他有关部门,在国务院规定的职责范围内做好计算机信息系统安全保护的有关工作"(第六条),这似乎是个兜底条款。
③ 曲成义:《国家早期互联网建设与发展》,载http://www.cnnic.cn/html/Dir/2002/05/01/0997.htm,2022年10月20日最后访问。
④ 在1995年2月7日国家经济信息化联席会议第三次全体会议上,作出了统一管理国际互联网接口的决定,当时决定由联席会议办公室负责规划审批(见吕新奎主编:《中国信息化》,电子工业出版社2002年,第271页)。此项权力转移到新成立的国务院信息化工作领导小组。
⑤ 主要体现在中央办公厅、国务院办公厅《关于加强计算机信息网络国际联网管理有关问题的通知》和《关于加强计算机信息网络国际联网信息安全管理的紧急通知》中。

化领导小组,组长还是邹家华副总理。这次会议做出明确决定:继续扩大和发展新的互联网用户①……

(二) 中国科技网

中国科学院院网(CASNET)建成之后不断扩展,逐渐连接了中国科学院以外的国内各大研究院所和科技单位。② 1996年2月,中国科学院决定正式将以 NCFC 为基础发展起来的中国科学院院网命名为"中国科技网"(CSTNET)(图4.2)。由中国科学院负责网络建设和运行维护,并开始和其他建成的骨干网进行互联互通。③

科技网建成之后,逐步发布了一些比较严格的管理规定,约束本骨干网内部的网络行为。首先,在安全管理方面,由中国科学院科技安全局负责,受院信息化工作领导小组领导;下属各联网单位的局域网络的安全由各单位的保卫部门管理;各联网单位的局域网和每一台终端都须有专人负责。④ 其次,科技网内传播的信息要受到严格审查,信息发布单位在信息发布前应携带单位介绍信向接入网络提出申请,并提交上网信息的全部内容,由接入网络审查通过后才可发布;上网信息应属于科技、教育、经济、管理、生活范畴,不得涉及国家政治、经济、尖端技术方面的机密,不得传播有碍社会治安和有伤风化的信息。⑤ 最后,接入需要在中国科技网网络中心及当地公安局备案⑥,涉及国家事务、经济建设、国防建设、尖端

---

① 指1996年6月18日召开的国务院信息化工作领导小组第一次全体会议,会议要求组织互联网单位负责人和有关专家对互联网络清理登记情况进行检查验收,视检查情况逐步批准恢复发展新用户。还决定尽快在领导小组下设立计算机信息网络国际联网信息安全工作小组,由国务院副秘书长刘奇葆领导,包括公安部、安全部、国家保密局、国新办及四个互联网络主管部门。见吕新奎主编:《中国信息化》,电子工业出版社2002年,第279页。
② 参见《科技网大事记》,载 http://www.cstnet.net.cn/about.jsp?Type=dsj,2022年10月20日最后访问。
③ 详细历史,参见钱华林:《中国科技网撩开面纱》,载 http://www.friends-partners.org/oldfriends/china/magazine/97/3/qianhl.htm,2022年10月20日最后访问。
④ 《中国科技网安全运行管理规定》第一章。
⑤ 《中国科技网信息内容审查制度》第一条、第二条;《中国科技网信息发布登记制度》。这里只规定了不得传播不良信息,而在《中国科技网关于违法犯罪案件保安制度》中,则沿袭了《计算机信息网络国际联网管理暂行规定》的规定,查阅不良信息也属违法犯罪案件。
⑥ 《中国科技网接入备案制度》。

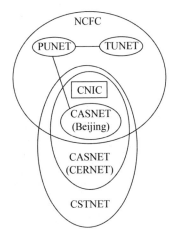

图 4.2　中国科技网中 NCFC、CASNET、CERNET 及 CSTNET 的相互关系[①]

科学技术等重要领域的单位计算机网络进行国际联网时还需要特别审批。[②]

(三) 中国教育和科研计算机网

NCFC 工程建成以后,除清华和北大外的广大高校也提出了使用 Internet 的迫切要求。于是 1994 年 10 月,由国家计委投资,国家教委主持的中国教育和科研计算机网(CERNET)开始启动,该项目的目标是建设一个全国性的教育科研的基础设施,利用先进实用的计算机技术和网络通信技术,把全国大部分高等学校和中学连接起来,推动这些学校校园网的建设和信息资源的交流共享,从而极大地改善国家大学教育和科研的基础环境,推动国家教育和科研事业的发展。1995 年 7 月该网络开通了一条连入美国的 128K 国际专线。同年 12 月,网络一期工程提前一年完成并通过了国家计委组织的验收。[③] 目前已经形成了拥有全国八大网络中心的重要骨干网,连接了国内绝大部分有条件的学校。(图 4.3)

---

① 详细历史,参见钱华林:《中国科技网撩开面纱》,载 http://www.friends-partners.org/oldfriends/china/magazine/97/3/qianhl.htm,2022 年 10 月 20 日最后访问。
② 《中国科技网关于涉及国家事务、经济建设、国防建设、尖端科学技术等重要领域的计算机网络国际联网审批制度》。
③ 吴养怡:《风物长宜放眼量》,载 http://www.cnnic.net.cn/resource/daily/199907/info5.shtml,2022 年 10 月 20 日最后访问。

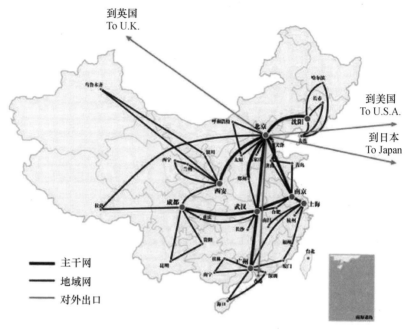

图 4.3 教育网拓扑图①

国家教委于 1996 年 11 月 15 日发布了《中国教育和科研计算机网暂行管理办法》,把一个骨干网看作独立的网络进行管理。② 第 10 条规定了统一领导、分级管理的三级体制:中国教育和科研计算机网国家网络中心受国家教育委员会委托、在中国教育和科研计算机网管理委员会的具体领导下对互联网的国际网关和主干网进行管理;地区网络中心对主干接入网(地区网)进行管理;各用户网管理机构对本级接入网进行管理;系统管理员对各自负责的网络系统、计算机系统和上网资源进行管理。其所有国际网关均设在北京中国教育和科研计算机网国家网络中心,进行统一管理(第 11 条);各级管理单位则要根据国家有关规定对于上网信息进行审查(第 24 条)。这样就形成了严格的责任制,每一级网络中心都可以通过技术控制学生和研究人员接触外网信息的范围,过滤或封堵不良

---

① "中国教育和科研计算机网简介",载 http://www.edu.cn/20040326/3102434.shtml,2022 年 10 月 20 日最后访问。

② 早在 1995 年 12 月制定的《中国教育和科研计算机网安全管理协议(试行)》就初步规定了用户的义务和责任。

信息。教育网用户的义务包括：不得利用计算机联网从事危害国家安全、泄露国家秘密等犯罪活动，不得制作、查阅、复制和传播有碍社会治安和有伤风化的信息（第 20 条）、不得进行任何干扰网络用户，破坏网络服务和破坏网络设备的活动，这些活动包括（但并不局限于）在网络上发布不真实的信息、散布计算机病毒、使用网络进入未经授权使用的计算机、不以真实身份使用网络资源等（第 21 条）、向网络安全员和有关部门报告违法犯罪行为和有害信息（第 25 条）。

尽管有这些规定，一旦发现由学生传播的不良信息，国家和学校主要采取的是教育和疏导的政策，而非由公安机关介入。即使各级网络中心可以封堵教育网之外的非法信息，但来自教育网内部的信息管理则需要更有力办法。教育网对校外公共网的某些网站采取了限速政策，学生并不能轻易访问这些网站。一个挑战来自校园 BBS，它们不仅允许校内学生教师注册留言，也允许校外人士注册发帖，这样就给不良信息有了可乘之机。2000 年以后，为贯彻执行中央决定，教育部进行过四次较大的不良信息清理运动，对教育网内的网站和 BBS 进行清查，特别是 2005 年要求全国各大院校广泛实行实名制管理，禁止校外 IP 注册访问，进一步强化了教育网内的信息管理。[①] 另一个挑战则来自 P2P 技术，它可以将教育网内的个人电脑广泛互联，共享信息和文档，尽管这有利于信息共享，但也便利了盗版电影音乐、淫秽色情等不良信息的传播，还会消耗大量教育网带宽。[②] 除非通过控制流量或费用限制此类软件的使用，否则管理者将面临 P2P 技术在公共网上出现的类似问题。

（四）中国公用计算机互联网

中国公用计算机互联网（CHINANET）始建于 1994 年 9 月，1995 年从上海开始向社会公众提供互联网接入服务，这是中国互联网商业化的开端。1995 年 5 月中国电信开始筹建全国骨干网，并于 1996 年 1

[①] 有关校园 BBS 实名制历史和效果的详细分析，参见 Hu Ling, "Real Name System in Chinese Cyberspace", *Peking University Journal of Legal Studies*, Vol. 4(2013).

[②] 一个对教育网内 P2P 软件的初步研究，见杨耀辉：《天网 MAZE 版权策略分析》，载 http://www.pkunetlaw.cn/CenterFuit/DiscDisplay.asp?id=18，2022 年 10 月 20 日最后访问。

月对外提供接入服务。① 具体步骤是从京沪两个节点向省会各城市和基层延伸。② 1996 年 4 月 9 日,邮电部发布《中国公用计算机互联网国际联网管理办法》,对 CHINANET 的使用和管理进行了规定。规定邮电部电信总局为管理单位,并参照《计算机信息网络国际联网管理暂行规定》(1996 年公布,1997 年修正)规定了用户的网络安全义务。1997 年 9 月 10 日邮电部发布《中国公众多媒体通信管理办法》(已失效),第一次规定了网络服务提供商的法律地位,对接入服务经营者实行经营许可证制度,对信息源提供者实行申报核准制度。CHINANET 是中国目前规模最大的骨干网,和原来中国电信行业的行政垄断有关。尽管十年来电信行业不断拆分,CHINANET 所属的中国电信集团仍然是最大的一家。

1998 年的国务院机构改革中,新成立信息产业部,由原邮电部和电子工业部及广播电影电视部、航天工业总公司、航空工业总公司的信息和网络管理的政府部门组成。③ 原属邮电部的 CHINANET 就归属到信息产业部主管。

1999 年 2 月,国务院审议并通过中国电信重组方案。决定以原中国电信的全国固定网络资产组建中国电信集团公司;以原中国电信分离出来的全国移动电话资产、全国无线寻呼资产组建中国移动通信集团公司、中国寻呼通信集团公司;将原中国电信所属的"中国通信广播卫星公司"和原邮电部出资组建的其他卫星公司合并,组建中国卫星通信集团公司。④ 重组后的四个集团公司在经营管理上与信息产业部脱钩。同年 12 月至 2000 年 6 月,国务院正式批复组建中国移动通信集团公司、中国电信集团公司、中国卫星通信集团公司。CHINANET 也就由中国电信集

---

① CNNIC:《中国互联网发展大事记》,http://www.cnnic.net.cn/html/Dir/2003/09/22/0358.htm,2022 年 10 月 20 日最后访问。网络服务业的最初发展也经历了一个民间业者向国家电信业者靠拢的过程,参见左正东:《中国大陆的网路发展与网路治理》,载 http://140.109.171.199/2005/中政會論文/PANEL%2013/P13 左正東.doc,2022 年 10 月 20 日最后访问; Eric Harwit and Duncan Clark, "Shaping the Internet in China: Evolution of Political Control Over Network Infrastructure and Content", 41 *Asian Survey* 405(2001)。

② 本书编委会:《大跨越——中国电信业三十春秋》,人民出版社 2008 年版,第 233 页。

③ 2008 年国务院机构改革,组建工业和信息化部,信息产业部职责整体划入其中。本书根据阐述内容和法规颁发的具体时点等,使用"信息产业部""工业和信息化部""工信部"等称呼,不再另外说明。

④ 这就是人们通常所说的"竖切"方案,即按照业务的不同在全国范围内划分,据说这主要是考虑到国际竞争力的问题。后来寻呼集团公司并入联通。见《财经》杂志编辑部编:《管制的黄昏》,社会科学文献出版社 2003 年版。

团进行管理经营。

(五) 中国金桥信息网(已合并)

中国金桥信息网(CHINAGBN),又称国家公用经济信息通信网,是国家经济信息化的基础设施。1993年3月12日,国务院提出和部署建设国家公用经济信息通信网(简称金桥工程)。1994年6月8日《国务院办公厅关于'三金工程'有关问题的通知》决定"为了加强统筹规划,抓好金桥工程,减少重复建设,各部门、各地区建设卫星数据通信网要与金桥网(卫星-ISDN基干网)互联互通"。1996年6月3日,电子工业部作出《关于计算机信息网络国际联网管理的有关决定》,将"金桥网"命名为"中国金桥信息网",授权电子工业部计算机与信息化推进司(金桥工程办公室)该网的全权行政管理部门,吉通通信有限公司为该网的互联单位,负责互联网内接入单位和用户的联网管理,并为其提供服务。当时的目的是在中国电信以外独立修建一个连接各省市分散化通信网的大网,可以和电信网相互补充。1996年9月6日,金桥信息网Internet业务正式宣布开通,主要提供专线集团用户的接入和个人用户的单点上网服务。中国金桥信息网与中国公用计算机互联网共同成为面向社会公众提供服务的互联网络。① 1996年11月7日,电子工业部《中国金桥信息网国际联网管理办法》约束的仍主要是单位接入的情形,对个人接入用户规定较少。1997年12月8日国务院信息化工作领导小组审定,1998年2月公布《计算机信息网络国际联网管理暂行规定实施办法》。1998年3月电子工业部发布《中国金桥信息网公众多媒体信息服务管理办法》(已失效),详细规定了多媒体信息接入服务业务的经营许可证制度。信息源提供者对其向中国金桥信息网所提供信息的合法性与真实性承担主要责任;网络经营者和接入服务经营者承担相应的责任(第11条)。金桥网的建立使电子工业部和邮电部之间的竞争更加激烈,这种状况一直持续到1998年政府机构改革。

在此之前,当四大骨干网——中国公用计算机互联网、中国教育和科

---

① 吴养怡:《风物长宜放眼量》,载 http://www.cnnic.net.cn/resource/daily/199907/info5.shtml,2022年10月20日最后访问。

研计算机网、中国科学技术网和中国金桥信息网——已经成形,国务院已经提供了关于互联网的阶段性一般规定。1996年2月1日国务院发布《计算机信息网络国际联网管理暂行规定》(1997年5月20日修正),规定国务院信息化工作领导小组对各个骨干网的国际接口拥有最终的统一管理权(第4、5条)。任何人不得私自连接国际网络,必须通过国家公用电信网提供的现有的信道(第6条)。这就确保了国家对国际互联网的接口垄断,并可以进行统一过滤和管理,也说明网络资源作为公共资源不得为个人所有,必须由国家统一提供。① 新建互联网络必须有国务院批准(第7条)。其他关于网络安全的规定一如既往,已经成为通例。

1997年12月30日公安部也发布了《计算机信息网络国际联网安全保护管理办法》(2011年修订),比之前的国务院行政法规《计算机信息系统安全保护条例》更加具体,授权公安部计算机管理监察机构负责计算机信息网络国际联网的安全保护管理工作,并详细规定了公安机关的职责和制度设计。

2000年1月1日起施行的《计算机信息系统国际联网保密管理规定》则对上网用户和单位的信息保密义务作出规定。以上三部法规和1994年的《计算机信息系统安全保护条例》分别从网络安全、内容管理、管理体系和保密等方面,一起成为早期骨干网信息服务和用户的主要规范,而骨干网大多并没有特殊的管理规定约束用户。

当2002年5月16日中国吉通并入中国网通时,原来的金桥工程就被网通接管,和中国网通公用互联网(CNCNET)一起都被融入新的"宽带中国CHINA169网"了。

(六) 宽带中国CHINA169网

2003年随着中国电信行业第二次重组,CHINANET一分为二。中国网通的宽带中国CHINA169网正式开始建设。2001年11月,国务院批准新一轮电信体制改革方案。中国电信所属的华北地区、东北地区和河南、山东共10个省(区、市)的电信公司归属中国电信北方部分,其余归

---

① 1996年4月8日邮电部《计算机信息网络国际联网出入口信道管理办法》确认了这条规定,垄断了国际出入口信道的提供和管理权。2002年3月14日《国际通信出入口局管理办法》通过,国际出入口信道设置采取了行政许可的方式,允许多家业者申请设置。

属中国电信南方部分。中国电信北方部分和中国网络通信有限公司、吉通通信有限责任公司重组为中国网络通信集团公司。中国电信南方部分保留"中国电信集团公司"名称。① CHINANET 品牌留在中国电信，而中国网通则推出"宽带中国 CHINA169"这一新的业务品牌。网通主要利用了广电总局和铁道部的网络，这是其极具竞争优势的基础。② 中国网通将其服务推广至全国大中城市。中国网通还控股 CNCNET，最后也融合进宽带中国 CHINA169 网。这个电信融合过程还在不断持续中。③

（七）中国移动互联网、中国联通互联网、中国卫通集团互联网与中国铁通互联网

中国移动互联网、中国联通互联网、中国卫通集团互联网与中国铁通互联网分别是由中国移动、中国联通、中国卫星通信集团公司和中国铁路通信集团公司建立的服务网络。④ 从 2001 年起，以上四家和中国电信、网通一起，形成了基础电信业的竞争格局。

2008 年发布的新一轮电信改革方案则再次合并，优化资源配置，推进三网合一进程，增强国际竞争力：中国联通与中国网通合并，中国卫通的基础电信业务并入中国电信，中国铁通并入中国移动。⑤ 这样就形成了新电信、新联通和新移动三家企业，相应地，其所属骨干网也合并改变。中国的十大骨干网变为七家，即三家商业骨干网，四家公益骨干网。

（八）中国国际经济贸易互联网

信息产业部于 2000 年 1 月 18 日正式批准，中国国际电子商务中心

---

① "2001 年中国通信行业大事记"，载 http://www.chinatelecom.com.cn/expo/05/t20060320_8065.html，2022 年 10 月 20 日最后访问。这第二次分割属于"横切"，即按照地域划分。

② 见《财经》杂志编辑部编：《管制的黄昏》，社会科学文献出版社 2003 年版。

③ 有关电信改革的逻辑分析，参见周其仁：《数网竞争：中国电信业的开放和改革》，生活·读书·新知三联书店 2001 年版。

④ 具体发展史，参见 CNNIC：《中国九大互联网络简介》，载 http://www.cnnic.net.cn/html/Dir/2003/11/26/1445.htm，2022 年 10 月 20 日最后访问。

⑤ 具体的说明，参见工业和信息化部、国家发展和改革委员会、财政部《关于深化电信体制改革的通告》(2008 年 5 月 24 日)。

(China International Electronic Commerce Center,简称 CIECC)成为中国计算机网络国际联网的互联单位,负责组建中国国际经济贸易网(简称中国经贸网,CIETNET)。① 这是国家唯一面向全国经贸系统企、事业单位的专用互联网,目前尚在建设中。②

(九) 中国长城互联网

中国长城互联网(CGWNET)1998 年 5 月经国务院和中央军委批准,由中国人民解放军原总参谋部通信部组织建设。对内为全军提供互联网信息服务,对外成为军队用户接入互联网的唯一合法途径,同时也是军队实施网络采购所依托的专用互联网络。整个采购网上接总部,横联七大军区、军兵种(海、陆、空、第二炮兵等),下延军以下部队,内联"310"网和军事综合信息网,面向全军。③ 该网的独立程度比较高,不仅网内域名注册专属"中国长城互联网络信息中心",负责国家 MIL.CN 国防类别域名的注册管理和注册服务;由于涉及军队和国防秘密的程度较高,用户访问外网也受到严格管理和限制。另外,其网络犯罪行为也将按照之前的一系列有关军队犯罪管辖权的规定进行。④

中国很早就认识到信息化基础设施建设的重要性。建设信息网的问题主要是:按地域分割建网,像有线电视和电话网一样,还是全国统一建网?从一开始,中央政府就把信息化看成事关全局的大问题,不能由地方来建,而必须由中央统一领导进行建设。"如果摆脱不了旧的条块分割、部门分割观念的影响,继续走封闭式建网的路子,那就会起到分割国民经济体系,强化旧体制的残余,造成国民财富和信息资源的极大浪费。因此,在建设各种专网的时候,必须使其同国家公共网立即或努力互联互

---

① 网址是 http://www.ciet.com.cn/。
② CNNIC:《中国九大互联网络简介》,载 http://www.cnnic.net.cn/html/Dir/2003/11/26/1445.htm,2022 年 10 月 20 日最后访问。
③ 相关介绍参见 http://www.aceway.com.cn/list.asp?id=228,2022 年 10 月 20 日最后访问。武警部队还不享有拥有国际出口的骨干网,1997 年起开始建设部队三级通信网,目前第三级正在建设中,均由中国网通合作建设。
④ 例如,中国人民解放军原总政治部、军事法院、军事检察院《关于〈中华人民共和国刑法〉第十章所列刑事案件管辖范围的通知》,最高人民法院、最高人民检察院、公安部、原总政治部《关于军队和地方互涉案件几个问题的规定》,最高人民检察院、公安部、原总政治部《关于军队和地方互涉案件侦查工作的补充规定》。

通,通过法定的标准、接口、协议等成为公共网的共同组成部分。"[1] 各大主干网实现互联互通之后,问题就主要集中在通信质量和不正当竞争[2]、网络管理、电子政务的条块分割等方面。中央一级负责对互联网进行管理的部门就有十几个,由国家信息化领导小组进行协调,分为行业管理部门(信息产业部)、专项内容管理部门(如广电总局)和其他部门(如公安部)。[3] 各大电信运营商属于通信管理部门领导下的商业互联单位,而教育部、商务部、中国科学院和总参通信部属于公益性互联单位主管部门。

商业互联单位一方面负责对本网的运营进行维护,另一方面受到同级通信管理部门的对口管理,对本骨干网内的涉及网络信息安全的事项负责。例如,在历次清理不良信息、垃圾邮件、病毒、恶意软件和垃圾短信等专项整治过程中,信息产业部都直接给商业互联网发通知,要求它们首先处理好本骨干网内的非法行为。这个"自纠"阶段主要通过技术实现,例如要求其下属接入提供商通过关键词进行过滤,阻拦某些非法信息和垃圾邮件的 IP 地址,按照同级其他机关的要求对非法网站进行关闭处罚,或对用户信息和托管主机、虚拟空间用途重新登记、核查服务器托管

---

[1] 《计算机世界报》1994 年第 24 期,载 http://www2.ccw.com.cn/1994/24/128904.shtml,2022 年 10 月 20 日最后访问。这种意见是当时决策者的主流观点,参见邹家华在历次国家经济信息化联席会议上的讲话,载吕新奎主编:《中国信息化》,电子工业出版社 2002 年,第 271 页。

[2] "一个时期以来,一些电信运营企业(以下简称电信企业)违反国家有关法律法规,采取不正当手段,人为设置障碍,干扰、阻碍网间互联互通,有的地方甚至发生砍电缆破坏通信设施、资费违规引起用户集体上访等事件,严重影响了电信网安全畅通,扰乱了电信市场秩序,侵害了广大用户的通信权益。产生上述问题的主要原因,一是部分电信企业法制观念不强,对国家有关法律、法规和规制部门的依法行政置若罔闻、阳奉阴违,甚至公开抵触;二是现行网间结算办法和标准不能形成对企业保障网间通信畅通的有效激励;三是电信规制部门缺乏有效规制手段。"《国务院办公厅转发信息产业部等部门关于进一步加强电信市场规制工作意见的通知》(国办发〔2003〕75 号)。按照决策者的意图,这个文件的要害在于"管人","虽然政企分开以后,政府不宜再直接管理企业的人、财、物,但在市场竞争初期电信规制手段还不完善的情况下,管住企业官员的乌纱帽仍不失为一种符合国情、能够迅速见效的手段"。《大跨越——中国电信业三十春秋》,人民出版社 2009 年版,第 376 页。

[3] 部门之间的分工配合第一次完整规定在未公开的《中共中央办公厅、国务院办公厅关于进一步加强互联网管理工作的意见》(中办发〔2004〕32 号),在后来的《互联网站管理协调工作方案》中进一步得到规定。

和资源租用用户。① 再比如,信息产业部在建立全国 IP 地址数据库时,也是通过不同骨干网管理部门逐级下达实现的。② 因此,地方接入提供商和各级运营商既受各大骨干网运营商的指挥,也要听从同级政府部门的命令。各个主干网的用户不仅要遵守国家统一的法律法规,也要遵守每个骨干网各自的管理规定。

四大公益性互联单位主管部门则主要对本骨干网内的信息安全负责。它们也都采取了和商业互联单位类似的措施,要么直接在网际互联的出入口处设置过滤和封堵措施,要么要求其下属单位采取相应措施,确保属地化原则的逐级落实(例如上述介绍的教育网管理情况)。相对于其他骨干网,这些公益网更接近于垂直管理。③

根据 2000 年《电信条例》(2014、2016 年修订),国家电信行业实行垂直管理:"国务院信息产业主管部门依照本条例的规定对全国电信业实施监督管理。省、自治区、直辖市电信管理机构在国务院信息产业主管部门的领导下,依照本条例的规定对本行政区域内的电信业实施监督管理。"(第 3 条)但在有关内容规制的操作中,通信管理部门则出于协调合作的需要日益向属地化管理靠拢。④ 各省通信管理局是在原各省邮电管理局的基础上成立的,只设在省一级,使得其在基层的清理行动力不从心;另外,尽管中国电信从骨干网上已经进行拆分,并且在省和较大市一级实现了政企分开,但在广大基层和农村,电信局既是运营商又是政府部门,这就使得其有动力进行非法交易和活动。这些都是基层非法活动屡禁不止的重要原因。⑤

尽管中央政府早就认识到不能由地方建网和确立技术标准,而且电信改革总趋势确实是向三网合一迈进,但从信息流通角度看,仍然可能出

---

① 参见《信息产业部关于依法打击网络淫秽色情专项行动工作方案的通知》(信部电〔2007〕231 号),各大电信运营商的副总均成为专项行动领导小组成员。
② 《互联网 IP 地址备案管理办法》(2005 年 2 月 8 日)。
③ 《互联网站管理协调工作方案》(2006 年 2 月 17 日)规定了公益性互联单位主管部门网站管理工作流程。
④ 这是中央关于互联网"属地化管理"政策的后果,将通信管理部门电信业务规制和内容规制的模式逐渐分离开来。
⑤ 胡凌:《为什么"黑网吧"屡禁不止?》,载《网络法律评论》(第 9 卷),北京大学出版社 2008 年版。

现割据格局。实际上在现实世界中,信息标准的不统一是正常的,除了中央统一查禁的非法出版物之外①,各地对不良信息均有不同程度的自由裁量权②,这有时也是为了回应不同的社区标准。③ 国家采取的立法模式是对不良内容种类的积极规定,即通常所说的"十不准"。它们不仅边界模糊,而且没有司法上的确认和统一。在互联网产生之后,这种不统一变得日益明显,从而有可能造成地方控制全国信息流动的情况,这一点对于中央监督地方十分不利。

从上面的历史描述和总结可以看出,中国现行互联网管理体制部分是基于骨干网的基础设施建设而形成的,电信改革和运营商之间的合并拆分对国家政策也有很大影响。国家政令需要通过不同骨干网经营和管理单位加以贯彻实施,这有利于根据不同网络特点进行分别管理,降低协作成本。在国家明确提出"属地化管理"后,如何应对垂直网络带来的管理问题仍然需要不断探索。

此外,广电体制也开始面临数字化转型的挑战。早在20世纪末,一些电信运营商在国家没有明确规定之前就开始建设数字视频平台,采用P2P技术提供网络电视和广播服务。这无疑侵犯了广电管理部门的行业利益。④ 国家在1990年代末出台规范,禁止广电和电信两家相互渗透。⑤ 1998年国务院机构改革要求将原广播电影电视部的广播电视传送网(包括无线和有线电视网)的统筹规划、行业管理、组织制定广播电视传送网

---

① 例如,2007年新闻出版总署先后下发通知,要求各地查禁40部网络淫秽色情小说、《死亡笔记》等恐怖类印刷品,今年则严查"恐怖灵异类"音像制品。

② 不仅"块块"存在不同的标准,"条条"也存在不同标准,比如在何为淫秽色情的问题上,公安部门、文化部门和新闻出版管理部门就有不同的鉴定程序和标准。另外,新闻和出版更能体现出不同省份的宽松程度。

③ 赵晓力:《网络色情与"社区标准"》,载 http://www.ideobook.net/153/net-porn/,2022年10月20日最后访问。

④ 当时广电部门仍然在探索高清晰度电视节目的摄制和播出,见黄艳:《中国数字电视产业政策的形成研究》,中国传媒大学出版社2007年版。

⑤ 1999年9月13日信息产业部、国家广播电影电视总局《关于加强广播电视有线网络建设管理的意见》规定"电信部门不得从事广播电视业务,广播电视部门不得从事通信业务",禁止广电业和电信业互相渗透。

络的技术体制与标准的职能,交给信息产业部,但一直没有落实。① 随后广电总局在 1999 年 10 月发布《关于加强通过信息网络向公众传播广播电影电视类节目管理的通告》,规定"在境内通过包括国际互联网络在内的各种信息网络传播广播电影电视类节目,须报国家广播电影电视总局批准",试图管理众多电信运营商经营的网络电视业务(IPTV)。当时还爆发了一场关于三网融合主导权的争论。② 无论如何,随着 2000 年《电信条例》的颁布③,部门利益都无法阻止这个行业的飞速发展,以及电信网、计算机网和广电网三网融合的趋势。④ 问题的实质就在于,随着 1998 年以来电信改革政企分开的实施,中国电信与中国联通得以逐渐平等竞争,并且不至于引发不同主管部门的冲突(邮电部和电子工业部其时已合并为信息产业部),然而接下来并不能如法炮制地将广电总局同信息产业部合并,从而使广电网在一个新监管部门的统一监管下,加入电信运营商的竞争格局。广电总局的策略就在于,以入世之后外资进入电信行业威胁国家意识形态安全为由,掌控着广电传输网和终端图像内容的管理权。⑤

2004 年,广电总局匆忙以新规定取代了才颁布一年的旧《互联网等信息网络传播视听节目管理办法》,不仅强化规定从事信息网络传播视听节目业务,必须取得广电总局颁发的《信息网络传播视听节目许可证》,还

---

① 见 1998 年 6 月 26 日《国务院办公厅关于加强广播电视传输网络建设管理的通知》(国办函〔1998〕33 号)。之后的一个显著例子是,2002 年 9 月 13 日信息产业部以"信部政函〔2002〕426 号"急件批复了山东省电信管理局《关于我省广播电视建设管理职能有关情况的请示》,明确指出:广播电视传输网的建设由信息产业部集中统一管理,省通信管理局在信息产业部领导下,依法对本省内的广播电视传输网的建设实施监督管理。见《山东省通信管理局大事记》,载 http://www.sdca.gov.cn/magazine/2003-5/web/4-3.htm,2022 年 10 月 20 日最后访问。

② 参见王小强:《中国电讯产业的发展战略》,载《广播电视信息》1998 年 12 月,扩展版见中国社科院经济文化研究中心主编:《三网合一:中国电讯产业发展战略研究》,中国审计出版社 2001 年版;方宏一:《再论中国信息产业的发展战略》,载《广播电视信息》1999 年 1 月;周其仁:《数网竞争:中国电信业的开放和改革》,生活·读书·新知三联书店 2001 年版。这场争论颇有类似美国"网络中立"争论的味道。

③ 有关《电信条例》起草过程中的争论,见《大跨越——中国电信业三十春秋》,人民出版社 2009 年版,第 365—367 页。

④ IPTV 产业面临最大的问题仍然是政策壁垒,体现在服务内容、服务集成、运营传输和终端控制几大环节。见余晖、朱彤:《三网融合的体制纠葛与沪、青、杭模式分析》,载《中国经济时报》2007 年 5 月 14 日。

⑤ Irene S. Wu, *From Iron Fist to Invisible Hand: The Uneven Path of Telecommunications Reform in* China, Stanford University Press, 2009.

突出强调"鼓励地(市)级以上广播电台、电视台通过国际互联网传播视听节目"(第5条)。① 未取得许可的互联网企业自行开办的所谓"网络电视台"需要依法查处。② 另外,按照有关规定,网上广播电视节目播出前端只能由经国家广播电影电视总局批准建立的广播电视播出机构、转播台和按国家广播电影电视总局有关规定设立的有线广播电视站、广播电视站设立,禁止其他任何单位设立网上广播电视节目播出前端播放或转播广播电视节目。③

对广电部门来讲,从传输线路到播出内容都由自己管控,垄断利益使既定的"网台分离"目标无法实现;广电网没有独立的国际信道出口,必然要受到电信业务的制约;地方割据严重,无法形成全国统一的网络以提高竞争力。④ 为加强已经落后于信息产业部的规管力量,广电总局在叫停非法从事IPTV业务的同时,从21世纪初开始建设数字电视网。该网属于广电总局管理,因此完全可以按照原有的管理模式进行。但是国家的态度悄悄发生了转变。⑤ 2008年初国办转发六部门联合制定的《关于鼓励数字电视产业发展若干政策的通知》,鼓励广电和电信相互融合渗透,规定:"在确保广播电视安全传输的前提下,建立和完善适应'三网融合'发展要求的运营服务机制。鼓励广播电视机构利用国家公用通信网和广播电视网等信息网络提供数字电视服务和增值电信业务。在符合国家有关投融资政策的前提下,支持包括国有电信企业在内的国有资本参与数字电视接入网络建设和电视接收端数字化改造。""广电总局要加强对数

---

① 而2003年旧法规则规定"原则上中央、国务院各部、委、局只可有一家下属单位从事视听节目网络传播业务。中国广播影视集团下属及控股、参股的企事业单位(除中央人民广播电台、中央电视台、中国国际广播电台外),只可有一家单位从事视听节目网络传播业务。"(第四条)

② 例如,《国家广播电影电视总局关于依法查处非法"网络电视台"有关情况的通报》(2006年12月25日)。2007年3月,广电总局再次要求查封8家网络电视台。

③ 《国家广播电影电视总局网上播出前端的设立审批管理暂行办法》(1999年11月12日)第四条。这就是说,电信企业不能经营"机顶盒+电视机"IPTV业务,只能开展电脑端的IPTV业务。而拥有广电背景的机构则除了可以开展电脑端的IPTV业务外,还拥有经营"机顶盒+电视机"IPTV业务的特权。

④ 参见《财经》杂志编辑部编:《管制的黄昏》,社会科学文献出版社2003年版。

⑤ 据相关人士介绍,"广电方面在数字电视上的推进速度,使国家意识到必须改变以往那种缺乏竞争的状态,决定引进来自电信运营商的资金,来推进数字电视的整体转换。栾璐:《鼓励数字电视产业发展 电信广电"互退"到"互进"》,载 https://news.xinhuanet.com/fortune/2008-02/03/content_7558403.htm,2022年10月20日最后访问。有关数字产业政策演变的详细梳理,见黄艳:《中国数字电视产业政策的形成研究》,中国传媒大学出版社2007年版。

字电视节目制作、集成、播出等环节的监管,确保数字电视内容导向正确和播出安全。"这样电视台不仅可以利用传统的有线电视网,而且可以利用固定电信网络传输节目,这对于"没有名分"的固网 IPTV 来说无疑是个好消息。但这个文件主要就推进数字电视产业发展进行了政策性规定,未能就广电和电信两家的权责进行具体规定,广电仍然可以以内容安全为由要求管控数字电视网。一方面要求由广电总局发牌照,另一方面需要吸收电信企业的国有资本加快发展。从信息产业部的态度来看,尽管一直支持 IPTV 的建设,这次也让出了不小的权力。① 三网融合的趋势已经不可避免,但是如何在全国范围内推进仍然是一个不小的难点。②

三、域名与 IP 地址备案

备案是国家控制个人和组织行为的一种常规手段,其目的是掌握、统计对象的基本活动和相关信息,及早作出政策调整和决定;对对象而言,由于其信息为国家掌握,开展活动时自然也要保持谨慎。这是介于事后规制和事前许可审批之间的宽松方法,既允许对象自主行动,又能够掌握它们的信息,从而为下一步决策提供依据。早在 1996 年 1 月 29 日公安部就下发了《关于对与国际联网的计算机信息系统进行备案工作的通知》,其中规定,凡是在中华人民共和国境内,通过物理通信信道直接或者间接与境外(含港、澳、台地区)的计算机信息系统进行联网的计算机信息系统的使用单位和个人,均应当在公安机关登记备案。考虑到当时的联网计算机和网站数量很少,且多为单位拥有,要完成这项工作并不困难。联系到之前颁布的《计算机信息系统安全保护条例》和《计算机信息网络国际联网安全保护管理办法》,此举加强了公安机关对联网计算机的管

---

① 视音频即时通讯服务和利用局域网络及利用互联网架设虚拟专网向公众提供网络视听节目服务仍由信息产业部负责管理和前置审批(《互联网视听节目服务管理规定》第二十八条)。

② 2009 年起,广电总局计划用三年左右的时间,建设覆盖全国主要城市的下一代广播电视网(NGB)示范网,用十年左右的时间,进一步覆盖 3 亿用户,使之成为以"三网融合"为基本特征的新一代国家信息基础设施。这里的思路仍然是由广电总局一家管控传输网络和终端内容,而不是由工业和信息化部管理传输网,因此三网融合更多是技术上的而非体制上的变革。这一点从之前央视筹办"国家网络电视台"就看得很清楚。

理,但总的来说,尚不构成具有公共影响的措施。

2000年以后,随着电信业重组、互联网逐渐由web1.0向2.0发展、网络接入费用的降低以及网民数量的飞速增长,网站数量和服务种类也迅速增多。面对这样的情况,在继续实行网络安全备案的同时,国家把网站登记的任务交给新成立的信息产业部,力图用技术手段掌握大量出现的网站信息。相比较而言,信息产业管理部门更有能力要求广大网站进行备案;而公安部门的备案范围则扩大到了一般单位和个人,即使他们没有开办网站。①

IP地址是一种网络时代的新资源,现行大部分IP地址采用的是IPv4(互联网通信协议第四版)技术。全球的IP地址由国际互联网名称和数字地址分配机构(ICANN)进行统一管理,在亚太地区由亚太互联网络信息中心(APNIC)负责分配。中国互联网络信息中心(CNNIC)是经APNIC认定并由信息产业部认可的中国国家互联网注册机构,负责召集国内有一定规模和影响力的ISP,组成IP地址分配联盟,为国家ISP和网络用户提供IP地址和AS号码的分配管理服务。国家现在也在积极发展IPv6技术,建设下一代互联网,并防止现有IP地址资源耗尽。

国家对IP地址并没有采取限制许可的方式进行管理,而采用了备案管理。2004年年底,国家互联网站已近67万,IP地址总数近6000万②,国家开始了一场声势浩大的网站清理整顿活动,要求所有国内网站到信息产业部的ICP/IP备案管理系统进行备案。③ 2005年2月8日,信息产

---

① 当网民不断增多的时候,就造成了某种冲突:2006年7月5日,重庆市公安局发布了《关于加强国际联网备案管理的通告》,按照《计算机信息网络国际联网安全保护管理办法》,规定"个人用户的备案由其互联网接入服务提供单位代为办理,个人用户应当如实填写《个人用户备案表》",同时网络信息安全保护管理责任也由个人用户转嫁给了接入服务商。但是在之后通过的《重庆市计算机信息系统安全保护条例》(2006年9月29日)却规定,只有互联单位、接入单位和网络信息服务单位须向市公安局备案(第14条)。个人用户备案的规定在二审时被删除。但是这并不影响公安机关执行效力更高的《计算机信息网络国际联网安全保护管理办法》(1997年12月16日公布,2011年1月8日修订),问题仍然没有解决,实际上北京市公安局公共信息网络安全监察处就在2005年要求未在公安部门备案的中小网站、个人主页等联网单位负责人快速备案。见《关于中小型网站到属地公安机关备案的通知》(2005年5月31日)。

② 《CNNIC第15次互联网络发展状况统计报告》(2005年1月)。

③ 这场运动首先是2005年1月1日14部委发布的《关于印发〈集中开展互联网站清理整顿工作方案〉的通知》中详细规定的,共分五个阶段;同年信息产业部在《关于切实开展互联网站清理整顿工作的通知》(信部电[2005]92号)中对在全国范围内进行网站清理整顿工作进行了进一步部署。在这个过程中,清理不良信息和紧抓网站备案是同时进行的。

业部发布了《互联网 IP 地址备案管理办法》,为此提供了法律依据:信息产业部统一建设并管理全国的互联网 IP 地址数据库,制定和调整 IP 地址分配机构需报备的 IP 地址信息;各省通信管理局通过使用全国互联网 IP 地址数据库,管理本行政区域内各级 IP 地址分配机构报备的 IP 地址信息。各级 IP 地址分配机构要通过信息产业部指定的网站,按照 IP 地址备案的要求以电子形式报备 IP 地址信息。① 随后同年 10 月 25 日,信产部再次发布《互联网站管理工作细则》,对网站的备案管理进行了详尽的规定,主要是中央和地方通信管理部门、网络接入提供者、网站主办者、IP 地址备案单位、域名注册管理机构、域名注册服务机构等的权利义务。从而把域名也纳入备案管理的体系。②

关于备案系统的功能,有媒体是这样介绍的③:

> 系统完成了 ICP/IP 地址信息查询功能,实现了对登载有害信息网站的快速定位。系统具备了黑名单功能和相关管理信息发布功能,在一定程度上杜绝了同一经营者在不同地点发生相同的违规行为,将信用管理机制引入至电信规制工作中。系统具备了对未备案网站的自动搜索功能,为规制部门查找违规者提供了技术保障。系统实现了对网站的全国性网络化管理,使得部、省可以及时了解互联网行业发展动态,为调整互联网行业管理工作方向、制订有关管理政策提供了支撑。

通过一系列复杂而全面的服务和备案流程,国家意图通过网站上游的接入提供商和域名注册机构来达到管理网站的目的,主要是命令网站提供正确的注册信息以对它们加以约束。特别是《互联网站管理工作细则》第 7 条规定:

---

① 在 2005 年 6 月 30 日尚未备案的网站已经被列入"黑名单",7 月 10 日为补办的最后期限,逾期未备案的网站,通管局将责令其关闭,并通知相关接入服务提供者停止其接入服务。

② 2004 年 12 月 5 日《中国互联网络域名管理办法》(已失效)规定了域名注册服务的准入制度,并规定域名注册申请者应当提交真实、准确、完整的域名注册信息,并与域名注册服务机构签订用户注册协议。注册服务商和 ISP 一样,拥有众多网站拥有者的个人信息,这些信息都将纳入国家统一的数据库。

③ 田林:《信息产业部正在加紧建立全国网站信息数据库》,载《人民邮电报》2004 年 12 月 15 日。

接入提供者……（二）按照"先备案后接入"的要求制定完善接入服务流程，建立健全为用户代为备案信息的事前核验制度、对用户行为的事中监督制度、配合对违法违规网站的事后查处制度、网络与信息安全责任制等工作制度。（三）应记录网站主办者的备案信息，对所接入网站主办者的备案信息进行动态核实，保证备案信息的真实、准确。

这实际上已经完全能够取代上述公安机关的网络安全备案纪录。因为作为主管机关，通信管理部门更有能力直接要求ISP们提供他们掌握的全部用户信息，而出于提供服务的需要，用户往往也有动力向他们提供真实信息。这样，在出现重大应急事件或专项整治的时候，公安机关就可以凭协调合作之名直接利用这些用户资料查找相关对象，对不良行为予以打击。另外，信息产业部还可以通过备案系统对不同省份的域名备案情况进行扫描核查，加强对违规网站的监督。

第二部分
架构的微观结构

第五章　架构中的微观控制/生产机制

一、引　子

本章对当下发生的新型社会控制现象和权力关系进行探究,从而反思数字化世界的结构和本质。这一趋势肇始于赛博空间产生之前,却因后者得到强化和延伸,最终影响到线下物理世界,使两个世界不断趋同。互联网自 20 世纪 90 年代商业化并向全球扩散时,曾在美国引发相当程度的讨论,理论问题之一是赛博空间是否可被视为一个自在自为的空间而独立存在,并抵制来自传统政府/主权国家的控制。① 这一观念源于更早的"虚拟—真实"哲学二分法,极大影响了人们对赛博空间性质的看法。② 从自由至上主义角度观之,人们当然可以设想纯粹虚拟世界的自治领域存在,但需要回答:(1) 这一空间在多大程度上是特殊的,以至于需要和真实世界截然不同的规则和治理者;和(2) 如果有规则,这一规则由何种力量促成。③ 一些法律理论家从不同角度对这一问题进行了思考

---

① 〔美〕约翰·P. 巴洛:《网络独立宣言》,李旭、李小武译,载《清华法治论衡》(第四辑),清华大学出版 2004 年版。至少是在美国,保持赛博空间自治的设想被政府加强对互联网管理的现实无情地打破,这一现实在斯诺登事件达到顶点。尽管还有像比特币这样的发明重新燃起少数人超越主权国家的愿望,但区块链和数字货币技术也伴随着各类 ICO(Initial Coin Offering,初始货币供应)的出现而被滥用。

② 例如, Michael A. Geist, "Is There a There There? Toward Greater Certainty for Internet Jurisdiction," 16 *Berkeley Technology and Law Journal* 1345 (2001). 近年来被炒作的 VR(Vitual Reality,虚拟现实)不过是一个低端版本的商业服务而已。尽管本章讨论的基础是赛博空间的哲学性质,但这一问题即使被悬置,也并不影响本章的讨论。

③ Frank H. Easterbrook, "Cyberspace and the Law of the Horse," 1996 *University of Chicago Legal Forum* 207 (1996); Lawrence Lessig, "The Law of the Horse: What Cyberlaw Might Teach," 113 *Harvard Law Review* 501 (1999).

和解释,较有影响的有三种理论。

"代码/架构理论"。Lawrence Lessig 在《代码》①一书中,首次系统地探讨了赛博空间中自由的边界。作为一个法律社会学范式,作者提出了法律、市场、社会规范和架构四要素能共同影响人的行为;由于赛博空间不同于物理世界的架构,代码设计成为实际约束力量("代码就是法律"),比法律更为有效。Lessig 提出的核心问题是,如何面对这样一种由私人权力塑造、不受民主和公共制度约束的规则,以及这类规则多大程度上能被法律(主权)控制。互联网由巨头平台企业主导的发展过程证实了这一理论,人们不再谈论虚拟世界,而是习惯于一个线上和线下服务打通的消费者服务体系②;同时,各国政府在赛博空间中的权力也迅速扩张,通过技术手段加大监控力度。③ 但代码/架构理论未能深入讨论商业/政治力量利用代码实施控制的动机和微观机制,特别是未能延伸至当下大数据与智能算法时代;这一理论也没能解释法律与代码之间此消彼长的动态过程,即当赛博空间蔓延时,为何传统法律会退却,以及如何转变。④

"社会生产理论"。就商业力量而言,有必要从社会生产的角度解释互联网为何繁荣,架构设计如何成就新的生产方式,以及需要何种内生性法律规则保护其利益。Yochai Benkler 的《网络财富》⑤对此给出了回答。作者提出了一种不同于线下企业生产的新型模式:同侪生产(peer production)。互联网服务的架构设计可以允许大量用户利用其空闲时间在线参与,完成传统上无法想象的工作,打破传统企业边界,使人们得以自由创造。Benkler 后来的研究将这种广泛参与归结为人类天生的自发

---

① Lawrence Lessig, *Code and Other Laws of Cyberspace*, Basic Books, 1999。该书后来有了扩充第二版,但主要观点没有变化。
② 平台主导的私人规则被转化成架构和场景设计,成为不容用户选择的默认设置。这被以各种意识形态包装(如"网络中立"),试图加强私人对赛博空间"总开关"的控制。见〔美〕吴修铭:《总开关:信息帝国的兴衰变迁》,顾佳译,中信出版社 2011 年版。
③ Jack Goldsmith and Tim Wu, *Who Controls the Internet?: Illusions of a Borderless World*, Oxford Press, 2006.
④ 关于代码/架构理论的反思,参见 Egbert Dommering and Lodewijk Asscher ed., *Coding Regulation: Essays on the Normative Role of Information Technology*, T. M. C. Asser Press, 2006。语义学上的延伸,见 Stefan Larsson, *Conceptions in the Code: How Metaphors Explain Legal Challenges in Digital Times*, Oxford University Press, 2017。
⑤ Yochai Benkler, *The Wealth of Networks: How Social Production Transforms Markets and Freedom*, Yale University Press, 2006.

合作性①，其理论潜在的结语是，只要生产的架构设计得当，便可利用互联网和人的天性产生巨大共同价值。这一理论较好地解释了互联网繁荣的生产过程，即数字经济如何可能，以及生产性架构在其中的重要功能。但问题是，互联网上的资源流动性极大，互联网平台如何与传统企业稳定的生产过程进行竞争，提升基础服务能力，将用户永久留在本服务中固定持续地生产没有得到解释。②

"创生性理论"。和 Benkler 的生产资源角度不同，Jonathan Zittrain 的《互联网的未来》从生产结构和工具的角度对数字经济为何繁荣进行了解释。③ 在作者看来，原初的互联网"端到端"架构设计和操作系统具有很强的"创生性"（generativity），人人都可以利用信息技术进行创造。④ 同时，他指出了互联网走向封闭的重要原因：由于缺乏适当的控制机制，赛博空间变得极度不安全，这使大型平台企业有动力开发更加封闭可控的操作系统，并以牺牲创新程度和自由度为代价；也使得政府有动力介入，对网络行为加强监控。这一理论同样没能进一步阐释人们为何会主动采用数字工具创造、封闭互联网出现的经济动因、以及施加控制的微观机制如何出现。

上述理论集中代表了美国自由主义学者关于赛博空间、数字经济和法律如何可能的论述，其共同问题意识是，从追问赛博空间的本性出发，看到造成互联网繁荣和个人自由的架构设计，也看到作为自由和繁荣的架构逐渐走向封闭的过程。然而，更多地反映 PC 互联网时代的上述理论未能在移动互联网时代进一步推进，它们无法解释如下悖论：一方面互联网繁荣靠极客们的热情或大众合作的文化产生（从而可能是随机、不稳定的），而另一方面来自企业和政府的新型控制手段也不断深化，开发出

---

① 〔美〕尤查·本科勒：《企鹅与怪兽：互联时代的合作、共享与创新模式》，简学译，浙江人民出版社 2013 年版。具有类似观点的还有 Clay Shirky, *Cognitive Surplus: Creativity and Generosity in a Connected Age*, Penguin Press, 2010。

② 这还是从自由主义经济学视角出发进行的解释，批判性的解释更为强调劳动和分配，见 Trebor Scholz, *Digital Labor: The Internet as Playground and Factory*, Routledge, 2012。

③ Jonathan Zittrain, *The Future of the Internet—And How to Stop It*, Yale University Press, 2008;简要的版本见"The Generative Internet," 119 Harvard Law Review 1974 (2006)。

④ 类似的研究是 Barbara van Schewick, *Internet Architecture and Innovation*, MIT Press, 2012。

成熟机制稳定地约束赛博空间主体(从而降低风险,加强对未来的预测)。本章试图在上述理论的基础上推进关于赛博空间控制和生产机制的研究,不拟延伸至更宽泛的监控理论①或控制论哲学②,而是观察和讨论(特别是在中国语境下)真实的权力机制如何发生,解释互联网在表面上变得自由灵活的同时如何更有利于控制和生产。

目前大部分赛博空间由私人主导,并体现出强烈的商业性,即信息技术更多地被用来获取经济利益,将用户变成劳动者、消费者甚至商品本身。商业/政治力量看到了赛博空间不断扩展,试图应对流动性开发出更加日常化的控制机制,使大众在赛博空间中的行为变得更加可预测,得到规训和有效治理。对商业力量而言,需要用户作为恒久的产消者(prosumer),持续为互联网生产数据,而不是短暂的针对流量收割。对政治力量而言,需要实现对用户的持久监控和追踪,以便安顿秩序,而非被动地对失序现象作出回应。两者都有动力加强对用户历史行为的记录和分析,识别身份,并提供各种激励措施使用户在在线行为变得合规,使看上去无序的赛博空间变得可控。由此,这一逻辑的讨论至少应涵盖如下要点:

➢ 身份控制。探讨赛博空间和真实世界中的身份问题,最主要的是对基础身份的认证和对次级身份与行为的识别。重要的是,识别不是静态地被动识别,而是主动将各类标签赋予主体,并强化主体在特定场景下的自我意识。

➢ 连接点。赛博空间中的主体和真实世界主体是否需要分离,如果通过前者加强对后者的控制,账户就成为两个主体之间的连接点。

➢ 时间性。真实的控制机制强烈依赖于受控主体的历史。在赛博空间中,主体活动的历史依靠行为活动数据积累下来,这些海量数据对主体能产生极大影响和约束。同时,控制不仅看历史,还展望未来,正是对未来的风险和不确定性的担忧使当下行为具有了时间维度,并受到极大

---

① 源自福柯的监控和生命政治理论被大量应用至赛博空间中,即传统上以组织为单位的规训进一步扩散到全社会,变成纯粹个人化的监控。例如,Christian Fuchs ed., *Internet and Surveillance: The Challenges of Web 2.0 and Social Media*, Routledge, 2011; Alexander R. Galloway, *Protocol: How Control Exists after Decentralization*, MIT Press, 2006。

② 〔德〕托马斯·瑞德:《机器崛起:遗失的控制论历史》,王飞跃、王晓、郑心湖译,机械工业出版社 2017 年版。

制约。①

➤ **激励机制**。为鼓励主体持续地按照期待生产能带来价值的数据,需要对用户行为通过智能算法进行评分,激励更多优质的稳定的数据生产,淘汰不稳定的生产者。

这些要点部分反映了线上和线下治理机制相互融合的趋势。首先,稳定的控制和生产一直是线下组织追求的目标:从古至今的政府在面对人员和物理物品流动性增大的情况下不断增强认证能力,试图将被治理者与稳固的身份绑定②;企业组织则通过缔结合同和物理性劳动空间约束雇员。互联网不过是这类思路的延伸,这可以从互联网发展早期规制机构和治理机制的设计看出。③ 其次,线下世界受制于信息收集成本和技术条件局限,为治理和生产能力带来瓶颈,也造成了控制的地域性和封闭化。④ 而信息技术则打消了这些边界,地方政府需要面对来自全国甚至世界的网民行为,企业需要服务于上亿用户。这迫使治理者思考如何面对不确定的赛博空间,对传统机制进行创造性转化。同时,用户在线行为积累的海量数据和成本不断降低的计算能力填补了新的空白,某种程度上帮助增强了治理能力。最后,随着互联网治理机制的深化,赛博空间中的控制/生产机制反过来会影响真实世界的治理,特别是对数据和评分工具的重视,而非线上治理单纯服从于线下规则。

不难看出,上述理论都围绕着互联网架构设计及其影响展开。为论述方便,本章将它们提出的约束人行为的规范性代码(架构)称之为"代码理论1.0"、作为塑造生产方式的代码(架构)称之为"代码理论2.0"。⑤ 本章将在其基础上探讨控制/生产机制,这一机制不仅能进一步深化1.0版本的控制维度,也可以解释2.0版本的生产维度,从而进一步打通互联

---

① 李晟:《通过算法的治理:人工智能语境下的法律转型》,载《法学评论》2018年第1期。
② 欧树军:《国家基础能力的基础》,中国社会科学出版社2013年版。
③ 至少是中国的互联网规制机构模仿了线下治理机制,这发生在互联网早期,是既有体制的本能反应。见王融:《中国互联网规制的历史发展、特征和重点趋势》,载《信息安全与通信保密》2017年第1期。
④ 传统企业存在边界,而互联网试图打破这一边界,见 Yochai Benkler, "Coase's Penguin, or, Linux and 'The Nature of the Firm'," 112 *Yale Law Journal* 369(2002)。
⑤ 关于代码及其法律是为新经济的价值生产服务的观点,参见胡凌:《人工智能的法律想象》,载《文化纵横》2017年第2期;胡凌:《保护原创靠"原创标识"和"白名单"就够了吗?》,载《腾云》微信公众号,2017年1月10日。

网治理的政治逻辑和商业逻辑。这一框架由四个要素构成：账户（account）、数据（data）、算法（algorithm）和评分（scoring）。本章即在第二至四节对这一模型的原理进行详细阐述，解释四要素如何逐渐出现并共同服务于统一的机制，并就其运作与传统法律控制进行比较。账户处于互联网治理过程的核心，由认证（Authentication）和识别（Identification）两部分构成；通过账户，赛博空间和现实世界中的主体被联系起来，通过网上的活动稳定地积累数据，依据数据对其场景化行为的评价反过来进一步成为影响其未来活动的重要约束力量。在第五节中还将讨论发生在政府、企业和个人之间围绕控制四要素开展的博弈，这将帮助推进赛博空间和主体自主性关系的讨论。最后将回到代码1.0，简要展望本章的理论框架将如何重新塑造控制的诸多要素。在论述过程中，本章还将触及一系列相关的子问题，它们都是网络法中重要的议题：(1) 除了不断将线下的生产性资源重新数字化和数据化加以调动匹配外，数字经济应如何持久发展；(2) 实名制认证的制度设计；(3) 个人信息保护的边界；等等。本书会不断使用这一框架，根据实际需要简化为"账户—数据—算法"或"账户—数据—评分"。

二、连接点：账户、认证与识别

1. 商业账户的兴起

账户被广泛应用于赛博空间，已经成为用户绑定在各类服务中不可或缺的一部分。[①] 互联网商业化之前的账户被设计用于研究者分时使用同一台主机，以便节约资源。随着互联网扩展至社会更多领域，计算能力和存储空间早已不是一个问题，账户就成为服务提供者远程服务的前提。账户是一种获得使用特定数据库或资源的资格，这种资格通过用户协议得以确认。同时，账户还是一个控制体系，用户有权通过账户支配用户协议允许的服务行为，并通过其为非协议行为的外部性承担责任。[②]

[①] 尽管仍然存在不用注册即使用的服务，但越来越多的服务倾向于要求人们现行注册一个账户，从而将用户固定住。尽管IP地址、MAC地址也可以定位用户，但都不如账户直接。

[②] 例如扣分、封禁账号、列入黑名单等。

账户通常由几部分构成:开启方式、接受服务的操作能力和累积的数据。首先,从开启方式来看,账户经历了从输入用户名、密码到语音、人脸识别的过程,这一过程不仅使用户通过账户使用服务更加便捷("无感知"刷脸即可开启特定账户,无须手动输入),也试图不断降低账户失窃的风险。① 账户甚至不依赖于个人是否拥有智能硬件,尽管终端的普及是赛博空间得以扩展的必要途径,但未来的智能化环境将使终端无处不在。

其次,从服务操作能力看,账户在操作时间和空间上都发生了变化,体现了互联网经济模式的转变。(1)从时间上看,账户从需要不断登录、离线转向了永远在线。在智能终端人们不需要每次退出特定应用程序,这一默认架构的变化无疑减少了 PC 互联网源于 cookies 追踪用户行为带来的纠纷,变得更加自动化。② (2)从空间上看,随着平台企业向各个领域扩张(自营或收购),人们只需要使用少数几个账户就可以使用绝大部分重要的日常服务,而避免了不得不记住数十个密码的麻烦。③ 大型平台的账户还向第三方开发者开放,共享账户并交换数据,都扩展了特定账户的权能。更为重要的是,人们使用服务的行为账户和便捷支付的金融账户也时刻绑定在一起,提高了账户本身的重要性和风险,从而推动了加强认证与识别技术的需求。④ 这种机制可以看成是一个更广泛趋势的一部分,即像手机和可穿戴设备这样的终端会变得越来越精巧,和人们的日常生活工作融为一体,随着物联网与智能环境开发,终端会变得无处不在,其实质是统一的账户以多种方式开启使用。这样就彻底改变了人们和赛博空间的关系,所有人生存在这一数字架构中,不存在真正退出的问题,其中稳定的连接点就是账户。⑤

---

① 以一串字母、数字代表的账号不仅产生了财产权利纠纷,也产生了规制问题。关于财产权利问题,见岳林:《网络账号与财产规则》,载《法律和社会科学》第 15 卷第 1 辑,法律出版社 2016 年版;关于内容规制,见国家互联网信息办公室《互联网用户账号名称管理规定》。大部分平台用户协议都规定账户仅限向唯一的注册用户提供服务,这不仅是为了避免纠纷,更是为了持续追踪,确保数据质量。

② 见"北京百度网讯科技有限公司与朱某隐私权纠纷管辖权异议上诉案",江苏省南京市中级人民法院二审民事裁定书,(2013)宁民辖终字第 238 号。

③ 也可能带来因账户合并产生的隐私纠纷。

④ 周子衡:《账户:新经济与新金融之路》,社会科学文献出版社 2017 年版。

⑤ 尽管一些互联网服务设置了账户删除服务,但依据用户协议,平台仍可在后台永久使用账户关联的内容信息,而不能彻底删除,这些信息往往被用来继续发送广告信息,或者随时准备为用户一键恢复。

最后,用户通过账户积累数据,不仅包括自身活动的记录,也包括自身生产和存储的信息内容,如下文阐述,围绕这些数据产生了虚拟物品的财产性质和继承的诸多争议。① 数据积累得越多,越能够反映该账户及其使用者的稳定性。

从商业逻辑和政治逻辑出发,不难理解账户的重要性。互联网平台需要通过账户绑定特定用户,通过账户的活跃度不仅能预测稳定的流量和在线生产,还可以根据用户状况进行持续追踪,精准投放广告,甚至识别机器网络推手和僵尸账户。政府为维护公共安全,打击网络犯罪,需要了解和辨识特定账户的行为,甚至通过账户追踪到特定行为人,为违法行为承担法律责任。这些需求都通过实施"实名制"机制表现出来。②

广为接受的狭义实名制是通过验证身份证号码(或经过认证的电话号码)确认账户背后的行为人是不是唯一真实的主体。③ 这一思路至少有三层含义使实名制得以扩展。第一,现代国家中的身份证意味着一种基础设施,确认生活于一国之内的自然人或组织拥有某种政治身份,便于国家进行深入治理,身份证就代表了每人独一无二的"公民"身份(户口和档案是身份证背后的配套控制机制)。这意味着国家可以针对赛博空间开发出另一套身份认证机制(甚至依托私人基础设施)。④ 第二,"公民"身份更多地需要在使用公共服务或行使公共政治权利、承担宪法义务的场景下,而非一切场景(特别是私人活动)。但在实际操作中,用户被广泛在各种场合要求使用身份证验证,增加了身份证泄露的风险。⑤ 这一风险的出现源于政府对独一无二特征的追求,而非身份证件本身(事后的责任追查不过是把身份证当成一个由国家控制和维护的庞大账户,通过在

---

① 例如,江波:《虚拟财产司法保护研究》,北京大学出版社 2015 年版。
② 胡凌:《网络实名制:目的、机制与效果》,载《探寻网络法的政治经济起源》,上海财经大学出版社 2016 年版。
③ 例如,《全国人民代表大会常务委员会关于加强网络信息保护的决定》《电话用户真实身份信息登记规定》《个人存款账户实名制规定》。
④ 例如公安部第一研究所以身份证制证数据为基础,通过国家"互联网+可信身份认证平台"签发与实体身份证芯片唯一对应的电子映射文件,身份证"网证";而公安部第三研究所则开发出 eID,是通过各类实体卡加载,由"公安部公民网络身份识别系统"签发给公民的网络电子身份标识,能够在不泄露身份信息的前提下在线远程识别身份。认证连同支付、物流等基础服务已经成为新经济的基础设施,集中的研究见胡凌:《从开放资源到基础服务:平台规制的新视角》,载《学术月刊》2019 年第 2 期。
⑤ 最为典型的例子是韩国的实名身份泄露事件,最后以停止实名制告终。

不同地点的使用轨迹进行追踪）。如果能找到其他替代性认证方式，将降低基础身份信息失窃的风险。第三，商业和政治逻辑对实名制的追求不同，因此在功能上有必要区分"认证"和"识别"，在维持独一无二基础身份认证的同时开发对更多社会身份的挖掘与创新。这同时意味着早期互联网追求的匿名性自由的消亡。① 下文将分别论述这两个经常被混同在一起的层面。

2. 对基础身份的认证和对次级身份的识别

现有实名身份认证实践倾向于将"认证"和"识别"两个不同层面的功能相互混同。在本章严格意义上，认证是使用一个固定不变的特征或在先赋予的身份资质对主体真实性进行确认的过程，往往依据某些基础身份信息。这意味着认证过程需要在一定范围内保证唯一性和固定不变性。唯一性涵盖了生物信息（包括面部、指纹、虹膜等）、国家赋予的唯一号码（身份证、社会保险账号）、任何特定组织赋予的资质（军官证、记者证、毕业证书）等。② 基础身份的固定不变性会遇到安全问题，即一旦失窃更改成本高昂，需要投入更多的资源保护。从这个意义上说，基础身份信息的确定和使用是拟制和专断的，它和非基础身份信息的区别不在于表现形式和技术手段，而是使用的场合和功能。例如，以身份证为代表的基础身份（应当）被用于国家公共服务或者公共活动，以表明其作为一国公民的政治身份，但无须在所有场合展示使用。

一旦用户通过认证正式进入赛博空间并开始使用其中的服务，就踏入了"识别"的权力域。识别和认证的区别在于：第一，单纯的基础身份信息并不能揭示用户广泛的社会身份，最多是简单的自然信息（身份证、出生日期、电话、性别、住址）；而从商业的角度看，需要了解不同场景下人们的活动轨迹，识别出他们丰富的社会身份和特征，以便预测其需求。第

---

① 1993 年《纽约客》上的经典漫画"在网上没有人知道你是一条狗"永远成为历史。从根本上说匿名性消亡是互联网的分布式和创生性架构决定的，因为会产生众多信息安全问题，见 Jonathan Zittrain, *The Future of the Internet—And How to Stop It*, Yale University Press, 2008. 从言论自由角度对匿名性进行的正当性证明，见杨福忠：《公民网络匿名表达权之宪法保护——兼论网络实名制的正当性》，载《法商研究》2012 年第 5 期。

② 关于各种数字身份的认证技术的讨论，集中参见汪德嘉等：《身份危机》，电子工业出版社 2017 年版。

二,基础身份不应当在认证环节用于追踪用户,只是起到一次性审核或仅仅记录少量登录信息的功能,而识别则需要通过账户的后续活动数据分析挖掘用户的社会身份。一旦两个功能合并,就会造成基础身份信息泄露。第三,认证是根据一个在先的权威基础信息作出的,强调的是因果性,只需要证明是自然人、法人而非机器人或其他生物,就可以使用该服务。而识别则是一种基于概率的预测,有两个层次,第一层是对现有社会接受的"客观的"社会关系进行识别和还原,例如职业、不同场景等,第二层则是根据后续数据创设出新的"主观的"社会标签和风潮,不是被动记录,而是主动塑造,基于数据进行分类管理,以期影响人的未来行为。第四,认证强调的是现实世界中的主体唯一性,而识别正相反,强调的是身份多样性和场景丰富性,针对的是账户表现出来的行为。如果真实的主体依据账户和平台的指示从事生产活动,则可以说明识别行为是有效的。识别依赖于认证,在确保账户主体不变的情况下,通过数据挖掘赋予主体新的身份和内涵,但永远只是用户的一个侧面。

识别本身代表了用户身份的生产和再生产过程,能创造出更多的关系和身份,这说明识别本身就是用户数据的创造性再利用过程,是赛博空间发展的基础活动。其背后的原理在于,人的社会身份是不断变化的,需要某些场景展示这些身份(比如社交网络),从而进行识别,将人和人之间的社会关系转化为人和平台的生产关系(进而是松散的法律关系),并鼓励用户扩大再生产。因此,数字时代的控制权在于通过各类方式控制数字身份的生产过程,包括下文提到的评分机制、适当的信息披露①、市场引导等。问题就变成了如何塑造身份生产的机制——连接。人的身份在符合差序格局的各种连接中形成②,不同连接的强弱和场景形成了不同的身份以及更加宽泛的、可以由数据动态生成的社会标签。而所谓的在线身份管理,就是不断地创设机会和场景,允许各种类型的资源互动、创新的动态过程。③

---

① 理性的用户在特定的信息披露要求下会稳定地生产隐私,见戴昕:《自愿披露隐私的规制》,载《法律和社会科学》(第 15 卷第 1 辑),法律出版社 2016 年版。

② 罗家德:《复杂:信息时代的连接、机会与布局》,中信出版社 2017 年版。

③ 社会网络分析已经证明,在更大社会范围内弱连接带来的价值要广于强连接,但从社会治理的角度看,强连接的安全性要高于弱连接,如何能够在维持广泛的弱连接的情况下保持信任和秩序就成了一个问题。

本章主张认证与识别应当在技术和法律层面上分离,避免使用基础身份进行识别,基础身份只能用于认证,由政府统一提供,并且需要使用加密技术确保安全性,否则就会涉及基础身份的互认问题,导致基础身份的淡化。基础身份认证意味着网络架构的变化,在某些情况下可以转变为不经同意的默认设置;但识别是使用个人信息的过程,特别是敏感信息应当经过用户同意,且用户有权对个人可识别信息进行修改,更好地控制自己的社会身份不被滥用和歧视。① 为避免个体过度被追踪,有必要以账户为限,允许平台挖掘账户的行为,但同时保持数据使用和贴标签的透明化,使用户在一定意义上也能控制账户,使账户成为用户和平台之间的隔离带和智能交易代理人。

三、作为生产资料的数据:生产与利用

1. 我们如何成为数据

信息时代的数据主要部分来自各类资源通过信息平台调动与匹配的副产品,就个人活动而言,通过对账户的认证,即可以积累起用户在赛博空间中的各种数据。数据至少可以分为几个层次:(1) 用户在平台公开区域生产的数据(信息内容);(2) 自动记录的账户行为痕迹数据(元数据);(3) 根据前两者分析出的深层数据(默会知识);(4) 可识别个人身份的、不依赖于特定信息系统的个人基本信息(认证信息)。随着各类场景的进一步数字化,赛博空间更加明显地成为大规模数据生产的场所,默认架构是搜集行为主体的数据而非排斥。② 在特定账户内,用户积累起来的数据不断增多,可以形成精准丰富的用户画像,比原来的线下档案更能反映用户的特性,且能以低成本实现大规模监控和追踪。③

数据和新经济的生产过程密不可分,业已成为驱动数字经济的重要动力。首先,数据可以在某种程度上帮助改进人的活动,投放精准广告,

---

① 法律由此开发出一套个人信息可识别的标准,相关讨论见岳林:《个人信息的身份识别标准》,载《上海大学学报(社会科学版)》2017 年第 6 期。
② Lawrence Lessig, "The Architecture of Privacy," 51 *Duke Law Journal* 1783 (2002).
③ John Cheney-Lippold, *We Are Data: Algorithms and The Making of Our Digital Selves*, New York University Press, 2017.

并精确地分析预测用户的行为。① 数据生产的逻辑和通过账户的识别一脉相承。表面上看,数据是人们单纯的在线活动客观记录,但随着平台得以分析更多的数据,就可以通过识别产生更多新身份,在赛博空间中产生新的生产渠道,控制了身份的生产机制,就控制了数据的生产机制。② 通过数据的生产和再生产,用户被卷入一个永无止境的"商品化"过程,通过数据分析不断优化。③ 其次,很难将数据从赛博空间中彻底删除,根据用户协议的规定,即使用户选择退出,其先前产生的账户数据也可以被用来继续在物理空间中追踪。用户很难行使真正的"被遗忘权"(赛博空间退出权),删除权也很难得到保障。④ 最后,在早期用户还可以脱离赛博空间时,互联网的发展只是简单依赖于流量和广告,但随着统一账户积累更多数据,数据及其质量就成为平台关注的问题,例如,数据的真实性会因为网络推手或机器人刷单而受到污染。⑤

2. 数据法律边界的变迁

随着数据能够产生的经济利益越来越得到关注,通过法律手段进行认可和保护就成了顺理成章的话题。⑥ 和网络法其他问题类似,探讨这一问题的核心逻辑是,数据如何通过商业模式和技术措施得以产生和利用,同时要求法律在财产权利层面进行回应和保护。从某种意义上讲,信息技术并不挑战财产权利的法律构成(占有、使用、收益、处分),而是在数字经济的生产过程中提出了如何重新划定生产资料和收益的产权疆界问题。例如,重要的问题不是支付宝中的钱财是否可以继承,而是那些尚未

---

① 〔德〕克里斯多夫·库克里克:《微粒社会:数字化时代的社会模式》,黄昆、夏柯译,中信出版社 2017 年版。
② 类似的逻辑是,"分享经济"先是对闲置资源的大规模使用,一旦成熟击败传统行业竞争对手后,本身就成为新的生产平台。
③ 关于数字商品化的更集中的哲学阐释,见 Christian Fucks, *Social Media: A Critical Introduction*, 2nd ed, SAGE Publications Ltd, 2017。
④ 这一要求的另一面向是人们不希望永久删除,而是保留及如何更好地利用自己的数据。我在一篇小说形式的文章里探讨了这个问题。见胡凌:《虚拟遗产风波》,载《法律和社会科学》(第 15 卷第 1 辑),法律出版社 2016 年版。
⑤ 胡凌:《商业网络推手的演进与法律回应》,载《经济法论丛》(2017 年第 1 期),社会科学文献出版社 2017 年版。
⑥ 综合思路的讨论,见许可:《数据保护的三重进路——评新浪微博诉脉脉不正当竞争案》,载《上海大学学报(社会科学版)》2017 年第 6 期。

被认定为财产的虚拟物品如何被赋予财产性价值,流动起来被有效地利用,最终成为数字经济的免费生产资料,以及如何分配由此而来的价值。在生产关系与社会关系中(而非在真空中)探讨各类物品的财产属性有助于进一步理解三个相互联系的关键词:劳动及其商品化、控制、价值分配。① 正是在对虚拟物品的确权过程中,我们可以看到权力关系、技术、商业模式、利益冲突和反抗是如何交织在一起的。

本节将讨论两类数字财产,一类是虚拟空间中以 0 和 1 构成的各类形态的数字化物品(如文档、视频、软件、游戏装备、虚拟币),一类是能够被信息平台调动增强使用性的物理物品,包括动产和不动产。随着互联网从文化工业向线下服务扩展,即按照从比特到原子的逻辑,越来越多的物理物品将被纳入数字平台的统摄范畴。本节针对 B2C 和 C2C 两类模式分别讨论常见的虚拟物品形态如何得到商品化和财产化,并影响法律制度和社会观念。

(1) B2C。信息技术极大降低了大规模分发数字内容和物理物品的成本,使集中化提供信息服务和物理服务成为可能,常见的模式往往是部分免费服务(一种补贴或折扣)+后续收费(包月或计件)。这一模式带来的直接后果是,传统上人们需要在本地拥有并消费的具有物理实体的文化产品,越来越多地通过中心控制的流媒体服务以数字化形式提供。② 即使在本地有副本,但也要受到云端的制约,用户失去了自主控制其购买的数字物品的能力和权利,尽管人们仍然在"购买",但其实质是有特定期限的租用,普通数字物品的形态也更多地变成服务,承担较低的质量保证和安全保障。换句话说,数字财产要受到信息架构设计和物理存储条件的极大影响。例如:

➢ 软件产品。软件经历了从终端到云端服务的转变,以有缺陷和不断更新为特点,通过拆封合同避免责任。用户并不拥有这类产品,只能被

---

① 这里特别针对流行的意识形态——"失控",从而凸显语词所能代表的不同层面和立场。相反的代表性观点分别见〔美〕凯文·凯利:《失控:全人类的最终命运和结局》,东西文库译,电子工业出版社 2016 年版,以及 Alexander R. Galloway, *Protocol*: *How Control Exists After Decentralization*, MIT Press, 2006。

② Aaron Perzanowski and Jason Schultz, *The End of Ownership*: *Personal Property in the Digital Economy*, MIT Press, 2016.

动使用。①

➤ 文化产品。类似地，用户不需要购买光盘、书籍，也不需要在本地储存数字文档（包括盗版），直接通过流媒体在线使用。尽管他们可以通过像 Kindle 和 QQ 音乐这样的服务下载到本地终端，但仍然无法像控制物理实体一样使用（捐赠、修改、通过其他软件运行），只能遵守既定代码设计规则，在服务提供者的领地内使用。②

➤ 游戏装备。游戏内置装备或虚拟币被设计出来实现游戏娱乐功能，但无论是用户协议还是代码设计，都限制了用户拥有这类物品的能力，用户只能在游戏场景下使用它们，既无法控制，也不能向游戏提供商要求绝对财产权。③

➤ 共享单车。如果从软件到游戏装备的服务模式还令人迷惑的话，共享单车更突出地展示了大规模租赁的前景，其逻辑和信息物品一致，即以低成本加快物理物品的使用速度，通过用户规模获利（租金＋押金）。④不同之处在于，这类财产由于占用物理公共空间，其技术标准、产品质量和投放数量、方式要受到规制。⑤

➤ 智能终端。从 PC 到智能手机、手表的演进说明，这类终端在变得智能化的同时也更加封闭，成为一个生态系统，用户很大程度上难以创造性地改造（越狱不被许可，且有很大风险），只能按照规定使用其服务。⑥服务商从云端源源不断通过终端向用户提供流媒体服务，事实上将两者融合在一起，终端也就失去了独立性。

---

① 参见胡凌：《人工智能的法律想象》，载《文化纵横》2017 年第 2 期。

② 这消解了首次销售原则，也使得盗版变得更困难。盗版行为更多地通过盗链或屏蔽广告方式变成不正当竞争。

③ 账户被盗后由服务商恢复是一种继续履行服务合同的行为，而通过私服外挂修改游戏进程则侵犯了游戏公司著作权。

④ 未来的无人驾驶汽车也可能以这类方式提供群租服务，而不是由个人购买，从而消解了交通事故中购买者责任问题。新问题是在人机交互过程中的激励和责任分配问题，例如人类驾驶员是否会因为有保险而消极怠工。

⑤ 只要维护成本高于单辆车出租获得的价值，共享单车服务商就急于进行维护，并通过用户协议约定，只对产品本身质量瑕疵造成的伤害负责，但显然不包括其他用户对单车进行改造或损耗导致的损害。

⑥ 从"3Q 大战"到软件捆绑的历史推动了封闭操作系统的发展，这不意味着用户对其终端的控制力提升，反而说明终端生产/服务商进一步整合硬软件，控制力增强。类似地，在 FBI 和苹果关于搜查嫌疑人手机的争议中，用户事实上没有多大话语权。

➢ 人工智能（AI）产品。真空中的法学讨论关注 AI 批量生产的信息内容权属，但在本节背景下，不难看出这类服务不过是更低成本的 B2C 模式而已，平台企业通过智能算法提供更多自动生成的在线信息产品，其政治经济学意义只有在和人类生产的信息内容的对比过程中方能彰显。①

➢ 平台。作为信息技术的平台可以近于零的边际成本与众多开发者/服务提供者分享，产生的价值随着规模增加而递增。② 但平台并非由开发者拥有，不是公共平台而是实现投资人利益最大化的私人营利工具。

（2）C2C。这一模式意味着平台企业完全变成"平台"，由服务提供者和用户进行交易，自己仅提供信息匹配和支付等基础服务，因此可以调动更大范围内的信息/物理产品。选择 B2C 还是 C2C 要考虑到技术架构设计、大规模生产如何组织、调动不同产品产生的负外部性（特别是和线下其他价值发生冲突）等问题。只要前者成本低于后者（例如 AI 自动化生产），就意味着平台模式可以被取代，表面上的"分享经济"也失去了存在根基。这一模式的特点是，平台持续利用用户间交易获得价值，将用户财产/免费劳动转变为自身数字资产的一部分，但在法律关系上保持着轻资产状态，通过简单的用户使用协议与交易各方保持灵活的服务关系（而非劳动关系）。例如：

➢ 云存储。这类服务允许用户将终端的数字物品上传到云端，以碎片化的方式存储在地理位置不明的服务器中，服务商鼓励其进行分享（而不单纯是存储），使之变成用来吸引更多用户和广告的资产。同时，这进一步便利了政府的搜查和监控。③

➢ 用户生产内容服务（UGC）。从视频、图片到社交、问答服务，无不体现出利用用户免费劳动获利的模式，同时用户协议规定了平台有权永久免费使用 UGC，确保互联网上永远有可使用的资产，尽管用户仍然拥有著作权。

---

① 下文将指出，在 AI 时代，人们的分享无足轻重，甚至不受鼓励，AI 以一个极端的方式揭示出分享经济的假象，平台通过机器人服务进一步把人们从生产者转为消费者。
② 姜奇平：《分享经济：垄断竞争政治经济学》，清华大学出版社 2017 年版。
③ 胡凌：《从 Uber、Airbnb 到云盘：分享经济的真面目》，载澎湃新闻网，2016 年 11 月 17 日；〔加〕文森特·莫斯可：《云端：动荡世界中的大数据》，杨睿、陈如歌译，中国人民大学出版社 2017 年版。

➢ 分享物理物品与服务。上述逻辑扩展到物理物品/服务时,所谓的分享经济就出现了,这类经济形态迅速从某种礼物经济蜕变为商品经济,以单纯的营利为目的,起初帮助调动闲置财产,增加了使用率,随后通过高额补贴吸引更多新资源投入,成为算法驱动的新生产活动的引擎。①

➢ 隐私与数据。数据作为用户线上与线下活动被追踪记录后形成的副产品,凝结了用户和平台双方的劳动投入。从平台角度看,集体性的数据池(data pool)通过算法挖掘,可以有效刺激更多线上线下的活动,推动更多交易达成,因此主张对数据池的排他财产权(占有、使用)。② 从个体用户角度看,则希望拥有对自身数据的控制力(例如透明性)和财产权(处分、收益),尽管事实上其价值微不足道。用户的隐私在事实上得不到较好的技术性安全保障,即使有保障也只能默认平台的优先使用权。

➢ 从数字遗产到永生。当用户离世之时,UGC 和个人数据的可继承性就变得更有争议,和能否继续使用平台服务问题纠缠在一起。为避免类似纠纷,降低数字遗产的甄别费用,同时把离世用户家属进一步绑定在平台上增加黏性,平台完全可以将用户数据进一步商品化,利用生前数据创造出 AI 为基础的虚拟形象或对话机器人,并向家属提供"永生"增值服务。③ 用户是否还拥有肖像等人格权并不重要,重要的是被谁使用,产生价值的归属如何。

不难看出,数字时代的财产深深嵌在以平台为中心的生产过程中,不论 B2C 还是 C2C,信息/物理产品依托互联网分布式结构不断再生产出来,以更加碎片化的形态存在,边界难于精确划分,都可以产生直接或间接的价值。④ 从权属划分来看,用户的占有愈加不重要,由于分析挖掘能力的不平等,用户无法自己进行数据分析,脱离了平台的架构无法单独使

---

① 类似地,通过数据分析驱动实体经济生产也遵循着这一逻辑,从淘宝村建设到《人民日报》宣布的"新实体经济"都说明了这一点。
② 当然平台更愿意维持现有通过人格权而非财产权保护隐私的法律体系,在该体系下可以继续从隐私商品化中获利。
③ 哈利·波特的父母、霍格沃兹的校长们都生活在相框/画框中,以生前拥有的记忆为限与人沟通,其原理类似,但 AI 会产生更多衍生数据,从而成为另一个主体。
④ 数字产品的定价可以按件计费(少量高质量产品),也可以按使用时间计费(大量低质量产品)。

用,控制权仍然在平台,使其处分权大打折扣,收益权(价值分配)也很少体现在这一过程中。对平台而言,重要的是对数据池的占有,通过大数据挖掘调动更多财产和劳动,排他地为平台定向生产。个人的财产甚至作为劳动力的自己全部变成无法控制的平台上的商品和财产。①

同时,以平台为中心的财产体系进一步冲击了线上和线下的公共资源(commons),十分普遍的是,线上的公共资源被转变为私人平台控制的围墙花园,线下的各类社群和公共空间也不断受到影响,愈加萧条。② 可以想见,未来智慧城市的打造也会更多地围绕单一平台的需求和利益进行重新设计,如交通系统、物联网等,如何实现多元化的公共利益就成为重要问题。

四、作为黑箱的算法

平台企业的形态一直在发生演进,不仅体现为服务出现在不同终端上(如可穿戴设备),还体现在不断推动越来越多的私人基础设施服务。自动化平台无疑会降低运营成本,将一切都变成无法更改的默认设置,用户要么选择加入,只是按照设计使用该服务,要么退出不再使用。当人工智能算法不断嵌入这一生产方式时,就逐渐形成了可以被描述成智能合约的一整套自动运行的系统,该系统看上去像永动机一样自动运行,基本的交易规则和基础服务成为默认设置,通过架构设计强制执行,参与者被赋予不同程度的激励(例如根据参与程度获得声誉积分或虚拟币)便于参与到经济活动中。在这个过程中,智能平台的运作逻辑是一贯的,即通过免费内容或服务吸引用户,通过双边市场形成稳定的交易网络,收集用户活动形成数据并通过算法挖掘预测,并不断加强基础服务使服务流程更加自动化和便利,从而形成有效闭环。③

➤ 在算法层和云端,人工智能成为算法黑箱,能够对资源进行匹配

---

① Joshua A. T. Fairfield, *Owned: Property, Privacy, and the New Digital Serfdom*, Cambridge University Press, 2017.
② 房屋短租进一步破坏小区的集体管理秩序,共享单车在占用公共空间的同时,不断要求新的路权。类似地,在深圳,伴随电商、外卖平台发展起来的物流电动车也要求新路权,反对取缔。
③ 胡凌:《从开放资源到基础服务:平台监管的新视角》,载《学术月刊》2019 年第 2 期。

预测；

➢ 交易流程可以通过人工智能设计得更加自动化，强制执行平台规范和用户/开发者协议，用户服务界面也更加因人而异；

➢ 对生产性资源的活动和使用情况自动评分或发币；

➢ 通过账户对用户进行认证与识别，如人脸和语音识别；

➢ 体现在外部终端的服务智能（如语音机器人），最终能够形成更加独立的人工智能体（如无人驾驶汽车）。①

上述分层应用都被整合在同一个平台生产过程中，但就目前能够观察的趋势是，人工智能应用开发恰好出现了两种看上去截然相反的路径：第一种路径是平台的运行进一步自动化，平台运营者（软件开发者）声称不对平台上的用户活动负责，因为整个交易体系都可以由一个事先设计好的默认基础架构完成。这一路径在互联网发展早期以P2P分享软件形态出现，不断通过"技术中立"的意识形态论证其正当性，而当下的极端情况便是经由智能合约设计而产生的DAO（去中心化组织），成为一种"无组织的组织"。② 第二种路径则是打造智能终端产品，这些产品看上去是独立的，可以正常出售给消费者，在表面上脱离云端后台的控制和影响，成为单独提供服务的终端；但它会不断收集用户数据（如语音、服务使用记录），并能够继续接收来自云端的软件和数据更新，甚至与其他人工智能体互动形成网络，不断学习，从而提供更好的服务。生产商将智能硬件出售给用户，但实际上其商业模式是大规模出租，因为这些人工智能体在本质上不受用户控制，无法轻易行使支配权，其本身就是一个更大人工智能集群的个体代理人。从这个意义上说，上述两种路径殊途同归，体现了智能平台在不同方向上的演进，而且在法律上的诉求也趋于一致。

不难设想，如果将DAO或智能终端视为独立的法律人格主体，切断组织生产的平台控制行为与实际生成价值的具体行为之间的法律联系，那么就明显会减轻服务提供者或开发者的责任。法教义学和伦理学思路

---

① 近期的趋势是算法和硬件上的芯片相结合，从而加强对基础服务的投入。

② 关于智能合约，见许可：《决策十字阵中的智能合约》，载《东方法学》2019年第3期。这里说的不主要是在以太坊上运行的特定DAPP——The DAO，而是一般意义上的去中心化区块链应用程序，包含了前者。区块链表面上的不可篡改等去中心化问题，仍然没有解决币值价值分配和公平性问题，以及安全问题，背后仍然是算力和现实社会共识的传统问题。这说明其虚拟性仍然靠物理性和社群维持，而不是像意识形态宣称的那样是自动的、完全无责任的机器。

的根源和缺陷在于没有将人工智能体视为价值生产过程,因此看不到它们本身就是平台的一部分(或入口),而平台运营者在一定条件下需要为其服务活动承担责任。

五、规训:行为评分机制

1. 评分机制的起源

行为评分机制是在数字时代被不断发掘的重要机制,其经济意涵是柔性而低成本地管理大规模在线劳动力和资源,而通常这些劳动力和资源是通过社会中的企业组织进行管理和调配。在传统社会治理和组织过程中,往往是通过行为数据对组织进行评估,或者由组织对其成员进行考核评价,并没有针对社会大众的大规模适用。赛博空间中的资源变得更加灵活这一现实对社会管理提出了新的要求。

评分在当下中国逐渐成为普遍的权力机制,由多个起源共同促成。首先,分享经济平台广泛使用外在评分机制(服务提供者和用户相互打分),试图以此类自我规制措施替代来自外部政府力量的规制。① 其信息性功能主要体现在,通过表现在外的更加对称的信息展示起到信息撮合的作用,降低市场交易的信任成本。其次,传统的征信业一直在缓慢发展,通过特定信贷信息的收集进行评分,决定用户的信贷数额。而随着互联网金融的扩展,由于传统信用卡业务不发达,对大规模小额金融的需求就成了一个问题,如何重新塑造新的信用基础设施成为当务之急。② 再次,平台通过对用户账户行为积累下来的数据进行创造性挖掘后,在后台通过一个算法进行评分,需要对特定行为进行判断,以便引导和激励其进一步以稳定而灵活的方式为平台生产。这本质上是在信息不对称基础上对用户行为进行的预测而非客观描述,平台会不断调整算法,使自身的利益最大化。最后,行为评分和识别紧密联系在一起,通过识别出特定人的

---

① Adam Thierer et al., "How the Internet, the Sharing Economy, and Reputational Feedback Mechanisms Solve the 'Lemons Problem'," Mercatus Working Paper, May 2015.
② 像阿里巴巴这样的公司就首先借助第三方支付缓解交易信任,在获得大量真实交易信息后,有能力打造私人推动的芝麻信用评分。但大数据征信的科学性仍存在很大争议。

社会身份,开发出适合于该种类型行为的标准和规则,判断其是否能进一步为平台生产,降低风险。当所有领域都开始按照征信和金融领域进行风险识别时,评分就变得愈加重要。从这个意义上说,评分机制不是单纯为用户打分,而是将用户看成消费者和劳动者,只有放在生产框架下才能更好地理解。

评分机制并非十全十美。首先,作为黑箱的算法在多大程度上需要公开是一个难题,如果信息披露太多,会鼓励用户根据算法规则刷分和虚构交易;但如果规则完全不透明则难以预测平台行为,容易出现歧视。① 事实上,平台能够通过特定生产组织机制将有能力生产优质数据的用户留在赛博空间,而排斥劳动能力弱的用户。表面上看通过低成本的信息技术能够实现弥合数字鸿沟的普惠服务,但这仍不意味着用户能摆脱数据鸿沟。② 其次,和识别与数据的问题类似,用户无法控制他人和平台对自己的评价,评价本身是专断的,甚至不同平台的分值也不尽相同。重要的不是评价的科学性(很难说清在多大程度上我们过去的行为数据能够直接或间接地影响未来的偏好和选择),而是评价本身代表了难以抗拒的权力。③ 最后,算法很难给具体场景下的人打分,因为每个人的分值是通过类似场景的推演获得的,事先没有预设标准,更不用说很多情况下分数本身很难准确反映人的行为。每个分值给出的是高度场景化的答案,但最终的应用环节却可能是超越了这些场景,用不同场景的分数来决定其他场景的结果,也会进一步导致预测偏差。④

从账户认证、识别到通过个人数据的积累进行评分,都不断折射出赛博空间和物理世界的关联。当各类资源和用户需要从物理世界不断纳入赛博空间秩序时,稳定的连接点就尤其关键,这一过程既意味着数字基础设施的建设过程,也意味着数字化转换可能导致的信息失真和行为失序。

---

① 即使黑箱的条件公开了,写入了用户协议,也可能因为不公平而面临审查。见丁晓东:《算法与歧视——从美国教育平权案看算法伦理与法律解释》,载《中外法学》2017年第6期。

② 例如,在算法看来,把滴滴平台当成职业来做的专车司机,可以得到更多优质的订单,而把开车当成纯粹分享活动、不接受强制派单的用户则享受不到类似的好处和补贴。

③ Cathy O'Neil, *Weapons of Math Destruction*: *How Big Data Increases Inequality and Threatens Democracy*, Crown, 2016;〔美〕安娜·贝尔纳谢克、D. T. 摩根:《谁动了你的数据:数据巨头们如何掏空你的钱包》,大数据文摘翻译组译,中国人民大学出版社2017年版。

④ Danielle Keats Citron and Frank A. Pasquale, "The Scored Society: Due Process for Automated Predictions," 89 *Washington Law Review* 1 (2014).

但随着越来越多的资源可以一开始就以数字化形态生产出来,赛博空间无处不在,这一微观机制将运行得更加顺畅。

2. 通过评分与信用的治理

传统的政府规制长期以来大量应用诸如信息和信用工具[①],在信息时代政府能够广泛获取更多公民个人行为信息时,将这类信息工具应用于个人主体,这代表了社会控制方式的转向。它不仅体现为外在的评分机制(如公共信用信息和诚信体系建设[②]),也体现为黑箱内部的预测(如预测性警务[③])。和平台企业的逻辑类似,政府需要利用信息技术整合自身拥有的数据资源,才能在全国范围内推行信用评分机制。以政府数据公开项目为契机,一些至少是省级政府通过信息技术整合政府内部数据资源池,为信用治理奠定了基础。[④] 另外,政府希望在维护社会稳定的前提下尽可能控制风险,通过数据搜集进行事先预防就成了有吸引力的选择。

有必要看到传统的法律之治和当下通过信息和信用进行治理之间的关联。法治作为一个意识形态和现实治理工具一直伴随着国家能力增强和社会规则性提升而不断演进。概括说来,经历了从简单到复杂的如下几个阶段:

➢ 简单规则阶段。国家拥有少数法律,解释空间较大,实际上熟人社会中的其他社会规范(如声誉、道德)会填补法律的空白,对人的行为进行日常控制。弱国家能力需要通过事后严厉的惩罚来威慑未来潜在的不法者。

➢ 复杂规则阶段。随着熟人社会解体,社会流动性增加,变得更复杂,国家能力增强后试图介入更多领域,创造出更多回应社会需求的规范

---

① 王瑞雪:《政府规制中的信用工具研究》,载《中国法学》2017年第4期;吴元元:《信息基础、声誉机制与执法优化——食品安全治理的新视野》,载《中国社会科学》2012年第6期;Daniel B. Bouk, *How Our Days Became Numbered: Risk and the Rise of the Statistical Individual*, University of Chicago Press, 2015。

② 白冰:《测度、评估和奖励:中国和西方建立社会信用体系的挑战?》,载《互联网金融法律评论》2018年第1期,法律出版社2018年版。

③ Andrew Guthrie Ferguson, *The Rise of Big Data Policing: Surveillance, Race, and the Future of Law Enforcement*, New York University Press, 2017.

④ 何渊:《政府数据开放的整体法律框架》,载《行政法学研究》2017年第6期。

(以及相关的司法解释、执行规则),形成一个庞大繁杂的由职业法律专家维护的法律系统。同时为应对陌生人社会中广泛的资源流动,防止失序,开始应用柔性治理手段(如档案、信息公开、认证)和技术辅助措施(如摄像头监控)并建设统一的市场基础设施,注重事前规制和预防。① 同时依靠企业和社会组织作为治理的二级辅助主体。

➤ 规则从外在强制转向默认设置。当正式规范不断深入更多场景,给执法能力、纠纷解决能力和守法认知与行为合规能力都提出了更高的要求。借助信息技术将法律的要求变成物理世界和赛博空间中的默认设置可以帮助降低治理成本,减少人们的自由度和选择。②

➤ 柔性评分机制的出现。随着赛博空间扩展,个体的活动不断被记录积累,可见暴力权力不再出场或较少出场,人的行为通过日常行为评分得到引导和预测,使治理资源得到进一步优化。传统企业组织在和互联网平台的竞争中不断减少和转型,客观上会减少二级治理组织而增加国家直接面对个体治理的成本和压力。

六、围绕四要素开展的控制权博弈

1. 网络控制中心化再解释

上文简要展示了账户、数据、算法和评分共同构成本章的架构理论框架。这一框架在微观层面解释了赛博空间中来自政治和商业逻辑的控制/生产机制,尽管目标不同,但实现的手段相近,都是为了稳定地追踪在线活动主体,将虚拟身份与实体身份绑定。鉴于活动主体的多重社会身份,通过累积的数据分析识别各种身份,就可以获得更多收益,实现生产和治理的目标。原本用户可以隐藏的各类社会身份、私人信息在赛博空间中难以控制,其社会身份不仅被识别,而且不断再生产出来。用户的特定行为和偏好数据被以商业或政治目的进行强化,从而使某类社会标签

---

① 详细的理论模型,见 Richard H. McAdams, *The Expressive Powers of Law: Theories and Limits*, Harvard University Press, 2017.

② 或者说是通过国家"助推"的能力帮助人们做出更好的选择,见〔美〕理查德·泰勒、卡斯·桑斯坦:《助推:如何做出有关健康、财富与幸福的最佳决策》,刘宁译,中信出版社 2018 年版。

变得更突出，可以加强预测，使赛博空间中社会秩序不断稳定。

这一控制机制的后果趋向于中心化的互联网。传统上人们认为互联网的特征在于去中心化，而商业和政府力量共同使互联网控制权重新变得集中。① 从商业角度看，少数巨头掌握了诸多资源的流动，通过少数基础服务深入不同领域，形成半封闭的互联网领地。② 从政治管理角度看，政府部门使用和线下传统媒体一致的分口和属地管理方式，使互联网治理方式碎裂封建化。这两类现象确实反映了互联网走向和原初架构设计不同的前景，但本章的框架表明，互联网出现了一种独特的中心化控制机制，即少数平台得以通过账户—数据—算法—评分机制加强对社会的治理。尽管看起来资源和人力可以在更大范围内流动，表现出来的关系更灵活松散，看起来更自由，但平台或治理者对用户仍保持着有利的影响和控制，这样不论赛博空间中的主体流动至何处都能得到认证和评价，持续为平台生产，控制力远远超越了传统的地域性和时间性。同时，新型认证机制依托少数巨头平台开发③，数据的使用伴随着服务场景的集中④，以及评分机制的中心化⑤，都使这一底层基础设施的集中化趋势更为明显。

这个过程是从用户逐渐从传统私有领域丧失隐私和财产权利开始的。上文已表明，新经济模式使终端财产变得愈加不重要，用户通过带有服务性质的账户进入赛博空间，却无法控制（1）对其身份的识别，（2）对其数据的搜集、使用和流通，（3）对其行为的评分。根据代码/架构理论1.0版本，网络法的核心问题是谁能控制作为赛博空间枢纽的代码，那么在本章架构框架下，围绕四要素展开的博弈将是未来互联网法律关注的重点，最终会归结到对账户的控制权及其权益分配。

---

① Jack Goldsmith and Tim Wu, *Who Controls the Internet?: Illusions of a Borderless World*, Oxford University Press, 2006。

② Joshua A. T. Fairfield, *Owned: Property, Privacy, and the New Digital Serfdom*, Cambridge University Press, 2017。

③ 用户更广的巨头推行特定认证机制更为有效，且《网络安全法》规定，国家支持研究开发安全、方便的电子身份认证技术，推动不同电子身份认证之间的互认。

④ 尽管法律没有明确规定数据池的财产权，一系列不正当竞争案件已经表明，依托技术措施和信息系统建立的服务场景足以确认平台企业的数据池得到法律保护。

⑤ "信联"（百行征信有限公司）由中国互金协会牵头，芝麻信用、腾讯征信等八家个人征信业务机构为共同发起方，旨在将央行征信中心未能覆盖到的"征信空白"人群的个人客户金融信用数据统一在一个官方平台内。

2. 生产/控制过程中的争夺和反抗

自由主义路径关注信息技术带来的个人赋权和国家权力失控,却有意无意地忽略了代码的控制力及背后的政治经济利益。至少从生产过程来看,尽管有各类开放计划,平台对生产资料的控制力不是削弱而是逐渐增强,强化了做大蛋糕的生产过程(针对传统经济组织),但价值分配尚未广泛提上议程(针对个体劳动力,号称把他们"解放"出来)。从互联网扩散以来,终端用户不断以各类方式挑战、反抗新型资本主义的商业模式和财产模式,避免被吸纳进新经济的生产体系中。按照西方理论话语的脉络,主要体现在如下四个不断递进的层面中。

第一,以礼物经济对抗商品经济。有必要看到,恰好是信息内容和数据的"商品化"过程导致了对财产权利的需求,要求法律予以承认和保护。① 但在此之前,在线信息内容的生产更多地遵循非商业化的礼物经济逻辑,强调用户的广泛参与和非营利目的的贡献、互惠与合作。字幕组、戏仿、开源运动、Creative Commons 都试图以在线社群为基础建立这样的生态环境,但至少在中国,在线社区内受到商业模式和政治监控的双重影响,无法形成稳定的自主性。

第二,争取终端行为的自主性。类似于智识性隐私,终端行为的自主性是任何财产权利和自主地使用生产工具进行劳动的基础。如上所述,数字财产的逻辑在于压缩终端用户的自主空间,只能严格按照平台的产品架构要求使用平台的财产,否则就是侵犯了平台的财产权。从早期的软件最终用户责任的争议,到当下的智能设备越狱、自主屏蔽广告、改造共享单车的行为,都体现了用户希望增加自主能力、使用自主可控生产工具的过程。更进一步,像欧盟的数据可携带权(portability)这样的制度设计、使用区块链技术追踪个人信息的使用等都为用户控制作为生产资料的个人数据提供了展望。

第三,争取公平分配权。平台和其上调动的资源不存在隶属关系,以劳动力免费生产和生产资料的免费使用过程掩盖了价值分配过程。在商

---

① 这被认为是为更多的信息与数据生产提供经济激励,但和知识产权问题类似,事实证明用户的大量在线分享行为并不需要财产权利激励,数据的多寡也更多取决于用户行为的增减,否则就是泡沫。

品经济逻辑下,有必要承认原来没有被纳入财产范围的信息产品的财产属性,并探索多元的分配模式。劳动关系及其工资制是一种标准较高的分配模式,在平台灵活用工的环境下,现有的广告分成制、打赏制都可以进一步探索,减缓单纯靠补贴模式带来的收入波动。在未来 AI 取代更多人力劳动时,像"全民基本收入"这样的制度实验也提供了可选择的视角。

第四,探索平台合作社。这一制度的主要目标是允许平台参与劳动和价值生产的所有用户拥有对平台的集体所有权,其范围要大大超过全体出资人或股东,本质上是对非物质劳动形态的价值生产进行确认。在要求平台企业承担一定程度信义义务的同时,更需要用户参与平台的日常治理。但其最终目标仍然是互助的礼物经济,只是在商业环境下为保障稳定运营,需要进行一定程度的商业化和公平分配。[①]

上述四个层面以抵制数字劳动商品化为起点,转而寻求商品经济中的劳动自主权与公平分配权,进一步共同拥有作为生产资料的平台,最终回到警惕异化的数据拜物教。其核心不是像勒德主义(ludditism)一样抵制信息技术的应用和要求被赛博空间"流放",而是在承认数字劳动的基础上,从商品化式的"分享"转向非商品化的"共享",包括平台所有权、个人数据使用的透明性和探索多元的分配机制。需要注意的是,四个层面虽然逐步递进,但并非要逐个实现的某类乌托邦议程设置,而可能是在当下同时动态地存在。

中国的互联网治理实践实际上走出了另一条思路,即通过中央政府对大型互联网企业整体发包的方式,允许其行使一定程度的赛博空间治理权力,给予价值生产的适当激励。同时通过企业慈善、承担部分公共服务、行使企业社会责任等方式要求平台企业对众人产生的价值向社会回馈,其思路仍然是自上而下而非自下而上的,在秩序和安全的观念下较少允许社会个体直接行使特定权利。

[①] 关于西方的平台合作社探索,见 Trebor Scholz, Nathan Schneider ed., *Ours to Hack and to Own: The Rise of Platform Cooperativism, A New Vision for the Future of Work and a Fairer Internet*, OR Books, 2016。

七、结　　语

传统的代码/架构理论通过本章中账户—数据—算法—评分机制的重塑得以在万物互联时代进一步推进，特别是物理世界和赛博空间之间的界线变得愈加模糊不清，两个时间都使用同一套微观层面的生产/控制机制。这一机制源于物理空间中的各种资源（人、物品、社会关系、生产要素）的数字化过程，通过账户进行认证和识别，从而便于在赛博空间中调配匹配；而这一过程也是商品化的过程，即原来不是商品的东西也可以通过纳入生产流程而产生经济价值。流动性的增强不仅帮助数字平台企业击败传统企业，也势必打破原来物理世界中的规范，迫使权力主体（包括政府）接受一个统一的赛博空间规范，其中经济价值生产的实质没有改变，只是变得越来越自动化。太阳底下无新鲜事，本章在道理上并没有超出福柯当年的判断，即现代社会从（事后）惩罚社会转向（事前）控制社会[1]；账户—数据—算法—评分机制要回应的仍然是现代性和资本主义世界面对的老问题：如何实现不断加速的流动性获取收益，又保证有稳固不变的要素可以保持追踪和控制，使监控权力弥散在整个社会和生产环节中。

---

[1] 〔美〕米歇尔·福柯：《规训与惩罚》，刘北成、杨远婴译，生活·读书·新知三联书店2012年版。

第六章 塑造数字身份:通过账户的认证与识别

一、引　　子

　　数字身份(digital identity)往往被认为是人们在赛博空间中对外活动的主体形象,用户借由互联网的匿名性隐藏物理世界中的真实身份,由此似乎可以自主地改变身份进行在线活动。① 匿名性也成为早期互联网的核心价值之一。② 随着互联网作为一种治理工具和经济形态不断扩展,线上与线下世界逐渐融合,可更改虚拟身份的存在变得愈加困难,反过来说则是虚拟身份的内涵变得更加确实和唯一。21世纪初"网络实名制"运动仅仅是这一状态的前奏,现在我们对通过手机号码或刷脸进行的真实身份认证、一证一号规则早已见惯不怪。这一过程同时还意味着对在线身份内涵的进一步发掘,即我们的在线身份不可避免地和数字账户捆绑在一起,其塑造受到账户的双重功能——认证(authentication)和识别(identification)——的深刻影响。这种双重影响形成了数字身份的两个看似矛盾的面向:一方面,经由国家赋予和认证,我们会首先拥有一个固定不变的数字基础身份,以便合法地从事在线活动;另一方面,经由商业平台授权使用和识别,我们灵活多变的数字身份又在活动中被源源不断地生产出来,更深入地将我们自身卷入赛博空间的微观权力机制过程中。

---

　　① 经典的断言如"在互联网上没有人知道你是一条狗"。
　　② A. Michael Froomkin, "From Anonymity to Identification", *Journal of Self-Regulation and Regulation*, Volume 01 (2015); Ian Kerr *et al.* (Eds.), *Lessons from the Identity Trail: Anonymity, Privacy and Identity in a Networked Society*, Oxford University Press, 2009.

从某种意义上讲,数字身份在中国的生产与再生产彰显了现代化国家与现代性社会的历史进程:首先,认证作为国家基础能力的基础是现代国家掌控和动员社会资源的重要治理手段,现代国家的诸多公共职能都需要不断下沉的认证技术辅助实现,需要对各类社会主体赋予稳定的标识符便于追踪、观测、预测和调控。① 当前的信息技术应用能够实现对企业组织和公民个体身份与活动的认证,这意味着国家现代化治理方式和能力的升级。② 其次,现代性(乃至后现代)社会又意味着高度流动性的主体、快节奏的生活、变动不居的景观和多元的身份认同③,信息技术进一步加剧了这种碎片化状况。如何能够面对高度流动和碎片化状态对不同场景下的主体身份进行捕捉、识别、预测和约束,产生不同的商业价值和社会价值,确保陌生人社会中不致断裂的信任纽带,就成为国家和商业力量共同关心的问题。在数据分析基础上通过对多元身份的识别和塑造,数字商业平台成功地吸纳和驯化了脱离传统组织的大量流动性资源,成为"无组织的组织"。④ 在回应新问题的同时,国家和平台企业的权力与能力都得到强化。

数字身份的变与不变都离不开账户,后者是连接赛博空间和物理世界的连结点,意在确保赛博空间中的行动主体和线下行动主体的一致性和身份唯一性,并能够对主体行为持续追踪和评价。"账户—数据—算法—评分"机制构成了赛博空间架构的微观基础,将流动性的监控塑造成这种信息资本主义的核心特征。⑤ 在互联网产生之前,账户作为一种个

---

① 欧树军:《国家基础能力的基础》,中国社会科学出版社 2013 年版;赵胜忠:《数字与权力:中国统计的转型与现代国家成长》,江苏人民出版社 2015 年版。

② 一个典型的例子是,国家在三十年前打造了"三金工程",其中的"金税工程"第一次将企业认证和计税系统联系起来。而在 2018 年底,每个公民都可以注册一个个人所得税 APP 账户进行免税申报,同时需要填报更多个人信息,如租房、家庭构成等。

③ 〔英〕鲍曼:《流动的现代性》,欧阳景根译,上海三联书店 2003 年版。

④ Clay Shirky, *Here Comes Everybody: The Power of Organizing Without Organizations*, Penguin Press, 2008。从政治上讲,大型平台企业目前均被纳入中国网络社会组织联合会,承担一定的社会管理功能("形成网上网下同心圆");从商业上讲,平台企业通过基础服务加强对流动资源的有序管理,通过匹配形成生产供应链。互联网并未像凯文·凯利预言的那样会"失控"。

⑤ Zygmunt Bauman and David Lyon, *Liquid Surveillance: A Conversation*, Polity, 2012; Shoshana Zuboff, *The Age of Surveillance Capitalism: The Fight for a Human Future at the New Frontier of Power*, PublicAffairs, 2019.

人化的服务形态广泛存在;互联网时代不仅延续了这种因人而异的服务,更通过无处不在的账户体系编织成一整套微观权力机制,促成了赛博空间的不断延伸,最终进一步吸纳物理世界。尽管原初的赛博空间试图建立起不受监控、通过虚拟身份或化身(avatar)进行活动交往的场所,但政治和商业力量都在事实上终结了这类幻想。① 由此,账户从一个确保隐私的匿名化中介逐渐转变为落实实名制、强化监控的有力工具,并在功能上区分出认证和识别。随着我们越来越离不开某些核心服务及其账户,这些账户就逐步变成积累基础身份和其他身份的关键连结点,也成为隐私/个人信息(PII)的基本生产渠道,这表明数字身份和个人信息密不可分。

本章意在探究账户作为两个世界的稳固连结点被何种需求和技术创设出来,展示身份认证、识别乃至全新的数字身份如何形成,并讨论当账户变成一种更加智能化的服务时,谁控制我们的数字身份等核心问题。以往关于数字账户及其功能的研究较少,主要集中在实名制政策的历史演变②和去匿名化政策对公民隐私、言论的影响③等问题,没有区分账户背后认证与识别的不同功能,也没能将数字身份形成与外在的权力关系联系起来。本章将填补这些空白,既可以看成是围绕互联网架构研究的延伸,也希望推进对在线身份的政治经济研究。④ 本章第二节讨论数字账户伴随着互联网形态的变化而变化,最终形成稳定内涵,在功能上具有

---

① 最典型的要数无政府主义者的失败,见〔美〕约翰·P.巴洛:《网络独立宣言》,李旭、李小武译,载《清华法治论衡》(第四辑),清华大学出版 2004 年版。虚拟现实技术试图恢复这一传统,但失败了(见〔美〕杰伦·拉尼尔:《虚拟现实:万象的新开端》,赛迪研究院专家组译,中信出版社 2018 年版)。比特币是另一个 20 世纪留下来的加密主义遗产,但也已经被资本运作玩坏,并开始受到政府严格规制,更不要说各种意在割韭菜的虚拟币泡沫。

② 例如,胡凌:《中国网络实名制管理:由来、实践与反思》,载《中国网络传播研究》2010 年第 4 辑,浙江大学出版社 2011 年版;胡传平等:《全球网络身份管理的现状与发展》,人民邮电出版社 2014 年版。

③ 例如,杨福忠:《公民网络匿名表达权之宪法保护——兼论网络实名制的正当性》,载《法商研究》2012 年第 5 期。

④ 目前关于在线身份的研究多见于社会心理学、传播学与政治学,见 Patricia Wallace, *The Psychology of the Internet*, 2nd ed., Cambridge University Press, 2015; Sherry Turkle, *Life on the Screen: Identity in the Age of the Internet*, Simon & Schuster, 1995; Julie E. Cohen, *Configuring the Networked Self: Law, Code, and the Play of Everyday Practice*, Yale University Press, 2012; Rob Cover, *Digital Identities: Creating and Communicating the Online Self*, Academic Press, 2015; Anna Poletti and Julie Rak, *Identity Technologies: Constructing the Self Online*, University of Wisconsin Press, 2014.

多重属性,而政治和商业的双重力量共同促成了对唯一基础身份加强认证的需求;第三节围绕数字身份认证原理、相关技术政策的演变及其法律问题展开,重点分析政治力量如何塑造数字身份,特别是先于商业消费者身份的公民政治身份,区分了"现实基础身份论"和"虚拟基础身份论"两类不同的国家实践;第四节围绕多元数字身份的识别展开,重点分析数字身份如何成为生产关系中的重要一环,并从账户和架构的角度解释个人信息如何伴随核心账户生成;进一步讨论围绕账户进行的利益争夺,即实际控制关系和生产关系如何通过法律规范加以合法化,以及未来如何将账户变成被用户控制的虚拟身份等问题;最后一节总结本章的发现。

二、数字账户的多重性质

1. 数字账户的演进与功能

数字账户起源于 20 世纪大型主机时代的分时服务①,在商业化时代迅速变成适应互联网分布式结构的交互服务媒介。账户可以区分不同种类的用户,向其提供具有不同权限和优惠的服务(例如 VIP 账户可以免于视频广告展示②),进而实现个人化精准服务和定向推荐。过去二十年中从 PC 到移动终端时代的数字账户经历了较大变化,奠定了目前数字身份形成的基础,也意味着赛博空间的架构发生了较大的变化:第一,在 PC 时代,用户需要通过浏览器登录大量不同的网站,账户管理逐渐变得成本高昂,用户要么不得不记住不同的密码,要么冒风险使用相同的密码(在一个密码失窃后因拖库导致其他账号被盗)。大型互联网平台逐渐开发出共享账户系统,允许第三方开发者使用该平台账号登录,这既使开发者有能力接触到平台上大量用户,也可确保平台建设更大范围内多边市场的生态系统,同时可获得买卖双方更多信息。第二,智能终端上的 APP 使各类账户可以永远在线,用户无须重复登录,这大大降低了管理

---

① Brian Lennon, *Passwords: Philology, Security, Authentication*, Belknap Press, 2018.
② 屏蔽广告插件可以通过模拟特定账户权限,访问视频服务器接口,从而单纯触发不带广告的视频流,带来了诸多不正当竞争纠纷。

成本,从而改变了 PC 时代需要下线退出的操作状态,标志着对用户状态进行全天候监控的开始。同时这会使某些超级 APP 账户及其虚拟身份变得更加稳定,即使用户试图通过 PC 端登录,平台也会鼓励通过手机端登录加以控制。第三,随着分享经济、物联网的兴起和人工智能技术的发展,智能终端进一步演变成可以控制更多私人生活或其他设备或智能物品的入口,这需要统一账户进行管理和确认,使我们的日常生活越来越变得依赖账户作为中介才能正常进行。① 相当多的 APP 都要求事先注册账户,而不允许直接使用这些服务,哪怕服务本身是免费的。② 这直接导致了公共领域的平台私人化和围墙化(walled garden)。③ 第四,与之相联系,平台企业对数据价值的发现使它们更加注重账户体系建设,因为这可以集中地积累用户数据,只要用户频繁地登录特定账户,平台企业就能够掌握该用户的全部个人活动信息;个人信息被广泛地理解为免费服务的对价,尽管在用户协议中并未清楚表明。④ 第五,当平台企业通过开发/并购而提供更多捆绑的服务时,一个账户就可以打通使用更多不同领域的功能,关联、合并和识别更多个人信息,特别是用户可以访问金融账户进行支付和转账,这意味着统一账户的安全性标准比原来单一账户要求更高。⑤

从功能上讲,数字账户是一种汇集了权利凭证、数字档案和在线对外活动身份的混合体,有着多重现实起源。首先,和传统线下享有某种债权的会员卡证一样,账户可以被看成是享有权利义务的凭证和资质:用户按用户协议进行相关权限的操作,平台通过拥有不同权利等级的账户提供差异化服务,用户行为如果超出授权范围可能会导致账户功能单方终止。

---

① Jeremy W. Morris and Sarah Murray, *Appified*: *Culture in the Age of Apps*, University of Michigan Press, 2018.
② 例如,在公共区域跟帖评论,见国家互联网信息办公室《互联网跟帖评论服务管理规定》(2017 年)。
③ 例如,国内很少讨论数据或信息内容"公开"的边界,因为大家默认公开的数据也不过是通过某种权限访问服务器的回传结果而已,始终没有脱离架构的控制。
④ 一般的用户协议只写明,收集用户信息只是为了改善服务,不会具体展示如何使用该信息。
⑤ 周子衡:《账户:新经济与新金融之路》,社会科学文献出版社 2017 年版。在企业并购中在多大程度上可以合并账户关联个人信息是一个大问题,现实中尚未得到解决,而这在垄断法上也有捆绑服务的嫌疑。

其次,用户通过账户在平台的服务范围内进行社交、购物、直播、合作等活动,账户可操作的交互功能、虚拟头像、相关个人信息披露等要素作为一个整体构成了用户的数字身份。这些身份可能与线下身份相同,也可能通过一个假名隐匿线下身份。从赛博空间的原初意义上讲,在同一平台上用户拥有的数字身份可以有多个,即一个线下主体控制多个线上账户,或者反过来多人共用一号,甚至由机器人控制一个僵尸账户,但这些行为会造成用户数据污染,无法精确辨识,以及直接广告收入的减少。平台企业因此有动力确保数字账户和线下主体之间稳定的联系,并逐渐禁止马甲的存在。

再次,账户逐渐积累起被称为"数字档案"的各领域大量数据,用户只能有限地控制自己发表在服务公开区域的内容,却无法控制行为的默认记录或元数据。和传统纸质档案相比,核心账户的数字档案能更精确地记录日常行为,通过 cookies 等技术不断追踪更新,还可抽象成特定分值用于评价用户的过去并影响其未来。所谓的"身份失窃"(identity theft)更多也是因账户隐私或其他数字资产被盗而发生。①

最后,账户不仅仅是操作权限,也是一个给定的私人空间和公共空间的混合体。就私人空间而言,账户能够积累个人数据,并展示因人而异的服务架构与界面设计;就公共空间而言,账户通过公共界面和他人产生交互行为,尽管这一领域本质上依赖于私人服务器,但通常被认为能够实现公共交往和沟通的功能。② 这多少凸显了作为私人服务的账户与参与公共活动的数字身份之间的张力。③

2. 数字身份的三个层次

如前所述,当我们使用"数字身份"这一概念时,实际上涉及三个层次的身份问题,分别涉及和不同的主体的关联:(1)成为用户"虚拟化身"的在线账户,对外使用假名或匿名活动,在社交合作网络中形成声誉,并需

---

① Nora A. Draper, *The Identity Trade: Selling Privacy and Reputation Online*, NYU Press, 2019.
② 胡泳:《众生喧哗:网络时代的个人表达与公共讨论》,广西师范大学出版社 2008 年版;何威:《网众传播:一种关于数字媒体、网络化用户和中国社会的新范式》,清华大学出版社 2011 年版。
③ 例如,微博平台通过"拉黑全网禁评"这样的管理方式会显著影响正常的公共讨论。

要遵守与平台的用户协议,在平台给予的操作权限中活动,这一层面的身份主要体现用户和平台上其他用户的关系;(2) 平台收集的关于用户的一切行为数据,形成对用户的多元而细致数字画像,这主要体现了用户和平台之间的生产关系;(3) 在进入赛博空间并与平台签订用户协议之前的在先主体身份,如果我们把原初赛博空间比作某种"自然状态"[①],那么这一主体身份就经历了从自然状态到主权状态的转变,国家为行使主权权力和国家能力的需要而从外在赋予用户统一而唯一的基础身份标识符,这体现了国家和用户之间的权力关系。

在自然状态下,用户通过开设商业服务账户与其他用户在赛博空间中接触交往,并遵守由私人平台制定的行为规则,由此形成的数字身份强烈依赖于账户,仍然由商业服务赋予和界定,处于零散碎片化状态。[②] 在一个互联网不断商品化和私人化的过程中,没有商业许可我们就无法在赛博空间中立足。[③] 然而,网络主权的观念[④]则要求用户在成为消费者之前,需要前置拥有一个普遍性的基础数字身份,这一身份既可以继续沿用线下的身份证标识,也可以是通过加密技术创制的新型标识符,这就带来了对唯一固定的基础身份(依托于稳定连结点)的需求。

这一需求的起点实际上是双重的[⑤]:从政治上看,现代国家对于基础能力和发展的需求要求借助信息技术加强对公民个体的认证[⑥];从商业上看,只有确定唯一连结点才可能更精确地在账户中积累数据、推荐广

---

① 从历史上看,这种比拟未必成立。无论是欧美还是中国,互联网的生成和普及都是国家行为促成的,所谓的自然状态,只不过是一种理论拟制,但在逻辑上仍然有意义。
② 有人认为平台企业力量会影响国家认证能力建设,见樊鹏:《大型互联网技术公司正在重新定义政府职能》,载复旦大学中国研究院公众号,2018 年 4 月 17 日。
③ 通行的用户协议规定,用户只要开始实际使用该网站,就要受到网站用户协议的约束,无须实际浏览。
④ 关于网络主权,参见黄志雄主编:《网络主权论——法理、政策与实践》,社会科学文献出版社 2017 年版;方滨兴:《论网络空间主权》,科学出版社 2017 年版。
⑤ 对政治和商业的双重因素的类似讨论,见胡凌:《网络实名制:目的、机制与效果》,载《探寻网络法的政治经济起源》,上海财经大学出版社 2016 年版。
⑥ 关于各类国家认证系统,见 Carl Watner and Wendy McElroy ed., *National Identification Systems: Essays in Opposition*, McFarland Publishing, 2004; Jane Caplan and John Torpey, *Documenting Individual Identity: The Development of State Practices in the Modern World*, Princeton University Press, 2001;关于国家认证系统与社会经济发展的关系,见 Alan Gelb and Anna Diofasi Metz, *Identification Revolution: Can Digital ID be Harnessed for Development?*, Center for Global Development, 2018.

告。但两者的出发点并不完全相同,国家关心的是赋予互联网行动主体以唯一的身份标识符,并借此进行身份认定、追踪和威慑或实现其他种类的公共政策目标,特别是涉及信息安全的活动;而平台企业并不关心行动主体拥有的国家身份信息,而更多关心该主体在物理空间中的唯一性(一人一号),以便在不同服务场景中通过数据分析识别其多元身份,提供因人而异的服务。无论如何,政治和商业力量殊途同归,共同推动真实身份认证的实践,在未来也有相互融合的趋势。[①] 正是在这一过程中,我们通常理解的数字身份的内涵正从对外交往的虚拟身份(I 类)更多地转向数据画像(II 类)和基础身份(III 类),而账户也从接受信息服务的简单权利凭证逐渐变成有能力约束和影响用户行为预期的微观权力机制的一部分,这一双重转向最终破除了互联网早期保护匿名身份的架构。[②]

历史并非完美地按照理论逻辑演进,在中国互联网发展的前十五年中,尽管国家试图通过实名制在不同服务领域进行认证,但实施部门和公共政策目标各不相同而未能形成合力;国家缺乏统一的基础信息数据库;PC 时代的互联网市场与服务过于分散而导致认证的社会成本高昂。只有在 2010 年"3Q 大战"之后,相关市场经由巨头控制力而逐渐集中的趋势更加明显,大型平台企业普遍推动第三方开发模式[③],并实行数字身份认证的基础服务,将账户体系延伸至更广泛的领域,特别是当人人都拥有负担得起的智能手机时,国家推行全面身份认证的时机才逐渐到来。

三、基础身份认证的政治逻辑

1. 数字身份认证简史

账户是认证用户身份的一个媒介,其目的主要是确保获得某种资格的成员身份的真实性和唯一性。能够作为有效身份标识符的物品/信息

[①] 《网络安全法》第 24 条。另外,像刷脸这样的认证方式也正在和身份证等其他信息配合使用。新加坡的电子政务数字身份系统 SingPass 就开始将人脸整合进个人数字身份认证机制,见 https://www.tech.gov.sg/products-and-services/singpass/,2022 年 10 月 20 日最后访问。

[②] Lawrence Lessig, "The Architecture of Privacy", 51 *Duke Law Journal* 1783 (2002).

[③] 这种模式由腾讯不断推动,影响了诸多第三方开发平台。关于"3Q 大战"后腾讯的反思,见蓝狮子编:《X 光下看腾讯》,中信出版社 2011 年版。

一般而言需要具有普遍性、稳定性和唯一性的特征,从而尽可能在较广范围内对授权用户进行验证。对国家而言,存在两类可行的标识符:(1) 国家为全体公民统一发放唯一的令牌或号码,可以做到一人一号①;(2) 生物特征信息,如人脸、虹膜、指纹、静脉、步态等。② 但两者对身份认证的意义略有不同。对前者而言,国家发放的号码代表了主权权力(如统计和认证权力),是现代公民身份的合法性来源,也是他们享有权利承担义务的权威身份凭证。而对后者而言,生物特征仅能表明该主体在物理和生物意义上是同一个自然人,尽管技术标准也可能需要国家权威确定予以赋权认可。这一区分背后提出的深层次问题是,当国家权力进入赛博空间时,数字身份认证在多大程度上需要体现网络主权理念,承认赛博空间的特殊性,并在法理上确立虚拟公民身份,同时在技术上加以保障;抑或只是出于便利证明主体是同一个自然人,不承认赛博空间的特殊性,通过原有的身份证制辅以生物信息识别(如刷脸),仅将赛博空间中的身份视为物理世界中公民身份的映射投影。本章将支持第一种思路的实践称为"虚拟基础身份论",支持第二种思路的实践则称为"现实基础身份论"。

  数字身份认证在中国互联网发展的前十五年中以网络实名制名义出现,这构成了国家认证的第一个阶段(1994—2009)。这一阶段因缺乏整体规划,以具体政策目标为导向,集中反映了"现实基础身份论",即由中间人依照法律要求,通过传统身份证的在线比对核对(verification),对主体使用网络服务的资质进行限制。在这一阶段,网络实名制经历了多种服务样态,且和不同管理部门要实现的不同政策目标密切相关,但无论如何都开始改变了匿名性赛博空间的架构③:

  ➢ 大学 BBS。这项由教育部门实行的运动影响了相当一批活跃的校园 BBS,目标在于约束大学内部师生言论,同时与社会用户群体分隔,

---

  ① 身份证是现代国家重要的认证权力体现,体现了对其领土上民众的登记与分类管理。类似的文件还有护照,参见 John C Torpey,*The Invention of the Passport:Surveillance,Citizenship and the State*,2nd ed.,Cambridge University Press,2018.
  ② 邱建华、冯敬、郭伟、周淑娟:《生物特征识别:身份认证的革命》,清华大学出版社 2016 年版;汪德嘉等编著:《身份危机》,电子工业出版社 2017 年版。
  ③ 详细的历史描述与利弊分析,见胡凌:《中国网络实名制管理:由来、实践与反思》,载《中国网络传播研究》2010 年第 4 辑,浙江大学出版社 2011 年版;《网络实名制:目的、机制与效果》,载《探寻网络法的政治经济起源》,上海财经大学出版社 2016 年版。

加强有限数量的组织内部成员管理。

➢ 博客与微博。主要由宣传部门推动,试图约束用户,使其理性发布言论内容,通过提升事后处罚概率的方式加以威慑,但最终效果仍然依赖于直接约束构成网络传播核心节点大V的行为。

➢ 网吧。主要由文化部门主导,主要目标是审核未成年人身份,保护他们远离网吧和网络游戏,同时辅以对网吧行业进行数量规制、连锁经营等举措。在智能手机时代来临后网吧逐渐衰落,效果减弱。

➢ 网络游戏。和网吧类似,由文化部门推动,主要为了防止未成年人沉迷游戏,这一举措至今仍在不断强化,也极大影响了网络游戏市场格局。

➢ 电话号码。由工信部门施行,意在以底层电信基础服务为起点实现整个网络信息服务的真实身份认证,从而为上层各种增值电信服务提供了便利。

➢ 电子签名。2004年《电子签名法》要求社会公众使用的数字证书应由获得工信部《电子认证服务许可证》的CA机构颁发,后者须提供电子签名认证证书目录信息查询服务以及提供电子签名认证证书状态信息查询服务。但实际中电子签名技术使用成本较高,并未广泛普及,仅限于在金融和电子政务等有限领域使用。

从2010年开始,国家全面推动网络主权和真实身份认证[1],可以视为认证实践发展的第二个阶段。这一阶段面临着移动互联网和物联网的挑战,以及如何将线上认证拓展到广泛的线下场景的关键问题。这一阶段的前提是需要对互联网每一层面的服务提供者和信息资源通过许可方式进行认证,再通过它们对更加广泛的用户进行身份认证。第一阶段数字认证的普遍做法是,认证活动发生在远程注册账户过程中,服务商将身份证信息提交到全国公民身份证号码查询服务中心系统核实。为了防止人证分离与对抗抵赖,更高的认证标准要求多次重复认证(或用户手持身份证的照片、其他更多个人信息相互验证),这不仅对于服务商而言合规成本高昂,用户身份信息通过服务商中转也带来了个人信息泄露的风险。

---

[1] 主要体现在《中共中央办公厅、国务院办公厅关于加强和改进互联网管理工作的意见》(中办发〔2010〕24号)、《网络安全法》和国家互联网信息办公室《互联网用户账号名称管理规定》中。

尽管政府不断加大规制买卖个人信息行为的力度①，但问题本质上仍然在于可识别用户身份的基础信息在各种场景被广泛应用（如金融、医疗、交通），也更容易得到信赖，这很容易被大规模获取和非法使用，从而降低了身份证作为证明文件的价值。② 由此，在移动终端时代，平台企业逐渐探索出通过大型平台作为认证代理人的实践（从而降低第三方开发者的认证成本)，采取双重因子认证等多元化的身份认证手段（例如经过实名制认证的电话号码＋短信验证码）。随着"账户—数据—算法—评分"的微观架构不断延伸至物理世界，更多线下活动也越来越多地被纳入认证和监控过程，而且只需要认证一次（APP 几乎不退出登录），对用户行为信息的掌控更强。线下传统认证过程和接受服务的过程在时空上是分离的，而数字认证将服务凭证、身份核实、甚至报销凭证的功能完全压缩并在一起，通过身份证件或刷脸等方式即可完成，大大提升了效率。

特别地，主导线下二代身份证的公安部第一研究所建造可信身份认证平台（CTID），和微信与支付宝这样的超级 APP 合作推出"居民身份证网上功能凭证"（也称"网证"），这是以身份证制证数据为基础，通过 CTID 签发的与实体身份证芯片唯一对应的电子映射文件。③ 用户只需要在平台相应小程序中申请开通，即可对外展示或通过设备扫描认证。在用户出示"网证"认证时，个人信息不会保留在第三方平台，全部由公安部后台数据库验证后向第三方平台回馈，即可证明自己作为自然人和线下公民身份的唯一性。④ 由于越来越多的人注册了微信或支付宝，这种通过应用平台推动的认证方式可以预见能够尽快普及，且较为灵活，能够适应不同终端设备和 APP 平台。

表面上看，第一阶段出现的信息安全问题在逐步得到缓解，"网证"能

---

① 《最高人民法院、最高人民检察院关于办理侵犯公民个人信息刑事案件适用法律若干问题的解释》(2017 年)。

② 基础身份标识符的淡化是一个关键问题，这不仅导致次级身份功能被取代，也会导致中心化的基础身份认证负载过大，不同身份认证技术带来的不同门槛也被抹平。这就是为什么需要对不同数字身份进行分级分类管理。

③ 具体的描述，见公安部第一研究所：《一种基于电子法定身份证件实体证生成网络映射证件的方法》发明专利（专利号 2015106291109）。

④ 《"网证"来了！再也不用为证明"我是我"而发愁了》，载新华网 http://www.xinhuanet.com/politics/2018-04/18/c_1122695413.htm，2022 年 10 月 20 日最后访问。

够有效应对线下更多需要验证身份的场景,其实质仍然是在软件应用层依靠巨头平台企业寻找稳定普及的身份连结点,将线下传统身份应用至线上,是"现实基础身份论"在技术实践中的最新发展。"网证"可能存在一些问题,例如这一方式多用于线下出示或审核,或者用于巨头平台上的小程序认证,但未必能够用于其他独立的 APP;这一举措安置于私人商业互联网服务架当中,捆绑更多的公共服务无疑会增强该巨头 APP 的相关市场地位,进一步吸纳更多第三方开发者,借助巨头平台对身份认证功能进行低成本扩展,可能对市场公平竞争产生影响[①],等等。尽管如此,支持其推广的现实基础仍广泛存在,因为当下整个网络法体系都围绕着用户的线下身份展开,物理空间中的自然人(而非其在线身份)需要对其线上行为最终负责。

同时,深层次的理论问题仍然存在,即为落实网络主权,是否有必要在用户进入赛博空间之前赋予其独特唯一的加密公民身份(在传统身份证数据基础上加以转化),以便将物理世界的真实身份和数字身份加以区分。这种思路隐含了赛博空间和物理空间不同的主权权力表现,不仅承认赛博空间作为一种独立的领域,也赋予自然人在先的身份合法性,即确认是中华人民共和国公民而非其他国家公民进行在线活动,从而为自然人主体赋予了确实的虚拟世界法律地位。带有这种思路的实践采取了一条不同的技术路线,即公安部第三研究所推动的 eID。不同于第一研究所的"网证",eID 在身份证号码基础上以加密技术手段重新为用户生成作为公民身份的数字标记,并采取了一条硬件层面的发展路径,即将加密数据信息置于手机芯片或其他实体卡证的芯片中,将手机/卡片变成连接自然人主体和应用程序的可信中介。[②] 在理论逻辑上,eID 更强调国家赋予自然人以法定身份标识的前置程序,即"实体社会中自然人身份在数字空间的映射,是自然人在数字空间获取数字服务时代表其主体身份的数字标记的集合",并清晰地构建了一整套数字身份的技术标准。[③] 这清楚表明了国家塑造基础数字身份的意图,而不简单是传统公民身份的映射

---

① 这个道理和第三方支付获得牌照许可的市场效应类似。
② eID 已经与华为合作,在 Mate 20 系列 4 款手机中载入 eID 芯片技术。其他领域的合作扩展信息见其网站 eid.cn。
③ 见公安部第三研究所:《eID 数字身份体系白皮书(2018)》。

投影，这对于一个不断扩张的赛博空间而言是具有积极意义的尝试。如果这一"虚拟基础身份论"道理不只是修辞，那么其真正普及仍然取决于硬件和实体载体的社会成本，如果对于用户而言成本过高（例如只安装在特定种类的移动终端上），普及的范围无疑会受到限制；同时 eID 也需要解决如何服务于大量在线服务过程的身份安全认证问题。此外，和"网证"类似，这一举措会加强智能手机厂商对运行于其上的 APP 应用的话语权，某种程度上也会提升该品牌手机的市场竞争优势。

2. 平台型国家建设

数字身份认证需要新的硬件和软件基础设施，这不仅是网络主权的体现，也是增强信息基础能力的要求。例如，机场、火车站大量的刷脸设备、遍及各处的公共摄像头都代表了新型信息基础设施的兴起，而每个人的智能手机也成为这一网络化基础设施的终端。这意味着国家在管理赛博空间事务活动的同时，也在不断进化，越来越成为一个平台型国家。尽管传统政府负有重要的基础设施建设功能，但仍受制于物理空间的地域分割和属地化管理影响，像公共交通、能源这样的基础设施仍然是本地化导向的。赛博空间的特征在于由平台促进的网络连通性和提供的泛在基础服务，在诸多数字基础服务（如支付、物流、云计算、AI、纠纷解决）已经率先由巨头平台打造提供的时候[①]，由国家独立实施的数字身份认证就十分重要，国家也有能力将这类基础设施延伸至公民个体，进一步整合全国市场，同时通过数据集中的方式强化中央政府的权力[②]，试图将整个国家变成一个层级不同的超级政务和公共管理平台，进而超越传统中央和地方分权的地理时空边界。这一平台的前提条件和功能在于：(1) 电信基础设施和移动终端的广泛普及，人人可以通过终端远程访问公共服务；(2) 电子政务建设理念和实践的成熟，经过十多年建设，数字政府观点深入人心；(3) 地方政府成为平台上的服务端，源源不断地将社会行为数据化，并推动数据内部共享和外部开放，逐渐打造公共政务数据平台；

---

① 2018 年 12 月的中央经济工作会议重新定义了基础设施建设，把 5G、人工智能、工业互联网、物联网定义为"新型基础设施建设"，并将基础设施列为 2019 年重点工作任务之一。
② 例如交通运输部《网络预约出租汽车监管信息交互平台运行管理办法》(2018 年公布，2022 年修订)。

(4) 摄像头、传感器帮助捕捉公民在公共区域内的活动,基于社会信用积分推动信用社会建设,且联合惩戒可以跨地域实现,有更强的威慑力。

身份证在这一过程中的功能多少发生了改变。在网络实名制探索过程中,不同部门主导的身份认证实践不断体现和拓展现代身份证的若干功能:(1) 身份证明。身份证首先代表了国家授予自然人的公民身份,是一种政治身份,从而彰显主权权力。公民凭借此标识符即有权参加公共事务、获得公共服务,如选举、公共医疗保障、金融服务、公共交通服务等。① (2) 查验与出示。在特定场合,公民需要向警察出示身份证件,例如针对有违法犯罪嫌疑的人员、依法实施现场规制时、发生严重危害社会治安突发事件时以及在火车站、长途汽车站、港口、码头、机场或者在重大活动期间设区的市级人民政府规定的场所等需要查验身份的场合。② (3) 追踪与威慑。实名制的原初逻辑便是按照"后台实名,前台自愿"原则通过真实身份认证进行追踪,进而对潜在违法行为进行威慑。③ 政府可以通过身份证追踪到犯罪嫌疑人使用特定服务的轨迹(如酒店、公共交通、网吧等),还可以通过人脸识别、步态识别技术进一步在公共区域内增加可供认证身份的连结点。④ 一旦被广泛应用于接受私人服务的场合(如商场),身份认证即可成为履行安全保障义务的重要方式。⑤ 这些功能越来越多地通过一次性的终端认证联系在一起,既是身份识别过程,又是行为记录追踪过程,随着适用的场景不断扩展,这一权力将涵盖更广泛的领域。后台记录不仅仅能够用于信用惩戒,更容易形成威慑。从这个意义上说,国家最早将居民身份证变成了一个全国范围内的超级账户,除了赋予公民身份,还在该账户下积累数据,便于事后追查。⑥

---

① 《居民身份证法》第 14 条。
② 《居民身份证法》第 15 条。人脸识别功能一旦具备了查验和识别功能,就会在实际上超越这一条关于警察出示执法证件的规定。公安部 2016 年起草的《公共安全视频图像信息系统管理条例(征求意见稿)》中没有关于作为一种行政行为的身份识别功能的内容,多个省市的类似文件也没有规定。因此这种识别方式需要更好地设计知情同意的正当程序。
③ 近年的发展,见《网络安全法》《具有舆论属性或社会动员能力的互联网信息服务安全评估规定》《互联网用户账号名称管理规定》《移动互联网应用程序信息服务管理规定》《互联网跟帖评论服务管理规定》以及最新的《信息安全技术 社交网络平台信息标识规范》(征求意见稿)。
④ 通过刷脸识别,公安部门已经在多场张学友公开演唱会中抓获在逃嫌疑人。
⑤ 《民法典》第 1198 条。
⑥ Pramod K. Nayar, *Citizenship and Identity in the Age of Surveillance*, Cambridge University Press, 2015.

此外，由于线下身份证并未完全覆盖到所有公民，而只是年满 16 周岁的公民，就造成了线下相当多的未成年人未能进行实名身份认证，即使使用自己的手机号注册，手机号绑定的也往往是父母的手机号码。随着网络游戏和在线直播服务的盛行，出现了未成年人沉迷或者使用父母银行卡支付购买游戏装备或打赏等行为。通行的一个建议是国家要求游戏或直播服务平台对未成年人进行动态身份认证，但在整体系统设计上一直存在困难。① 平台企业能采取的替代性方案则包括：(1) 单独开发青少年模式；(2) 开发家庭账户由家长控制未成年人使用（如解锁应用）；(3) 在支付环节设置多重因子认证手段，特别是涉及大额支付；(4) 从后台分析用户数据中的行为轨迹，判断争议行为是否符合未成年人心智水平，进而证明是未成年人在使用该账户；等等。

随着智慧城市建设的深入，数字身份/账户还可能成为城市为本地公民提供服务的独一无二的标识符和凭证，从而进一步在网格化治理基础上追踪本地辖区内的主体活动，账户及其与公共事务相关的个人数据将变得更加重要。在两类基础思路背后，我们看到的仍然是大量基于不同部门、不同技术路线的设计和试验，未来的数字身份可能是二维码、数字地址、身份证或者生物信息账户的混合形态，承载更多社会功能。② 平台型国家建设的核心问题之一是，如何将得到认证的统一公民数字身份经过授权的加密技术安全地扩散到无处不在的硬件、软件上，并适应飞速变化的互联网，同时将认证权力与侦查、取证等权力适当分离。网络实名制的两个阶段都还没有能够完全解决这一问题，甚至可能导致数字认证权

---

① 《未成年人保护法》规定：国家建立统一的未成年人网络游戏电子身份认证系统，网络游戏服务提供者应当要求未成年人以真实身份信息注册并登录网络游戏（第 73 条）。网络直播服务提供者不得为未满十六周岁的未成年人提供网络直播发布者账号注册服务；为年满十六周岁的未成年人提供网络支付发布者账号注册服务时，应当对其身份信息进行认证，并征得其父母或者其他监护人同意（第 74 条）。但这并非统一的数字身份系统，也不能解决未成年人在其他网络服务（如直播打赏）中出现的新问题。

② 例如，《中共杭州市委关于做强做优城市大脑 打造全国新型智慧城市建设"重要窗口"的决定》规定：建立健全全市统一标准地址库，以标准地址关联人、房、企、事件等基本元素，实现对城市运转全要素的协同感知、一体治理。深圳市市场规制局《社会管理要素统一地址规范》规定建立基于统一地址的社会治理要素编码，借鉴"身份证号码"和"统一社会信用代码"编制方法，建立社会治理要素唯一识别码，形成社会治理要素的"身份号码"。在此基础上，将社会治理要素与统一地址、网格进行关联形成整体，有效地解决了社会治理要素的定位问题与责任问题，为建立责任到网格、责任到人的社会精细治理体系提供了基础。

力的割裂,上文已经充分展示这一割裂不仅存在于公安部内部,也存在于中央和地方、国家和企业之间。①

虽然技术实践日新月异,但目前关于数字身份认证的基本法律制度仍属空白,《网络安全法》第 24 条仅规定"国家实施网络可信身份战略,支持研究开发安全、方便的电子身份认证技术,推动不同电子身份认证之间的互认",但并未与《居民身份证法》相衔接,也没能系统明确数字身份的法律地位。在此以前,国家数字身份仅仅依托《电子签名法》和相关网络实名制法规得到零散规定②,有必要从国家顶层设计出发,结合具体技术路线确定全国普遍适用的数字身份法律制度,从而为像人脸识别这样的新技术找到立法上的正当性。

四、商业导向的数字身份识别

1. 价值生产与身份生产

一旦确立了唯一的基础身份,账户的重要功能便是平台企业对个人多元社会身份的识别。单一的公民身份反映了自然人由国家认可的政治身份;而多元社会身份则通过数字账户散落在不同领域,产生于不同的社会网络中。当互联网不断延伸至各个场景(无论是服务领域还是私人空间),面对大量无序的社会资源和流动性用户时,平台企业都有动力进一步识别在不同场景下用户的具体身份和偏好,从而提供精准的服务。账户就成了具有获取(access)在线服务权利的个人化权限和资质。"识别"这一术语很容易被理解成为一种对客观真实人际关系和社会身份的科学发现,但除了"发现",平台企业还有能力进一步将用户按照各种标准分类和预测,通过引入更多生产性资源实现商业创新,进而构建更多新型网络,将用户不断纳入更加复杂的网络中,促成了用户新的社会身份生产与

---

① 中国人民银行支付结算司司长温信祥近期表示,要探索建立国家统一数字身份信息系统,通过将指纹、人脸等生物特征信息纳入身份信息采集范畴,为数字金融、身份识别等提供更加可靠的支撑。这仍然是金融领域条线的独家做法。

② 邹翔等:《网络电子身份管理政策法规研究》,载《中国工程科学》2016 年第 6 期;杨珂、王俊生:《基于 eID 的网络身份制与个人信息保护法律制度研究》,载《信息安全研究》2019 年第 5 期。

再生产。① 从这个意义上说,用户的多元数字身份是在用户和平台企业之间的生产关系中塑造的,而非自动生成。这种权力机制不仅是基于过去的,更是面向未来的;不仅是识别,更是基于识别进行行为管理,最终为了提高生产效率。身份识别的具体方式包括:

> 标签与分类。通过对用户在不同场景下的行为进行数据分析,根据其可能的偏好为其贴上不同标签,并根据定向广告或推荐的效果进行动态调整。根据一些关键性标签将用户分类,赋予其账户以不同权限和利益。②

> 监控。尽可能不间断对账户的公开行为和私密行为进行记录,以便获得对该账户及其使用者的更多信息。③

> 大众评分与声誉。单纯的身份认证只能确保进入网络的流动性资源的身份真实与唯一,但无法解决进入之前的真实性问题,也不能完全解决需要多次博弈后沉淀下来的信任问题。④ 认证带来的事后追踪和惩戒效果十分有限,仍然需要在各类网络中使用诸如评分和声誉这类工具,根据账户的对外行为,利用用户和服务提供者相互打分的方式,积累起对用户的外部声誉评价,成为管理账户行为的有效指标,甚至可以塑造社群中的社会规范。⑤

> 内部积分与征信。根据账户的对内行为,通过汇总挖掘用户各方面使用数据,进行评分式奖励或惩戒,以便适时引导用户对某种值得奖励的行为的更多投入,并进一步上升为更加正式的所谓"大数据征信"。⑥

> 算法分析与歧视。算法的设计往往隐藏在幕后,但会通过不透明

---

① 有关识别和认证关系的不同看法,见 Jim Harper, *Identity Crisis:How Identification is Overused and Misunderstood*, Cato Institute, 2006.

② David Lyon, *Surveillance as Social Sorting:Privacy, Risk and Automated Discrimination*, Routledge, 2002.

③ Christian Fuchs and Kees Boersma, *Internet and Surveillance:The Challenges of Web 2.0 and Social Media*, Routledge, 2011.

④ 从这个意义上说,区块链技术无法有效解决这一制度性问题。见 Paul Vigna and Michael J. Casey, *The Truth Machine:The Blockchain and the Future of Everything*, St. Martin's Press, 2018.

⑤ 类似的研究见 Xin Dai, "Toward a Reputation State:The Social Credit System Project of China", https://papers.ssrn.com/sol3/papers.cfm?abstract_id=3193577,2022 年 10 月 20 日最后访问。

⑥ 美国的例子,参见 Josh Lauer, *Creditworthy:A History of Consumer Surveillance and Financial Identity in America*, Columbia University Press, 2017.

机制在更大范围内影响我们的认知和选择。甚至可以通过特定种类的数据识别出用户试图隐瞒的某种社会身份,从而隐性地进行区别对待,使社会身份的匿名程度进一步降低。①

➤ 在回音室中塑造自我。推测用户的偏好并自动推送类似产品、服务或广告②,不断在账户内增强回音室效应,使用户无法接触到更多异质信息,形成逐渐闭塞的身份。③ 同时社会、社交与公共性的内涵被商业价值导向彻底改变了。④

➤ 身份创设。通过 APP 获取用户手机通讯录访问权,将电话号码(及其背后唯一绑定的用户)纳入新的虚拟世界,在用户同意之前率先进行社会关系和偏好推荐的模拟,而真实用户的实际注册不过是对这一模拟的确认。⑤

互联网创新无疑将人们从流动性较弱的线下场景中解放出来,有机会接触大量信息和机遇,在广度上扩展了社会身份形成的渠道。但问题在于,对平台企业而言,这种扩展的主要动力不只是为了增进接触、交易与合作,不同场景中多元的社会身份究竟是什么本身并不重要,重要的是它们需要被转化为生产性的身份、产生利润和经济价值。只有那些能够为平台带来价值的身份才值得被识别和强化,而那些无法带来价值的分享和伦理实践则会逐渐被排除出平台,哪怕是打着"分享经济"的旗号。上述举措不仅仅是平台的自我规制手段,更是促进生产、增强平台通过账户对劳动者的人身从属性和控制力的措施。⑥

---

① John Cheney-Lippold, *We Are Data: Algorithms and the Making of Our Digital Selves*, NYU Press, 2017; Cathy O'Neil, *Weapons of Math Destruction: How Big Data Increases Inequality and Threatens Democracy*, Crown, 2016.

② 遗憾的是,个性化推送以及定向广告都没有被写入《电子商务法》,第 18 条仅规定了个性化搜索结果,效果有限。

③ 例如,Joseph Turow, *The Daily You: How the New Advertising Industry Is Defining Your Identity and Your Worth*, Yale University Press, 2012; Jaron Lanier, *Ten Arguments for Deleting Your Social Media Accounts Right Now*, Henry Holt and Co., 2018.

④ 例如, Greg Goldberg, *Antisocial Media: Anxious Labor in the Digital Economy*, NYU Press, 2018.

⑤ 围绕社交网络的不正当竞争也体现了这个思路,见胡凌:《新浪微博 vs. 脉脉:理解社交类应用不正当竞争》,载"经略网刊"公众号 2016 年 5 月 5 日。

⑥ Jeremias Prassl, *Humans as a Service: The Promise and Perils of Work in the Gig Economy*, Oxford University Press, 2018.

2. 个人信息如何取代隐私

数字身份的形成有赖于个人信息的积累、披露和交换,在账户中用户会积累大量的数据,成为平台企业的宝贵资产,同时这些数据中也有相当部分会被界定为法律保护的"个人信息"(PII)或"隐私"。从形式法治角度看,目前的法律主要从人格权角度对个人信息进行保护,确保使用个人信息(特别是敏感个人信息)的知情同意,或抽象地对个人信息权进行分类,提供列举性解释,而越来越少地单独讨论隐私保护,研究者也在努力区分不同场景下的账户数据的权属如何在不同层面上分割保护。① 从赛博空间架构的演进来看,从隐私到个人信息的转变并非偶然②,物理世界中的隐私观念依赖于物理架构的保护,带有浓厚的空间特征("不受打扰"),但随着各类技术渗入日常生活和私人空间,可控空间本身被逐渐消解,隐私逐渐变成更加流动性的信息,被理解为处于不同的关系当中和场景化的价值。③ 按照这一标准,用户的数字隐私(无论是在线活动还是充满智能家居的私宅活动)无疑需要和服务提供商分享,并期待它们更好地保护这些信息,不会滥用。这进一步导致了在赛博空间中用户不再拥有物理世界中的私人空间,隐私本身作为一种主体性特征的消亡,取而代之的是用户不得不仰赖和信任无法控制的平台企业,在它们提供的服务领地中生产作为生产资料的个人信息。④

按照"能够单独或结合其他信息识别个人真实身份和行为"这一标准定义,受到法律保护的个人信息范围会很广泛,因为通过大数据分析或结合其他信息可以识别到用户的具体身份很容易。⑤ 因此平台企业有动力进行广泛的争辩和游说:(1)要求通过建立更加限缩的敏感个人信息规范来降低合规成本;(2)要求法律确认其作为数据搜集者(以及因技术投

---

① 例如,范为:《大数据时代个人信息保护的路径重构》,载《环球法律评论》2016年第5期。
② 张新宝:《从隐私到个人信息之利益再衡量》,载《中国法学》2015年第3期。
③ Daniel J. Solove, *Understanding Privacy*, Harvard University Press, 2010.
④ 金耀:《个人信息去身份的法理基础与规范重塑》,载《法学评论》2017年第3期;戴昕:《数据隐私问题的维度扩展与议题转换:法律经济学视角》,载《交大法学》2019年1月。
⑤ 岳林:《超越身份识别标准——从侵犯公民个人信息罪出发》,载《法律适用》2018年第7期;岳林:《个人信息的身份识别标准》,载《上海大学学报(社会科学版)》2017年第6期。

入作为劳动者)的"数据池"财产权利;(3)承认其对匿名数据进行加工的财产权利①;(4)主张其对用户数据的分析只限于账户范围内,并不涉及物理世界中的真实主体,因此也就和电话号码、家庭住址这些和人身安宁权相关的信息分隔开来;以及反过来(5)主张法律规定的"识别"实际上指通过对敏感个人信息的界定,获知物理世界中主体的身份情况,而并不涉及数字账户内的数据分析活动,更不会涉及上文提到的身份再生产。换句话说,账户作为赛博空间与物理世界的连结点,能够有效屏蔽平台企业对产生在账户以及虚拟世界中的用户数据的影响。这一思路看上去和上文讨论的"现实基础身份论"十分接近,即只要求承认主体在物理世界中的相关(基础)身份应当得到法律保护,而账户之内的空间属于用户协议管辖的自治范畴,从而为通过算法的数据分析挖掘(吊诡的是,这会不断产生我们无法控制的新身份)奠定了合法性基础。②

不难看出,现有的法律路径在真空中讨论个人信息权,简单将某些种类的信息列入应当受保护的范围(尽管可能达成共识),而其余的由个人生产的信息即使能够用于个性化推送,只要进行了匿名化处理,且没有干扰到用户的隐私与安宁即可。这一角度在法律上有可操作性,但在逻辑上默认了账户作为商业服务内容的现状。这意味着,法律实际上只是保护个人信息不被脱离了生产架构(以及账户控制)非法使用,而经过一揽子知情同意授权的平台企业合法数据处理则几乎不受约束,可以持续不断地分析账户内活动的数据。数据形成的财产权利边界在事实上也十分清楚,即用户并不拥有通过账户产生的数据收益,还需要反向授权平台企业免费使用自己创作的作品。

账户与架构的视角揭示了,个人信息通过商业账户及其服务经由用户的劳动不断生产出来,最终塑造了多元的虚拟身份;商业账户没有隐私可言,实际的广告与商品精准推送仍然会直接展示在账户中,形成因人而异的视图界面,并对用户的预期和选择产生影响,用户无法拒绝。在个人信息权的法律界定过程中,用户对于账户(以及赛博空间)本身的孱弱控制力和话语权最终确保了平台企业的数据财产权利。

---

① 例如,"淘宝(中国)软件有限公司诉安徽美景信息科技有限公司不正当竞争纠纷案",浙江省杭州市中级人民法院二审民事判决书,(2018)浙 01 民终 7312 号。

② 这是网络法思潮中一贯的主张,即例外论(exceptionalism)。

3. 数字账户（及身份）的法律控制

更进一步，商业账户及其背后的控制/生产过程已经深深影响了数字身份的形成，这些权力关系需要法律承认和保护。账户虽然是一个服务凭证，但随着互联网服务变得更加复杂，平台企业仍然有充分的动力对账户通过法律进行控制，利用法律技术涵盖账号密码、用户有权操作的权限、以及累积下来的行为数据等组成部分。账户的基本法律结构可概述如下：

➢ 在通行的用户协议中，通常对账户使用设置了较高的限制，即账户只能向唯一的用户提供服务，账户使用权不得转让和继承，特别是当账号也由服务提供商提供的时候。①

➢ 账户内积累的数据无法进行复制和转让。②

➢ 直到近年，用户才获得了在电子商务平台上注销账户的法律权利，尽管积累的数据是否会被真正彻底删除仍然不确定。③

➢ 平台企业开发出一整套管理用户的行为（如封号、禁言等），也会通过展示经验等方式为这一在线身份赋予声誉价值，进而实现劳动管理和交易匹配。

➢ 账户捆绑的功能不断累积增加，导致账号认证以及找回密码的标准越来越高，平台企业对特定账户基于特定服务的封号行为也可能影响到其他服务，拥有不受约束的私人权力。

➢ 智能账户的服务虽然称为"个人助理"（PA），但和用户仍然是通过数据分析提供的服务，并非真正的代理人。④

上述列举都表明，账户的法律演进原理在于将赛博空间中的账户和物理世界中的用户（及其数字身份）在法律上尽可能分离，即强调账户属于平台的服务，用户对产生在账户中的有价值的数据不拥有权利，这意味着平台企业使用用户数据的一切分析挖掘试验都只会关联到账户，而不

---

① 例如 QQ 的账号体系和淘宝虚拟店铺转让的争议，形成了关于虚拟财产的诸多讨论，参见岳林：《网络账号与财产规则》，载《法律和社会科学》2016 年第 15 卷第 1 辑。
② 那些试图代理用户进行数据转移的操作往往会被认定为不正当竞争。
③ 《电子商务法》第 24 条。
④ 张翼成、吕琳媛、周涛：《重塑：信息经济的结构》，四川人民出版社 2018 年版。

会直接关联到物理世界中的本人,产生的价值也与用户在分配意义上无关。在既有的生产关系下,法律关系的松散反而有利于平台对用户价值的获取。直接结果便是,匿名数据的分析仍然可以对用户产生影响,持续地进行监控,并通过账户将其纳入信息资本主义生产体系。

这一问题仍然是开放的,在"虚拟基础身份论"看来,用户不仅应当具有赛博空间中的基础身份,也应该拥有围绕这一基础身份建构展开的基本权利(如删除权、知情权、选择权、解释权以及财产权利等)。这些基本权利的核心在于能通过账户进行自主决策和操作的空间,即那些积累诸多数据的核心账户(它们可能比电话号码和家庭住址更具有人身性),也可以帮助我们重新基于传统隐私理论(如不受打扰与合理期待)对个人信息、进而是身份识别与控制的架构边界进行重新解释,目标是通过控制账户争取赛博空间中相对独立的自主空间。

五、结　　语

在21世纪,适应物理世界的《居民身份证法》需要适时调整,以应对不断增加的数字身份服务需求,但从技术形态来看,数字身份的实现方式仍然在不断变化中。本章简要描述了数字身份如何受到政治和商业力量影响而形成,数字账户在这一过程中起到关键的连结点作用,伴随着技术的变化,数字身份的技术形态可能会发生变化。在物理世界和赛博空间相对分离的时代,存在两种不同的身份管理状态和思路,随着赛博空间的逻辑不断覆盖物理世界,更为严格的身份认证与追踪将无处不在,但身份认证仍然游离于两种思路和技术路线之间,而身份识别以及背后的经济利益则强烈依赖于其中一种。本章希望由此深化我们对赛博空间性质的认识,特别是各类不同的力量如何将这一空间变成围绕生产和控制展开的现代性场所;以及深化对数字身份的生成过程的理解,观察不同权力如何通过法律要求塑造数字身份,在法律关系和生产关系上认清账户的实质,从而更好地探究如何通过法律方式争取和扩展用户在赛博空间中基于账户的自主空间。

第七章　商业模式视角下的"信息/数据"产权

一、引　子

　　互联网的兴起带来了信息的爆炸式增长,一种被称为"新经济"的信息产业模式也随之发展。目前互联网的各个层面都围绕着信息的生产、聚合、搜集、加工、储存、处理、消费而展开。普通网民和信息消费者可以从网上获取大量免费的信息服务,而这些信息在前互联网时代往往需要付费才能得到。这给用户造成了如下印象:互联网上信息服务基本上是免费的,这些信息形成了公共资源池(commons),人人都可以自由地获取。在这一过程中,用户行为也产生了大量和个人相关的信息/数据,但在保护这些信息的举措上似乎力不从心。个人信息的泄露事件不绝于耳,业界、学术界就此讨论不休,国家对个人信息的保护也越发重视。

　　在现实中,用户在信息安全方面的担心主要包括两方面:首先,平台企业通过合同条款合法地获得个人信息的使用权,进而追踪和监视用户,这一授权本身的公平性、使用过程的透明性和对传统私人领域的入侵("隐私")值得关注;其次,未经许可或通过非法方式获得和使用个人信息(例如黑市买卖、黑客攻击导致信息泄露)可能对用户人身和财产安全造成威胁。两个问题相比,大众对第一个的敏感程度要远远弱于第二个,因为前者没有什么明显的损失(甚至还有服务改善的收益),而后者带来现实风险的概率更大。相应地,法律对前者的约束也并不明确,而对后者则有着较为完整的保护框架和要求。

　　从商业的角度看,信息/数据作为新经济的生产资料具有重要的价值,需要法律承认和保护。学术界在数据尚未成为有价值资产的时候即展开关于确立一种信息财产权来约束和管理网络信息的讨论,即承认信息的物权或准物权属性,并按照物权或知识产权的模式事先获得授权而使用,不得随意侵犯。① 这种立场既可以应用至著作权人对数字作品、用户对个人数据主张权利的情形,也可以扩展至信息物品(虚拟物品),例如用户保存在网站服务器中的私人文档,或网络游戏中的道具与装备。换句话说,界定信息和信息物品的产权十分关键。②

平台企业欢迎这种声音,这使它们可以摆脱信息/数据中人格权与财产权之间纠缠不清的状态,避免运营风险。③ 但对它们而言,个人信息权属的初始界定并不重要,重要的是个人信息/数据聚合汇总后的集体数据资源库的权属。不论法律是否承认,现有的信息财产权在事实上存在,即企业而非个人的信息财产,尽管在企业的资产负债表中还不包括这一块内容(难于定价,以致于平台企业往往通过收购获取数据而非交易)。④ 免费的商业模式客观上要求互联网内容和服务产业尽量获取大量免费信息,以吸引用户、增加流量并获得外部投资。这些信息既包括从各种渠道获取的合法信息、也包括非法使用的信息;既包括免费提供给用户的消费信息,也包括用户的个人数据信息。平台企业并不要求用户让渡这些信息的所有权,而仅仅要求获得使用权。无论信息/数据的最终权属在哪里,新经济只关心能否对其最大限度地加以利用。因此,它需要法律机制对利用过程和未来基于数据的创新加以保护:一方面通过用户服务协议确保对各种信息/数据的永久免费使用权,一方面则通过避风港规则规避使用未授权信息和侵犯隐私的风险,并阻止竞争者对其数据未经授权抓取使用的不正当竞争行为。本章将探究信息产业的特性如何在形式法治上要求用户授权,但在实质上已经远远摆脱了形式上的束缚。如果超越一揽子授权的形式而约束企业的实质行动(例如每一次数据调取使用都需要单独授权、明示同意),会对数字经济产生破坏性的影响。

---

① 齐爱民:《拯救信息社会中的人格:个人信息保护法总论》,北京大学出版社 2009 年。
② 《民法典》第 111 条。
③ 作为一个历史问题,这一点仍然难以有一个肯定的答案。也许最好的状态是人们仍然聚焦于个人信息的人格权要素,但对财产权利闭口不提。
④ Jonathan Haskel, Stian Westlake, *Capitalism without Capital: The Rise of the Intangible Economy*, Princeton University Press, 2017.

以往的研究多在规范意义上探讨信息权属的规则①,本章试图在历史背景下观察信息权属问题如何产生、如何被要求适应新经济模式的需要。这一过程的实质是,传统的著作权和人格权都阻碍了海量信息自由流动,有必要重新对信息权属进行解释,使之不再是一种对抗性的权利,而是需要被内化为内生性的、便利信息使用的权利。② 这就意味着承认如下事实:"信息/数据保护"的话语和行动本身是嵌套在行业发展和需求中,而不能孤立地看待。首先,信息/数据从零散到聚合是新经济商业模式的直接后果;其次,信息/数据的使用离不开互联网服务的技术架构,这使得数据的价值和企业产生了非常紧密的联系;最后,伴随着越来越多的商业创新,信息/数据被源源不断地再生产出来,我们无法脱离信息资本主义的生产过程来谈论真空中的信息保护。③ 作为一个历史范畴,这是一个将旧有产业渠道中的个人信息/数据重新打散、组合,成为互联网行业得以控制利用的新兴资源的过程,是互联网"非法兴起"的重要一环。④

由于个人信息/数据在内核上难于精确界定⑤,只有大量信息汇总成数据池(data pool),即所谓的"大数据",才能作为一个商业上有价值(但难以精确估值)的单位和集合进行挖掘和交易。单条或少量信息除非内容重要,成为法律保护的某种作品、国家秘密、商业秘密或人格权,否则衡量和交易起来成本很高。⑥ 借由通过用户协议获取的数据池的使用权,就出现了类似于公共信息资源库的由私人控制的信息/数据池现象,从而要求法律与经济理论上承认以个人为基础到以集体数据池为基础的信息产权的转变。法律上认定这类数据池的权属并不困难,重要的是理解数

---

① 王融:《大数据时代:数据保护与流动规则》,人民邮电出版社 2017 年版。
② 在数字版权保护的过程中已经看得很清楚,互联网不是不需要著作权,但对它自己是例外。见胡凌:《中国数字版权法的商业起源》,载李亚虹主编:《版权、网络和利益平衡》,香港大学出版社 2016 年版。
③ 李谦:《人格、隐私与数据:商业实践及其限度——兼评中国 Cookie 隐私权纠纷第一案》,载《中国法律评论》2017 年第 2 期。
④ 参见胡凌:《谁拥有互联网信息——从百度文库说起》,载《北大法律评论》(第 14 卷第 1 辑),北京大学出版社 2013 年版。
⑤ 法律上只能靠列举重要的个人信息,或者能够识别公民个人身份和涉及公民个人隐私的电子信息。
⑥ 后文将展示,尽管有像欧盟 GDPR 那样的新规,个人数据可携带权只有在大量数据转移的情况下才成立。个人的单条信息经济价值并不大。

据池权属如何符合数据技术(DT)时代价值产生的需求,以及新经济将海量用户变成其免费劳力的逻辑和过程。

鉴于"信息"和"数据"在概念上的边界模糊,本章将交叉使用这两个词,并在不同场合按照使用惯例加以区分,主要考虑是:第一,国家现有的相关法律法规使用的术语基本上是"个人信息",但数据正日益成为价值的来源,隐私保护研究也日益转向个人信息/数据保护[①];第二,广义的信息范围涵盖了数据,既包括在线内容,也包括隐藏在后的元数据,有必要统一在新经济模式下进行理解,没有公开的信息(免费使用)就没有后者(作为在线行为副产品的元数据),两者的差别仅在于不同主体访问权限(access)的不同,并取决于平台企业的需要。[②] 第三,对两个概念都加以使用,不仅是语词的简单转换,更具有深刻的社会历史意义:它反映了新旧经济模式对信息的不同理解,进而反映了立法者对两种不同形态事物的想象:互联网产生之前的信息隶属于某一个特定架构和范畴(如金融信息、医疗信息),由于搜集技术的有限性使得人们对信息的概念容易达成共识,但现在任何带有传感器的物品都可以搜集信息/数据,远远超出了既有的法律范畴。第四,根据以往的文献,信息权属至少在三层相互关联的意义上被讨论和使用:(1) 用户生产的内容(UGC);(2) 用户使用数据(元数据);(3) 虚拟财产和架构。三者的关系是,平台企业通过 UGC 吸引更多的用户,积累元数据,同时在特定服务的架构中生产虚拟财产,最终塑造虚拟现实场景。前两者积累得越多,用户对架构和平台的依赖性越强。企业在使用过程中展露在外的信息和后台数据被统一调用分析实验,也支持了本章将两者一并讨论的意图。

本章的结构如下:第二节通过描述免费的商业模式如何逐渐成为主导模式,论证这样的模式不关心信息所有权的确切归属。从商业和技术的角度看,新经济只关注如何使用这些信息,即所有权与使用权分离。第三节着重分析两项经常被忽视的法律机制——用户协议和避风港条款——如何在事实上保障了新经济的这一要求。为了符合传统上"选择加入"的形式法治要求,平台企业不得不在用户使用协议中保留授权,以

[①] 张新宝:《从隐私到个人信息:利益再衡量的理论与制度安排》,载《中国法学》2015年第3期。

[②] 例如,网络评分既是一种数据,也是展示在外的信息。

示尊重消费者的选择权和知情权,但所有权保留在用户手中对平台企业并没有实质约束力。第四节结合传统约束信息流动的传统规范分析大数据时代信息/数据无法遵循惯例进行保护(如著作权、隐私、数据库等),否则会损害企业的利益。第五节进一步讨论由此而来的公共数据池的使用规范,在比较由政府和私人控制的两类不同的公共数据池基础上,进一步证明新经济的法律策略不仅确保互联网可以自我维持、演进,还悄悄地重新塑造了用户和互联网的关系,这一关系深深嵌套在互联网信息生产模式之中。

二、"信息/数据"所有权与商业模式的关系

1. 以个人为基础的信息产权理论

信息所有权作为一个问题的提出最早起源于资本主义商业对传统人格权的入侵。[①] 在互联网时代,个人和组织的信息/数据被大量生产出来。平台企业通过用户在网络上的各种行为加以分析,精确地预测其偏好,不断追踪和识别用户身份,以期推送更为精确的商品和服务信息。更重要的是,个人的人身性已经扩展到诸多和个人相关的稳定不变的面向,如身份证、家庭住址、手机号码、设备的 MAC 地址、生物信息等。通过分析这些信息,仍然可以追踪和识别用户。人们普遍担心的是,通过信息追踪和还原,自己真实的身份被识别,甚至泄露,从而产生不受打扰的内在隐私保护需求,哪怕在自动追踪的是冷冰冰的机器而不是人类。故而匿名化和去身份化就成为呼声较高的保护措施之一。

随着用户在网络上留下的信息越来越多,信息本身也逐渐分化为两大类:用户创造的信息和关于用户的数据,后者往往被称为元数据。这一区分涵盖了传统的著作权和人身权,也涵盖了公开发布的劳动成果(作品或信息性的劳动成果)和非公开的信息(隐私、秘密等)。在新经济看来,两者的差别事实上不大,都可以被用来分析用户的行为,在财产意义上都可以被看成无差别的人类劳动。用户关心的身份泄露的问题本质上属于

[①] 〔美〕胡·贝弗利—史密斯:《人格的商业利用》,李志刚、缪因知译,北京大学出版社 2007 年版。

技术和安全领域,用户和平台企业达成的默契是:只要信息安全能够得以保证,不发生泄露事件,那么合理的追踪就可以容忍,因为个人信息/数据被理所应当地看成免费互联网服务的对价。正是基于这一广泛共识,平台企业才需要在法律上摆脱用户信息中的人身利益要素,只保留财产利益要素。

这一需求在学术界得到了积极的回应。主流的学术观点主张网络信息应当被赋予某种程度的财产权,只有得到事先许可/知情同意才可以有限度地使用。① 这一模式十分接近于"选择加入"(opt-in)模式,并按照某种财产规则进行交易和治理。例如,如果需要使用某位作者的作品,网站需要事先和该作者或集体著作权管理组织签订使用协议,未经许可即侵犯了其财产权利。这种思路更多的是工业社会对财产的一种拟制,是工业经济的产物。这一理论的深层次基础可以追溯到洛克以降的财产劳动理论,即认为作为一种劳动的信息生产赋予了劳动者天然的财产权利。②

这一视角也被扩展至用户隐私和个人数据的使用,以及某些虚拟物品是否可以交易和继承的争论。③ 在信息财产权的拥护者看来,明确地界定产权对维护消费者的合法权益十分重要。也有研究者提出,互联网的模式是"基础设施+增值",用户对基础设施的使用是免费的,但有必要将其产生的增值收入同设施运营商分成。④ 这一思路将使用权从所有权中分离,但仅仅关注互联网生产工具的权属,并未将其分析延伸到作为新经济生产资料的信息上面。如果我们按照这一思路扩展就会发现,新经济同样要求分离信息的占有与使用。

以个人为基础的绝对信息产权理论符合传统著作权和人身权授权使用的规则和常识,新经济的解决方案是,通过用户点击同意授权,取得信息/数据的永久使用权,而用户仍然留有他们的所有权。这看上去十分合理,但目前的实践仍然不是以用户为中心的财产机制。首先,即使承认用户的信息所有权,其数据事实上保存在平台企业的服务器上,自己并不能

---

① 高富平:《信息财产:数字内容产业的法律基础》,法律出版社 2009 年版。
② 〔美〕斯蒂芬·芒泽:《财产理论》,彭诚信译,北京大学出版社 2006 年版。
③ 江波:《虚拟财产司法保护研究》,北京大学出版社 2015 年版。
④ 姜奇平:《新文明论概略》,商务印书馆 2012 年版。

完全占有和支配①；其次，数据的使用依赖于特定服务的结构化的技术架构，用户并不能轻易转移自己的数据，例如虚拟物品和使用记录。这就意味着，一旦用户需要在不同企业拥有的服务间使用自己相同数据的时候，就必须做重复劳动（例如重复注册信息、同一篇文章要转发到不同平台）。一个服务上产生的数据很难直接用于另一个服务，除非是服务模式类似的结构化数据。最后，对数据的使用过程很难向用户清楚展示，并解释分析后的可能后果。另外，当数据的搜集、分析、存储、使用和流动相分离，成为不同主体参加的产业链的时候，也很难向用户说明数据如何流动。如果按照绝对信息产权理论，用户既可以授权使用，也可以自由地将自己的数据转到同类服务，这就需要打通不同企业的界限和平台接口，在同一标准下互联互通，这恰好是平台企业抵制的，他们不希望用户离开自己的王国，更反对有人开发某种工具提供帮助。

　　为解决这一问题，可以有几种思路：首先，继续在理论上支持用户所有权的观念，同时将焦点从所有权转向控制权，即允许用户一定程度上控制其在线信息和数据的生产和流通。② 隐私理论也经历了从传统的空间隐私转为信息隐私的过程，强调用户在不同的关系中控制和自身有关信息的能力。③ 其次，说服用户承认即使他们占有信息/数据，其使用也和某种特定服务结合在一起；离开了特定服务，某些信息就不会被生产出来，也就丧失了价值，使其得以稳定地为该企业生产。再次，网络服务商之间进行优化合作，允许使用不同的账号登录同一系统，或者一键搬家功能，这样企业之间就得以共享特定用户的使用记录；甚至直接开发功能齐全的各类服务，用户也没有必要转向其他服务。最后，继续采取一揽子授权协议，让用户几乎无法反驳格式合同。

　　控制信息流动的个人权利事实上也得不到保证。现代信息产业已经成为一个异常复杂的体系，用户无法得知自己的基础信息从何处泄露，在数据处理的如下每一个环节中都无法行使形式上的选择权和知情权：

---

　　① 例如，对大部分平台企业而言，用户都无法删除账户。即使删除，也不知道自己的信息是否真的被彻底删除。

　　② 有些服务允许用户调整默认架构以保护自己的隐私，如禁用cookies，向不同的人开放不同的分享权限等。

　　③ Daniel J. Solove, *Understanding Privacy*, Harvard University Press, 2009.

(1) 搜集(很多类别的信息无法确切知悉)、(2) 储存(存在云端服务器的安全性、跨境流通)、(3) 分析(黑箱算法计算的后果可能对自己不利)、(4) 交易(即使是去除了用户个人身份,也还有财产权利)、(5) 合法/非法交易(无法追踪)、(6) 控制流动(彻底删除、数字遗产、被遗忘权得不到保证)。

上述争议说明以用户(个人)为基础的信息产权理论在实践中遇到了挑战。其根源在于用户不可能为每次使用和创新授权或接受告知,这不符合信息快速流动整合的需求,对用户而言也十分不便;同时,相对于大数据才能产生的价值,对少量信息/数据的确权成本过于高昂。因而采用一揽子整体性授权协议、允许平台企业使用海量信息/数据汇总而来的数据池在增进整体社会福利上是有效率的。为理解平台企业这一需求,有必要通过新经济商业模式进一步说明。

2. 新经济的演进

在互联网产业成熟之前,互联网仅仅被看成是传统媒体、内容产业的互补品,在商业模式明朗之前,传统媒体并未意识到互联网的潜力,不仅积极要求打击盗版,还试图就网络内容进行收费。但是互联网产业的两方面实践逐渐催生出免费的商业模式。首先在几个主要基础服务领域,由于少数公司的推动,新经济开始广泛采用免费模式。例如,腾讯确立了即时通讯软件免费的规则,在安全领域由奇虎360推动,在网络游戏领域由盛大推动,在电子邮件领域由雅虎领衔,随着云计算的普及,还出现了免费的网盘。随后一些网络文学和视频服务等内容网站也纷纷探索免费模式,尽管早期的免费内容均来自盗版。

免费的信息和服务之所以成为可能,是因为平台企业可以从其他市场获得交叉补贴,其收入主要来自互联网广告和增值收入。如果这种模式可以稳定地持续,平台企业就必须获取稳定地提供或使用免费信息的能力。那些能力不佳的企业往往丧失了新一轮外部投资而倒闭。但就整体而言,网上免费的信息可以通过购买版权内容或鼓励大众发布信息而获得,他们生产的内容反过来又进一步成为吸引新用户的宝贵资产。

互联网平台的出现要求互联网向一切领域进军,在对传统行业进行"创造性毁灭"之后将它们重新纳入进来,其逻辑是更大范围内的交叉补贴,可以获得更多流量,吸引更多用户,同时交叉使用各类数据,扩大了广告发布的范围。① 这都意味着,传统的单一行业的数据使用规则会逐渐被颠覆,用户数据将统一到更大的信息平台和生态系统中流转使用。

传统的作品和个人信息(隐私)都要求事先授权才能使用,这一规则的潜在预设是,用户有能力监控其信息使用和流动。问题在于,平台企业需要动态地不断对用户生产的信息/数据进行使用,信息也只有在不断复制和流动中才能获得增值。在物理世界中,受制于传播成本和流通渠道的限制,著作权和人格权侵权基本上能够得到较好保护,但在虚拟世界中,"信息网络传播权"就变得十分关键,这一法律概念恰当地反映出信息时代重要的利益和资源。互联网不仅希望创设一个信息和服务自由流动于其上的生态环境,还试图控制产生于这些信息和服务的元数据,以便预测和匹配。元数据就意味着可以在平台上调动更为广泛的生产资料(信息、资金、实物、人力),这是生产方式的全新变革。

另外,互联网形态的动态演进也不断地塑造着人们对网络信息法律属性的认知。② 在互联网的早期,人们容易将运行在台式机终端上的软件当成一种财产,因为这些软件是以光盘为载体购买而来,并安装在终端上。人们会天然地将此类软件看成物品和私有财产,行使实际控制力。随着互联网的发展,软件可以直接从网上下载,并保持在线更新。这意味着软件开始成为一种源源不断的服务。在云计算时代,用户的一切文档和软件都可以储存在云端,终端只不过是一个使用设备,并不储存和处理大量信息。人们进一步丧失了对这些原来被视为财产的信息内容的控制。③ 更重要的是,通过一站式的服务,新经济可以对用户的各种网络信息和文档进行分析、推荐广告,这在之前的架构中是不可想象的。在这个意义上说,传统的信息财产和隐私均已宣告终结,新经济需要一种新型信息财产权。

---

① 陈威如、余卓轩:《平台战略:正在席卷全球的商业模式革命》,中信出版社 2013 年版。
② Christopher S. Yoo, *The Dynamic Internet: How Technology, Users, and Businesses are Transforming the Network*, AEI Press, 2012.
③ 胡凌:《认知资本主义如何重新定义财产》,载《探寻网络法的政治经济起源》,上海财经大学出版社 2016 年版。

3. 信息/数据的再生产

作为一种依靠信息和资本不断投入的经济形态，新经济通过"非法兴起"获得了生产资料的原始积累，但仍然需要不断获得更多更新的信息。流行的观念认为法律应当首要保护个人的基础信息，但如果放在信息生产的背景下观察就会发现，数字时代的个人隐私会源源不断伴随着创新再生产出来。平台企业通过不断创新，开发出用户意想不到的新应用和服务，从而在事实上界定了需要使用的个人信息/数据的内容。如果某项应用获得了成功，所涉及的信息/数据就变得更有价值，需要法律保护。① 从这个意义上说，用户有理由需要保护和自身相关的信息，但平台企业更加有经济动力要求一个安全的技术和法律环境，以便排他性地使用这些资产。

综合来看，平台企业可以从如下渠道获得其免费资产：(1) 平台架构、虚拟物品、账号、虚拟现实（本企业生产，通过合同控制所有权）；(2) UGC（用户生产，通过合同获得使用权）；(3) 第三方服务商生产的内容服务（通过合同获得使用权）；(4) 从传统文化工业和其他网络服务商得到侵权内容（通过不正当竞争获得使用权）；(5) 物联网产生的数据（通过传感器自动生产）；(6) 元数据（通过分析上述内容获得）。从信息架构到信息内容到元数据的"三位一体"结构确保了虚拟世界的生产资料可以被不断生产出来。

这同时意味着，用户实际上被卷入信息生产的漩涡当中，无法自拔。一方面享受着新式免费的服务，一方面成为这类服务的持续的供给者和活劳动。是互联网（以法律的名义）告诉用户何为需要保护的隐私/个人信息，原来不存在的问题现在可能变得急迫重要。互联网还将这些问题包装成普世的、自然的问题呈现出来，引发人们的关切和恐慌。从这个意义上讲，个人信息/数据的保护和新经济是协同发展的，如果互联网和用户达成的共识是不能通过限制技术发展来保护数据（本质上是防止这类

---

① 如果放在更广阔的背景下，可以说现代科学不断加深针对个体身体的探究，从医学到神经科学、基因组，相关的信息（健康数据、基因数据，将来还有脑神经数据）都成为个体独一无二的需要受到保护的隐私。伴随这一套知识的是不可抗拒的权力，个体只能接受这一套科学话语，无从反抗。

新知识的产生），那么就只有寻求其他方式以西西弗斯式的精神处理这些无解的问题。

三、形式法治：两权分离如何发生

从上一节可以看出，互联网的免费模式包含两个层面。第一个层面指向用户提供的信息和服务是免费的，转而从其他相关市场收费补贴。第二个层面指从用户那里获得的信息内容和数据是免费的，这可以大大降低前者了解用户的成本，并获得更多无形资产。如前所述，信息财产论的支持者主张无论是免费的内容还是免费的个人数据，都应当获得事先许可。但实际上平台企业通过用户协议以及法律规定的避风港规则大大削弱了这一主张。① 在它们看来，信息/数据本身的特性决定了对这些信息的使用权更为重要。

1. 通过用户协议实现两权分离

几乎所有网站的用户协议均约定用户在网站公开区域内产生的内容均给予该网站一项永久和免费的使用权。甚至一些网站还将诸多著作权也约定为免费授予，内容相当宽泛。② 一些用户协议还对如何使用个人数据进行了约定，尽管都强调保护用户的隐私，不会外泄，但对如何搜集和使用这些信息却规定得语焉不详。这样就保证了互联网可以持续不断地使用这些内容，资源不会枯竭。它们并未宣称对这些信息要求所有权，事实上它们反而高调地承认用户可以非排他地再许可给他人使用。然而，这样的所有权对用户而言意义不大，他们无法轻易地将这些数据打包

---

① 《信息网络传播权保护条例》14—17 条。《民法典》第 1197 条并不是严格意义上的避风港规则，也可看出国家对人身权利的更高保护。

② 例如，《新浪微博服务使用协议》(2017 年版) 第 1.3 规定：微博内容，是指用户在微博上发布的信息，包括但不限于文字、图片、视频、音频等。不论微博内容是否构成著作权法意义上的可保护客体，用户同意不可撤销地授权微博平台作为微博内容的独家发布平台，用户所发表的微博内容仅在微博平台上予以独家展示。未经微博平台事先书面许可，用户不得自行或授权任何第三方以任何形式直接或间接使用微博内容，包括但不限于自行或授权任何第三方发表、复制、转载、更改、引用、链接、下载、同步或以其他方式使用部分或全部微博内容等。第 4.9 规定用户知悉、理解并同意授权微博平台及其关联公司可在全球范围内、完全免费、独家、可转授权地使用用户通过微博发布的内容，前述内容包括但不限于文字、图片、视频等。

转移,甚至也不能永久退出删除。是平台企业而非用户能持续地从使用这些内容中获益。另外,这些条款还意味着某种"互联网例外论",即著作权和隐私权仍然是用户拥有的重要权利,但是对互联网而言却是开放的,企业有更大自由度使用这些资产,掌握着信息的流动和变化。

用户协议成为数字世界的默认设置和事实标准。① 逐一界定信息产权需要很高费用,有时候即使是纸面上做了原则约定,现实中的权利行使仍然可能是不清楚的。新经济恰好越过了界定产权的复杂程序和高昂费用,事先将可资利用的信息加以利用,而进行事后补偿或界定权责,对信息/数据的使用更加有效率。

如果放在信息爆炸的背景中看,所有权与使用权的分离是必然的。因为信息生产者的数量急剧增加。用户不仅仅是信息消费者,同时也是生产者。他们拥有随时可以生产信息的个人电脑和移动设备,随时可以访问存放在云端的在线内容。对新经济而言,信息生产的生产资料、工具和劳动力几乎都是免费的。用户与互联网的关系不仅仅是消费者与服务提供者的关系,还是工人与工厂的关系。② 这样的关系通过用户协议微妙的确认下来,并在事实上约束双方,而用户因种种原因几乎不会阅读这些条款。

分享经济的支持者也积极地谈论两权分离。他们实际上在不同意义上使用这一术语:(1) 流行观念指的是大众可以通过免费平台相互沟通,相互分享各自具有的信息产品和物理物品(例如 P2P 分享软件、Uber 这样的专车服务和 Airbnb 这样的租房服务)。③ (2) 两权分离还发生在平台拥有者和使用者之间,即平台拥有者将平台使用权授予第三方开发者,从而增加整个平台的价值。④ (3) 往往被忽视的是上文提到的用户信息/数据的两权分离。就经济后果而言,像汽车这样的竞争性物品,购入成本较低,就会受到供求关系的更大影响(例如如果开放约租车,私人专车的数量就会增加);但像房屋这样的价格昂贵的竞争性物品,数量就很难增

---

① Jacob Silverman, *Terms of Service: Social Media and the Price of Constant Connection*, Harper Perennial, 2016.
② Trebor Scholz, *Digital Labor: The Internet as Playground and Factory*, Routledge, 2012.
③ 〔印〕阿鲁·萨丹拉彻:《分享经济的爆发》,周恂译,文汇出版社 2017 年版。
④ 姜奇平:《新文明论概略》,商务印书馆 2012 年版。

加。只有针对一次性巨大投入的非竞争性平台(经济学上称为"自然垄断"或"基础设施"),两权分离才会产生价值,即平台所有者把平台同时出租给多个使用者,并和他们分享用户数据形成的数据池。从不动产(房屋、汽车)到动产(图书、音像)再到复制传播成本为零的信息/数据,两权分离经历了实质性变化,带来的价值也是呈指数级增长的。

2. 通过避风港规则规避风险

在互联网早期,许多网站无法得到大量正版内容,对一些侵权违法信息采取了放任的态度。有限的国家能力也无法在整体上打击、关闭侵权网站。其直接后果是一批依靠侵权内容起家的网站逐渐发展/漂白,成为有影响的平台企业。帮助其获得这一地位的便是"通知—删除"制度。如果著作权人无法有效证明对方明知侵权,网站只需要撤下侵权内容或断开链接即可免责。这大大鼓励了互联网使用侵权或违法信息,因为从中可以获得的广告收入与投资数额要大大超过可能面临的行政处罚与民事侵权赔偿。

避风港带来的进一步问题是,和选择加入相比,平台企业对选择退出(opt-out)更加青睐,这是一种责任规则的思路。如果出现在互联网上的全部信息都可以被任何人自由和免费地加以利用,那么平台企业就将在代码层和应用层展开竞争,而不是内容层。它们希望广泛地使用未经事先授权的作品和内容,并给予事后补偿,通知和退出的义务就被施加在传统权利人身上。随着互联网平台的出现和发展,事先使用用户信息将变得更为普遍,企业不再为搜集信息竞争,而是要充分挖掘信息。这一过程中,个人隐私和数据的使用才成为一个问题,而平台的出现恰好实现了私人主导的公共数据池的设想。

不难看出,在信息的快速流动中,新经济一方面要求对用户的信息进行大量使用,积攒人气,一方面通过技术保证用户无法占有真正的东西,还在鼓励用户把一切都上传至云端。在这个过程中,互联网进一步从中间人变成平台,将用户和应用服务进行匹配,而不是占有这些内容。尽管在形式上符合产权交易规则,允许用户选择加入,但实质上是以责任规则的选择退出为结果。

四、新经济如何要求对传统信息保护模式进行改造

下文结合信息/数据的特性讨论新经济如何要求信息使用的规则发生改变。大数据时代的信息/数据具有如下几个特点,直接影响了法律规则的形成和运作。

首先,如前所述,信息/数据受制于架构的设计,不仅信息再生产依赖于不同的架构,价值的挖掘也同样依赖于算法。数据价值的产生既依赖于结构或非结构化的原始信息/数据(raw data),也依赖于事后的分析挖掘。这意味着个体信息作为财产在价值上依赖于数据运行和处理的架构。

其次,来源于个体的信息/数据是零散和碎片化的,但能够产生价值的是数据池,而非少量数据。尽管特定数据对个体而言很重要,但对平台企业而言,规模化的使用才有意义,这意味着个体信息作为财产基本单位和衡量尺度的不完备性。某些"个人数据商店"的设想很难成为现实。①

再次,信息/数据是非竞争性物品,以至于同一批数据可以同时被多人挖掘和分析,以及获得信息永久使用权实际上意味着完全的所有权。同时,信息/数据的流动性极大,只能采用一揽子授权的方式,这导致数据使用的边界十分模糊,基本上涵盖了除了未经许可向第三方披露和买卖之外的全部使用方式。信息的这一属性也同样意味着授权他人使用数据池中的数据最有效率。

最后,立法者和大众担心的是可以识别身份的个人基础信息和隐私信息(身份证号、家庭住址、犯罪记录、健康信息等)遭到泄露,因为这直接事关人身和财产安全。但新经济更加关心的是用户的不同场合的社会身份信息(用于预测)、偏好、习惯和日常活动。国家已经在各个领域有较为完善的应对泄露个人重要信息的制度,但是对日常的普通信息却关注不够。这背后的思路是,只有稳定不变的重要信息才值得专门保护,这在前互联网时代是符合经济效率的,但是互联网时代的日常活动和需要保护

---

① 〔美〕阿莱克斯·彭特兰:《智慧社会:大数据与社会物理学》,汪小帆、汪容译,中信出版社 2015 年版。

的信息/数据被不断再生产出来,这背后对数据池的财产权利主张值得关注。

上述特点都指向一个和传统控制信息流动框架极为不同的新型框架。从传统来看,各类信息都零散地通过不同渠道生产和储存,不同场域拥有不同的信息规则,没有统一的制度框架。这主要是因为信息本身还没有真正为企业带来利润,企业追求的是规模化生产具有物理实体的商品(即使是图书和音响也具有物理实体,看的是销售数量,这就是为什么它们属于文化工业——完全采用工业化方式生产文化内容——而非信息产业)。从一个渠道将信息转换到其他渠道,成本很高但收益很低。除了非法内容外,传统的信息/数据流动主要受到知识产权和人格权的限制,其主要使用规则是选择加入,只有获得授权才能使用他人的作品和肖像、隐私信息等。下面将稍微对两类传统权利的保护方式加以展开,审视它们是否能够适用于互联网信息/数据。

(1)隐私。首先,传统隐私依赖于司法的事后救济,这对于保护信息流通缓慢背景下的人格权更为适用,但对于高速流动的互联网信息则无能为力,特别是涉及认定信息的财产价值的时候。同时,主要责任主体不得不转向聚合信息的第三方平台。其次,个人隐私在不同的行业和渠道中按照不同的规则使用和流动,规则较为明确,但现在互联网将这些渠道打破,建立了新渠道,使用方式也不同于传统方式,甚至未来将不同行业统一在一个平台上,要求交叉使用用户数据的时候,现有的不同渠道规则将受到冲击和改变。再次,就数据的使用方式而言,按照原来搜集的目的进行使用的原则将不再适用,大量互联网创新并不需要事前明确授权,而是一揽子授权即可。同时将来自不同渠道的非结构化数据混杂打通,会产生意想不到的后果。最后,传统的隐私依赖于物理架构的保护,互联网改变了这一架构,使之成为默认的信息搜集系统而非保护系统。

(2)著作权。首先,和隐私类似,事后侵犯著作权责任由司法提供救济,这无法满足对信息流动的巨大需求,网络内容服务商承担的避风港责任也提供了庇护所。其次,著作权保护的前提也是依赖于物理实体,可以清楚界定产权,但信息/数据的界权成本太高。再次,越来越多的技术也被用于保护著作权,例如开发出机器可识别的水印和加密技术,更容易发现未经授权的作品传播。但这一技术目前很难针对个人信息，特别是抽象出来的元数据，用户无法通过技术手段追踪自己的信息被何人使用，从而控制信息流动。最后，集体著作权管理制度提供了一个为普通作者维权的平台，尽管很难想象更为精细的数据流可以成为这类产权管理的客体，但这一思路和数据库保护结合起来，为我们提供了一种解决数据池集体管理的可能性。这种可能性与著作权领域的开源思潮结合起来，将对如何看待处理"公共资源"提供借鉴。

总体而言，新经济是要求信息高速流动的，在流动过程中通过不同种类的使用获得利润，原来较为静态的立法模式不太适合这一过程，只能采取形式上合法的事先授权，但实质上意义不大。很多研究主张应当借鉴欧盟较为完善的个人数据立法，这一主张有着民法体系上对接便利的现实基础，2021年《个人信息保护法》就体现了这点。但在实际中，对用户信息/数据的大量使用都通过用户协议加以规避，使之成为规制层次较弱的消费者权利。

这一困境突出地反映在南京的一个案件①中，在该案中，原告起诉百度通过cookies追踪其网络行为，但法院仅仅坚持从人格权角度保护个人信息，并认为这种追踪并未公开和披露相关信息（侵犯人格权的要素），只是一种广告推荐（流行的商业模式）；原告不但同意了用户协议，事实上也可以手动改变默认架构防止追踪。这就进一步将人格权保护降低到可以妥协交换的消费者权利，更没有触及通过cookies追踪用户行为的实质：搜集用户信息出售给广告商。

这一判决显然对平台企业极为有利，它不仅坚持了形式法治（法律规定的人格权并未受到侵害，用户协议也确认有效），还轻易地回避了商业模式背后的信息产权问题。用户既无法主张人身权利，也无法主张财产权利。从这个意义上说，现有法律制度并不需要在隐私保护上做任何弥合人身权利和财产权利的努力，只要保持现状即可。保留人格权将可能的财产权争议隐藏至幕后，当财产权利受到质疑时就以人格权和消费者同意为庇护。这些机制都共同促成了不断增长的数据池的诞生。

---

① "朱烨与北京百度网讯科技公司隐私权纠纷上诉案"，江苏省南京市中级人民法院二审民事判决书，(2014)宁民终字第5028号。

五、两类数据资源池

1. 以数据池为基础的信息产权理论

综上所述,新经济需要在人格权庇护下聚合数据资源,要求法律承认一种以数据池为基础而非以个人为基础的信息产权,这不仅能在基础层面化解个人信息使用的障碍,也允许个人不断从信息生产中获益,互联网正努力将可能是对抗性的个人信息权属转变为非对抗性的集体性信息权属。这一理论得到了经济理论和法律实践的有力支持。

第一,数据只有聚合在一起才有效率和价值。对这一数据池的使用最有效率的方式是允许第三方加入平台,通过授权进行发掘,从而得到指数级增长的创新。① 个人信息/数据的价值并不是单纯通过挖掘个人信息本身得到的,而是通过挖掘相同或类似数据得到,统计的基数越大对用户的预测就越精确。② 个人数据尽管对自己来说具有人身价值,但只有和其他人放在一起才具有财产价值。③

第二,集中的数据池管理对用户而言十分便利,人们往往放弃本地数据储存的安全性,追求云端储存和集中化处理的效率和便利。他们希望通过一次劳动就可以享用各类服务,而不是在不同的竞争性的服务之间重复劳动,这说明数据和架构密不可分。公共数据池恰好能满足这类需求。用户无法控制他们的数据,只能概括授权。原因在于,如果他们想对个人的资产(包括数字遗产,特别是非公开区域中的信息)进行管理,需要委托给第三方,尽管用户协议中规定了非排他性质的授权,但这意味着后者只有入侵在先平台的系统才能做到,显然不太可行。④

---

① 〔美〕拉里·唐斯、保罗·纽恩斯:《大爆炸式创新》,粟之敦译,浙江人民出版社 2014 年版。
② 这一过程本质上是通过(集体)数据将个人贴上标签,根据数据池状况不断重新定义该用户,塑造出一个数字档案。
③ 例如,个人的基因信息可以用来预测潜在的疾病,但几乎不会有理性的商家单独为某个人提供基因检测和分析服务,除非是以大量同类基因信息做基础。
④ "北京微梦创科网络技术有限公司诉北京淘友天下技术有限公司、北京淘友天下科技发展有限公司不正当竞争纠纷案"(新浪微博诉脉脉不正当竞争案)就潜在地提出了这一点,见北京知识产权法院二审民事判决书,(2016)京 73 民终 588 号。

第三,如前所述,这一私人主导的数据池是以免费服务为对价建立起来的,当平台企业需要承担平台责任时,它们会强调众包带来的企业边界的消亡,不愿意承担传统企业的责任(如劳动保障义务)。一旦用户产生的信息成为资产时,它们又恢复了以产权为基础的企业边界。大量不正当竞争案件表明,平台企业正朝向更加封闭的纵向一体化的模式发展,防止竞争对手通过技术手段(如蜘蛛机器人)抓取和复制自身的资源,保护其私有的数据池。本意在防止不正当竞争(同时推动竞争)的法院无意间促成了更加封闭、竞争性更少的互联网市场,从而造成了平台企业间的分化。

第四,法院在反垄断案件中也给予新经济以极大支持。在 3Q 反垄断案中,法院以技术方式论证腾讯的即时通信软件不构成市场支配地位。[①] 从信息/数据资产的角度看,企业的资产合并可以扩大数据资源库,对用户的需求有更多的了解和发掘,从而增加而非减少消费者福利。在经济学家看来,反垄断法不应当轻易介入平台竞争,其实质恰好是平台垄断、第三方应用竞争,控制着大数据池的平台数量的减少并不会减弱竞争。[②] 中小开发者和广告商共同分享平台上的用户数据,有针对性地开发商品。

第五,平台企业采取的一系列措施也有助于防止经济学家担心的"公地悲剧"。[③] 在互联网发展的初期阶段,有研究担心互联网上传和分享的内容会越来越少[④],但平台企业已经探索出一套鼓励用户生产分享的制度性和技术性机制(诸如"先上传再下载"、评分机制)。此外,用户协议强制授权不仅确保了这一公共资源池的不断成长,实际上还有效防止了"反公地悲剧"的发生,即因为少数用户拒绝授权而导致整个公共资源逐渐枯竭。另外,在针对第三方开发者的平台协议中,也往往要求第三方开发者向平台提供衍生数据,确保平台有源源不断的数据更新。

---

① "北京奇虎科技有限公司与腾讯科技(深圳)有限公司等滥用市场支配地位纠纷上诉案——互联网环境下相关市场界定及滥用市场支配地位的分析方法与思路",最高人民法院二审民事判决书,(2013)民三终字第 4 号。

② 姜奇平:《分享经济:垄断竞争政治经济学》,清华大学出版社 2017 年版。

③ Michael Heller, "The Tragedy of the Anticommons: Property in the Transition from Marx to Markets", *Harvard Law Review*, 111(3) (1998).

④ Tim Wu, "When Code Isn't Law", *Virginia Law Review*, Vol. 89 (2003).

基于这一理论形成的实践模式可能有多种，例如：(1)大量数据由大型平台占有，由中小开发者在平台上获取数据进行开发，但需要将衍生数据补充至原来的平台；(2)用户数据由公共平台生产，可以任意获取使用，但需要将衍生数据补充至原来的公共数据池，增进公共服务；(3)在一个公共平台上开展交易；(4)直接收购拥有优质数据的公司/竞争对手。限于篇幅本章无法对上述模式展开分析，目前的实践折射出第一类数据池得到更多的选择，但第二类数据池实践的效果还有待观察。

2. 公共资源池的迷思

公共数据池形成的基础是越来越多的信息直接通过互联网创造产生，而不是从其他渠道转入，从而加强了信息架构对信息使用的制约能力，信息脱离了架构和其他数据就无法产生意义和价值，因此只能由平台企业排他性地使用。这在表面上看是一种平台、开发者和用户共有的关系，平台企业毫无疑问在这种关系中占据主导地位，而个人则几乎毫无选择。大数据的支持者清楚地看到，只要他们通过技术实现无法追溯到个人的匿名化机制，消除用户的疑虑，那么剥离了个人身份与人格的数据池就有利于自身财产权利的实现。有了这一财产权基础，平台企业就可以通过像数据交易平台这样的机制进行数据使用权的再授权。

这些由私人企业控制的数据池显然不是真正的公有领域，而是"公开化的私人资产"(publicized private asset)，形式上是一种圈起来的准公共领域，享有"数据主权"。这一私人—公共领域部分免费地向大众开放，允许他们个人使用，但不允许通过抓取复制手段形成不正当竞争(政府内容规制和基于安全的监控审查则不受限制)。在这个意义上，平台向大众和第三方开发者开放，都不是真正意义上的开源，即生产资料仍然控制在平台手中，需要获得许可才能挖掘。

它也和政府为了公共服务需要搜集的私人数据形成了鲜明的对比。新经济通过技术的低成本实现了诸多领域的普世服务，而这些普世服务以往只能由公共机构提供。这在意识形态理论上就造成了某种困境：私人机构也能更加广泛地提供公共服务。但从生产资料的权属来看，公共/私人的区分仍然有意义。由私人控制的公共资源池是有边界的，它并不允许任何人随意挖掘，最大限度地发挥这些资源的效率，而是为了竞争需求，有选择地许可第三方进驻平台。同时，作为生产资料的原初提供者和劳动者,用户对产生于自身数据的财产价值没有话语权,他们无法控制数据的使用,也无法从集体数据池中通过二次分配分红。

在平台企业相继从传统行业、第三方和个人手中获取信息/数据之后,政府又向它们开启了资源门户。借由"互联网+"的国家政策,国务院开始推动各级政府开放特定公共数据,允许第三方企业进行挖掘,提升公共服务质量。但基于对公共数据的挖掘的私人实践并没有受到有效的约束,包括信息的安全性、私人获得的利益如何分配、如何对私人使用公共数据进行授权性规制等等,尚待进一步观察讨论。这一数据开放运动的实质很可能是将传统公共资源再次引入私人控制的数据池,最终不是扩大了公共资源而是私有资源。

六、结　语

互联网始终在伴随商业设计而变化,这一变化的前景在商业化短短二十年内变得越来越清楚。一开始人们把互联网看成"网络的网络"、新媒体、公共领域,后来又变成平台、连接器、"云",未来随着"互联网+"的推进还会有更多新的类比。重要的是,信息/数据作为推动这一新经济蓬勃发展的生产资料伴随着"大数据"这一概念的出现得到广泛认可,舆论风向也开始从IT(信息技术)转向DT(数据技术)。除去各类新奇技术设备的表象,互联网似乎完全成为各种数据的生产、搜集、传输、储存、利用等诸多过程的集合,一个巨大的经济体和消费对象,它深深地扎根于现代性当中,成为中国追求现代化强国目标的有力工具。

在过去的二十年间,新经济的商业模式需要更多配套的法律制度,并要求它们朝着有利于其利益的方向改进。它们还将进一步推进网络言论自由和媒介事件,从而最大限度增加数据和信息资产。这些都有待在未来的互联网发展过程中加以观察和确认。本章无法面面俱到地分析新经济在中国兴起的主要社会经济条件,而仅从法律制度的层面讨论了信息技术时代经济基础与上层建筑的关系。如果本章的观点成立,即互联网的模式深受商业利益的驱动,那么貌似公共领域的种种服务也可能会被任意终止,变成封闭的私有领地。这就需要进一步打破目前关于互联网的种种迷思,从基本的生产要素入手分析互联网的本质及其合法性,并探索真正公共资源池的可行性。

第八章 从"治理软件"到"通过软件的治理"

一、引　　子

　　软件是网络时代必不可少的组成部分,也是互联网产业创新的基本工具和要素,我们无法想象没有软件的互联网架构如何运作,也无法想象没有软件的网民要如何工作生活。同时,软件也可以成为强有力的控制与破坏的工具,特别是某些不安全的计算机程序,成为国家和个体信息安全的首要威胁。如何减少安全威胁,同时保持一个开放的互联网架构以促进终端创新,就成为需要仔细考量的问题。在中国,新兴的软件产业还和知识产权因素纠缠在一起,甚至对国际关系产生重大影响。因此,软件治理就成为互联网治理的重要方面,这一治理政策不仅涉及关于软件产品本身的生产和传播,也涉及对于大规模终端用户行为的规制。国家不仅"治理软件",也会逐渐进行"通过软件的治理",控制终端网民的行为。[①] 软件和广义上的信息技术系统(例如"十二金"工程、防火墙长城)一道,增强了国家治理的能力。[②] 国家目前的政策是正面扶植软件行业,同时打击病毒等危害信息安全的软件。这就要求对终端的创新行为进行某种控制,软件和互联网独特的架构使得这一意图成为可能。然而,从架构上阻止终端安全威胁很可能同时扼杀表达自由、合理使用和有益的创新,需要政策制定者进一步权衡利弊。

---

　　① 这里的逻辑和对网络服务提供商(ISP)的治理如出一辙,参见 Henry L. Hu,"The Political Economy of Governing ISPs in China", *The China Quarterly*, September 2011.
　　② 欧树军:《国家基础能力的基础》,中国社会科学出版社 2013 年版。

在众多互联网治理和架构研究文献中,软件治理尚没有得到充分重视。[①] 本章将进行这方面的初步尝试,在第一节,我将讨论作为代码的软件有能力约束赛博空间中人的行为,不同种类的软件应用在架构上决定了网民的自由程度。第二节从正面讨论软件生产和保护的政治经济学,特别对微软公司在中国的经历进行剖析,分析"治理软件"的政策和国家行为。第三节从反面分析软件生产带来的两个重要负面问题:病毒与信息安全,并进一步讨论如何通过控制互联网的其他层面来控制代码层,进而控制终端用户的行为,终端软件成为权力争夺的新战场,国家和企业的治理策略转向"通过软件的治理",这类治理方式很可能通过消费者的集体选择和市场运作而迅速普及,成为虚拟世界中的基本权力形式。本章最后总结中国当下软件治理的策略和模式。限于篇幅,本章并不追求面面俱到,而是想展示网络时代新的治理方式与限度。

二、软件架构与互联网架构

本章所称的软件主要指可以在终端设备上运行的各种应用程序,在本章的一些地方也扩展到数据库和操作系统这些所谓"系统软件"。尽管功能有很大不同,它们之间也有一定的相似性,使得我们可以将它们放在一起分析。[②] 软件在更新方式上有很大不同。早期软件是专有的只读软件,即可以在某个专有设备或系统上应用,但无法和其他设备上同类软件沟通兼容,如果出现问题,只能重新编写程序。[③] 这样的软件很像有形的

[①] R. Polk Wagner, "On Software Regulation", 78 *Southern California Law Review* 457 (2005); James Grimmelmann, "Regulation by Software", 114 *Yale L. J.* 1719 (2005); Egbert Dommering and Lodewijk Asscher ed., *Coding Regulation: Essays on the Normative Role of Information Technology*, TMC Asser Press, 2006.

[②] 基础软件如浏览器也可以开发成为操作系统,例如早期的 Navigator 浏览器和现在的基于云计算的 Google OS 系统,其道理在于越来越多需要在电脑上运行的软件都可以移到网站上面使用,里面的 API 函数使程序员可以绕过 Windows 里面的 API 函数,直接把浏览器当成软件平台开发基于 web 的应用程序。

[③] 这里指的是个人电脑兴起后的软件设计。有关软件兴起和发展的历史,参见如下两本著作:Paul E. Ceruzzi, *A History of Modern Computing*, MIT Press, 2003; Martin Campbell-Kelly, *From Airline Reservations to Sonic the Hedgehog: A History of the Software Industry*, MIT Press, 2003.

商品,购买之后就可以排他地占有使用。① 更为先进的软件则可以将数据在用户电脑之间传输,但也不需要一个中央数据库统一安排。② 然而,目前软件行业变成一种长期服务行业以收取服务费用,软件可以增添补丁来填补漏洞或提供新应用,用户不需要卸载软件即可在线更新。每一次更新相当于重新订立购买合同,但显然是信息不对称的,因为凭借更新,软件制造商完全可以提供新的服务应用,或搜集个人信息,例如杀毒软件和过滤软件。③ 这种情况下,用户无法占有软件,因为软件的功能需要依赖提供商的不断更新。一旦用户停止更新,很有可能带来风险。④ 即使软件不提供自动更新,也需要用户主动下载,否则就无法享有服务商提供的最新服务。

第一种只读软件类似于一种分散化的架构,用户可以不受到外界的干涉,并可以在开放操作系统上创新。第二种可以和其他电脑互联的软件,用户同样可以不受制约。但第三种软件出现了中心化的趋势,软件提供商提供的是源源不断的新服务(Software as a Service,SaaS),可以从一个中央服务器发出指令,单方面更改服务条件或直接停止服务。未来的云计算更代表了这种趋势,用户完全不必拥有软件,一切网络行为只需要在"云"中操作即可。在这种情况下,权力的触角延伸至终端电脑,个体的网络行为也不再是个人的隐私,而是随时被记录下来保存在数据库中的

---

① 比如游戏机和手机上的游戏软件,苹果 Mac OS 上的软件,早期大型主机上的软件,等等。这些软件的特征是无法和其他系统兼容。但是开发这些软件的平台却可以是开放的,例如苹果公司开放其 iPhone 和 iPad 平台代码,Facebook 开放广告平台,百度的开放平台等使得小型开发者能够提供多种多样的程序服务,以吸引更多用户。专有软件和非专有软件的界线并不十分清楚,造成这种区分的原因在于系统和平台之间的开放程度不同,如果系统兼容,那么软件便可以随处适用。一旦一个专有系统迅速普及,得到众多软件的支持,那么该系统的标准就将成为公认的行业标准。另外需要注意,这里的专有软件是就软件的控制能力而言,不是在开源意义上和"自由软件"相对应的。

② P2P 技术就经历了一个从有中心服务器提供搜索服务到无中心服务器的发展过程,最早的 Napster 因侵犯版权被责令关闭,但后来的 Grokster 就完全没办法管理。

③ 即使消费者通过 Kindle 在 Amazon 网站上购买电子书,Amazon 仍然有能力随时删除消费者已经购买了的电子书,因此很难说电子书和纸版书一样是一种商品。

④ 例如微软在中国制造的黑屏事件,正版验证程序是伴随着系统更新来的,如果用户选择不进行正版验证,那么就有可能面临漏洞攻击。

一连串字符。①

　　这两种不同的软件架构对应着不同的互联网架构。互联网的原初架构可以被称为"端对端"(end-to-end),是指网络数据传输不干涉终端应用程序的运行,使传输过程更加简化快捷。② 由这一原则可以生发出网络的分层原则(layering),即内容层、代码层和物理层相互独立发展,互不干涉。③ 在这样一种互联网架构下面,经由大量网络终端的创新可以充分发展,互联网也由此变得更具有创生性(generativity)。④ 一旦作为中立传输者的网络提供商不再中立,而是要审查传输的数据或干涉终端的自由表达和应用程序创新,这样一种开放的互联网架构便会被打破。例如在中国,P2P软件可以因为消耗带宽而遭禁止,网络电话或网络电视也必须取得行政许可方能经营。⑤

　　类似地,如果软件服务提供商也同样通过中心化的方式对终端软件进行控制,那么很多网民的行为就会在不经意之间受到控制和监视,终端电脑的个人信息和用户行为也会被搜集利用。⑥ 不同的软件更新和设计的架构就会对网民的自由产生不同程度的影响。代码已经成为约束人行为的重要手段,被认为是塑造赛博空间架构的法律。⑦ 这一理论在十年前提出的时候,批评者心目中的靶子还只是限制人们合理使用的数字权

---

　　① 软件使用由分散化到集中化趋势的影响是巨大的,一个深入分析,见 Nicholas Carr, *The Big Switch*: *Rewiring the World*, *From Edison to Google*, W. W. Norton & Co., 2008;另一个类似的例子是,芯片装置和 PCI 总线由电脑厂商单独开发到统一由英特尔公司开发,从而降低了这一领域的技术门槛,推动中小公司在统一的个人电脑架构上创新。见〔美〕加威尔、库苏麦诺:《平台领导:英特尔、微软和思科如何推动行业创新》,袁申、刘兰凤译,广东经济出版社 2007 年版。

　　② J. H. Saltzer et al., "End-to-end Arguments in System Design", 2 *ACM Transactions on Computer Systems*, issue 4 (1984), pp. 277-288. 这一理论存在着狭窄和宽泛的两个版本,参见 Barbara van Schewick, *Internet Architecture and Innovation*, The MIT Press, 2010。

　　③ Solum, Lawrence B. and Chung, Minn, "The Layers Principle: Internet Architecture and the Law", 79 *Notre Dame Law Review* 815(2004).

　　④ Jonathan Zittrain, *The Future of the Internet—And How to Stop It*, Yale University Press, 2008; Barbara van Schewick, *Internet Architecture and Innovation*,同注 11。

　　⑤ 详细的分析,见 Henry L. Hu, "The Political Economy of Governing ISPs in China", the *China Quarterly*, September 2011。

　　⑥ 中国的例子有绿坝事件以及近年发生的腾讯 360 之争,详见第三节分析。

　　⑦ Lawrence Lessig, *Code and Other Laws of Cyberspace*, Basic Books, 1999.

利系统(DRM)。① 然而随着互联网的飞速发展,软件和操作系统已经深深渗透到人们的生活中,更加值得关注的便是这种自上而下的软件更新方式。

这种更新方式的出现并非偶然。由于软件不再是专业人士的高级产品,任何受过初级训练的网民都可以写出一段代码。缺乏保证的代码很可能是恶意软件或病毒,一旦生产出来就不会消失。创生性的互联网本身创造了繁荣,但也为信息安全付出了代价。② 为了回应这种威胁,操作系统和软件制造商就有动力锁住操作系统和软件,一方面可以使电脑具有较少的创生性,例如在很多单位和场所禁止人们随意下载软件或使用新应用,显然最为安全的莫过于电视电话一类的瘦子终端;另一方面可以通过版权法保护软件代码,例如禁止规避技术保护措施,从而创设出安全、垄断的系统和软件。这种安全性的要求将使互联网重新回到其早期发展的状况,即少数软件生产者控制着平台和系统,以安全换取更大的创生性。③

在接下来的几节里,笔者分别讨论软件盗版、信息安全和恶意软件的问题,它们都凸显了中国国家治理模式的某些重要特征,并从不同角度回应着本节讨论的架构问题。既然软件可以成为新治理工具,国家的首要目的便是通过行政力量对软件(特别是操作系统)的引进和生产加强管理,从而利用软件架构本身带来的新权力形式对终端用户进行管理。目前这种新权力更多地体现在平台企业的商业模式当中,但政府也完全有能力借鉴这类模式便利其日常管理。

三、软件保护的政治经济学

1. 软件企业的优先保护

国家一直把软件产业看成是国家信息化的重要组成部分,提供政策

---

① M. J. Stefik, "Trusted systems", 276 *Scientific American* 78(1997 March); Julie E. Cohen, "A Right to Read Anonymously: A Closer Look at 'Copyright Management' In Cyberspace", 28 *Cornell Law Review* 981 (1996); Cohen, "DRM and Privacy", 18 *Berkeley Technological Law Journal* 575 (2003).

② Jonathan Zittrain, "The Generative Internet", 119 *Harvard Law Review* 1476 (2006).

③ Ibid.

加以扶植,并立法保护软件的知识产权。早在1991年国务院《计算机软件保护条例》就创设了软件著作权人选择将软件产品注册登记的制度,并由1992年机电部《计算机软件著作权登记办法》加以细化。由于当时互联网和电脑尚未普及,全国的软件数量都比较少,登记起来易于管理。1998年电子工业部《软件产品管理暂行办法》、2000年信产部《软件产品管理办法》、2001年国务院《计算机软件保护条例》[①]和2009年工信部《软件产品管理办法》都延续了这项制度,特别是从2000年起软件产业和集成电路产业被作为国家重要产业加以扶植,进行备案登记的软件可以享受著作权重点保护,并享受有关税收、知识产权、融资、进出口、人才吸引等若干的优惠政策。[②] 2002年国务院信息化工作办公室为贯彻落实上述文件精神,要求"形成一批软件骨干企业",进一步强化软件企业认定和备案登记。[③] 值得注意的是,除自己开发并自用的软件以及委托他人开发的自用专用软件外,未经登记或被撤销登记的软件一度不被允许在国内经营或销售[④],这是一种国家的强制认证体系,能够确保软件生产的专门化和安全性。

国家对软件企业采取了认定制度,省、自治区、直辖市、计划单列市均有权认定本辖区内的企业。软件企业需要具备一定资金和规模,并能保证相当的销售收入。[⑤] 各地的重点软件企业可以享有诸多优惠条件,是本地税收的主要来源,因此在打击盗版的行动中能得到当地的重点保护,这就为软件企业备案登记提供了进一步激励。国家也可以借此掌握全国

[①] 因中国加入WTO而取代了1991年的旧条例,并于2013年再次修订。新《计算机软件著作权登记办法》也由国家版权局于2002年发布。

[②] 《国务院〈鼓励软件产业和集成电路产业发展若干政策〉的通知》(国发〔2000〕18号);《国务院办公厅关于进一步完善软件产业和集成电路产业发展政策有关问题的复函》(国办函〔2001〕51号)。尽管1990年代初也有过发展软件产业的规划,例如《国家中长期科学技术发展纲领》(1992年3月8日),但和互联网时代大力发展信息技术产业又不可同日而语。

[③] 《国务院办公厅转发国务院信息化工作办公室关于振兴软件产业行动纲要的通知》(国办发〔2002〕47号)。它们被统称为"双软认定"。

[④] 2000年信产部《软件产品管理办法》第二、七、二十、二十六条。这一制度在国内软件产业基本成型的情况下被2009年工信部《软件产品管理办法》取消,但"双软认定"仍然是国家重要的工作,见《工业和信息化部关于进一步加强软件企业认定和软件产品登记备案工作的通知》(工信厅软〔2009〕115号)。

[⑤] 信产部、教育部、科技部、国税总局《软件企业认定标准及管理办法(试行)》(信部联产〔2000〕968号)(已失效)。

软件企业的信息,对软件行业发展进行统筹规划。①

　　这个产业态度和国家对互联网产业(文化产业、传媒等)的态度是一致的。国家并没有明确意识到互联网可以成为无数网民个人的平台,只是采用了传统的认定制度,这造成了大量民间出现的创新无法得到特殊保护和政策优惠,背后隐含的理念仍然是:创新需要由特殊专门的产业来主导。这种产业架构对于高技术产业也许是适用的,但在软件行业则是对市场的一种扭曲。国家对盗版的整治策略也体现为"抓大放小",即从可控制的正版渠道入手(政府机关、企业、电脑生产和经销商),同时打击分散的盗版行为。只要控制了大规模传播的端点,零散的盗版侵权行为按照成本—收益分析就可以忽略不计。

　　按照中央部署,从 2000 年下半年起,国家开始举行定期打击盗版软件的专项行动。② 和打击淫秽色情与非法出版物一样,这也成为一种经常持久的活动。打击盗版不仅是扫黄打非工作,也是整顿规范市场经济秩序工作的重要内容。③ 2001 年 4 月,国务院发起了一场声势浩大的整顿市场经济秩序的全国性运动。④ 6 月 28 日,国家版权局等四部委要求禁止销售盗版软件。⑤ 8 月 15 日,国务院办公厅下发《关于进一步整顿和规范文化市场秩序的通知》(国办发〔2001〕59 号),要求严厉打击走私和盗版软件的行为。随后 9 月 14 日新闻出版总署等八部门的《关于集中开展整顿出版物和计算机软件市场专项行动的通知》(〔2001〕新出明电字 12 号)对此次行动进行了具体部署。打击盗版的渠道仍然主要是海上偷

---

① 关于国家软件产业政策的整体分析,见张旭明:《国家软件产业的政策及其绩效分析》,载《软件世界》2005 年第 4 期。

② "加大打击走私和盗版软件的力度,严厉查处组织制作、生产、销售盗版软件的活动。自 2000 年下半年起,公安部、信息产业部、国家工商行政管理总局、国家知识产权局、国家版权局和国家税务总局要定期开展联合打击盗版软件的专项斗争。"国务院《〈鼓励软件产业和集成电路产业发展若干政策〉的通知》(国发〔2000〕18 号)第 34 条。但实际上稳定的打击行动是从 2005 年国家版权局、工信部和公安部组织的"打击网络侵权盗版专项治理行动"开始的,到 2010 年"剑网行动"已经持续六年版。

③ 运动式执法模式普遍见于互联网管理的诸多方面,特别是扫黄打非工作,参见 Martin K. Dimitrov, *Piracy and the State*: *the Politics of Intellectual Property Rights in China*, Cambridge University Press, 2009。这一点往往被研究知识产权行政保护的学者所忽略,例如邓建志:《WTO 框架下中国知识产权行政保护》,知识产权出版社 2009 年版。

④ 国务院《关于整顿和规范市场经济秩序的决定》(国发〔2001〕11 号)。

⑤ 国家版权局、公安部、国家工商行政管理总局、全国"扫黄""打非"工作小组办公室《关于禁止销售盗版软件的通告》。

运和进出口环节,对象则是大规模走私光盘。

2003年5月28日,国家版权局等四部门印发了《关于贯彻落实〈振兴软件产业行动纲要(2002年至2005)年〉打击盗版软件工作安排的实施方案》(国权联〔2003〕1号),开展了新一轮全国性最为猛烈的打击行动。① 这个纲要基本上总结出四类政府打击盗版的模式和路径:(1)加大市场上对非法制作、销售领域的盗版行为的打击力度(需要工商部门配合);(2)关注以销售硬件的企业和提供系统集成服务的企业,针对软件预装领域开展专项治理;(3)政府部门带头推进软件正版化,在此基础上,逐步开展企业和经营性单位的软件正版化工作;(4)对于通过互联网进行的非法传播软件行为,一方面严惩擅将软件上传到网上的直接责任人,另一方面明确网络服务商的法律责任,加强网络服务商的控制环节。这四点在随后时间内都得到了强化和完善。

对于第一类事项,需要多个部门协调配合,这个体制一直到2004年才初步确立②,并在2007年左右完善了中央和省一级的互联网治理机制。③ 第二类事项集中体现在2006年信息产业部、国家版权局、商务部《关于计算机预装正版操作系统软件有关问题的通知》(信部联产〔2006〕199号)中,要求在国家境内生产的计算机,出厂时应当预装正版操作系统软件;进口计算机在国内销售,销售前应当预装正版操作系统软件,从

---

① 这次行动和2004年发起的另一次专项行动(国务院办公厅《关于印发保护知识产权专项行动方案的通知》(国办发〔2004〕67号))一起,成果颇丰:据统计,2006年7月至10月,各地共出动出版物市场检查人员115.1万人次,检查出版物市场19.7万个次,检查店档摊点61万个次,检查印刷复制企业14.7万家次。处罚违规店档摊点2.1万个、印刷复制企业5065家、网站3003家,取缔关闭店档摊点1.5万个、印刷复制企业717家、非法网站1142家;全国共收缴各类非法出版物7284.8万件,其中盗版出版物6956.4万件;查缴非法光盘生产线6条,今年以来共查获12条,累计总数已达229条;各地共查办案件1.3万余起,有关部门给予行政处罚的案件1.3万起,向司法机关移送刑事案件313起,刑事审结案件80起,刑事处罚177人。见《全国"扫黄打非"工作小组关于印发〈"反盗版百日行动"总结及下一阶段工作意见〉的通知》(扫黄打非办〔2006〕50号)。
② 中共中央办公厅、国务院办公厅《关于进一步加强互联网管理工作的意见》(中办发〔2004〕32号)。
③ 这可以从全国"扫黄打非"工作小组办公室等十部委《关于开展集中打击盗版音像和计算机软件制品行动的通知》(扫黄打非办联〔2006〕26号)组织的"反盗版百日行动"中看出,部门间的协调能力明显增强。这之后十部委又组织了"保护知识产权,反盗版天天行动",意图巩固整治成果,强化日常监督。

源头上控制防止盗版。后来的绿坝过滤软件也是通过这个渠道施行的。① 在2008年奥运前夕,国家版权局再次组织为期两个月的"治理非法预装计算机软件专项行动"和为期4个月的"打击网络侵权盗版专项行动"。② 这项措施固然有利于正式渠道防止盗版,但其他非正式电脑销售渠道仍然很难规制。③ 第三类事项由于利益关系贯彻得比较迅速。国务院不断号召政府部门在政府采购中使用正版软件,抵制盗版。④ 由此引发全国一轮集中购买和更换正版软件的浪潮。国务院各部门于2002年4月,全国31个省(区、市)、5个计划单列市以及333个地级市,分别于2004年12月和2005年12月全部实现了通用软件正版化的工作目标。⑤ 至于推广到企业和单位,2007年2月,国务院批准成立由国家版权局牵头的"推进企业使用正版软件工作部际联席会议"⑥,开始推进企业正版化。⑦ 截至2010年,"大型国有、外商投资、民营企业软件正版化已基本完成",需要稳步推进的是"银行、保险、证券等行业以及外商投资企业、上市公司等具备条件、经营规范的重点行业、企业领域",并"有计划、分步

---

① 国家版权局也发文进行专项整治,见国家版权局《关于开展打击非法预装计算机软件专项行动的通知》(国权〔2006〕19号)。

② 这两项行动也是国家版权局每年都开展的行动,趋势是由短期专项整治向长期日常整治转变。

③ 最明显的例子便是北京硅谷电脑城等销售攒机的行为,估计几乎没有大学生购买的攒机上安装正版Windows操作系统和软件,像"番茄花园"这样的盗版系统不但近乎免费,性能也已经过优化胜过正版。

④ 国务院办公厅《关于使用正版软件清理盗版软件的通知》(国办函〔2001〕57号);国家版权局、国家发展计划委员会、财政部、信息产业部《关于政府部门应带头使用正版软件的通知》(国权联〔2001〕1号);国务院办公厅《关于地方人民政府使用正版软件的通知》(国办函〔2004〕41号)。政府企业电脑软件正版化最早是1995年美国贸易代表于第二次中美知识产权谈判时提出的要求,中国在后来签订的China-United States: Agreement Regarding Intellectual Property Rights (February 25, 1995)中确认了这一点。

⑤ 柳斌杰:《深入贯彻落实十七大精神全面开创软件正版化工作新局面——在全国软件正版化工作会议上的工作报告》,载 http://www.gov.cn/gzdt/2007-12/13/content_833080.htm, 2022年10月20日最后访问。这个政策能够顺利推行的原因在于财政配套专项资金的激励,见国家税务总局《关于转发〈关于政府部门购置计算机办公设备必须采购已预装正版操作系统软件产品的通知〉的通知》(国税函〔2006〕515号)。

⑥ 国务院《关于同意建立推进企业使用正版软件工作部际联席会议的批复》(国函〔2007〕15号)。各部门的职责分工见国家版权局等九部委《关于印发〈关于推进企业使用正版软件工作的实施方案〉的通知》(国权联〔2006〕2号),其中建立了由国务院办公厅指导协调的工作机制。而网吧软件正版化除了成都政府主导之外,其时还是由微软维权而推动,详见后文分析。

⑦ 国家版权局等九部委《关于印发〈关于推进企业使用正版软件工作的实施方案〉的通知》(国权联〔2006〕2号)。

骤、积极稳妥地推进中型企业使用正版软件工作","加大行政执法和对内、对外的舆论宣传力度,尽快建立企业使用正版软件奖励、补贴机制"。① 最后一类则要到 2006 年《信息网络传播权保护条例》出台,明确避风港原则以后,才确立了法律规则。但在专项行动中,法律规则往往敌不过"从速、从简、从严"的政治责任,一旦发现网络服务商提供盗版软件或作品,整个服务器可以被强令关闭,侵权责任也可以随意加大,相对人的正当权利无法得到保护。

评估专项整治的效果是十分困难的问题,尽管有报告研究中国的软件盗版率自 2005 年以来呈下降趋势②,但国家的威慑整治行为究竟起了多大作用仍然有待研究。盗版的存在自有其市场需求,低廉的价格和并无二致的使用效果无疑能够增加网民和企业的福利。甚至盗版可以成为一种产品竞争策略,和免费提供下载的道理是一样的。当有足够用户使用外部性很强的盗版软件,并且被"锁定"的时候,收取正版使用费或出面维权便能收到很好的效果,这就是微软在中国的策略。③ 除了保护本地认定的软件企业外,地方政府打击盗版的政治逻辑超过了经济逻辑。这种理性并非精心计算专项行动的边际收益是否大于边际成本,而是更多地考虑量化指标、政治奖惩与升迁机会。而对于中央政府而言,打击盗版除了保护本国软件企业外,还有强大的国际压力。

2. 软件的过度保护？

中国的知识产权立法和保护行动在相当程度上是在西方国家特别是美国的压力和推动下进行的。④ 从 1990 年《著作权法》,到 1992 年《中美关于保护知识产权谅解备忘录》《伯尔尼公约》和《世界著作权公约》,到

---

① 赖名芳、方圆:《柳斌杰针对 2010 年软件正版化工作提出四点意见》,载 http://www.gov.cn/gzdt/2010-03/17/content_1557333.htm,2022 年 10 月 20 日最后访问。

② 根据互联网实验室历年的《中国软件盗版率调查报告》,从 2005 年至 2009 年,中国操作系统软件数量盗版率分别为 81%、68%、39%、29%、27%。五年内按市值计算的行业整体盗版率为 26%、24%、20%、15%、12%。但根据商业软件联盟(BSA)发布的《全球 PC 软件盗版年度研究报告》,中国 2005—2009 年的盗版率为 86%、82%、82%、80%、79%,差别相当大。

③ 寇宗来:《软件盗版的博弈理论分析》,载《上海经济研究》2000 年第 11 期。

④ 凌金铸:《知识产权因素与中美关系》,上海人民出版社 2007 年版;Andrew Mertha, *The Politics of Piracy: Intellectual Property in Contemporary China*, Cornell University Press, 2005.

《中华人民共和国实施国际著作权条约的规定》,都被动地承认对外国著作权人的软件版权进行同等保护。① 上文提到的政府软件正版化运动也是在中美知识产权谈判的大背景下开展。② 当国内软件企业壮大之后,保护软件版权自然也同样有利于保障软件产业和高技术企业的发展。

版权可以保护软件产品的复制权和信息网络传播权,防止大规模对软件的复制盗版,因此成为大多数国家的首要立法选择。③ 但另一方面,版权法只保护一种软件编程思想的特定表达,即最终软件产品,而不会保护该种思想。这样其他软件设计者就会借鉴参考已有软件的设计思路,创造出更好的产品。相反,专利法可以保护软件内在的具有独特性的源代码,相对于版权保护而言更加严格,也能给软件生产商带来更多的商业利益。④ 国内的研究从 21 世纪初的软件可专利性逐渐转向是否应当主要以专利法保护软件⑤,但总体的执法实践仍然集中在打击盗版软件上面。

那么打击盗版的对象应该是谁呢?制作、贩卖、销售、传播盗版软件的行为毫无疑问在非法行为之列。对一个国家而言,如果要实现信息化的迅速普及,要么需要政府廉价地向社会提供电脑和软件等信息产品,要么需要充分竞争市场来提供。一旦市场竞争不充分,软件产品过于昂贵,网民就只有自然地求助于盗版。早在 1994 年微软就起诉了北京巨人电脑等五家公司,指控它们未经许可使用盗版系统,结果四例和解一例胜诉。1998 年微软起诉北京亚都公司,该案以被告不适格、证据不足而驳回。同年微软又起诉北京海四达和民安投资公司,大获全胜。这种控告"最终用户"的行

---

① 有关中国对软件保护的立法史,详见寿步:《论软件最终用户问题》,载寿步等编:《我呼吁:入世后中国首次立法论战》,吉林人民出版社 2002 年版。作为文学作品的外国计算机程序可以不履行登记手续,保护期为自该程序首次发表之年年底起五十年,超过了本国软件二十五年的保护期限,变成了"超国民待遇",直到 2001 年《计算机软件保护条例》才进行修正。

② 2004 年 4 月,时任国务院副总理吴仪访美参加中美商贸联委会,其间向美方作出的允诺之一,就是在 2004 年年底之前让中国中央和省级政府完成所用软件的正版化。随后几年中,这一直是中美商贸联委会讨论的热点。而入世之前的三次知识产权谈判更是惊心动魄,详细的描述见吴海民:《大国的较量:中美知识产权谈判纪实》,长江文艺出版社 2009 年版;李明德:《"特别 301 条款"与中美知识产权争端》,社会科学文献出版社 2000 年版。

③ 中国将软件作为文字作品来保护仍然是在美国强烈要求下选择的,这一国际政治经济背景不应当被忽视。

④ Ben Klemens, MA+H You Can't Use: Patents, Copyright, and Software, Brookings Institution Press, 2006.

⑤ 例如曹伟:《计算机软件版权保护的反思与超越》,法律出版社 2010 年版。

为有些类似于美国唱片业起诉下载盗版音乐的个人以达到震慑作用。①

反对者认为,是现有法律造成了这种超高标准保护软件的状况,和欣赏盗版音乐和电影的人不是侵权一样,广大网民、公益单位和非营利性组织都不应当承担安装使用盗版软件的侵权责任。1991年《计算机软件保护条例》规定了对软件的合理使用情形(第二十一、二十二条),但在2001年条例中都被取消,并规定复制或者部分复制著作权人的软件的,属于侵权行为,需要承担相应的法律责任(第二十四条)。② 这被称为"第三台阶"的软件超世界水平保护。③ 不过在现实中个体网民和公益组织遭到起诉的案例几乎没有,网民们仍然可以不受约束地从网上下载免费的软件,大多数案件都是针对中小企业的选择性诉讼。④ 本质上讲,"软件过度保护论"其实是"微软过度保护论",支持者不仅是普通用户的代言人,更是反对微软的技术民族主义者。在他们的呼吁下,社会舆论一直聚集在微软带有垄断嫌疑的行为是否给国内软件企业带来了损失,我们需要回到微软在中国的竞争策略上来审视这些舆论。

3. 微软霸权与民族软件产业

微软作为当时世界上最大的信息技术公司一直希望能够率先进入并

---

① 微软试图像美国唱片业协会那样散布"使用盗版软件就是偷窃"的舆论,在道德上占领制高点。国内舆论只能以牙还牙地模糊论证"帝国主义的本质是劫掠和剥削",一个有趣的例子是,亚都集团总经理何鲁敏在法庭上愤怒陈词:"我不反对用盗版。"因为"我在清华大学读过书,前后十年间,每天下午我的体育活动就是到圆明园去跑一圈。圆明园告诉我,别人的东西是可以抢走的。包括美国在内的八国联军,是可以杀,可以抢,可以偷的。直到现在也没人说这是犯罪。我就是受了这个教育。这个教育告诉我可以偷,可以抢,没什么问题。"见凌志军:《中国的新革命:1980—2006年,从中关村到中国社会》,新华出版社2007年版,第277页。

② 寿步:《新版〈计算机软件保护条例〉评析》,载 http://www.softline.org.cn/showArt.asp?id=859。

③ 寿步:《论软件最终用户问题》,载寿步等编:《我呼吁:入世后中国首次立法论战》,吉林人民出版社2002年版。前两个台阶是:(1)不将软件侵权的最终界限延伸到任何最终用户;(2)将软件侵权的最终界限延伸到部分最终用户,如明知是未经授权软件而作直接营利使用的视为侵权。随后的《最高人民法院关于审理著作权民事纠纷案件适用法律若干问题的解释》(法释〔2002〕31号)第二十一条对此进行了重复性解释,仍然没有赋予最终用户以安装使用软件的权利。也许立法者的意图就在于担心合理使用条款会使个人或组织使用盗版软件合法化,但是取消这一规定却造成了对非营利组织的打击。立法者应当参考《著作权法》的合理使用条款对特殊利益群体进行保护。

④ 2009年微软诉大众保险公司侵犯软件著作权,获赔217万元,打破了这一领域案件赔偿记录。参见(2009)浦民三(知)初字第128号。并且该案也是国内大型企业首次成为微软通过诉讼方式反盗版的对象。在世界知识产权日和全国各地的"知识产权宣传周"活动背景下,该案判决带有明显的宣传作用。

占有庞大的中国市场。① 从 1993 年开始，Windows 中文版已经慢慢超过国内其他操作系统，并通过捆绑默认软件对其他厂商进行了无情打击。② 这激起了国内广泛的技术民族主义情绪。③ 除了办公软件市场外，技术民族主义者们还认为微软在 1999 年推出的维纳斯计划将改写中国机顶盒和网络电视市场。④ 上文提到的打击盗版和软件最终使用者责任，都和微软有直接的关系。

和其他国外平台企业诸如谷歌和雅虎相比，微软在中国的生意应当说比较成功。⑤ 为进入中国市场，微软也在网络内容服务上进行了妥协，但在操作系统市场上却当仁不让。十余年来微软在中国市场上强劲的占有率同中国网民大量使用盗版操作系统紧密相连，微软事实上的垄断地位是中国政府未意料到的后果。⑥ 21 世纪初，微软在中国政府正版软件

---

① 有关微软在中国商业冒险的详细叙述，见 Robert Buderi and Gregory T. Huang, *Guanxi（The Art of Relationships）: Microsoft, China, and Bill Gates's Plan to Win the Road Ahead*, Simon & Schuster, 2006。

② 例如汉王公司的"汉王笔"于 1998 年与微软达成协议，获得 Windows CE 中文版手写识别技术使用许可。然而不到一年时间，在 Windows 2000 中，微软就宣布集成了笔输入系统，对汉王公司无异宣判死刑。见陆群：《中国 IT：当惊世界殊》，清华大学出版社 2007 年版。另一个例子则是金山 WPS，微软进入中国后想将 WPS 的老用户转移到 Word 平台上，于是同金山公司签署协议——双方软件可以通过中间层 RTF 格式互相读取；然而当 Windows 97 发布时，DOS 操作系统逐渐被取代，与之兼容的 WPS 也只好让位于 Office 95。见杨眉：《"微软黑屏"引发信息安全恐慌症，金山与微软 20 年之争浮上水面》，载《中国经济周刊》2008 年 11 月 24 日。

③ 也有学者称之为"资讯性民族主义"，见蔡裕明：《资讯性民族主义——Linux 对中国大陆的意义》，载《中国大陆研究》2001 年 44 卷第 12 期。

④ 方兴东、王俊秀：《起来：挑战微软"霸权"》，中华工商联合出版社 1999 年版。从事后看来，这种担忧是偏颇的，无论是微软还是国内平台企业都没有占据机顶盒市场，数字电视的主动权牢牢掌握在广电系手中，他们可以凭借信息安全的理由拒斥任何终端市场的创新。尽管 1998 年学界开始就三网融合进行讨论，但直到 10 年后这项政策才被国务院进一步推动。见 Henry L. Hu, "The Political Economy of Governing ISPs in China", *The China Quarterly*, September 2011。

⑤ 谷歌中国因为网络内容问题一直和政府关系不畅，直到今年被迫将搜索服务器迁到香港；雅虎的遭遇也是一样，雅虎中国濒临倒闭，于 2005 年被阿里巴巴收购。

⑥ 盖茨在 1998 年接受《财富》杂志专访时说："尽管在中国每年有大约 300 万台电脑被售出，中国人却不会为软件付钱，不过总有一天他们会的。既然他们想要去偷，我们想让他们偷我们的。他们会因此上瘾，这样接下来的十年我们就会找出某种办法让他们付账"，但它无法预料到十年间中国市场的变化，这段话被技术民族主义者事后作为微软邪恶意图的明证，是有问题的。从逻辑上讲，即使想大规模打击用户盗版，也需要游说本国政府，并同时和中国政府搞好关系，才能促使中国政府在全国范围内采取行动，这需要相当长的时间，而且还有打击效果的问题。而在这期间，微软系统的盗版用户悄然增加，未必是微软愿意看到的。盖茨的讲话见 Brent Schlender, Warren Buffett and Bill Gates, "The Bill & Warren Show", *Fortune*, July 20, 1998。

大采购中竞标失利,不得不采取了更为柔性的宣传与合作手段,主要包括:(1) 在大学中设立培训项目,并为出售微软产品或开发与 Windows 系统兼容的程序的软件企业设立认证项目;(2) 与各级政府签署备忘录,并展开合作,要求它们使用正版微软软件,并帮助建设微软的信息网络;(3) 向中国企业提供硬软件外包订单;(4) 向政府提供盗版的证据,游说政府进行打击;(5) 向一些政府中负责起草法律的部门建议修改版权法和软件保护条例。① 当然最厉害的,莫过于"放纵"盗版,让人们适应了微软之后,再进行维权诉讼,收取高额正版使用费。很多人将微软的打击盗版行为视为一场阴谋,因为微软在中国的产品初始定价过高,迫使人们转向盗版。② 除了企业外,从 2009 年起,微软把诉讼目标转向大规模使用盗版系统的行业——网吧③,同时也采取了降价措施。

除了上述公关和法律活动,微软还直接采用了技术手段进行私力救济,利用 Windows XP SP 补丁来加强盗版检测和限制激活。④ 从 2008 年 10 月 21 日起,微软在全球推出两个重要系统更新——Windows 正版增值计划通知(简称 WGA)和 Office 正版增值计划通知(简称 OGA)。届时如果未通过正版验证,盗版 Office 用户软件上将被永久添加视觉标记,盗版 Windows XP 用户的桌面背景每隔 1 小时就会改为纯黑色。尽管用户可以关闭自动更新功能,选择不参加这一计划,但却有可能因系统漏洞

---

① Scott Kennedy,*The Business of Lobbying in China*,Harvard University Press,2005,p. 153。微软还及时公关,于 2002 年同国家计委签订了谅解备忘录,微软承诺:向中国国内企业提供订单、人才培养、输入资金和管理经验、技术转让、产品本地化,以及有限地开放源代码。参见黄继新:《国家计委最新披露备忘录详情 微软做出六大承诺》,载《经济观察报》2002 年 7 月 25 日。2006 年双方签订了二期合作谅解备忘录。微软在华公关是在唐骏和陈永正领导下完成的,改变了几名前打击盗版的策略,更多细节参见傅桦:《中国梦:唐骏正传》,江苏人民出版社 2008 年,第十章。根据另一报道,微软向政府公开源代码之后,政府只能免费获取 97% 的源代码进行测评,剩下的 3% 要亲自到微软总部才能看到。见张笑容:《第五空间战略:大国间的网络博弈》,机械工业出版社 2013 年版。

② 这个论证潜在的含义是,微软本来可以选择降低价格全面占领市场,或者用户本来可以选择不用微软产品。只要有足够强大的竞争对手,这种策略就不可能实现。

③ 微软先后同昆明、杭州的网吧达成正版软件使用协议,并打算将这一模式推向其他地区。2010 年 5 月微软起诉东莞规模最大的网吧公司"动感网络",索赔 158 万。整个网吧业面临支付巨额正版使用费或赔偿金的命运。

④ 《深入探悉微软反盗版技术运作》,载 http://windows.chinaitlab.com/skill/28658.html,2022 年 10 月 20 日最后访问。

而遭木马病毒入侵。这一行动在国内引起轩然大波,和以往只起诉企业的做法相比,这次针对普通网民的行动显得更富有侵略性。很多批评集中在微软私力救济的维权方式不当①,但其更为深远的意义在于,软件服务商完全有能力通过操作系统和软件对终端电脑实行某种程度的控制,搜集可用于识别个人身份的信息。软件不再是消费者可以自由操作的商品,而是随时可以单方改变的服务。代码显示出比现实中的法律更加强大的强制力,例如,微软完全可以更加激进地停止向盗版系统提供系统补丁更新,除非他们购买正版。特别是在全球化背景下,面对一家提供主要信息技术产品的国外公司,只有国家才能提供对普通用户的保护。

微软的反盗版行动在2009年达到了一个小高潮,最为突出的事件便是"番茄花园"Windows XP盗版案件。很多网民都对被告表示同情,认为这是微软游说政府的结果,政府的态度也颇值得玩味。② 事实上,政府在同微软之间的关系上是暧昧而微妙的。一方面,微软同中国政府达成的谅解备忘录,许诺给中国很多合作和外包项目,使得政府不愿意和微软公开翻脸,毋宁希望私下协商解决;另一方面,政府又需要代表国内厂商的利益,以保证国内产业发展。该如何认识和走出这一两难困境呢?

对于国内和国外软件企业而言,盗版都是一种经济损失,由于软件研发会有大量的先期投入,轻易的盗版会极大降低企业研发的动力,最终损害社会的整体福利。更重要的是,只有打击对国外软件的盗版,国内企业才有机会跻身市场。但是在技术民族主义者看来,这并不意味着打击盗版对国内外软件企业的意义是一样的,帮助微软反盗版就是帮助它巩固垄断地位,进一步挤兑国内软件厂商,故而"盗版有理",这实际上是一种

---

① 时任国家版权局副局长阎晓洪表态说,"站在一个权利人维护自己权利的角度,国家版权局对包括微软在内的各种权利人组织与机构的正当维权权利表示理解与支持",但是"我们认为这种在维权过程中,也要注意方式。黑屏这种方式,我们认为是否应该采用值得商榷。维权的措施需要恰当,不能过分"。更重要的是,"我们认为微软在价格政策上,应该适合中国国情。微软过去采取全球统一定价,没有考虑发达国家收入水平与发展中国家收入水平的差距,我们需善意去提醒他们,要考虑中国用户对价格的承受能力"。见新华网,《中国版权局回应黑屏事件:维权措施不能过分》,载 http://news.xinhuanet.com/internet/2008-10/27/content_10261034.htm,2022年10月20日最后访问。

② "番茄花园"案件"是国家通过刑事司法途径打击大规模软件网络盗版行为的一起成功案例,该案给那些寄希望于通过盗版获取非法利益的网站和其他侵权者给予了沉重打击,展示了国家严格履行国际公约,对国内外著作权人给予平等保护的良好形象"。见最高人民法院:《中国法院知识产权司法保护状况(2009年)》(2010年4月)。

优先保护国内厂商的观点。这种非平等保护论不能仅仅视为一种贸易保护主义,原因在于微软的全部竞争优势来自它的操作系统,而操作系统作为其他应用程序的平台是一种比较特殊的软件,通过绑定措施和网络效应,很容易推广自己的专有软件,排斥其他厂商。无论这种行为是否属于传统反垄断法规定的滥用市场支配地位的行为,都应当受到约束。[①] 例如,中国的办公软件厂商需要花费数年时间将产品与 Windows 兼容,而微软又在不断改变其文件格式,国内厂商就在兼容问题上耗费大量精力,无法进行深层次创新,更无法同微软竞争。更进一步的道理是,创生性的操作系统是创生性互联网的基础,从操作系统到应用程序的垂直整合行为也应当置于竞争性的市场当中评价。如果这样的市场并不存在,政府有责任创造条件,帮助受到歧视的竞争对手——例如 Linux 和金山 WPS[②],重获竞争地位,这不应当是会导致寻租行为的单方面支持或限制某一方利益[③],而是需要以法律的手段约束微软,要求其向本国软件竞争对手开放技术信息,以便它们的软件产品能够与微软操作系统充分兼容。[④]

2004 年年底政府公布《软件政府采购实施办法》(征求意见稿),对国

---

① 微软声称:"由于微软大部分以非正版方式存在,正版产品市场额很小,因此微软在中国构成垄断的前提不存在。"但关键是微软仍然对盗版系统拥有巨大的影响力和控制力,盗版系统仍然属于微软市场份额的一部分,因为它们形成了整个软件市场的网络效应。

② 有关 Linux 在中国的发展,参见蔡裕明:《资讯性民族主义——Linux 对中国大陆的意义》,载《中国大陆研究》2001 年 44 卷第 12 期;陆群:《中国 IT:当惊世界殊》,清华大学出版社 2007 年版。中央政府还在软件正版化运动中大力支持 WPS 等民族企业,"如金山软件公司自软件正版化工作开展以来,已经在国务院 57 个部委的政府采购中中标,该公司自主创新、独立研发的 Office 软件产品被广泛使用。在 2006 年的第三轮全面采购中,金山 WPS Office 产品首次超过国外产品,一举获得了 56.2%的政府采购份额,并在国家 57 个部委及 28 个省,200 多个城市的政府办公中获得广泛应用"。见柳斌杰:《深入贯彻落实十七大精神全面开创软件正版化工作新局面——在全国软件正版化工作会议上的工作报告》,载 http://www.gov.cn/gzdt/2007-12/13/content_833080.htm,2022 年 10 月 20 日最后访问。然而,地方政府却没有这样支持,例如 2004 年 11 月北京市政府计划以 2925 万元采购微软产品,被质疑违反刚实施不久的《政府采购法》而最终采购了国内软件产品,但将改由财政拨专款向微软中国购买操作系统、开发工具包等原定的软件产品。

③ 政府软件采购总额占整个软件市场销售总额的比例逐年上升,很容易为寻租和游说找到突破口。

④ 这是 2004 年欧盟委员会对微软作出的反垄断决定。有经济学家认为,这一处罚决定是错误的,因为捆绑销售对消费者福利增加是有好处的,只要"第三方竞争者仍然能够不受阻碍地开发和销售其运行在视窗系统上的媒体播放软件",微软就不算是垄断者,而是竞争者。见薛兆丰:《商业无边界——反垄断法的经济学革命》,法律出版社 2008 年版,第十七章。问题是,这需要微软开放相当程度的技术信息。

家机关采购软件产品做了详细规定,其中规定,"政府采购应当购买按照本办法认定的本国软件产品和规定的本国软件服务,购买非本国软件应当按照本办法进行审批"(第三条)。中央预算单位的采购人依法采购非本国软件产品或非本国软件服务的,应当向财政部提出申请,由财政部审批(第二十五条)。但该《办法》又同时规定了《优先采购非本国软件产品目录》的存在(第三章),使得前述制度形同虚设,并直接违反了《政府采购法》。① 这部法规因争议过大至今未能获得通过。一方面微软游说政府的能力还十分强大;另一方面对国内软件企业来讲,未来发展并不能完全依赖政府采购,最终还是要靠市场竞争,从开源软件中获取新的资源和动力。②

四、计算机病毒与信息安全:创生性的后果

1. 信息安全与软件

微软黑屏事件的另一面向——安全问题——被激烈的民族主义争论掩盖了。如前所述,微软操作系统的更新主要是预防针对系统漏洞的木马和攻击,尽管这一形式同时被用来提醒终端用户。③ 事实上,当今的计算机病毒层出不穷,以至于用户必须下载安装,否则会面临巨大的风险。这种风险是互联网的原初架构设计者没有想到的,因为在互联网发展早期,使用互联网的只是电脑工程师群体,起作用的是职业伦理。然而在互联网商业化和民用化之后,人人都可以说有能力掌握黑客技术,制造病

---

① 《政府采购法》中并没有"优先采购的非本国货物、工程和服务"这一类别,只有本国与非本国两类。

② 这里的道理和文化公有领域的建设是相似的,都要求政府提供最低限度的保护措施防止私人垄断技术或信息平台,扼杀创新。但同时又不能无视市场,需要个人、组织和国家三者力量共同发挥作用。

③ 微软在中国的补丁也面临着某种矛盾:如果微软针对盗版用户关闭的补丁服务,势必影响他们使用电脑,用户体验也大为缩水,微软的中国市场将缩水,而由此产生的全国性的电脑安全问题,微软难辞其咎;如果微软主动提供所有的补丁下载,给正版和盗版用户提供相同的服务,微软则有纵容盗版的嫌疑,难逃反垄断法的制裁。360 安全卫士有意无意地填补了盗版系统补丁市场。参见米晓彬:《360 的补丁,微软中国的遮羞布》,载 http://mimi19730930.blog.techweb.com.cn/archives/696,2022 年 10 月 20 日最后访问。

毒,攻击漏洞,问题被大大复杂化了。① 制造电脑病毒甚至成为一种盈利颇丰的职业。② 预防病毒和攻击显然无法仅仅靠赛博空间中的"政府",也必须靠作为中间人的网络服务商和终端用户,采取一种分散化的安全防护体系。③

软件产品的质量各有不同,属性也不尽相同,除了病毒外,另一类恶意软件和流氓软件同样会给消费者带来侵扰。按照中国互联网协会的定义,恶意软件体现为强制安装,难以卸载,浏览器劫持,广告弹出,恶意收集用户信息,恶意卸载,恶意捆绑,其他侵犯用户知情权和选择权的恶意行为等八种现象。④ 为呼应消费者对恶意软件和病毒侵害的要求,各种防病毒软件产品不断更新各类有问题的软件数据库,有时候也造成了软件误杀,国内外知名杀毒软件(如卡巴斯基、瑞星、诺顿、奇虎360)几乎都有过误杀事件。在激烈的竞争下,软件生产商不得不缩短软件测试流程,以迅速占有市场为目的,不断推出新产品和新功能,却忽视了最为关键的测试环节。⑤ 这样造成的后果是,要么出现误报率上升现象,要么软件本身存在着巨大漏洞,容易引发比病毒更为严重的新一轮攻击。更重要的是,国内外的软件生产商并没有对用户损失进行赔偿的民事法律责任⑥,用户也常常自认倒霉,不会想到向生产商索赔。⑦ 国家目前只对故意制作、传播计算机病毒等破坏性程序的行为进行处罚⑧,并采取了相同的运

---

① Jonathan Zittrain, "The Generative Internet", 119 *Harvard Law Review* 1974 (2006)。网络病毒的传播不同于传统阈值模型,因为互联网是无标度网络,病毒可以通过中心节点很快传播到其他节点,无论该病毒的传染性是否强烈。见巴拉西:《链接:网络新科学》,湖南科学技术出版社2007年版,第10章。

② 中国最有名的例子莫过于2007年的"熊猫烧香"病毒事件,作者李俊就是自学制造病毒的,他将该病毒卖给120余人,直接非法获利10万余元。

③ Mark F. Grady and Francesco Parisi ed., *The Law and Economics of Cybersecurity*, Cambridge University Press, 2006.

④ 中国互联网协会:《"恶意软件定义"细则》。

⑤ David Rice, *Geekonomics: The Real Cost of Insecure Software*, Addison-Wesley, 2008.

⑥ 由于软件的性质从产品向服务转变,这里就存在着质量瑕疵担保责任和产品责任的竞合,详见唐艳:《计算机软件的质量瑕疵担保责任、产品责任——以诺顿误杀案为切入视角》,载《网络法律评论》2009年第5辑,北京大学出版社2009年版。

⑦ Jennifer A. Chandler, "Improving Software Security: A Discussion of Liability for Unreasonably Insecure Software", in Anupam Chander et al. ed., *Securing Privacy in the Internet Age*, Stanford Law Books, 2008.

⑧ 1997年公安部《计算机信息网络国际联网安全保护管理办法》第六条。

动式治理模式。①

2. 驯化操作系统

操作系统最重要的是其源代码,这涉及国家安全,尤其是当国家机关、研究所和大型企业普遍使用某一操作系统的时候。作为与中国签订的关于加强软件产业合作谅解备忘录的一部分,2003年微软公司和中国政府签署了政府安全计划源代码协议,每年续签一次,范围覆盖微软所有重要的软件产品。② 根据这一协议,中国信息安全测评中心及其授权的七家单位将可以在源代码查看实验室,通过协议规定的方式查看Windows操作系统和重要软件的源代码,进行信息安全方面的研究。包括中国在内的全球60个国家均享有这种权利。③ 拥有这项权利以后,国家即可对Windows进行改造,自主填补漏洞,并应用至国家基础设施的网络中,以防止基于原系统漏洞的网络入侵。④

除了涉及国家安全的源代码,国家对商用密码也作出了限制。Windows 2000新加入的IPSEC系统可以使用户实现点对点的保密通讯,而且能确保它是一条安全通道,但其密码算法并不被中国承认。按照1999年的《商用密码管理条例》(2023年修订),这类算法都必须通过国家密码管理委员会的批准,并且只能使用适用于国内加密算法的产品。⑤ 因此2001年7月微软与中软开展合作,约定微软的Windows产品中文版中涉及信息安全的商用密码部分将由中软提供,公开部分核心源代码,

---

① 参见互联网实验室:《中国流氓软件及治理对策研究报告》(2006年)。
② 详情参见"Government Security Program", available at http://www.microsoft.com/resources/sharedsource/gsp.mspx, 2022年10月20日最后访问。
③ 在达成这项安全协议之后,微软重新回到中国的怀抱,尽管2007年在中国的销售收入只占其全球总收入的1.5%,其在中国的市场份额却高达90%。中国政府一度在采购中青睐中国科学院研发的红旗Linux,在胡锦涛2006年访问美国微软总部之后,政府采购就转向正版Windows,而中科红旗Linux却渐入困境。当然,这也和微软与红旗Linux不同的商业模式有关。参见David Kirkpatrick, "How Microsoft Conquered China", available at http://money.cnn.com/magazines/fortune/fortune_archive/2007/07/23/100134688/, 2022年10月20日最后访问。
④ Richard A. Clarke and Robert K. Knake, *Cyber War: The Next Threat to National Security and What to Do About It*, Ecco, 2010.
⑤ 王蓓:《微软入乡随俗结盟中软 中文盗版将受到重创》,载 http://tech.sina.com.cn/s/n/2001-09-05/83436.shtml, 2022年10月20日最后访问。

来配合中软共同实施 Windows 2000 的密码本地化工作。① 中软将对 Windows 2000 的源代码进行分析以后,做出相应改造,最后通过国家密码管理委员会、公安部等规制部门的认证,才可生产配套的安全密码软件和硬件。由中软开发的完全中文化的安全密码卡,知识产权将归中软所有。②

在驯化了操作系统平台之后,国家完全有能力进一步通过操作系统以网络安全为名控制终端电脑。在网络互联的虚拟世界里,为防止不确定的攻击和安全风险,采取自上而下的控制手段就是可以理解的了。操作系统生产商可以限制用户制造软件的能力,并发布黑屏补丁限制终端用户的合理使用;防病毒软件生产商可以限制某些软件和系统的使用③;内容过滤软件则会限制用户的自由浏览、交流和表达④;甚至版权人也可以通过技术保护措施施加对作品合理使用的控制。由于软件不再是商品而是一连串服务,软件生产商完全有能力通过自动更新约束终端网民行为。通过软件的治理本质上便是控制网民行为能力和终端设备,只要终端设备的创生能力减少,就有可能创造出一个安定和谐的网络环境,不良信息会大大减少(因为电脑可以被设计成只读的信息接收器,和电视收音机一样),网络安全隐患也会消除(因为操作系统不允许编写程序和代码)。然而这同时也会造成终端的创新急剧减少,创新只会保留在少数大公司或国家主导的企业中。

为进行这样的限制,生产商必然会要求国家对其系统的知识产权进行保护,要么通过版权法保护其技术保护措施,禁止规避或破解;要么通过专利法保护其源代码。显然,一个封闭的网络其安全性能一定会提高,但却牺牲了来自终端设备的创新。目前的互联网的繁荣就有赖于一个开

---

① 王雅飞:《中软"自主"网络》,载《信息安全与通信保密》2001 年第 8 期。
② 王蓓:《微软入乡随俗结盟中软 中文盗版将受到重创》,载 http://tech.sina.com.cn/s/n/2001-09-05/83436.shtml,2022 年 10 月 20 日最后访问。
③ 江民公司的逻辑锁和 Windows MPA 锁机是 90 年代末的两个例子,见姜奇平:《技术保护措施的滥用和危害》,载寿步等编:《我呼吁:入世后中国首次立法论战》,吉林人民出版社 2002 年版。
④ 例如 2009 年的绿坝事件。绿坝事件之后,又有作为全国人大代表的重庆移动总经理提案,要求对终端电脑和手机强制安装识别软件,以确保网络环境的净化,引发新一轮声讨和抗议。

放中立的互联网架构,对代码层的过度保护有可能会使我们丧失相当程度的技术进步与发展,降低社会的整体福利。① 中国对信息安全的定义相当宽泛,涵盖了从言论表达到病毒、垃圾邮件和网络攻击。② 因此政府完全可以以信息安全为由通过对代码层的规制间接管理内容层,限制创新和表达。可以想见,终端软件将会成为未来权力争夺的新战场。这一过程可能会相当漫长,但这一管理模式有必要加以了解和认识。

3. 网络时代的新权力形式:腾讯与奇虎 360 之争

另一个例子便是 2010 年底发生的腾讯和奇虎 360 之争。其深刻教训在于,该事件折射出的信息时代的新权力形式,即应用软件提供商可以不受制约地对终端电脑和用户施加影响,迫于网络效应的同侪压力,用户不得不接受,被锁定而无法退出。一方面,这种新权力形式虽然缺乏一般的外在强制,却在用户"自愿"的外表下更加有力,最终达到某种垄断的程度。这种垄断不同于传统垄断法上规定的滥用市场支配地位和其他行为,更突破了既有基于单一市场的垄断法理论,很难认定。这甚至也无法简单通过增加市场竞争来消除,因为无论市场上有多少同类应用软件,都势必要以搜集用户信息以便提供更好服务为商业模式,这一模式决定了软件不再单纯是一种商品,而是一种在线服务,甚至可以通过自动更新成为永恒不断的服务。这一服务的本质是不平等,既有信息、技术能力上的不平等,也有议价能力的不平等。这一不平等得以通过免费使用这一策略而被用户接受,一旦软件的网络效应形成,用户就无法摆脱和抗争,特别是司法无法提供有效保护的时候。另一方面,由于互联网世界安全的不确定性(木马、病毒和攻击),任何应用软件设计都必须考虑到安全问题,这既有用户的潜在需求,也有提供商为自身利益而单方采取的"父爱主义"行动(如本事件展示的那样)。因此,在审视隐私和不正当竞争的相关问题时,我们需要首先从这一结构性视角出发,追问行动者的逻辑和反应,并充分展示新的权力是如何通过新的技术和社会结构得到实现的。

这次事件的直接起因是 360 发布隐私保护器,揭发 QQ 未经用户许

---

① 〔美〕劳伦斯·莱斯格:《思想的未来》,李旭译,中信出版社 2004 年。
② 公安部《计算机信息网络国际互联网安全保护管理办法》(2011 年修订)第五、六条。

可扫描其终端电脑硬盘,窃取用户数据。隐私保护器的第二版可以对QQ和MSN两款即时聊天软件实施监控。腾讯回应称,360"将QQ安全检查模块对可执行文件的检查曲解为窥视用户隐私",是对用户的误导;"QQ账号早已不单单应用于即时通信,还广泛应用于众多网游、在线网银支付、网络购物、社区空间、博客以及邮箱和微博等应用,是整合了通信、娱乐、资讯和商务的一站式平台的重要通行证,其安全保护需求的级别已远超其他即时通信产品",鉴于此前出现了大量窃取QQ号码的事件,QQ安全检查模块是对用户账号安全负责。① 随后360推出一款名为"扣扣保镖"的安全软件,该软件声称可以"保护隐私,阻止QQ强行静默扫描用户硬盘",也可以"防止QQ盗号,用360云安全体系精确查杀QQ盗号木马",还可以"过滤QQ软件广告,让聊天更清爽"和"保护QQ安全,阻止其设置被恶意修改,自动扫描传输文件"。② 当用户点击QQ面板上的"安全"按钮,却会转到360扣扣保镖的页面,将QQ的安全模块劫持了,并屏蔽掉腾讯主要收入来源的浮层广告。腾讯终于作出了一个"艰难的决定":由于"在360软件运行环境下,我们无法保障您的QQ账户安全",因此"在360公司停止对QQ进行外挂侵犯和恶意诋毁之前,我们决定将在装有360软件的电脑上停止运行QQ软件"③,并号召广大用户卸载扣扣保镖,以免个人QQ账户数据被窃取。与此同时扣扣保镖下线,不再提供下载,360还向用户发送了卸载该产品的通知,并在弹窗中直接提供了卸载该软件的链接。这起事件在网民中引起轩然大波,最终引起了国家领导人的注意,工信部和公安部介入调查,对双方进行了调解和处罚。④ 工信部还就此事出台了《互联网信息服务市场秩序监督管理暂行办法》(征求意见稿),拟对互联网行业的不正当竞争进行规范。

腾讯的商业模式是从单纯的免费聊天工具逐步扩展到电脑安全管

---

① 参见《关于腾讯QQ被诬蔑"窥视用户隐私"的严正声明》(2010年10月11日),载http://im.qq.com/shengming.shtml,2022年10月20日最后访问。

② 新华网:《360推扣扣保镖 称可阻止QQ查看用户隐私》,载http://news.xinhuanet.com/internet/2010-10/29/c_12716268.htm,2022年10月20日最后访问。

③ 《致广大QQ用户的一封信》(2010年11月3日),载http://im.qq.com/qq.shtml,2022年10月20日最后访问。

④ 南大谷尼:《腾讯-360事件网络舆情分析报告》,载http://www.eventchina.org/Cylm_note.aspx?id=312,2022年10月20日最后访问。

理、网络游戏、电子商务等领域,通过 QQ 账户可以直接登入其他增值服务,这种"免费+增值"模式也就使 QQ 账户成为重要的个人信息和资源。通过木马盗取 QQ 号码一度十分猖獗。为了保障用户安全,势必需要用户一直处于腾讯自己提供的信息环境中,例如每次登录前都使用 QQ 安全检查功能查杀木马,使用最新版本,绑定保密卡等。① 面对安全威胁,腾讯不得不成为终端用户的安全卫士,也就因此同其他防木马软件发生了冲突。腾讯的理由便是:用户自己没有能力保护 QQ 账户被盗,腾讯则可以通过扫描用户文件发现木马进行保护,为了用户的利益完全有必要这样做。360 抓住隐私的问题替用户讲话,发布扣扣保镖实质上是为了抢占腾讯的终端市场,即让用户换用 360 作为他们的安全护卫。泄露隐私的风险使很多人感到惊恐,于是换成了 360。按照第一节的分析,无论是腾讯还是 360 都可以通过技术能力任意更改终端电脑的应用软件,可以扫描用户终端数据,可以劫持其他软件,可以宣布和其他软件不兼容,用户都无法拒绝,因为这涉及重大的信息安全问题。② 软件服务商为了向自己用户提供更好的保护,会逐渐从单一的应用软件向安全领域扩展,特别是当该软件已经成为平台,提供多种服务的时候。另外,像 QQ 这样的拥有几亿在线用户的通信软件,更容易成为攻击和移植木马的对象,以致终端电脑被统一控制形成僵尸网络。③ 一旦按照安全软件的思路展开商业模式,将木马扫描移植到"云端"服务器也不是不可能的了。正如本章第一节所述,未来的软件服务的一个趋势便是将应用软件放置云端,终端电

---

① QQ 安全团队:《避免 QQ 账号被盗的三条建议》,载 http://im.qq.com/safe/special/anti-id-theft.shtml,2022 年 10 月 20 日最后访问。深圳市公安局在 2010 年将网络虚拟财产(主要是 QQ 号码和 Q 币)纳入规制范围,具体包括制定本地网民虚拟财产(装备)被盗、丢失找回机制工作方案;建立本地网民(深圳户籍)玩深圳本地游戏(游戏运营商在深圳)的虚拟财产(装备)找回服务流程,为深圳户口网民提供虚拟财产(装备)找回服务;并逐渐扩展到拥有深圳居住证的网民,最终进一步探索跨区域协调机制,建立深圳户口网民和拥有深圳居住证的网民玩外地游戏(游戏运营商在深圳以外其他地市)的虚拟财产(装备)找回服务机制。但地方政府行为远远不如技术措施来得有效。

② 这就是为什么有人认为腾讯和 360 本质上是一样的,都不是从用户角度着想,见段永朝:《360 大战 QQ 一丘之貉》,载 http://www.caijing.com.cn/2010-11-04/110557542.html,2022 年 10 月 20 日最后访问。

③ 以至中央和省级会对腾讯提出加强信息安全管理的要求。

脑无须安装这类软件,也就避免了安全攻击,也是最为完美的控制。① 这一事件最为完美地展示了互联网上的权力运作,用户只是占有他们的终端设备而已,越来越多的软件正在脱离他们的控制,而这一切都是打着安全的名义。将来的趋势必将是用户放弃个人电脑,转而享用免费而安全的"聋子终端",所谓"我的电脑我做主"终将被集体选择下的新商业模式所取代,隐私则成为毫不相干的问题。②

五、结　　语

中国的软件保护模式仍然是行政主导下的产业政策模式,即政府从正面扶植软件产业,设定优惠政策,同时打击盗版和恶意软件。与之相对应的方式是微软的一次给人印象深刻的"黑屏"行动,使我们得以体会到代码的强制力。本章意在强调,无论是商业力量还是政府,都可以通过软件的特殊结构和性质对终端进行控制,从而影响到整个互联网的创新。同时,中国问题还有着全球化的面向,即一家具有重要影响力的全球平台企业如何进入中国市场发挥影响,如何被驯化,如何影响到互联网治理的实践,这都需要我们进一步思考。从"治理软件"到"通过软件治理",中间存在着密切的联系,只有先约束作为创生能力基础的操作系统,才能进一步管理这个平台之上的软件,纵向一体化模式为此提供了借鉴。但是,安全问题需要同创新和自由表达等社会价值相互平衡,这方面的未来实践需要进一步观察。

---

① 在这一点上,腾讯的 QQ 电脑管家本身就是一种云查杀模式,马化腾对周鸿祎的指责是不公正的。他强调的是"每个合法应用软件,就像是一家合法商店,纵使有这样或那样的不足,也该拥有自己的独立自主的自我运营和自我发展权,不应被保安打着安全的名义去劫持和窜改,这是一个软件业最基本的规则"。这实际上是主张网络安全服务不同于其他应用软件服务,不能同时经营其他服务,否则会出现暗中劫持竞争对手的不正当竞争,但拥有众多数量用户的腾讯自然可以这样讲。见《杀人的网络,互联网的大是大非问题》专访腾讯董事会主席兼 CEO 马化腾》,载《南方周末》2010 年 11 月 11 日;王乐:《对话马化腾:QQ360 纠纷是软件业大是大非之争》,载 http://www.donews.com/original/201011/269889.shtm,2022 年 10 月 20 日最后访问。但在周鸿祎看来,腾讯之前借助网络效应全面提升 QQ 医生为电脑管家,并同 QQ 绑定安装的做法,本质上也是一种垄断,和 360 没有本质区别。

② 胡凌:《重构隐私与隐私权?》,载《探寻网络法的政治经济起源》,上海财经大学出版社2016 年版。

第九章　作为规则的算法

一、引　　子

经典架构理论将算法视为规则,即"代码就是法律",现今如果把代码换成算法,在逻辑上也能成立。① 但问题是,以往使用该断言的研究多集中于算法的权力面向,即算法作为新型技术性权力如何对社会主体产生影响,担心其专断和任意,但较少讨论算法的规则面向,即该权力如何以理性化的方式加以表达,并可以预测和规避。② 从规则角度观察算法意味着关注算法的表现形态,而非单纯在特定场景下的透明性或可解释性。如果算法能够表现为某种达成共识的书面或技术规则,那么本身就意味着其内在地具备可以解释的特性,但未必需要进行公开披露。

本章尝试从规则角度讨论作为架构构成要素的算法权力,从而延伸我们对架构的认识。为人工智能技术应用进行立法已经成为世界趋势,中国目前的立法主要通过行政规章进行探索,并集中在"互联网信息服务算法推荐"领域。2022年国家网信办等四部委发布的《互联网信息服务算法推荐管理规定》将算法推荐行为作了广义定义,包括生成合成、个性化推送、排序精选、检索过滤和调度决策。随着商业实践的开展,也不断出现算法服务功能引发的涉及消费者权益的司法纠纷。相关法学研究大量集中于算法备案、风险评估、审计等具体制度设计,试图提供适应现有技术应用发展的规制框架。③ 从思路上看,主要经历了从宽泛的平台责

---

① Lawrence Lessig, *Code and Other Laws of Cyberspace*, Basic Books, 1999.
② 张凌寒:《算法权力的兴起、异化及法律规制》,载《法商研究》2019年第4期。
③ 许可:《算法规制体系的中国建构与理论反思》,载《法律科学》2022年第1期。

任到算法行为责任具体化的过程。无论是算法的事前备案评估,还是事后纠纷解决,都是追求理解黑箱,追求信息沟通和可解释性,降低风险的思路。这种思路也遭遇了一定程度的质疑,即算法信息披露的成本较高,而效果有限。① 无论如何,后续规制和研究正朝向算法服务应用分级分类规制的更为细化的目标迈进。

以往关于算法规制法律研究存在主要的问题是:(1) 较为孤立地将算法进行抽象拟制和想象,如法律行为、法律主体、组织过程,但不太关注算法使用所处的生产方式环境的变化,也看不到算法和其他类型平台权力之间的联系;(2) 较少从算法的功能出发进行讨论,即如何推动市场要素的安全流动,从而难以真正对算法进行场景化分析;(3) 更多关注黑箱信息披露,但较少关注算法运作本身的稳定性和可预期性,这涉及算法是否能够按照规则进行输出,为相关利益群体提供可预期的服务结果;(4) 没能将算法治理置于更加广泛的权力结构中看待,特别是规制部门和平台企业之间的关系,两者看待特定算法的不同态度和动力对不同领域算法治理产生重要影响。

本章试图针对上述问题推进讨论。首先,不孤立地看待算法,而是将其看成是数字经济生产方式的一部分,其意义在于更加自动化地推动市场要素的生产和流动,并维护相关市场中的交易秩序。② 因此需要看到算法的两类基本功能:要素生产和辅助要素安全有序流动,理解是功能而非算法的特性决定了不同类型算法的规制方式。其次,算法黑箱当然可以穿透,也可以保持不透明,除了信息颗粒度的差异外,更主要的问题实际上是如何给予外部使用者、规制者和内部管理者以充分的预期和信任,降低可能的风险,这意味着算法的规则化,避免输出结果的随机和任意。这个角度将算法透明性问题转化为对规则的需求程度问题,即探求规则是否越多越好,理解规则为何会逐渐增加和演化,还可以将算法治理与其他类型的平台治理手段进行关联和比较(如合同与网规)。最后,即使有统一的算法规制要求,但在执行过程中在不同领域仍然存在较大差异,在一些领域中算法的规则化能够尽快落实(如信息内容安全),在一些领域

---

① 沈伟伟:《算法透明原则的迷思——算法规制理论的批判》,载《环球法律评论》2019 年第 6 期。
② 胡凌:《平台视角中的人工智能法律责任》,载《交大法学》2019 年第 3 期。

没有实质变化(如新就业形态劳动管理),在另一些领域则没那么有效(如差异化定价)。有必要看到权力结构中不同主体之间的关系对不同领域的算法治理产生影响。

由此,本章主要围绕算法的"规则化"进行分析。主要观点是,从数字经济的生产方式角度看,算法主要服务于市场要素流动,根据市场和社会功能的不同类型可以分为生产性和辅助性两类,后者更加接近于某种公共基础设施。伴随平台生态的复杂化和平台主体责任不断深化,算法的规则化需求逐渐出现,并因功能与服务领域而异。算法成为规则的程度还取决于规制部门和平台企业(特别是大型平台)所处的发包治理结构。对于具有较大统治风险的算法,规制部门倾向于集中制定具体规则并直接指导,倾向于以接近科层制的方式要求平台企业合规;而对于风险不大的市场活动相关算法,规制要求没有进一步细化,而是形成松散的地方化规制状态,给予平台企业更多自主经营和控制权力。推动算法的规则化代表了当下规制部门对算法推荐服务的基本视角,和近五年来平台企业规制的整体思路也保持一致。

本章按照如下顺序展开讨论:第二节讨论算法如何嵌套在数字经济生产方式中发挥不同功能,功能上的区分如何影响了算法规制和法律的思路;第三节分析算法规则化的表现形态、演进原理及其后果;第四节将算法规则化放置在平台治理的发包结构中考察,详细分析不同功能和领域内的算法如何接受规制。最后对本章的发现进行总结。

二、生产方式对算法责任形态变化的影响

1. 算法问题的产生

当我们讨论算法时,并不太关心其在传统企业和单位组织中的应用过程,尽管它们也可能通过算法改进产品或者进行内部控制和管理。诸如小学课堂上对学生通过摄像头监控的算法、传统企业对员工上网行为监控的算法等现象基本没有引发社会关注。这些算法问题主要和单位自主经营或产品专利联系在一起,主要通过产品质量控制和生产过程确保稳定有序;生产环节较为封闭,生产与流通速度可以预见和控制,可能产

生的风险没有网络环境中的传播风险那样大。而平台企业的算法问题之所以重要，并不单纯是自动化服务的升级，而是考虑到其对数字市场的塑造影响，以及对市场中其他参加者产生的外部性等问题。另外，数字经济生产方式将生产服务环节与消费流通环节通过低成本信息技术连在一起，平台企业作为网络服务提供者有能力追踪用户的使用和消费过程，进而获得大量行为数据，对产品或服务进行边际上的持续改进，并可能预测消费者行为，提供差异化服务或价格。因此算法不仅仅是生产流程和商业秘密问题，也是消费者权益问题，这就是为什么算法规制往往由消费者权益纠纷引发，如人脸识别或动态差异化定价的纠纷。

如何解决这些问题，首先取决于法律对算法的想象和定位。算法既可以被看成是独立的法律主体，也可以被看成是平台企业的某种行为和工具。如果按照前者的法律主体拟制方式，人工智能/算法可以被解释成具有自由意志，并通过特定财产或保险对其负外部性承担有限责任，而提供算法服务的平台企业则不受连带影响。这种意图减轻平台责任的思路目前尚未得到法律认可。如果按照后者认定行为或客体的方式，则可以要求平台企业承担不同程度的网络服务提供者责任。也就是说，如果我们将算法看成平台企业行为的一部分，算法歧视或"杀熟"完全可以放到现有的平台行政或民事责任框架中事后解决。然而，数字经济的发展使数据处理需求不断加强，平台企业管理复杂性的需求提升，无论是规制者还是市场参与者都希望在平台活动过程中获得可预期性和稳定性，这些诉求推动了近年来我们看到的日益增加的细化规制要求，2016年《互联网信息搜索服务管理规定》、2018年《电子商务法》、2019年《网络音视频信息服务管理规定》、2019年《网络信息内容生态治理规定》和2021年《数据安全法》中都开始引入算法行为的规范。

算法引发的可能风险是加强规制的最主要理由之一，平台商业模式本质上就是追求变化而不断带来创新和风险（"创造性破坏"），问题在于多大程度上社会和平台企业自身需要容忍和有能力消化此类风险。风险不仅来自给社会带来的可见负外部性，也来自黑箱本身不可预测带来的怀疑和担忧。① 并非由算法使用带来的一切风险都不可控或无法认知，而是需要分别具体讨论。例如在国际法上，对自动化武器的军备控制属于比较关键的议题，无人机等人工智能武器已经为国际安全和国际战争法带来了真实的挑战，因此中国在国际政治层面一直呼吁强化人工智能伦理建设（见外交部《中国关于加强人工智能伦理治理的立场文件》）。另一个例子是人脸识别，研究者担心未经告知即将人脸作为标识符进行识别或者虚假替换脸部信息服务可能带来身份滥用风险，但目前还没有关于此类风险程度的论证。② 除了风险，还需要看到公共部门、研究者和平台企业在此议题上实现的隐性合谋。

算法作为一种新知识和现象之所以能够进入媒体和大众视野，除了后文详细分析的规制部门注意力分配不均的因素外，主要是因为在整个规制结构中各类利益相关者都有不同的动力参与塑造和解决此类新型问题：一是规制部门希望将算法作为强化平台治理的抓手，从而将零散的个人信息、数据安全、平台责任等问题一并放在一起。二是国内学术界受到欧美国家对人工智能加强规制主张和实践的影响，认为中国也需要和国际接轨，更不用说可以生产更多相关研究论文，使自身利益最大化，尽管欧美国家关心的社会问题和中国几乎不太一样（比如说，美国语境中的算法歧视问题主要集中于刑事犯罪领域的种族歧视，欧盟国家的立法主要关心公共领域中打击犯罪的人脸识别技术应用，都不是中国语境下关注的问题）。三是部分平台企业有动力推动算法责任精细化，从而避免或减轻宽泛的平台主体责任，特别是想创造更多自动运行的算法服务/组织中立的理念和知识；另一些平台企业则为了吸引投资，向大众或投资人宣传算法如何精准，出现问题后反而会迅速失去社会信任，将问题放大。③ 四是当算法成为社会舆论热点后，司法机关也试图强调算法在纠纷案件中的特殊性，纷纷争取创造算法典型案例，扩大自身社会影响力，尽管很多时候仅仅是合同或侵权问题。④

---

① Daniel J. Solove and Danielle Keats Citron, "Risk and Anxiety: A Theory of Data-Breach Harms", 96 *Texas Law Review* 737(2018).
② 胡凌:《刷脸：身份制度、个人信息与法律规制》，载《法学家》2021年第2期。
③ 戴昕:《平台责任与社会信任》，载《法律科学》2023年第2期。
④ 戴昕:《超越"马法"？——网络法研究的理论推进》，载《地方立法研究》2019年第4期。

综上,算法责任问题主要伴随着数字生产方式出现,虽然不少纠纷可以按照传统法律问题和法律关系加以解决,但更多的社会动力希望推动其成为一个相对独立的法律领域。与此同时,平台责任也经历了一个从早期避风港责任到平台主体责任演进强化的过程。① 在互联网发展早期,为帮助新型生产方式存活并顺利合法化,仅仅需要基于"通知—删除"规则的避风港责任,确保网络服务提供者以低成本获取生产资料;随着平台服务类型的增加和生产方式的稳定,侵权责任规则不断完善,并从事后纠纷解决向事前规制转化,目前在一些领域表现为主体责任。由此,算法责任看起来又像是平台责任强化的副产品。

2. 算法功能及其法律问题

如前所述,表面上看各种社会因素推动了算法问题的出现和规制强化,但归根到底由算法在数字生产方式中的重要功能决定。算法并非独立于平台经济过程的客体,而是推动生产要素匹配与流动的驱动力,算法能力不断强化的过程无非是平台服务过程更加自动化和智能化。数字市场需要不断推动生产、匹配和消费,而算法可以更加帮助快速推动生产和消费环节的连通。在这个背景下,我们要问的不单纯是如何从外部规制算法,而是数字经济内在需要何种算法规则。

算法按照其功能大致可以分为生产和辅助生产两种类型,主要服务于市场要素的生产和流动,是内生性的需要。② 生产性功能主要体现在,算法使交易流程变得更加快捷和自动化,甚至可以由机器直接生产(如虚拟偶像、机器自动生成内容),由此出现算法是否可以成为作者创造作品或申请专利的问题。辅助生产功能则主要为了使数字市场中的要素流动变得更加安全有序,可以进一步分为:(1) 身份认证,即通过身份标识符对要素进行身份识别和追踪,这可以确保交易主体身份的可信,如刷脸认证产生了围绕人脸信息滥用的争议;(2) 连接和匹配,即自动化地分析用户行为数据,生成标签,不断进行调整和预测,向用户推送广告或其他推荐服务,这可以确保交易机会更加自动化地扩散,由此产生了个性化推荐

---

① 薛军:《〈电子商务法〉平台责任的内涵及其适用模式》,载《法律科学》2023年第1期。
② 胡凌:《数据要素财产权的形成:从法律结构到市场结构》,载《东方法学》2022年第2期。

问题;(3)评分,即为生产者和消费者行为结合评估模型进行打分评价,可以帮助在寻找交易对象时作出更好的选择,由此产生了算法不透明问题。事实上,从数字平台发展角度看,为确保交易的安全和有序,一直需要平台提供认证、调度组织和声誉评分的公共功能,算法的开发和升级无疑可以帮助更好地实现这些功能。

如第三章所述,从推动数字生产方式发展的角度看,不难发现广义的算法是一种智能化架构,帮助平台企业形成了某种空间性利益,并需要特定法律规则进行整体性保护或支持:首先,要求法律允许上述不同市场功能的存在,并创设相应的法律环境,例如承认算法生成物是作品,或者享有一定程度的表达自由,不希望阻碍机器生产;其次,要求法律保护新型生产关系和组织关系,并在边际上解决可能的不正当竞争纠纷;最后,要求法律确认算法服务不断更新、升级、调整的状态,并不得受到用户或竞争者侵犯。也就是说,对黑箱的规制和披露要求不能阻碍智能化生产过程,只能是帮助平台企业规范运营,确认其在新型生产方式下的既得利益关系。只有在这个背景下我们才能理解算法推荐服务规制的整体思路和措施,即一方面在边际上事后解决纠纷,另一方面推动事前算法备案和审核。如后文详细讨论的,除了信息内容安全问题,其他领域的算法还没有进入特别细致的规制过程。如何在确保平台企业自主经营权的同时平衡社会公众的知情权和选择权,从而降低风险,增加信任? 推动算法的规则化是当前规制决策的一条选择路径。

三、算法如何变成规则

1. 算法合规方式:从外部到内部

在讨论算法与规则的关系之前,有必要简要回顾既有的算法纠纷解决和合规方式,主要表现为:(1)通过侵权法事后针对算法黑箱往由外部效果表现出来的负外部性进行救济;(2)通过合同对算法服务过程和形态进行约定;(3)寻求更多信息披露和算法可解释性,如信息标识;(4)管理算法所处理的数据质量,例如广告和竞价排名行为;(5)对特定算法服务功能进行约束,如推荐、匹配、分析;(6)通过外部制度设计提升激励,如推动算法备案、强化开发者伦理、建立行业规范;(7) 要求平台企业对其算法服务行为的不同环节承担宽泛的主体责任。这不仅说明平台治理是一个系统工程,也说明每一种具体措施都具有一定程度的可替代性,都不是绝对的。特别是诸如算法透明化或可解释性是一个经常被提到的思路,但算法不必然需要信息披露,这不仅取决于成本衡量,也取决于实际效果。很多时候无论是企业的内部管理者,还是外部的规制者或消费者,关心的并不是单纯透明化,而是希望基于实践过程可以预测风险,获得控制力和信任感。

平台企业获取广泛的社会信任可以有多种手段,一个较少得到讨论的角度是内部行为规则化。2021 年国家网信办等九部门《关于加强互联网信息服务算法综合治理的指导意见》规定,企业应建立算法安全责任制度和科技伦理审查制度,健全算法安全管理组织机构,加强风险防控和隐患排查治理,提升应对算法安全突发事件的能力和水平。在 2022 年开始施行的国家网信办等四部门发布的《互联网信息服务算法推荐管理规定》中,将算法视为规则的思路得到较为明显的体现,其中要求算法推荐服务提供者在多个功能或服务过程中建立特定的规则制度,而非单纯的注意禁止性行为。例如:

➢ 落实算法安全主体责任,建立健全算法机制机理审核、科技伦理审查、用户注册、信息发布审核、数据安全和个人信息保护、反电信网络诈骗、安全评估监测、安全事件应急处置等管理制度和技术措施,制定并公开算法推荐服务相关规则(第七条)。

➢ 加强信息安全管理,建立健全用于识别违法和不良信息的特征库,完善入库标准、规则和程序(第九条)。

➢ 加强用户模型和用户标签管理,完善记入用户模型的兴趣点规则和用户标签管理规则(第十条)。

➢ 鼓励综合运用内容去重、打散干预等策略,并优化检索、排序、选择、推送、展示等规则的透明度和可解释性(第十二条)。

➢ 保护劳动者取得劳动报酬、休息休假等合法权益,建立完善平台订单分配、报酬构成及支付、工作时间、奖惩等相关算法(第二十条)。

算法在设计和使用过程中实际上一直存在不同层面的规则,也就是说颗粒度的细化涉及模型参数的稳定性、计算方法的标准化、数据的结构化、展示的明晰化等若干层次。一旦算法服务功能产生外部性,就产生了对其使用方式及其后果的说明需求,这说明算法规则是在不同关系中需要说明和展示的颗粒度变化程度。对算法工程师而言,算法规则集中在技术层面,即是否能够可预测地实现控制目标;对企业管理者而言,算法规则用于内部控制和管理,需要让劳动者明确知晓,并可以计件衡量,控制成本;对规制者而言,主要关注可能产生的社会负外部性和风险是否能够预测避免;对生产者和消费者而言,主要关注生产或消费的数据收集是否明确,可以控制数据处理和自动化决策。例如,对于某个内容分发算法而言,最为粗浅的规则层次是开发者的设计模型和分析的数据类型,只要该模型能够持续产生因推荐带来的直接后果,就可以看成是一个有用的可预测的规则体系;随着规则化要求的提升,消费者和规制者也需要了解黑箱的运行,因此需要以语言文字的方式对模型加以描述,定位到更加精细的模型设计要点,并在操作层面上使人感觉到符合技术模型的后果,从而实现稳定预期。如前所述,在传统生产过程中的生产流程、内部管理、工艺和商业秘密的实施能够有效与外界隔离,消费者或规制者仅能关注产品说明书或表现在外的生产流程。但平台生产过程将生产环节与消费环节同时联系在一起,就导致同样的算法需要面向不同主体变成可预期的规则,对企业提出了更高的要求。我们可以根据是否需要推动细化规则和这些规则是否公开披露,将平台企业的规则实践分为几类(如表 9.1 所示):

表 9.1 平台规则的不同类型

	公开	不公开
有规则	平台规则,用户协议(面向用户和管理者)	算法设计(面向规制部门和管理者)
无规则	个性化决策(面向用户)	完全随机

规制部门对推动算法规则化的考虑和以往针对平台企业规制的思路是一致的,即主要推动平台主体责任,要求其强化内部管理,将算法开发与设计的内部规则和平台管理规则统一起来考虑,有效在不同环节进行

风险防控(《网络信息内容生态治理规定》第 9 条、第 15 条)。① 从单纯规制手段设计的角度看,将算法视为规则进行固定化并不难设想,即希望组织的活动都由规则驱动,是推动平台治理理性化和规则化的过程,但算法的规则化并未在平台治理的早期阶段就明确提出,很多平台企业也并未主动披露算法信息,甚至觉得没有必要,主要可能的理由除了商业秘密保护外,还包括如下几种因素:第一,企业缺乏动力将算法进行规则化,特别是处于发展初期的中小平台企业,无论是业务模式还是调动的资源都是不稳定的,时常会根据市场的变化而调整,如果强制要求规则化,则可能提升整个市场运行的交易成本;初创企业希望获得更多随机的数据驱动,不需要那么理性化,但在边际上可以获得收益。② 第二,平台企业从与消费者博弈的立场更倾向于采用其他类型的纠纷解决方式(如合同或平台规则),而不希望细化到算法,一旦强制要求算法规则化,就变成平台企业的固定成本,在此之前不存在规则化问题的时候也可能没有太多纠纷,企业可以自己选择处理的方式和成本,但现在变成了固定需要投入的成本。第三,一旦计算方法或特定数据结构作为规则披露,如果涉及特别的收益或权益,会引导用户理性地生产某类行为或数据,可能带来更为系统的算法规避问题(最典型的理性规避行为是搜索引擎优化服务和刷单服务,为防止类似作弊,平台企业反而会频繁地调整算法规则,而不是一成不变)③,或者使原本简单的问题复杂化,徒劳增加制度成本。第四,外部法律规制和内部算法的规则化是此消彼长的关系,外部规则存在的目的无非是对算法进行约束,一旦外部合规成本过高,平台就会寻求内部自我消化。如果机器深度学习的不确定性给平台带来的好处高于负外部性,平台就有动力继续维持黑箱运作,否则就有动力使其更加透明。

---

① 胡凌:《合同视角下平台算法治理的启示与边界》,载《电子政务》2021 年第 7 期。
② Wang Ge et al., "What Type of Algorithm is Perceived as Fairer and More Acceptable? A Comparative Analysis of Rule-driven Versus Data-driven Algorithmic Decision-making in Public Affairs", *Government Information Quarterly* (2023 January), https://doi.org/10.1016/j.giq.2023.101803,2022 年 10 月 20 日最后访问。
③ Jane Bambauer and Tal Zarsky, "The Algorithm Game", 94 *Notre Dame Law Review* 1(2018).

2. 算法规则演进的后果

一般而言,在快速变动的数字经济生产过程中,平台企业需要不断开发新型服务,吸纳和匹配更多生产要素,大量收集不同维度的行为数据,并努力开发各种计算模型对数据进行挖掘,预测生产者和消费者的行为规律。因此对相当的算法服务而言,模型实际上在不停变动调整,软件不断更新迭代,增加或减少功能,数据也逐渐从非结构化变成结构化。算法本来是一个动态的系统,在特定输入基础上给出大致的输出结果,如果输出结果可以根据输入内容或行为进行稳定和精确预测,就意味着算法在某种程度上成为颗粒度较细的规则,因此规则化过程的另一面是业务基本稳定,利润率降低,创新程度降低。

进一步说,如果考虑平台生产方式,就会发现在平台发展的不同阶段,对算法规则化的需求是不同的。对于初创企业而言,需要不断动态调整,规则不可能那么细致,只能粗糙地加以规定。这个阶段往往是通过免费或补贴的方式给消费者带来收益,很少发生纠纷;即使有纠纷,只要提供个案救济即可。在这个快速成长的环境中,数据的作用都是边际上的,不太可能直接影响用户的选择。但只要算法变得更加透明,让用户发现可以从稳定的规则中重复生产并有利可图,就会开始理性地生产数据或劳动。因此算法规则的形成很可能发生在引导用户生产同种数据的阶段中。由此,免于自动化处理对用户而言未必是绝对好的,也需要用户进行不断尝试,选择行为策略和模式。

在相对稳定和成熟的商业模式下,对于处理大量结构化数据的算法服务来说,规则化更加容易得到实现,也更容易因为开始定价收费而发生算法服务纠纷。尽管人们经常担心机器深度学习模型容易带来决策的不可预测,似乎规则可以带来预测,但也要看到,平台企业自身也需要进行稳定的预测和管理,如果诸如深度学习算法真的无法提供有效产出,即缺乏评估随机算法效果的指标,难以预测生产效果,那么从内部管理角度来看也有问题,即更加担心的是自动化运行的算法打着平台的旗号任意活动,给企业带来更多声誉风险。此外,算法规则化的要求和其他行业标准或规制要求一样,都可能增强了大型平台企业的壁垒和垄断能力,提高了相关行业进入的能力和门槛,从长远看对率先进行细化合规的企业有利。①

法律规则的经验告诉我们,当规则变得越来越复杂,会给社会主体的行为认知与合规带来挑战,因此需要各种中介帮助进行不断提供解释与合规建议,甚至也需要将复杂规则进行简化。算法在这个意义上原本就是对平台市场中复杂交易与合作行为的简化工具,而当下的算法规则化趋势在某种意义上要重新恢复复杂性。所以需要平衡的是,一方面新增的算法规则有助于确保一定的社会预期,但另一方面如果体系过于复杂,颗粒度也变得越来越细化,就需要增加各类中介进行解释和适用,确保规则的一致性,哪怕生产者和消费者无法进行消化,就增加了社会总成本。在这种情况下,消费者或生产者就有动力再次需要明确的指引而非规则,例如眼花缭乱的折扣规则让人难以计算,需要自动化的推荐和定价。规则的复杂性和受限的认知能力最终导致了看上去因人而异的规则,甚至是命令和服务架构中的默认设置。② 类似的例子实际上一直存在:大型平台企业已经拥有的庞大的网规体系,由于不可能被用户全部读完和掌握,以至于大量网规处于闲置状态,只有在事后纠纷解决时才被找出来使用,或者被不断整合进技术性默认设置。这都说明将算法变成规则并非越多越好,也不是越明确越好,重要的问题仍然是根据实际需求进行调整,并增强及时救济的能力。下文将说明,除了生产方式决定不同的算法是否能成为规则,不同领域的规则化程度也不同,主要的推动力需要在规制部门和平台之间的权力结构下理解。

四、平台发包制下的算法规则

1. 从行政发包制到平台发包制

我们往往倾向于认为规制部门在各个领域对平台的规制强度是无差别的,如果有差异也可能只是执行过程中的问题,可以逐渐改进。但事实

---

① 胡凌:《从开放资源到基础服务:平台监管的新视角》,载《学术月刊》2019 年第 2 期。
② Ariel Porat & Lior J. Strahilevitz, "Personalizing Default Rules and Disclosure with Big Data", 112 *Michigan Law Review* 1417 (2014).

上,不同领域的规制存在着结构上的差异,即有些领域的问题规制部门特别关注,因此投入大量资源确保迅速落实,而另一些领域则没有那么关键,可以由平台企业在主体责任中逐步落实。本章借用政治学中用以指涉政府内部上下级之间的发包关系"行政发包制"的概念原理①,认为在国家与平台企业之间也存在着某种发包逻辑,本章称之为"平台发包制"。行政发包制理论认为在中央和地方政府之间存在广泛的逐级发包关系,而非单纯的科层制代理关系。在发包制下,地方政府按照要求向上负责,承担本辖区内广泛的治理任务,上级政府根据绩效进行考核,下级政府通过人事晋升等条件获得激励。类似地,本章认为大型平台企业事实上也具有了此类承包治理任务的地位和能力。鉴于平台企业已经是超越地域性的组织力量,头部平台企业也有能力成为实现国家关键治理政策的重要抓手,同时国家通过放宽市场准入和弱化经营者集中政策的方式给予相应激励,促进新型生产方式发展。这都说明两者的关系已经超越了单纯的规制合规问题,国家事实上将平台企业定位为社会治理的主体而非对象。由此平台企业也就不仅在一般的服务市场上竞争,也通过更好地响应国家治理需求来竞争获取潜在的政策资源和市场准入。② 这一理论的价值在于,由于国家发包和平台企业有动力接受的意愿不同,我们就可以区分不同种类的互联网治理中的发包事务,而非一视同仁(如表 9.2 所示),从而发现对算法治理规则化的实现程度也有很大不同:

表 9.2 平台发包制的边界

	横向竞争程度高	横向竞争程度低
纵向发包程度高	II. 言论内容、网络安全、个人信息保护、算法、电信诈骗、游戏、新业务市场准入	I. 打假、网暴、市场秩序、未成年人保护、消费者保护、灵活劳动保护
纵向发包程度低	III. 物理、市场基础设施、政务设施(金融、征信、认证、媒体等)	IV. 公用事业

具体而言,I 象限属于规范市场秩序类,其在平台间的竞争效果不太

---

① 周黎安:《行政发包制》,载《社会》2014 年第 6 期。
② 于洋、马婷婷:《政企发包:双重约束下的互联网治理模式》,载《公共管理学报》2018 年第 7 期。

明显,更集中于维护内在市场秩序和参与主体的权益,国家有动力外包给平台企业但总体上尊重其自主经营权,并默认其自由裁量的空间,这种平台主体责任更以后果为导向,减少干预,由企业自行落实。II象限属于生产要素类,其在平台间的竞争效果较为明显,还可以进一步分为两类:第一类涉及信息内容和数据安全,国家有动力外包但希望加强细致指导,如果平台企业缺乏动力执行就通过专项整治方式加以督促;第二类则涉及可以进入的新型市场,国家鼓励平台企业不断开发,并事后通过牌照制度限制准入门槛。这种平台主体责任意味着企业不仅是事后承担相关后果,事前也需要按照国家详细要求加以落实。III象限主要体现为市场和社会基础设施类,其在平台企业中的竞争效果明显,如建立平台内的身份认证和信用服务,但因不能互联互通和可能增加的风险而导致国家外包的意愿逐渐降低。IV象限则主要是公用事业类,即公共服务部门,国家外包意愿较低,企业也缺乏动力进行运营。

目前,国家对算法的规制主要由国家网信办牵头主导,其规制的特点是信息内容优先,并以不同类型的媒介为抓手(如搜索服务、即时通信、弹窗),分批分类进行规制,总思路是优先从内容管理入手规制算法,兼顾其他领域和场景,这也就意味着消费者歧视等市场和社会公平行为尚未纳入规制的核心内容。在这种风格下,国家网信办有动力加强执法,并希望推动大型平台企业承包相关内容治理任务。由此不难看出在上述四个象限中,国家网信办及其他中央政府部门在推动算法规则化的过程中具有相当不同的考量。

2. 不同领域中算法规则化的比较

抽象而言,规制部门要求算法透明的主要理由是风险、歧视和公平,但如果仔细推敲实际上都有问题。首先,并不是所有领域都有不可预知的算法风险,特别是可见风险(或者反过来说一切领域都有不同程度的风险),因此需要权威对风险事务进行分级判断,而非一刀切。其次,流行的算法歧视观念主要来自欧美国家的研究文献和实践,即种族歧视,但国内并不是一个真问题,其他类似的歧视行为(如消费者或就业歧视)需要不同的讨论基础和原则。最后,算法公平主要集中在分配领域,但平台经济首要关心的问题是生产问题,如果在不影响生产秩序的前提下对算法进行规制需要讨论。由此我们需要重新思考算法规则化的基本考量,对网络言论内容、数字基础设施、劳动者权益和消费者权益四个领域进行比较讨论。

第一类是网络言论内容领域的算法。网络信息内容生产和传播属于典型的 II 类治理事务,由于网络言论分散在不同平台服务中,国家有较强的动力直接外包给大型互联网平台,同时出于对平台的不信任,又需要不断加强细化指导。从 2020 年国家网信办《网络信息内容生态治理规定》开始,针对内容及其算法的规则就变得事无巨细,要求平台企业逐步体系化地实现。在这种风险导向的规制方式推动下,该领域的算法服务最容易实现动态的规则化,使得规则颗粒度不断细化和调整,只要规制部门对内容管理实践认可。近年国家网信办特别强调针对具有舆论属性或者社会动员能力的算法服务,平台企业不仅承担主体责任,被要求不断完善内容管理,甚至具体规则都需要由网信办监督指导设立(国家网信办《关于进一步压实网站平台信息内容管理主体责任的意见》)。例如,要求"在首页首屏、热搜、精选、榜单类、弹窗等重点环节积极呈现符合主流价值导向的信息""综合运用内容去重、打散干预等策略,并优化检索、排序、选择、推送、展示等规则的透明度和可解释性"。在这种模式下,即使内容聚合算法可能较为复杂,增加平台企业的运营成本,也不得不进行改进。不难看出,这些对算法的管理更加接近于对传统新闻媒体行业的要求,属于行业的特殊性风险,已经超越了生产方式的要求。

第二类是数字基础设施类的算法。此类算法在互联网快速发展过程中起到重要作用,规制部门的态度主要以鼓励进入为主,推动平台企业更加自动化地处理流动的市场要素,便捷实现市场交易与匹配的安全性,因此国家有意愿外包给平台企业进行开发,平台企业也有动力进行投资,以增强其市场支配力量。但随着可能风险的增加,规制部门希望确立更多规则标准进行指导或者通过牌照规制进行限制,使算法变得更具规则化,注意收集更多的结构化数据和评分参数。例如,对于用户的人脸识别认证而言,由于社会舆论关于人脸信息的担心,国家开始通过法律进行限制,并要求在处理敏感个人信息过程中增强程序性措施,并进行个人信息保护影响评估(《个人信息保护法》第二十九、三十、五十六条)。对于个人征信信息而言,出于电信网络诈骗治理和网络小贷金融乱象治理考虑,国家也逐渐通过限制征信牌照的方式进行约束，使个人征信数据的收集和使用变得更加系统化（目前个人征信领域除央行个人征信中心外只有两家市场化持牌机构）。这意味着原来处于 II 象限的基础设施类算法事务开始转移到 III 象限，相关运营者不仅需要承担主体责任，还需要将算法规则进一步明确，付出更多合规成本。规制部门也更多由国家网信办和央行等中央部门直接负责。

第三类是和劳动者权益相关的调动新就业形态劳动的生产性算法。劳动管理事务处于平台发包制的第 I 象限，规制部门有动力外包给平台企业，平台企业也不会因为改善用工状况而带来明显的竞争优势。如果没有引发劳资纠纷，规制部门往往倾向于由平台企业自行管理，制定完善相关规章制度。从生产方式角度看，这也有利于稳定新型劳动形态。尽管可能在派单过程中存在隐性算法歧视[①]，从平台企业角度看，为了实现生产稳定，本来也需要明确规则，特别是明确计件工作标准，在这个意义上说算法的规则化也比较容易实现。近年来围绕外卖骑手的很多争议并非直接针对规则和算法不公平，而更多是涉及劳动关系认定等劳动秩序如何稳定的问题。[②] 由此在这个意义上说，规制部门只是借机督促平台企业完善规则，推动算法规则的颗粒度更加精细，但并不进行深入干预。例如，"督促企业制定修订平台进入退出、订单分配、计件单价、抽成比例、报酬构成及支付、工作时间、奖惩等直接涉及劳动者权益的制度规则和平台算法，充分听取工会或劳动者代表的意见建议，将结果公示并告知劳动者"（人力资源社会保障部等八部门《关于维护新就业形态劳动者劳动保障权益的指导意见》）；"合理设定对外卖送餐员的绩效考核制度。在制定调整考核、奖惩等涉及外卖送餐员切身利益的制度或重大事项时，应提前公示，充分听取外卖送餐员、工会等方面的意见。优化算法规则，不得将'最严算法'作为考核要求，要通过'算法取中'等方式，合理确定订单数量、在线率等考核要素，适当放宽配送时限。"（国家市监总局等七部门《关于落实网络餐饮平台责任切实维护外卖送餐员权益的指导意见》）这些要求看似细致，实际上无法明确执行。同时，由于劳动管理更多属于地方性

---

① 阎天：《女性就业中的算法歧视：缘起、挑战与应对》，载《妇女研究论丛》2021 年第 5 期。
② 胡凌：《分享经济中的数字劳动：从生产到分配》，载《经贸法律评论》2019 年第 3 期。

事务,需要地方政府而非中央进行约束,地方政府出于稳定经济考虑也不会过多干预(江苏省人力资源和社会保障厅等八部门《关于维护新就业形态劳动者劳动保障权益的意见》)。

最后一类是争议较多的涉及消费者权益的算法,即可能的数据滥用和自动化决策的选择权,也可能是最不重要的一类。该事务同样处于平台发包制的第Ⅰ象限,规制部门有动力外包,而平台企业不会因为改善消费者福利状况而带来明显的竞争优势,因此只需要在边际上进行改进即可,但并不需要花费巨大成本进行落实。差异化定价是互联网领域较为常见的定价模式,本身很难说直接损害消费者利益,而算法因为处理诸多类型的数据,变动很快,在这个领域规则颗粒度就无法更加细化,由此对规则的程度要求不高。应对纠纷比较好的解决方案主要是事前通过合同进行告知约定,依靠事后纠纷解决和消费者选择权。因此,较为常见的法律要求是,向用户提供不针对其个人特征的选项,或者向用户提供便捷的关闭算法推荐服务的选项;如果用户选择关闭算法推荐服务,算法推荐服务提供者应当立即停止提供相关服务(《互联网信息服务算法推荐管理规定》第17条)。同时,保证决策的透明度和结果公平、公正,不得对个人在交易价格等交易条件上实行不合理的差别待遇。向个人进行信息推送、商业营销,应当同时提供不针对其个人特征的选项,或者向个人提供便捷的拒绝方式(《个人信息保护法》第24条)。这一问题也往往是地方性的,更多依靠地方市监部门和司法部门进行解决,无法形成全国影响。

至此,我们可以将不同行业的算法服务在平台发包结构中进行分类比较(如表9.3所示):

表9.3　不同领域算法服务比较

	网络言论内容	数字基础设施	劳动者权益	消费者权益
发包方	中央政府	中央政府	地方政府	地方政府
发包因素	传播风险	生产秩序	生产秩序	个案公平
规则化程度	高	中	中	低
替代性措施	虚假信息标注	牌照,信用修复	司法救济	司法救济,选择权,信用修复

五、结　　语

　　本章尝试从规则的角度对算法进行分析，认为现有的规制法律和政策正推动平台企业的算法实现规则化，并推动与平台规则与用户协议等成文规则进行整体性协调。这种规制思路不同于传统上的行为规制、信息披露和可解释性为核心的措施，而是将算法看成是数字生产方式中的一个主要部分，从算法的功能入手理解相应的法律约束。当前算法治理仍然延续了推动平台自我治理的思路，要求算法规则化对平台经济中的相关利益群体而言是一个较好的选择。算法成为规则是为了进一步适应复杂变化的数字生态系统，其主要问题不在于信息披露，甚至也不在于规则本身，而是理解不同社会力量需要如何应对外界不断的变化，以便最终实现某种均衡状态。

　　本章讨论了当算法进一步理性化会发生何种问题，算法真正能转化为规则更多发生在相对稳定的传统生产环境中，可以变得更加精细，也更容易执行；但平台企业算法既涉及内部服务控制的问题，也涉及外部生产和消费的问题，一直处于快速变化和迭代的状态，这就决定了其颗粒度不太可能过于精细。否则如果要求规则颗粒度过细，导致规则体系过于复杂，或者变动过于频繁，也会给规制者和消费者都带来困扰，不仅会增加外部认知成本，对内部管理也是一个负担。在这个意义上，大量的规则反而被整合进整个算法运行的环境和架构中，变成技术性默认设置，最终演变成因人而异的自动化指令。因此规则的颗粒度并不是越细越好，算法本来是用于快速提升交易速度和程序，降低用户交易认知成本的措施，只要用户相信整个环境，透明度和规则化就没那么重要，而规则细化本身并不必然会带来信任感的提升。

　　在这个意义上，算法的规则化实际上被置于法律理论的一个传统问题中，即我们何时需要规则，如何确定规则的颗粒度，并适时地加以调整。一个类似的例子是，当法律的制定和执行也变得越来越在快速社会流动中依赖算法时，用来追踪和评价社会主体，就会变得难以预测和解释（例如疫情防控期间的行程卡或健康码,因为算法不精确导致相对人利益受损)。① 本章从内部控制、外部监督、对第三方的救济和强制执行,以及提供正当性理由等多个角度对算法规则化进行了分析,推进了对规则的一般性讨论。

算法在数字生产方式中的功能可以部分影响算法的规则化程度,还需要看到规制部门在发包体制下对大型平台提出的规制要求也有差异,并非所有算法都一视同仁推动规则化。较为重视的领域主要集中在信息内容管理和信息基础设施领域,提供了较为详细的规则设计与指引;而对于新就业形态的劳动规则以及与消费者权益相关的算法,规制部门愿意更多地交给平台自行落实。由此本章也希望使用平台发包制理论来重新解释场景区分的意义。

---

① 查云飞:《健康码:个人疫情风险的自动化评级与利用》,载《浙江学刊》2020年第3期。

第十章 数字社会权力的来源:评分、算法与规范的再生产

一、引　子

近年来随着政府公共信用治理实践的兴起,中国正在建设覆盖多个领域的"信用社会"。① 作为一种传统声誉规制方式的延伸,公共信用治理将公权力延伸至更多社会场域和个人活动场景,从而在当前法律规则体系中形成了一类独特的行为规范,即那些在特定领域被认定为"失信"的行为。关于这一治理实践和规范创制行为的解读,诸多讨论集中于公共信用信息在行政法上的创制过程及对其后果的约束②、对隐私和个人信息不当使用的风险③、政府内部公共信息的汇集与使用④,以及对社会主体产生更加严格的约束效应。⑤ 可以想见,随着公共信用治理模式的稳固和推广,将会有更多领域在条块主管部门的主导下推行这一看上去

---

① 《国务院关于印发社会信用体系建设规划纲要(2014—2020年)的通知》(国发〔2014〕21号)。
② 王瑞雪:《政府规制中的信用工具研究》,载《中国法学》2017年第4期。
③ 这是英文世界研究的普遍视角,例如 Yongxi Chen and Anne Cheung, "The Transparent Self under Big Data Profiling: Privacy and Chinese Legislation on the Social Credit", *Journal of Comparative Law*, Volume XII, Issue 2, 2017.
④ 这一视角可以延伸至西方"数据库国家"的想象,见 Simson Garfinkel, *Database Nation: The Death of Privacy in the 21st Century*, O'Reilly, 2001.
⑤ Xin Dai, "Toward a Reputation State: The Social Credit System Project of China", https://papers.ssrn.com/sol3/papers.cfm? abstract_id=3193577,2022年10月20日最后访问。

"自动化"的规制方式。①

这一规制方式表面上体现为"评分"机制,在初步实施过程中部分依靠公示失范行为人身份信息等传统声誉机制,逐步过渡到依赖纯粹的评分惩戒,达到"一处失信、处处受限"的效果,从而间接地约束行政相对人的行为。这一评分机制十分类似于互联网平台企业业已广泛采用的信用评价机制,只是实施的主体和方式有差异。② 无论是商业力量还是国家机构,评分都代表了一种新型权力机制,这种机制和数据、算法紧密结合在一起,对数字时代社会主体行为产生重要影响。我们正处于"评分社会"的初始阶段,对于这种权力本身的性质和影响仍需要做进一步理解和探讨。③

本章试图为这一趋势的发生和演进给出一种法律社会学解释,即低成本的信息搜集和评价工具使经济和政治权力主体均有不同的动力和理由对大众日常行为进行评分:对商业力量而言,平台企业需要评分机制塑造私人化的市场基础设施,从而约束管理平台上发生的各类劳动和交易活动;对政府而言,需要依托信息技术的广泛应用将既有官僚机制下的行政权力转化成能进一步适应更大流动性社会的平台。这一权力机制在某种意义上增强了所谓"国家能力",同时也是对更多"社会权力"的再发现和整合。④ 从积极的角度看,评分一方面帮助约束更多传统法律和社会规范无法有效解决的社会问题(如老赖、医闹、行人闯红灯),另一方面则反映出社会规范、道德和市场在约束此类行为过程中的无力和衰退。由此,评分是公共管理逻辑和商业逻辑共同推动的结果,集中折射出具有高度流动性的大规模数字社会中新型社会权力如何出现并发挥作用。⑤ 此

---

① 关于自动化行政,见敖双红、雷金晶:《论自动化行政及其法律规制》,载《湖南警察学院学报》2017 年第 1 期。

② Lizhi Liu & Barry R. Weingast, "Taobao, Federalism, and the Emergence of Law, Chinese Style", 102 *Minnesota Law Review* 1563(2018).

③ 周辉:《变革与选择:私权力视角下的网络治理》,北京大学出版社 2016 年版,第 4 章。

④ Michael Mann, *The Sources of Social Power: Volume 2, The Rise of Classes and Nation-States, 1760-1914*, Cambridge University Press, 2012. 遗憾的是,这本书第四卷在讨论 21 世纪的社会权力时很少提到互联网和信息技术在社会治理中的作用。一个鲜明对比,见 Niall Ferguson, *The Square and the Tower: Networks and Power, from the Freemasons to Facebook*, Penguin Press, 2018.

⑤ 类似地,关于实名制认证中不同逻辑的比较,见胡凌:《网络实名制:赞成与反对》,载《探寻网络法的政治经济起源》,上海财经大学出版社 2016 年版。

外,在研究这一机制的过程中,还涉及如何约束算法权力[①]、个人信息的采集和使用[②]等诸多法律问题。

评分机制的出现对法律(与其他社会权力机制)的影响也亟待探讨。评分机制体现出至少三种社会功能,一是创设新的行为规则,并通过低成本大规模地高效执行;二是对现有成文/不成文规则的补充和提升;三是将源于社会关系和人际互动的权力要素,经由集中化的算法处理、放大,不断扩展其适用的空间。显而易见,这一机制将重塑不同社会权力之间的关系,并通过量化的方式连接打通不同场域中的权力关系(不仅连通线下诸多场域,也连通线上和线下世界),从而形成更加理性化的规则形式和结构。这一"算法统治"的过程对整个法律体系和法治建设将产生重要影响。尽管有研究集中于算法权力对法律形态与运作的直接或间接影响[③](例如通过智慧法院建设、法律服务机构的平台化影响法律运作),本章认为外在评分的普遍化为内在算法权力的扩张真正提供了坚实基础——即便法律本身的功用和能力在信息时代无疑会得到提升,但算法驱动的评分和信用机制帮助扩大和深入法律力所不逮的领域,成为法律体系有效的辅助,也是算法权力实现的具体方式。

评分机制的兴起和社会形态与结构的变化息息相关,如果社会在诸多要素的高速流动过程中无法通过社会规范、伦理规则和行业守则重建自身的保护机制,缺乏成熟的中介组织,就可能促成外在评分权力直接面对个体,深入社会底层。评分机制的有效率治理恰好反映了数字社会进一步原子化和碎片化、无法自我整合的现实,从这个意义上说,新型权力机制内生于数字社会,仍然是中国现代化进程的一部分。

本章的探讨分为四个部分:第二节立基于经典架构理论(法律、市场、社会规范、代码/架构),讨论评分权力如何成为一种新型权力关系,以两种不同模式对社会主体发生影响。第三节追溯评分机制的商业起源,认为平台经济的快速发展对评分机制产生很大的需求,评分机制实际上逐

[①] 张凌寒:《风险防范下算法的规制路径研究》,载《交大法学》2018 年第 4 期。
[②] 肖卫兵:《国家社会信用立法若干问题探析》,载《电子政务》2017 年第 6 期。
[③] 李晟:《通过算法的治理:人工智能语境下的法律转型》,载《法学评论》2018 年第 1 期;余成峰:《法律的"死亡":人工智能时代的法律功能危机》,载《华东政法大学学报》2018 年第 2 期;郑戈:《算法的法律与法律的算法》,载《中国法律评论》2018 年第 2 期。

步演变成私人打造的市场信用基础设施,这同时也意味着市场本身的平台化;第四节追溯评分机制的行政起源,认为公共管理机关延续针对传统市场的声誉规制措施和个人档案制度,进一步将这些机制延伸至更多社会主体(包括个体、企业和政府机构自身),形成公共信用治理模式。这一模式会引发一些普遍的法律问题,能够帮助我们进一步理解该种权力的性质和影响,同时也意味着政府公共服务的平台化。第五节进一步反思评分机制对四项主要的权力机制的影响,探讨不同机制之间的关系。初步结论是,评分机制代表了一种规则理性化的趋势,便利了现有法律(以及背后的公共权力)和平台私人权力的扩张和强制执行,同时也是对流动的社会规范进一步确认、固定化和再生产的过程。这一过程会加强评分主体(国家和平台企业)的影响,其过度使用则可能造成社会规范和市场活动空间的压缩。在此基础上,本章将在架构理论提出二十多年后重新审视这一框架,使其对中国当下的治理实践更加具有批判性的解释力。

二、理论分析框架:架构理论

1. 作为评分基础的架构

本章意图对源自 Lawrence Lessig 在《代码》一书中讨论的经典架构理论进行再探索。[①] 他提出的"代码/架构"理论可以分为两个层次,第一个层次作为法律社会学框架抽象提炼出法律、市场、社会规范和代码/架构成为规制约束社会主体的四种主要权力(图 10.1),进而承认技术架构本身日益成为赛博空间中占主导性的权力类型("代码就是法律"),及其背后的政治经济关系,从而要求法律作出调整和改变。[②]

第二个层次则深入"代码/架构"内部,细致观察架构权力如何变成了赛博空间中法律,对其微观和宏观层面进行扩展。随着互联网形态的变

[①] Lawrence Lessig, *Code and Other Laws in Cyberspace*, Basic Books, 1999。较为详细的应用,见〔美〕布鲁斯·施奈尔:《我们的信任:为什么有时信任,有时不信任》,徐小天译,机械工业出版社 2013 年版。

[②] 关于代码/架构的生产性面向,见胡凌:《人工智能的法律想象》,载《文化纵横》2017年第 2 期;胡凌:《保护原创靠"原创标识"和"白名单"就够了吗?》,载《腾云》微信公众号,2017 年 1 月 10 日。

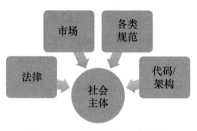

图 10.1　四种规制权力模型

化和商业模式的稳定,"账户—行为数据—算法"这一底层架构已经构成了数字时代法律、市场和社会规范共同起作用的基础,也受到商业生产逻辑和行政控制逻辑的双重影响。而评分机制则可通过共同的底层结构发挥作用。无论是自然人还是社会组织,其行为都需要注册一个账户才能进行,以便对其唯一基础身份进行认证并进一步识别其多元社会身份,越来越多的行为被转化为数据通过智能算法进行分析和预测,之后的评分则可以帮助商业和行政力量对主体行为进行评价和引导。在这一基础上,可对在线行为更加理性化地管理,形成新的规范,如果违反了这些规范则可能遭到暂停账户、减少评分、影响未来机会等惩罚,从而影响主体预期。由此,本章认为实际广泛发生的评分机制超越了法律、市场、社会规范和代码/架构这四种规制权力,是一种数字社会的新型权力,有必要将评分置于这一理论框架下理解,探讨其如何成为约束主体行为的重要因素之一,与其他权力机制的关系如何,并如何进一步补充和重新塑造这一框架。

2. 评分机制的演进逻辑与特点

在讨论评分机制的具体演进前,可以通过四个阶段的抽象描述,明确评分机制发挥作用的基本逻辑原理。就中国社会变化而言,对社会行为进行评估的理念蕴含在社会规范之中,由来已久。早期农业社会的评分主要体现为声誉机制。在像村落这样的熟人社会和小社群中,声誉发挥了重要社会信任功能,人们依靠口碑和社会规范判断交往对象的可靠程度,并且因为小社群的流动性较弱,使得社群成员有动力不断改进自己的行为,避免行为失范被排除出社群生活。声誉之所以起作用,主要依赖于如下信息机制:(1)从信息生产看,需要有成本较低的场景将人们的日常点滴生活转化为可交流的通用信息和内容,口头语言足以胜过文字记录;(2)从信息传播看,传播的渠道需要畅通且无处不在,茶余饭后的闲谈聊天提供了充分的场所;(3)从信息扩散看,信息不仅需要在私人之间传播,也需要在公共领域进行扩散才能够真正起作用,即形成集体认知和公意;(4)相关主体的真实身份需要被核实,从而真正能够约束被谈论的对象和传播者。这一阶段的评分机制无疑是模糊的,更多体现为社会规范,人们也没有现代意义上的隐私权利。

在工业经济时代,社会流动性开始增大,城市生活塑造了更多陌生人交往的环境,社会主要通过各类社会组织(如单位、居民委员会)对社会主体进行约束,同时强调依法治国,增强国家机器对社会主体的约束力,由此需要提升国家能力,为市场平稳有序运行提供公共信用基础设施。银行作为商业信用中心、工商机关作为黑名单执法机构、法院作为解决纠纷的专门机构、大众媒体作为汇聚公意的信息平台都起到重要作用。和熟人社会相比,隐私反而成为需要被保护的一种重要人格权利。这一阶段的评分主要通过市场基础设施对商事主体发生作用,逐步走向明确完善和理性化,对自然人的治理仍然主要依靠道德和社会伦理。①

在数字经济时代,匿名交往的互联网促使资源的流动性进一步加大,为确保交易和交往的安全可靠,需要对上述信息机制进行创造性更新,以适应没有边界的在线社群的需求:(1)从信息生产和传播看,智能终端降低了用户沟通的成本,通过简单地点击即可对他人行为进行评价;(2)用户被鼓励不断自我披露,将原来属于隐私的行为转化为公开的信息,隐私不再重要;(3)评分成为用户了解和信任陌生人的重要保障,在评分精确的场景下,能够促进更多原来无法发生的交易,降低交易成本;(4)评分规则需要和法律一样得到公开、解释和公众参与,从而最大限度地对算法形成共识。在这一阶段,哪怕是个体的细微线上行为也开始被识别和搜集,迅速形成具有公意基础的在线规则,主要仍然依靠声誉机制起作用,更加精确的、理性化的评分机制开始逐渐对个体行为产生影响。

最后,依托于公共权力机关主导的公共信用制度,评分被广泛应用于

---

① 关于商事信用,见赵磊:《商事信用:商法的内在逻辑与体系化根本》,载《中国法学》2018年第5期。

各类使用公共服务和社会活动当中,这些领域是传统法律因成本原因无法涵盖的,由此和法律相比变成更加柔性灵活的权力机制,使公共权力的范围和能力大大增强。在这一阶段,评分机制重新回到线下,继续涵盖了诸多被认为是私人活动、但可能对公共交往产生影响的行为。其执行不主要依赖于声誉,而是依赖于更具强制力的失信惩戒手段。

从评分的过程和来源看,在线评分机制可分为 B2C 和 C2C 两类:C2C 评分仍然是社会化的,允许用户为他们接受的服务相互打分,以声誉的形式发生作用,这已成为分享经济平台的主要做法;但 B2C 评分主要是通过搜集用户的不同领域的行为数据进行建模评分,最终接近于纯粹商业征信的专业评分机制。

不难发现,只有在大规模流动性的数字平台上,依托无处不在的传感器、摄像头、智能终端和强大的信息处理能力,作为新型权力技术的评分才能够逐步兴起。首先,这种评分机制帮助汇集社会主体的日常活动,将弥散化的社会意识与价值判断进行一定程度的集中,形成公意并强制执行。从经验看,这对于管理和预测大规模陌生人群体行为十分有效。其次,评分权力可能会造成道德与社会规范发挥作用空间的压缩,因为无论是线上还是线下,社会都处于高速流动过程中,稳定的社会生活状态变得愈加灵活,新秩序也更不容易形成,评分机制的重要功能是在资源流动过程中不断施加针对其行为的追踪和评价①,反映了权力的实施方式更加深入和动态化。再次,评分过程是一个动态汇总社会主体行为并将其类型化、理性化和规范化的过程,这主要体现在纳入评分的行为需要明确公布,为流动的社会主体形成指引;这可以形成超越传统的地域界限和区域化场景的统一规则,但也可能产生脱离原始场景使用评分的问题。最后,评分机制将赛博空间与真实世界无缝融合在一起,借由数字架构的不断渗透逐渐成为一种主导力量,在商业力量和行政力量的共同推动下成为一种无处不在的量化系统。

如果模仿架构理论的经典断言,某种意义上也可认为"评分就是法律"。实际上,如同本章第三、四节揭示的,评分机制具有商业生产和社会行为控制两个主要面向,与代码/架构的功能形成了互补。与技术架构相

---

① Zygmunt Bauman and David Lyon, *Liquid Surveillance*: *A Conversation*, Polity, 2012.

比,评分机制及其更加宽泛的社会信用机制在某种程度上是各类规范的升级和理性化,进而和正式法律更加接近:评分规范在形式上具备行为模式与后果模式①,在执行上也会利用声誉等机制开展,更主要的是,评分完全具备和法律类似的社会功能:

➢ 行为评价与引导:评分将行为类型化,把更加细致的主体行为纳入各类规范,并引导主体根据评分高低采取进一步行动;

➢ 惩罚:通过失信惩戒划清底线,对严重的失信行为人在更加广泛的领域内进行惩罚,不利后果是其未来的特定活动将受到影响;

➢ 预防:通过广泛宣传,让社会主体更加关注行为评分,进而在不同领域注意自身的行为,避免出现评分较低的情形。

同时,评分机制超越了法律规范,不只是一种扩大法律内容范围的执行工具,其本身具有相对独立性和体系性,不仅违反法律或其他规范的行为都能够被记入信用记录,其体系本身也涵盖了更多领域,形成相当复杂的行为评价系统。以下两节将更加细致地描述分析评分机制如何沿着商业和行政两种路径逐渐兴起,最终殊途同归。

三、评分的商业起源:从市场到平台

1. 从征信评分到行为评分

商业评分实践并非偶然兴起,与互联网平台要解决的信任问题密切相关。由于中国的国有银行体系无法有效涵盖大量中小企业和个人用户,满足他们的金融需求,这导致长期以来公民个人的信贷记录无法通过信用卡或银行贷款的方式进行有效积累,更无法涵盖更多领域的民事交易行为。这对像淘宝这样的电子商务平台提出了挑战。为解决匿名互联网上交易的信任问题,引导更多用户使用电商平台,淘宝引入了第三方支付和相互评分系统,前者提供了交易担保以解决一次交易的信任问题,后者则通过声誉机制解决未来交易的信用问题。在此基础上,支付宝逐步整合了更多的用户个人信息,通过芝麻信用分的形式不断推广小额贷款

---

① 参见上海市人大常委会法制工作委员会等编:《〈上海市社会信用条例〉释义》,上海人民出版社 2017 年版。

服务,并扩展其他线上线下服务的空间。① 在这一过程中,个人用户的更多行为被不断追踪与记录,都能够成为其平台信用评分的来源。② 由此,真正的个人征信业务也伴随着互联网平台企业的发展而兴起,最终汇总成不同于商业银行体系征信业务的"信联"。③

评分之所以能够被广泛应用于数字平台的商业实践中,主要由于互联网需要借助和动员社会(闲置)资源以低成本、轻资产的方式兴起,促成同侪生产(peer-production)和所谓"分享经济"。④ 同时,为了将跨地域的流动性资源更好地留在本平台上,平台企业除了扩大自身业务范围外,更多地需要维持稳定的平台生产秩序。这一秩序不仅要解决在交易与合作过程中发生的纠纷,减少摩擦和交易成本,避免用户离开本平台;更需要对主体行为进行追踪和预测,通过推荐等方式推送因人而异的交易机会和广告,以甄别高效率的生产者和交易者,进而为更加长远的平台经济活动提供精准预测。⑤ 因此,平台上的评分活动从本质上讲是一种生产机制和劳动管理过程,也是商业信用的集中化与理性化过程,尽管表面上可能促成了新型社会规范和社群秩序,也有助于网络社会治理,但其核心目标是为了提高大众用户的生产效率。⑥

从这个意义上讲,评分活动不是对在线活动主体身份和活动数据真实性的认证(尽管有关联),而是为了形成对未来活动和交易有益的价值判断标准。这种标准看上去是由社群自生自发形成,但实际上由平台驱动和设计,并非客观中立。因此,包括真实身份认证、行为可追溯机制、甚至通过区块链技术进行底层架构的系统性改变都是关于互联网交易的信

---

① 廉薇、边慧等:《蚂蚁金服:从支付宝到新金融生态圈》,中国人民大学出版社 2017 年版。
② 例如,阿里巴巴推行的校园计划即是打通支付宝系统和各高校的校园卡支付管理系统,从而获得海量大学生在校行为数据。
③ 信联又名百行征信,是央行批准的第一家持牌征信机构,由中国互金协会和 8 家征信公司共同筹建,其中中国互金协会持股 36%,芝麻信用、腾讯征信、深圳前海征信中心、鹏元征信、中诚信征、考拉征信、中智诚征信和北京华道征信 8 家征信平台各持股 8%。
④ Yochai Benkler, *The Wealth of Networks: How Social Production Transforms Markets and Freedom*, Yale University Press, 2006.
⑤ 这是真正的分享经济(一种礼物经济)走向衰落的原因,例如像滴滴这样的网约车公司会通过评分和算法派单将工作时间较少的司机逐渐排除出平台,因为他们不能给平台带来长期价值。
⑥ 胡凌:《走向封闭的搜索引擎》,载《网络法论丛》(第二辑),中国政法大学出版社 2018 年版。

任基础,而非信用基础。① 着眼于未来的信用需要依赖于对行为主体过去的历史行为进行广泛地积累和评价,并尽量避免非结构化与主观性。解决这一难题的方法主要有两种,一种是借助群众的智慧,通过样本足够大的大众评分以获得集体参与感与合法性(搜索引擎也是这一原理),但容易产生刷单虚构交易和网络推手刷分的问题②;一种则严格限制在特定领域,如商业征信只能收集特定种类的个人信息,并排除像宗教、性别、政治派别、种族等不相关的信息,避免歧视。

2. 私人市场基础设施的建立

评分机制从简单的用户相互打分升级为涵盖更多行为的商业信用评分,本身就反映了平台商业活动的复杂和多元。互联网平台的特点在于其具有企业和市场的双重属性,一方面平台价值的生产过程超出了传统企业的边界,另一方面传统市场的运作越来越受到平台权力的影响,日益"平台化",由此逐渐出现了为确保平台经济竞争力而打造的私人市场基础设施。这些基础设施包括技术服务、数据储存/分析(云服务)、支付/结算、物流、认证、信用评价、金融服务、纠纷解决、行为管理/调控等诸多方面,涵盖甚至取代了传统市场经济中的由公共行政机关提供的基础设施服务。评分机制既可以通过简单的用户打分发挥社会规范的声誉作用,也可以升级为商业信用评价,成为平台经济基础设施不可缺少的要素。

结合其他基础服务内容,可以进一步帮助我们理解评分活动在性质上与算法设计、架构设计、纠纷解决等机制的相关性。它们本质上都是对人类行为在互联网上更为精细的分类与归纳,并对"不合规"行为进行评价引导,最终实现交易与合作的规范性,因此是一个更加宏大的自动化生产过程的一环:(1) 设计自动化交易流程,通过不同种类的服务搜集用户个人信息,进行整合与分析,作出进一步预测;(2) 制定与法律类似的网规,详细规定各类行为准则,要求交易主体遵守③;(3) 通过纠纷解决等方

---

① 郑戈:《区块链与未来法治》,载《东方法学》2018 年第 3 期;〔美〕保罗・维格纳、迈克尔・凯西:《区块链:赋能万物的事实机器》,凯尔译,中信出版社 2018 年版。

② 胡凌:《商业网络推手的演进与法律回应》,载《经济法论丛》(2017 年第 1 期),社会科学文献出版社 2017 年版。

③ 姚志伟:《"网规"若干基本问题初探》,载《科技与法律》2012 年第 2 期。

式汇集各种类型的问题,将普遍的问题加以提炼,给出更为简易的解决方案,并在事前进行提示,将关键要点融入默认架构设计和改进当中,减少潜在纠纷①;(4)对于那些无法简单给予社会标准的行为则通过评分方式约束,最终引导用户按照大众认为合理的方式开展网络活动。② 如果我们把从算法、架构设计到规范制定和再生产的整个过程看成是一个由算法驱动的生产过程,不难看到原来分散的基础设施功能被更加明确的商业目标紧密联系在一起。在这一过程中,单纯的社会规范和秩序无法通过大量用户互动在短时间内产生,而是受到平台生产目标的约束,社会道德规范并不是平台设计评分机制的主要出发点,商业信用而非社会信用才是平台的最终目标。③

这一生产过程也改变了传统市场的运作。传统市场需要各类信息基础设施解决"柠檬市场"问题④,法律通过外在强制力以事前或事后方式解决市场运行中的失范行为是一种成本较高的思路,但不是全部。⑤ 如果我们把法律看成是一套由职业人士制定和解释的规范(尽管需要调研和听证),平台规则的创制则体现了大众规范在互联网时代的低成本自动生成机制,这种从非标准化到标准化的私人立法过程以特殊的方式影响了数字市场。首先,由于线下法院不告不理、行政执法运动的局限、教育的不均衡、法律服务普及等综合因素影响,传统法律无法自动涵盖并应用于各个社会场景;各个场域和社会场景因参与者理性化程度差异由不同的规范约束("防君子不防小人"),平台帮助把普通用户的不同经验转变为标准通用格式,并入底层基础设施和技术架构之中。其次,平台的出现使规则的生成、记录、博弈、改变和执行大大加速了,由此出现了从格式合同订立、交易类型设计,到纠纷解决机制、信息披露,到获得贷款、直接接触客户的一整套方案,在整体上超越了传统行业组织提供的服务。再次,

---

① 戴昕、申欣旺:《规范如何"落地"——法律实施的未来与互联网平台治理的现实》,载《中国法律评论》2016年第4期。
② 也有因为平台上某些影视作品评分过低而起诉平台侵犯名誉权的例子。
③ 哪怕是看上去反对资本主义价值(如数字版权)的生产和分享活动(如字幕组或B站),最终也能被吸纳到更广泛的信息资本主义生产体系中。
④ Adam Thierer et al., "How the Internet, the Sharing Economy, and Reputational Feedback Mechanisms Solve the 'Lemons Problem'", Mercatus Working Paper, May 2015.
⑤ 〔美〕丹尼尔·凯斯勒主编:《监管与诉讼》,武立译,化学工业出版社2018年版。

评分机制有助于将大量用户行为转化为数据,并在定价机制中体现和运用,直接转化为因人而异的价格,这极大改变了传统市场中价格的形成过程。① 最后,大众标签、评分也是更宽泛的信息披露机制的一部分,这有助于促进市场主体之间的行为更透明,提升用户的知情权和选择权。②

值得一提的是,在架构理论中,平台规则原本只是各类规范的一种,但随着社会和市场的平台化,越来越多的社会交往与交易行为通过平台进行,平台规则及其一整套生产机制就从一般的社会规范中分离出来,成为突出的一类权力机制,并开始吸纳传统的各类规范和市场力量。由此可以将这一框架根据平台权力的演进加以改造(图10.2):

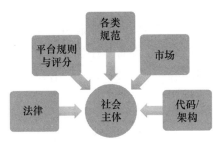

图 10.2 平台权力的地位

3. 评分权力、黑箱优化与信息披露

评分的前提是精确识别行为的特征,并通过某种规范标准加以评价和引导。如果涉及复杂的活动或行为,则无法简单通过量化转化为数字;或者可以说,表面上清楚的分值仍然掩盖了大量模糊不清的事实和公共意见。这就是为什么声誉机制无法完全涵盖行为主体的各类行为,而评分看上去将这一鸿沟打通(不同的行为都可以赋予一个分值),但填平鸿沟的真正过程是更加精细的数据收集和权力触手的延伸。如前所述,商业评分的过程是将平台上复杂而动态的过程不断梳理整合的过程,整合到一定程度即可通过平台规则或架构将该行为标准转变成默认规则。这

---

① Viktor Mayer-Schonberger & Thomas Ramge, *Reinventing Capitalism in the Age of Big Data*, John Murray, 2018.
② 正是在这个意义上我们才能理解为什么像淘宝这样的平台愿意花精力起诉恶意差评师,因为恶意差评行为不仅是对卖家商誉的损害,更是对这一信用基础设施正常运作的破坏。

意味着从大量行为主体的历史实然行为向应然规范转变,也会引发疑问(为何过去应当决定未来)。如果缺乏底层规则的沉淀,势必意味着极大加剧行为主体的认知负担与合规负担,人们将不得不熟悉各类具体场景下的细小规范(想想光是驾驶汽车就需要掌握多少交通规则,还无法避免时常违规),不断接受提醒和信息轰炸,无形中增加了新的交易与合规成本。平台的基础设施功能之一就在于将复杂社会的行为不仅在认知层面上抽象提炼,实现更大范围内的帕累托最优,还通过默认架构设计便利了执行和遵守(用户只要点击和选择即可),没有降低对社会主体更加细致的追踪与控制,从而使局部市场交易有能力转向更大范围内的市场交易合作。

平台商业化评分的负外部性在于,在将社会和市场一并纳入平台治理范围的时候,更加偏向市场建设而非社会建设,这势必使得成熟平台更愿意依赖更为精确的 B2C 评分方式而非模糊有争议的 C2C 方式。一旦所有在线行为都可被纳入生产性评分体系,就会挤压在线社群的自主性和场景化的社会规范。更多社会场景的行为被无差别地添加到一个统一的评分体系中,势必对行为主体产生不确定和无法预测性,这充分体现出平台作为评分黑箱的信息不对称。[①] 数字平台驱动的市场消除了交易者双方的信息不对称,但自身仍保持着不容置疑的权力地位,通过个人化定价等方式压缩生产者和消费者剩余。[②]

评分黑箱权力有必要就自身进行充分信息披露和解释,以消解对过去特定信息与历史和未来某种行为机会的相关性之质疑,帮助行为主体更好地预测。[③] 法律作为一种职业系统,本质上是一个黑箱(司法决定实际上是由法官作出的后果导向的实用主义决定,和诸多法律之外的因素密切相关)[④],但却通过公开透明的审判过程、合乎逻辑并接受公众与职业群体质疑的判决书说理过程进行一定程度的信息披露,保障当事人和社会对司法审判的认知与合理预期,以及通过公众参与立法等方式确保

---

① 刘新海:《征信与大数据:移动互联时代如何重塑"信用体系"》,中信出版社 2016 年版。
② 〔美〕凯西·奥尼尔:《算法霸权:数字杀伤性武器的威胁》,马青玲译,中信出版社 2018 年版;John Cheney-Lippold, *We Are Data: Algorithms and The Making of Our Digital Selves*, New York University Press, 2017.
③ 张凌寒:《商业自动化决策的算法解释权研究》,载《法律科学》2018 年第 3 期。
④ 〔美〕理查德·波斯纳:《法理学问题》,苏力译,中国政法大学出版社 2002 年版。

规则的合法性,因此是现代社会理性化的产物。类似地,评分算法某种程度上也有必要进行这样的披露,将涉及的主体行为标准、算法功能、用户参与同架构设计、用户协议设计结合起来。悖论在于,如果评分系统不能以快速高效的方式运作,而更贴近于法律体系的话,就失去了本身在平台治理中的优势。由此,在涉及消费者核心权利的场景中,评分权力应当进一步理性化,形成成文规则,接受公众质疑和司法审查,允许公众参与,并不断提供有效的有关黑箱的解释;而在一般场景下,则可以由评分机制发挥其规范再生产和统合功能。

四、社会信用建设:作为平台的政府

1. 从传统规制到社会信用治理

本节将转向评分机制的公共管理维度,从历史上看,社会信用治理具有更加广阔的社会来源。第一,从 1978 年以来,中国法治的逐步兴起是一个社会权力重新在社会分配和弥散的过程。① 市场经济要求政府加强对企业和行业的声誉规制,对传统企业广泛采用黑名单等制度②,这为加强行业规制提供了进一步思路。第二,随着社会进一步碎片化和流动性的加大,无论是商业活动还是社会行为都面临着不断失范的问题,市场本身因为信息不对称无法起到充分调节资源配置的作用,而外在法律规制也因成本高昂而进退两难;社会治理方式尽管经历了属地化的社会综合治理,仍然无法防止大量社会失范现象。③ 正是在这一背景下,国家需要一种新型社会权力填补社会失范的真空。尽管从党的十五大以来,国家开始强调以德治国,但无论是传统道德因素还是社会主义核心价值观都很难直接作用于人们的行为。上文讨论的平台商业信用机制为国家依靠信息系统推行低成本的社会信用制度提供了一定借鉴。第三,档案一直是中国现代社会治理的重要制度,能够通过积累公民个人生活中的重大

---

① 强世功:《法制与治理:国家转型中的法律》,中国政法大学出版社 2003 年版。
② 吴元元:《信息基础、声誉机制与执法优化——食品安全治理的新视野》,载《中国社会科学》2012 年第 6 期。
③ 唐皇凤:《社会转型与组织化调控:中国社会治安综合治理组织网络研究》,武汉大学出版社 2008 年版。

奖惩事项,对其行为起到潜在约束功能(但场景有限),而通过信息技术则能更有效率地积累更多个人数字档案,随时转变成分值。和国家的既有的抽象"统计权力"相比①,社会信用机制是一种直接通过认证作用于公民个人的新型权力,无疑增强了国家治理能力。第四,传统刑法上的累犯制度、环境法上的按日计罚制度等都体现出法律规则上对更加细致的违法行为以及行为时间性的关注,评分机制将扩展这类立法思路。第五,现代法律伴随着市场经济和的扩张(以及依法治国意识形态),其理性化思维方式也在不断延伸,体现为对行为主体权利义务的精确衡量与划分,通过不同层次的权利义务设定形成复杂的法律体系,并由一个职业系统操持。这一理性化进程尽管不断扩展到更广泛的社会规范、家庭伦理、社会道德领域,因种种原因始终无法进入社会底层。② 社会信用机制则以一种特殊的方式将多元规范秩序尽可能地纳入进来加以改造,在理念和逻辑上延续了国家权力深入社会底层的宏大目标。

当下的社会诚信建设包括政务诚信、商务诚信、社会诚信和司法公信四部分,基本上涵盖了社会经济行政行为的方方面面。中央政府由此可以利用这一新型治理技术推进几方面目标:(1) 约束整个官僚机构,改变组织内部规范;(2) 约束传统企业、社会团体和新兴互联网平台,改变传统规制方式;(3) 约束公民个人行为,推动形成新的社会规范。③ 严格说来,社会信用治理是一个混合性概念,包含了既有法律无法涵盖的底层领域,也包括市场和社会规范无法有效解决的新老问题,甚至有时和信用无关。④

传统而言,法律和各类社会规范分别处理不同领域的问题,无论是成文的组织规则,还是不成文的社会规范,其功能都在于填补法律的真空地带,特别是社会公共道德和伦理认同需要是维系社会成员日常活动的重要纽带。但随着社会流动性加大,人们就城市中的各种生活越来越难以达成规范共识,或者即使有共识也很难通过道德约束和强制执行。这为

---

① 赵胜忠:《数字与权力:中国统计的转型与现代国家成长》,江苏人民出版社 2015 年版。
② 这是形成社会多元秩序格局的重要原因,见苏力:《法律规避和法律多元》,载《中外法学》1993 年第 6 期。
③ 根据《国务院关于印发社会信用体系建设规划纲要(2014—2020 年)的通知》,社会信用机制涉及从生产领域到社会组织多个领域,无所不包。
④ 孙平:《信息人的时代:用法律保护你的权利》,北京大学出版社 2018 年版。

社会信用评分机制提供了发挥作用的场所,在图 10.2 的基础上,社会信用机制将法律与各类规范通过评分这一权力技术连接起来(图 10.3):

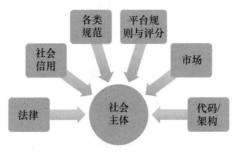

图 10.3　社会信用权力机制的地位

针对公民的社会信用机制往往通过两种路径得到执行:(1)羞辱与声誉,这主要以黑名单或失信行为人的信息公示为主要做法;(2)记录评分,通过全国联网系统进行联合惩戒,这通过影响失信行为人的私人生活和在未来使用公用服务的机会发挥威慑和惩罚功能;更主要的是,这种联合惩戒可能会突破失信行为人的预期,因自己的行为使家人行为受限。①与法律相比,社会信用评分的执行方式是渐进性、跨语境、去场景化和面向未来的。尽管联合惩戒的惩罚强度相对较低,但因广泛依赖传感器、摄像头和其他方式自动获得和汇总公民个人信息,记录失信信息,评分机制就越来越具有惩罚和预防的功能。②

社会信用评分在各个行业已经得到广泛使用,在制度设计上也愈加复杂,已经形成了一个需要严肃对待的庞杂文件和规范体系(而且才刚刚开始),并不断渗透和影响传统组织的治理过程。对国家而言,评分行为逐渐由手段和基础设施层面的治理技术转向更为坚实的规则层面的治理机制。这一新型治理机制提出的新问题至少包括:公共信用信息目录管理、市场信用信息的采集、联动奖惩机制和信用的分类管理机制、针对不同主体的行政奖惩机制、信息主体的权益保护制度等,有待进一步观察

---

① 例如,2018 年衡水市桃城区法院发给衡水一中的司法建议书中建议,报名学生家长必须没有被人民法院列为失信被执行人的相关记录,凡被人民法院列为失信被执行人者,一律不得取。对已招录学生,有上述情形者,一经发现,应责令退学或转校到公办学校。

② 原理是:发现违法行为的概率增加,因此惩罚强度可以相对削弱,仍然能够保持震慑力。

研究。①

2. 政府的平台化

社会信用治理的更大背景是中央政府试图利用信息技术将政府平台化的努力,从不断推进的电子政务建设到政府数据公开,再到近年的"一网通办",都从不同侧面展示出平台政府的轮廓。无论是社会信用中的联合惩戒,还是政府数据公开,其基础都在于政府内部的数据归集与整合,并通过一个界面提供一站式服务。② 这和商业化的平台企业有很多类似之处,其目标也是为了更好地应对高度的社会流动性,降低行政行为和公共服务带给社会主体的成本。无处不在的人脸识别摄像头、传感器和信息采集终端都在实时对社会主体进行追踪和识别,不断获取公共领域中和接受公共服务时的公民个人信息,并进行分类归集。由此,社会信用评分机制对法律、市场和技术架构形成了有效的补充。随着社会信用机制的推广和沉淀,部分严重行为可以上升为法律规范,这不仅解决了立法中的科学统计问题,还可以结合司法裁判等渠道进一步将各种行为类型化,纳入立法规制行为的统计与研究。

与平台企业的算法问题类似,面对平台政府的黑箱规则,也需要思考如何基于过去预测和影响未来的合法性问题。当社会信用机制能够收集越来越多的主体行为,越来越细化的行为规则的时候,对精确辨识和解释这些行为就提出了更高的要求。为了降低主体及其代理人的认知负担,势必需要更加智能化的辅助手段帮助人们了解所处的具体场景与具体要求,这就使行为主体避免了预测的风险,能够在不同场景下自动切换。同时,算法黑箱对主体的行为却能基于过去的数据进行预测,并创设新规则,调整社会规范,形成了新的信息不对称,仍需要像理性化的法律制度一样提供程序和实体上的保障。

随着这一机制的开展,有必要逐渐对评分活动进行成本收益分析和社会影响评估,以便调整纳入失信行为目录的行为类型。这些成本至少包括:(1) 公民信息采集分析的技术成本和行政成本;(2) 造成社会规范

---

① 罗培新:《社会信用法:原理·规则·案例》,北京大学出版社 2018 年版。
② 郑磊:《开放的数林:政府数据开放的中国故事》,上海人民出版社 2018 年版。

衰退的社会成本;(3)对公民进行救济的司法成本;等等。尽管社会信用建设的最终目标之一是重塑社会信用,激发社会的内在机制,但下一节将论证,如果缺乏相关的社会建设和公共领域强化机制,这一外在理性化的评分权力将导致社会规范的萎缩和异化。

五、评分对其他权力机制的整合性影响

1. 对法律与架构的增强

上文集中展示了,评分如何将社会声誉、社会活动转化为可供强制执行的量化规范,并分散在商业服务和公共管理两个维度。本节进一步探讨评分权力在架构理论中的地位,及其对其他权力机制的影响。[①] 本章认为,评分在整体上可能会巩固成文规范(法律、平台规则、其他组织规范)和技术架构的地位,进一步压缩不成文规范(社会道德、社会规范)和市场发挥作用的空间,从而形成独立于法律和平台权力之外的第三种主导性权力形态。[②]

架构理论提出于20世纪末的PC台式机时代,无法预见互联网的移动化和平台化,因此也就无法解释互联网平台本身作为一种权力主体的兴起。在平台驱动的互联网上,权力机制的空间变得更加伸展和下沉,法律及其背后的国家权力也通过自建架构(如早期的十二金工程、近期的互联网法院)得以拓展,但更多的空间由架构、平台规则、用户协议、算法和评分机制占据和分享,并同法律开展竞争。这一竞争过程凸显出法律从制定到执行的信息性维度。传统农业社会中的法律由于信息传递成本的高昂,其宣传、发布、解释和威慑都需要有效的信息传递和透明性。在工业社会和信息时代,法律的威慑力和惩罚性伴随着规则信息的对称而减

---

① 这种研究思路可以扩展为以一种权力机制为中心,探讨和其他权力的关系,以社会规范为核心的讨论,见戴昕:《重新发现社会规范》,载《学术月刊》2019年第1期。

② 评分和代码(架构)一样,既是法律与规范的实现手段,本身也可能成为一种自在的权力类型,在形态上已经不同于法律与规范,而是介于两者之间,并且在内容上更加细致入微。但对平台企业而言,细致的行为可以被嵌入架构成为默认设置,评分主要体现为外部声誉机制;对政府而言,还无法做到自建架构约束广泛的社会行为,只能通过评分事后惩戒机制起作用。这是两类机制不同的地方。

弱,从而要求创设替代性的社会控制方式:无处不在的监控。这种监控使国家权力从单纯对人过去行为的事后惩罚变成了对人事前行为的监控和预测,从而使得法律和司法解释对人的行为更有针对性。

评分系统实际上帮助扩展了法律的触手,随着个人化的信息可以被事先越来越多地搜集和披露,某种程度上能够实现个人化的法律和规则。① 同时,为了避免个人对规则认知负担的加剧,评分系统还可以将规范的复杂性转变为默认设置,通过技术黑箱自动化地执行规则,减少人们的选择,增强强制性,从而潜在地减少纠纷。两者结合在一起的结果就是个人化的默认规则,其出发点在于降低社会集体行动的复杂性,实现最优设计,同时预防风险。

2. 对市场与规范的压缩

在算法权力巩固法律权力和架构权力的同时,也会造成社会规范与市场力量的削弱。如前所述,社会规范无法在高速流动的社会中快速形成,社群很难保持稳定,市场基于信息对称的个人选择变成了算法的自动化推荐。尽管传统的四种要素都能够通过数据的评分机制打通,但平台之外的社会和市场将变得更弱,由公共信用信息机制接纳,发生在平台上的社会和市场行为则由平台权力进行约束。同时,传统企业组织也越来越多地通过平台外包,使更多劳动者游离于组织规范之外,这都造成了各类规范的逐步萎缩。因此,我们可以把架构理论进行重新调整(图10.4),突出社会信用评分权力的地位:

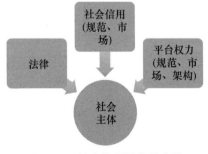

图 10.4 社会信用评分的突显

---

① Ariel Porat & Lior Jacob Strahilevitz, "Personalizing Default Rules and Disclosure with Big Data", 112 *Michigan Law Review* 1417 (2014).

社会信用权力成为与法律和平台权力之外的第三种主要社会权力，其共同的基础都是基于信息技术通过账户搜集行为主体的信息，并通过算法进行分析。由此才真正在移动互联网时代重新解释架构理论提出的"代码就是法律"的意涵。在新的架构理论下，社会主体行为可以被无限涵盖和追踪，并适时进行提炼和规则化，规则的变迁也真正和社会主体的历史行为数据直接联系起来，从而使社会治理更加有效。不难发现，架构理论中的四大基本权力机制在微观层面上进一步趋同。这主要体现在：(1)规范的可计算性；(2)约束人的行为的方式和不同场景都可以通过数据搜集和算法打分实现，进而实现因人而异的法律、社会规范、市场和架构；(3)市场、架构和规则的边界愈加模糊，架构被设计成进一步搜集人的信息、设计双边市场塑造人的行为，使用价格和数据进行计算和预测；而规范也可以变得更加灵活，成为社会主体共同遵守的一种规则和预测。

在工业经济时代，市场更多地通过价格机制对企业和其他组织起作用，法律也对这些组织通过声誉规制等手段产生影响，但企业本身能够帮助统合社会个体、组织社会生产，自身成为生产和社会行为的重要方面，也能通过提供社会保障、征税、组织党建等活动成为社会稳定器和社会信任的维护者。在信息经济时代，评分机制兴起的重要前提是社会自身及其传统组织无法对社会的高度流动性形成有效的回应，以至于需要外力柔性介入，伴随着中国城镇化建设深入，这种状态势必还将持续。但并不是说社会规范就无法正常生长和起作用，需要线上和线下社会主体的共同参与，同时保留主体参与和选择的空间和能力，推动各类社会组织建设。这一思路实际上可以按照传统架构理论展开：

➤ 公众参与。这一思路偏向社会规范，即通过探索社会规范的建立，特别是参与到评分机制的行为类型化和解释当中，推动各类纠纷解决机制。

➤ 信息披露与透明性。这一思路偏向市场，即通过信息披露本身增强黑箱算法的合规性，同时加强用户的选择权。

➤ 自主活动空间。这一思路偏向架构设计，即通过确定合理的架构边界为用户的自我创造行为和隐私保留空间。

六、结　　语

　　本章主要讨论了评分作为数字社会的新型权力的兴起与演进,并分析了评分权力和其他几种社会权力的关系。首先,本章认为,尽管算法可能加剧了现有法律和其他规则的转变,但从商业和公共管理的逻辑出发,广泛采用评分机制是更好的策略,不仅可以帮助将更多细节行为纳入管理,还可以为进一步优化法律和平台成文规则提供数据支撑,为算法权力提供更多可应用的场景。其次,评分机制的核心在于评分规则和算法黑箱的透明性,无论是商业算法还是行政管理的算法,都需要采取一定程度的信息披露,以确保行为主体的预测能力和选择能力。最后,在经典的架构理论中,评分机制的逻辑要求强化已有的成文规则和默认技术架构,从而不断压缩处于中间地带的各类规范和社会力量,这体现为国家权力和平台权力的理性化双重扩张。因此仍有必要推动和激活社会基层的线上与线下社会组织建设,推动多元社会秩序和规范的平衡,增强社会和公共领域自身的力量。

第十一章　在线声誉系统：演进与问题

一、引　　子

"声誉"(reputation)是人类社会中重要的组成要素,大量法学和经济学文献讨论了声誉在社会治理中的作用,如何作为一种非正式机制对正式规则及其执行进行补充。① 人们认识到,在传统社会,人际交往与合作主要发生在熟人之间,群体规模小②,声誉起到极大约束作用;而在现代社会,更多的合作发生在大规模陌生人之间,特别是一次合作关系,很难单纯依靠声誉机制约束不遵守既定规则的机会主义者。③ 这部分是由于声誉机制的核心是信息(特别是私人的)披露与传递。如果人们较少或不愿意披露个人信息,搜寻这些信息将成本巨大,从而使陌生人合作变得不可能;即使愿意披露,如果缺乏公开渠道和统一标准获得这些信息,持久的合作同样无法达成。这就是为什么在传统社会,声誉可以很好地起作用,却无法有效地扩展至更大规模的现代社会。从这个意义上说,在互联网产生之前,现代社会和市场经济的正常运转已经产生了对作为一项基础设施的声誉机制的需求,从而催生出我们熟悉的种种

---

① 例如,张维迎:《信息、信任与法律》,生活・读书・新知三联书店 2003 年版;〔美〕布鲁斯・施耐尔:《我们的信任:为什么有时信任,有时不信任》,徐小天译,机械工业出版社 2013 年版;〔美〕罗伯特・埃里克森:《无需法律的秩序》,苏力译,中国政法大学出版社 2016 年版;刘忠:《游街示众——一种治理方式的分析》,载《公法》(第 5 卷),法律出版社 2004 年版;吴元元:《信息基础、声誉机制与执法优化——食品安全治理的新视野》,载《中国社会科学》2012 年第 6 期。

② 一个广为接受的数字是 150 人,也被称为"邓巴数"。

③ 取而代之的是普遍适用的强制性规则——法律,而声誉也在法学家的认知中降到了从属地位,被当成一种社会规范。关于两者的关系,见〔美〕埃里克・波斯纳:《法律与社会规范》,沈明译,中国政法大学出版社 2004 年版。

针对企业正式商业行为的认证与信息披露制度。例如,企业(尤其是上市公司)被强制披露关键信息,政府打造信用平台对企业实施日常规制,对主体登记、行政许可、处罚和经营业绩等进行披露,行业协会曝光成员的不良行为等;此外,作为现代经济的引擎,集中化的金融征信系统也应运而生。

承接上一章,本章继续聚焦在因信息技术的广泛应用而对网络用户个体进行声誉评价和评分的实践,这主要是因为由于交易成本的降低,大量个人成为网络活动的主体。第一,随着所谓"分享经济"的拓展,个体通过网络平台提供服务的能力增强,声誉评分演进成为一种柔性的平台自我规制手段。对大规模个体的在线行为进行追踪,并明确将声誉作为衡量人们在线活动的指标之一,这在互联网产生之前是不可想象的。① 信息技术带来的第二个后果是,在中国,传统上针对个人的集中化的评分系统(如个人征信系统)由国家主导,央行可以便利地从国有商业银行获得优质的个人金融信息,但信息技术便利了网络平台搜集大量用户日常行为数据,成为新型的评分服务者,特别在征信领域出现了私人企业获得牌照资质的先例并于2021年出台了《征信业务管理办法》。② 第三,尽管有其重要社会功能,在线声誉系统也会失灵,其广泛应用也带来了一系列负外部性问题,例如炒信和推手、强制隐私披露、算法歧视等信息社会中的重要议题,本章也将一一进行简要讨论。

另外需要说明的是,本章在中立和原本意义上使用"声誉"一词,而非带有道德意味的"信誉"和更为专门的"信用",它首先不是对个体可信度的描述,而是外界通过其行为产生的基本印象和社会评价。尽管后面会涉及声誉与社会信任与合作的关系,但本章仍聚焦在一般性的声誉系统,而讨论更加专门化的信用、征信(credit)制度和社会学意义上的信任

---

① 这就是为什么有人称为"声誉社会",互联网经济也被称为"声誉经济"。参见两本同主题的书:Hassan Masum and Mark Tovey ed., *The Reputation Society:How Online Opinions Are Reshaping the Offline World*, The MIT Press, 2012;〔美〕迈克尔·费蒂克、戴维·C.汤普森:《信誉经济:大数据时代的个人信息价值与商业变革》,王臻译,中信出版社2016年版。
② 2015年央行《关于做好个人征信业务准备工作的通知》允许八家私人企业进入该市场试点,2018年八家机构以入股形式组成第一家个人征信机构——百行征信有限公司。2020年第二家获个人征信牌照的机构朴道征信成立。

(trust)体系超出了本章的能力和范围。①

本章将按如下顺序展开,第二部分描述在线声誉系统在中国的兴起过程,这一过程通过各异的商业模式表现出来,但殊途同归,我将特别强调在线声誉系统和商业模式之间的重要联系。第三部分分别从服务提供者和用户个人的不同角度审视这一系统的负外部性:从服务提供者角度看,炒信等伴随的内生问题十分突出,而对个人用户而言,存在个人隐私披露和算法歧视问题。最后一部分将在线声誉机制置于平台责任的框架中讨论,凸显通过声誉治理的张力,并延伸到法理学上的经典问题,即声誉系统补充和替代正式规则施行的可行性。

二、在线声誉机制的演进

1. 塑造与管理声誉的技术

在赛博空间中出现塑造声誉机制的尝试绝非偶然。互联网原初的匿名性架构为大规模陌生人通过社交媒体进行交往带来了便利,同样也有潜在风险。② 损害人们的名誉变得收益高而成本低,人肉搜索和网络施暴普遍存在,和不实言论结合在一起给普通人名誉造成损害,但纠正起来十分困难,救济成本十分高昂。③ 人肉搜索成功的基础是受害者自己披

---

① 关于征信制度,集中于金融学和法学研究,见〔德〕尼古拉·杰因茨:《金融隐私:征信制度国际比较》,万存知译,中国金融出版社 2009 年版。信任体系则是社会学和政治学上长久的话题,见〔美〕弗朗西斯·福山:《信任:社会美德与创造经济繁荣》,郭华译,广西师范大学出版社 2016 年版;郑也夫:《信任论》,中信出版社 2015 年版;周怡主编:《我们信谁?——关于信任模式与机制的社会科学探究》,社会科学文献出版社 2014 年版。晚近的社会生物学研究表明,信任与合作是人类的第二天性,见〔美〕塞缪尔·鲍尔斯、赫伯特·金迪斯:《合作的物种:人类互惠性及其演化》,张弘译,浙江大学出版社 2015 年版。尽管从具体信任到抽象信任的转变是现代性社会理论的重要内容,本章并不拟将声誉系统放在这一时空关系分离的框架下展开讨论。简要的讨论见〔德〕尼古拉斯·卢曼:《信任:一个社会复杂性的简化机制》,瞿铁鹏译,上海人民出版社 2005 年版。

② 〔美〕汤姆·斯丹迪奇:《从莎草纸到互联网:社交媒体 2000 年》,林华译,中信出版社 2015 年版。

③ 〔美〕丹尼尔·沙勒夫:《隐私不保的年代:如何在网络的流言蜚语、人肉搜索和私密窥探中生存》,林铮顗译,江苏人民出版社 2011 年版;Whitney Phillips, *This Is Why We Can't Have Nice Things*:*Mapping the Relationship between Online Trolling and Mainstream Culture*, The MIT Press, 2016.

露了大量零散信息,被网民搜集聚合在一起,脱离了原来信息生产的语境和意图。① 永远留在网上的信息也会给人带来永久困扰(例如,雇主会通过社交媒体审查潜在雇员的日常行为)。② 为解决这一问题,互联网的建议不是减少上网或自我披露,或者支持一种"被遗忘权",而是相信网络可以自我净化,鼓励人们将有关自己的更多真实信息公开在网上与他人分享。③ 理性地自我披露不仅迎合了社交网站的需求,也被认为是自我保护的一种方式,实名社交变得越来越常见。同时,善意自我披露释放出一种合作的社会信号,也便利了交往与合作。④ 诸多社交媒体已经设计出允许用户管理自己社交圈子的技术,让不同的朋友看到关于自己的不同信息,这符合了传统上"差序格局"的社会心理。声誉的自我管理变得如此重要,反映了互联网服务架构设计需要在用户分享和隐私声誉之间保持平衡。

第二种声誉管理技术通过某种外在标记,衡量用户的在线使用时间和经验在网络社群中表明自己的身份。例如,在 BBS 上面,根据用户使用年限而将其划分为不同等级,从而人为地在匿名性空间中创设出等级和秩序。又例如,QQ 号码的长短反映了网民接触互联网的时间,使得拥有五位或六位号码的人在心理上更加优越,短位号码也受到黑市的青睐。⑤ 这一思路推到极致便是广泛搜集用户的行为轨迹,有选择地披露给其他用户,并把这种披露变成默认设置。和前一种机制不同,这种机制依赖于统计用户自身的活动数据,而非他人提供的评价。⑥

如果说前两种方式更多地侧重于互联网用户的自我管理,和传统线下的声誉管理方式类似,第三种机制结合了它们各自的特点,愈来愈广泛

---

① 胡凌:《网络隐私保护:信息生产与架构的视角》,载《法律和社会科学》(第 5 卷),法律出版社 2009 年版。
② 〔英〕维克托·迈尔—舍恩伯格:《删除:大数据取舍之道》,袁杰译,浙江人民出版社 2013 年版。
③ 〔美〕杰夫·贾维斯:《分享经济时代:新经济形态,分享什么,如何分享》,南溪译,中华工商联合出版社 2016 年版。
④ 〔美〕埃里克·波斯纳:《法律与社会规范》,沈明译,中国政法大学出版社 2004 年版。
⑤ 胡凌:《信息资本主义如何重新定义"财产"》,载《探寻网络法的政治经济起源》,上海财经大学出版社 2016 年版。
⑥ 更系统地总结,见 Chrysanthos Dellarocas, "Designing Reputation Systems for the Social Web", in Hassan Masum and Mark Tovey ed., *The Reputation Society: How Online Opinions Are Reshaping the Offline World*, The MIT Press, 2012.

地被使用于侧重经济活动的网络平台上：允许用户对服务提供者或交易活动进行评价、评分、加标签分类，并通过参与交易的元数据不断积累精细的声誉信息。尽管在线下世界对接受的服务进行评分早已有之，这一在线声誉系统的独特之处在于：首先，它利用大规模人群的广泛参与和集体协作，积累陌生人之间的交往数据和声誉记录，为未来的潜在交易提供一种更加客观的社会信号。[①] 其次，社会信号的标准超越了传统的地域性，变得更加集中化，将单纯的声誉评价转变成一个大规模统计服务质量的手段和工具，甚至是资源管理手段。最后，这一机制尤其适用于大量用户相互提供去中介化的服务，特别是难以对服务提供者事先进行资格审查和质量保证的情形。最广为人知的莫过于淘宝的评分系统了，买家和卖家都可以对交易活动评价，便利了信息对称和纠纷解决。[②] 像网络专车、短租、外卖等分享经济平台也都将这一机制作为必不可少的架构。

第四种机制更多地和搜索服务相关。搜索引擎的本质是通过算法预测和向用户推荐他们希望看到的搜索结果，这些结果要么依据其他网站对某一网站的链接数量（如 PageRank），要么通过出售广告位或搜索关键词（如竞价排名）。通常两种方式会相互结合，将搜索引擎变成一个天然的声誉排名机制。在近年由魏则西事件导致的搜索引擎规制风波中，百度承诺"在改变竞价排名机制的基础上，纳入信誉度为主要权重的排名算法，引入了客户的信用评价模型"，将声誉评分机制作为应对不确定网站内容的手段。[③]

传统法理学将声誉视为人际交往的社会规范，并认定隐私和声誉应当成为法律保护的重要人格权，从而忽视了声誉的生产和传播维度。[④]

[①] 通过手机为某人拉票打分似乎已经成为广泛应用的机制，诸如社会荣誉的评选、歌手在娱乐节目中的进退、甚至是网络议程设置。

[②] 淘宝的第三方支付功能起到担保的作用，但其本身未必能促进未来的合作，更多地适用于一次交易。类似的机制还包括强制保险和事先赔付。

[③] 这实际上反映了通用搜索模式的进一步衰落。关于通用搜索和专有搜索的比较，以及从资源管理角度对百度竞价排名的研究，见胡凌：《走向封闭的搜索引擎》，载《网络法论丛》（第二辑），中国政法大学出版社 2018 年版。

[④] 胡凌：《网络隐私保护：信息生产与架构的视角》，载《法律和社会科学》（第 5 卷），法律出版社 2009 年版；Eric Goldman, "Regulation Reputation", in Hassan Masum and Mark Tovey ed., *The Reputation Society: How Online Opinions Are Reshaping the Offline World*, The MIT Press, 2012.

按照这一经典理论,隐私和个人信息应当按照信息主体的意愿进行披露和使用,并应当尽可能避免披露(从而降低不可控风险)。① 从20世纪90年代以来,通过法院事后保护名誉和隐私被塑造成个体对抗大众媒体和网络暴民的必然选择。然而,网络平台实践带来了另一种视角:借助在线声誉技术,社会主体的行为可以被大规模记录和储存,鼓励大众系统地生产、披露隐私不仅可以潜在地使平台企业获利,只要它们以合法的形式收集和使用(通过用户协议),还可以事先预测,在整体上减少相关司法纠纷,节约司法资源。这一视角从声誉保护转向声誉管理,契合了网络平台作为信息中介的角色。

声誉从同侪之间口耳相传的短暂形态转化成基于过去的经验和做法之积累而对未来进行评估和预测的持久素材,其社会功能发生了极大变化。声誉不再是弥散在社会中的伦理观念或者多变的社会规范,而是在网上逐渐从分布式转向集中化,有可能通过一个集中化的方式进行统一管理。这一过程类似于现代民族国家统一的法律逐渐取代不同地方习俗的过程,在线声誉成为约束力强的"软法"。② 传统的声誉在网上仍然存在,人们也依然在意,但新系统的存在迫使声誉不断再生产出来,形成一种无形的压制性权力,人们要做的不再是掩盖和隐瞒,而是主动迎合与披露。声誉评分和数据挖掘可以精确识别用户的身份和偏好,向用户推荐更具有歧视性的服务。用户得以被更加精确地监视和记录,声誉评分被塑造成内嵌在消费主义的一个更加精细的技术手段。③

2. 在线声誉系统如何起作用

如上所述,在线声誉系统设计对维护在线社区的秩序和交易管理不可或缺。有必要基于经验进一步分析声誉系统如何在微观上起作用,约

---

① Alan F. Westin, *Privacy and Freedom*, Ig Publishing, 2015.
② 在一些领域,声誉评分与信息披露已经被规制规则强制要求,见《网络预约出租汽车经营服务管理暂行办法》第19条,《网络借贷信息中介机构业务活动管理暂行办法》第31条,《网络食品经营监督管理办法(征求意见稿)》第26条。关于软法的一般理论,见罗豪才、宋功德:《软法亦法——公共治理呼唤软法之治》,法律出版社2009年版。
③ 通过社交媒体对免费劳工进行大规模监控是传播政治经济学上的热门话题,在此无法引申,参见 Christian Fuchs ed., *Internet and Surveillance: The Challenges of Web 2.0 and Social Media*, Routledge, 2011.

束人们的行为。以下是一些经验性要点：

➢ 评分必须公开，让潜在的交易者和合作者易于看到，以形成直接的声誉压力。

➢ 评分需要匿名，以便激励用户评分，非匿名方式容易给评价者带来骚扰和压力。①

➢ 在平台政策设计上对交易主体施加间接压力，使其意识到声誉不佳同样会导致减少未来交易与合作机会，例如评分较低的商家无法参加促销活动。

➢ 评分反映主体一段时期内的活动状况，而非短期活动，从而更加稳定和可靠；这意味着允许人们犯错并做出可见的改进，少数不当行为不会影响较长时间段的累计评分。

➢ 评分和语言、图片评价结合在一起，使其他参与者得以观察细节，避免误会和评分分值的模糊。相伴随地，点评内容也越来越成为宝贵资产。②

➢ 与基础身份信息的认证和基本信息披露相互补充。一般而言，实名制用于事前威慑和事后追责，但无法对网络交易和行为给出适当预期；基本信息披露无助于反映实时动态信息。人们的活动痕迹记录和他人的评分、意见等衍生信息即可起到补充作用。

➢ 根据大量的交易行为将人的不当行为具体化和类别化，形成统一的规范③，并通过一个复杂的算法加以计算。

➢ 通过用户协议获得用户许可，内容上强调搜集用户的信息用以改进服务，并提示风险。

➢ 资源的封闭与开放。和实名制起作用的方式类似，封闭社区和有

---

① 但和实名制的实践类似，匿名评论容易出现推手和虚假评论，还需要更多实证经验验证实名/匿名的效果。

② 例如，大众点评和爱帮网的纠纷（见"上海汉涛信息咨询有限公司与爱帮聚信（北京）科技有限公司不正当竞争纠纷上诉案"，北京市第一中级人民法院二审民事判决书，(2011)一中民终字第7512号），大众点评和百度地图的纠纷（见"上海汉涛信息咨询有限公司诉北京百度网讯科技有限公司等不正当竞争纠纷案"，上海市浦东新区人民法院一审民事判决书，(2015)浦民三（知）初字第528号）。

③ 戴昕、申欣旺：《规范如何"落地"——法律实施的未来与互联网平台治理的现实》，载《中国法律评论》2016年第4期。

限资源平台上的声誉机制更容易起作用。① 声誉在开放平台上是否能替代质量控制仍然是一个疑问,特别是交通和餐饮等涉及人身安全的行业。②

3. 社会功能与实际效果

在线声誉系统无论作为社区交往工具还是经济资源管理手段都具有相当的优越性。首先,它帮助塑造更加细致的交易规则,确保不当行为的透明性和公开化,改善了传统社会中的信息不对称③,这无疑便利了大规模主体的交往互动,提升交易安全水平;其次,它以低成本将私人信息汇总至一个相对公开的平台上,做到了相关知识的标准化,并有能力不断动态地加以调整,同时据此预测主体的行为,将越来越多的市场纳入同一个声誉基础设施;再次,它帮助主体积累社会资本和信用记录,提升了未来社会交往与合作的能力,在整体上推动陌生人之间的信任与合作,特别是基本信息披露变得成本高昂的时候;最后,在线大规模群体的快速交易与互动伴随着大量风险和不确定性,声誉机制(事前和事中)和在线纠纷解决机制(事后)应运而生,一定程度上解决了传统法律无法及时应对的众多问题。④

信息中介对良好信息机制的需求不尽相同,对经济性平台和非经济性平台的区分更有利于我们理解这一点。经济活动目的单一明确且涉及财产安全,这样的平台往往采取更加严格的标准,例如实名制和产品信息强制披露,也更容易被用户理解和接受;但非经济性平台更倾向于利用用户之间的柔性规则进行自我规制,实名反而是良好社交秩序和需求的一

---

① 关于实名制成功的经验,见胡凌:《中国网络实名制管理:由来、实践与反思》,载《中国网络传播研究》2010 年第 4 辑,浙江大学出版社 2011 年版。

② Benjamin G. Edelman and Damien Geradin, "Efficiencies and Regulatory Shortcuts: How Should We Regulate Companies like Airbnb and Uber?", available at SSRN: http://ssrn.com/abstract=2658603,2022 年 10 月 20 日最后访问。

③ Adam Thierer et al, "How the Internet, the Sharing Economy, and Reputational Feedback Mechanisms Solve the 'Lemons Problem'", 70 University of Miami Law Review 830 (2016).

④ 其他的社会自发机制包括职业打假人等,后面提到的网络推手某种程度上可以看成是对评分机制的反抗。

个副产品而非原因。① 如果声誉能够起到弥补信息不对称的功能,一般而言也是一种弱信息披露方式。下表针对一些常见的网络平台进行了大致分类:

11.1 常见网络平台信息披露方式分类

	经济活动平台	非经济活动平台
强信息披露	网络专车、个人征信、电商	职场社交平台、婚恋网站
弱信息披露	评分服务	知识百科、BBS、即时通信服务

即使在纯粹经济活动平台上,声誉评分的效果也不尽相同,可能影响精确度的因素有:首先,在一些市场会形成富者愈富的效果,在个体服务差别不大的情况下,评分优于他人便可能赢者通吃,这提供了刷排名的初始动力。其次,在提供非个人化服务的市场中,服务水平差别不大,一般用户出于好意都会给予满分(通常是 5 分),这种做法无法精确反映现实状况,并且对少数被偶然打了低分的服务提供者产生了明显的排斥作用。② 再次,评分无法完全替代服务信息披露,特别是涉及普通消费者无法辨识的广告和产品安全信息等专业内容,如果评分只能用于那些难以标准化的披露成本高昂的信息(例如服务态度),就不能指望这种机制起到更大作用。③ 如果有其他渠道强制进行信息披露,评分机制就会被削弱。最后,某一领域的声誉评分可能会被不当地应用至其他领域,特别是通过经济交易积累的征信记录被用于其他非经济领域(例如职场社交),出现无法预料的社会问题。正如后两节专门强调的,一旦将声誉变成重要的约束机制,就会出现两种情况:人为刷积分排名的行为,以及依据不完全信息作出的不公平决定。

---

① 从 Facebook 和微信的发展来看,实名社交需求越来越强烈,主要原因是线上圈子和线下圈子逐渐融合,人脑无法同时记住几百个好友和几十个朋友圈的两套命名系统。据说阿里巴巴员工在花名使用上也遇到了困扰。

② Tom Slee, *What's Yours Is Mine: Against the Sharing Economy*, OR Books, 2016.

③ 相关的讨论,见 Benjamin G. Edelman and Damien Geradin, "Efficiencies and Regulatory Shortcuts: How Should We Regulate Companies like Airbnb and Uber?", available at SSRN: http://ssrn.com/abstract=2658603,2022 年 10 月 20 日最后访问。

三、声誉系统的失灵:炒信与歧视

1. 从网络推手到炒信

如上所述,声誉系统的主要功能之一是为优质服务提供保障,但这取决于真实信息能够有效地披露和生产。如果声誉系统失灵、信息失真,则无法实现秩序和资源的维护,造成市场混乱。因此一个二阶问题便是追问确保真实信息生产的有效机制是什么。首先,人们并不会积极主动地贡献真实信息,由于平台倚重声誉治理,甚至直接和交易者的经济利益挂钩,这导致了交易参与者有动力通过推手、炒信等方式追求虚假声誉和排名,甚至成为有组织的非法活动。阿里自己的研究也把平台信用、主体虚拟化和评价体系认定为炒信现象出现的三大原因。[①] 其次,从声誉的制裁性看,在线声誉的影响力要远远大于传统声誉,将细微的关于不当行为的不同认知放大,以至于简单的评分都可能造成严重影响,被永久留在网上,直接影响未来的合作,这也鼓励了交易参与者通过其他方式"作弊"调整评分。[②] 另外,评分的行为由大众集体参与,大大提高了瑕疵行为被发现和惩罚的概率。由此可见,声誉制裁的后果和被发现的概率要远远高于违反线下法律的情形,提供了交易参与者铤而走险的强激励。

网络推手是与中国互联网发展相伴的现象,早期的网络推手集中在BBS和社交网站中,他们混淆了商业推广和普通言论,对公共领域健康发展有负面影响。[③] 一旦和有组织的网络水军相结合,在线声誉机制的功能就会出现异化,无法反映真实准确的信息。推手的存在提出了声誉机制在多大程度上能够反映真实、其运行成本有多高昂的问题。由于声誉系统意在管理和优化大规模网络群体交易,提供合适的激励进行正当的行为,而推手行为恰好来自需要被声誉机制驯化的有组织的大众,那么我

[①] 聂东明:《解密炒信之一:互联网领域的灰黑产业链》,载 http://www.aliresearch.com/blog/article/detail/id/21022.html,2022 年 10 月 20 日最后访问。

[②] 更加详细的说明,参见王琼飞:《数据作弊:大数据时代的法律空白与规制》,载"互联网法律沙龙"微信公众号,2016 年 9 月 27 日。

[③] 参见吴玫、曹乘瑜:《网络推手运作揭秘:挑战互联网公共空间》,浙江大学出版社 2011 年版;胡凌:《商业网络推手现象的法律规制》,载《法商研究》2011 年第 5 期。

们就应当把推手看成是声誉系统的内生因素而非外生因素,从而客观地看待这一非法现象的生成和运作。

在如下市场中都出现了广泛的推手和刷单现象,它们和在先的声誉机制密不可分:

➢ 淘宝上存在大量恶意差评师、删差师和网络交易信用欺诈行为。①

➢ 搜索引擎、应用程序商店长期被搜索引擎优化(SOE)和作弊行为困扰,因为集中化的系统会产生富者愈富的结果。随着搜索引擎越来越成为信息资源的入口,这一行为愈演愈烈。同时,竞价排名是平台变现的需求,依靠自然算法得出的搜索结果逐渐被竞价广告与推广取代。

➢ 微博上充斥着众多虚假评论和僵尸粉,它们被虚假账户操控,帮助创制虚假流量,甚至可以引申到机器人粉丝。值得注意的是,僵尸粉不仅对网络大V有利,也对初创网络平台吸引广告有利。

➢ 为了获得高额补贴,有专车司机刷单,制造虚假抢单。

➢ 推手已经成为非常成熟的产业,有从制造黑色账号到粉丝交易的一整套流程与合作平台。②

推手现象是新经济兴起过程中出现的负外部性之一,受到政府和企业越来越多的关注。多数网络平台有动力通过技术措施打击推手,例如搜索引擎公司会调整算法、网络平台通过技术手段进行识别,从生态环境上改变推手的行为预期。③ 在法律上,推手行为不仅可以被认定为诈骗,更涉及一系列民事与行政责任。和网络诈骗一样,借助信息技术和具备网络组织特点的推手行业仍然需要公共机关和私人进行合作治理,网络平台的优势是信息更加对称,可以向政府部门提供证据线索和解决问题的思路。尽管地方政府针对推手和刷单平台通过专项整治进行打击,但总体而言,立法上尚难以应对有组织的炒信推手行为,行政处罚的数额也远远低于刷单获利金额,无法起到威慑作用。

---

① 杨立新等:《网络交易信用欺诈行为及其法律规制方法》,载《河南财经政法大学学报》2016年第1期。

② 聂东明:《解密炒信之二:刷单的成因与防范》,载 http://www.aliresearch.com/blog/article/detail/id/21037.html,2022年10月20日最后访问。

③ 聂东明:《解密炒信之三:外在与内生规则的治理》,载 http://www.aliresearch.com/blog/article/detail/id/21038.html,2022年10月20日最后访问。

2. 算法歧视

在互联网时代,大量个人信息被引诱"自愿地"披露出来,吸纳到一个公开的信息评分机制中。[①] 反过来,通过分析个人使用和消费数据可以更精确地提供推广和预测,鼓励用户生产评分标准希望他们生产的隐私,隐私在这个意义上被不断再生产出来,成为填充网络机器运转的生产资料。为实现这一目的,互联网正在塑造个人信息反向强制披露的架构,声誉和隐私也必然从传统的两方关系转向第三方评估为主。[②] 这一架构将更多的公开的信息转化为可以量化计算评估的分值,从而更加精确地判断用户在一段时间内的整体情况。传统上这只能由征信机构和保险机构来完成,并集中在和经济活动相关的领域,目标是衡量个体的财务偿还能力。而在网上这一做法不仅催生了积累大量个体交易数据的私人征信机构,成为新型基础设施,并迅速扩展到更多可收集到数据的领域,广泛用于各类服务评价。

反向强制披露和导致网络推手的原因如出一辙,一方面平台可以根据搜集到的个人信息加强对个体用户的控制和预测,另一方面如果存在信息失真,则会造成大规模隐性歧视,给他们的生活和工作带来根本性影响。[③] 信息失真可能由两种原因造成,一是不断搜集到的非结构化数据无法很好地转变成结构化数据,从而造成某些信息链条的缺失;一是即使信息准确完整,对某人了解越多,个人化的服务和"回音室效应"就越明显,从而减少了其他交易机会,剥夺了他们参与其他平台活动的可能性。[④] 同样地,评分的偏向性和歧视性内生于这一系统,这一做法的更进

[①] 戴昕:《自愿披露隐私的规制》,载《法律和社会科学》第15卷第1辑(2016),法律出版社2016年版。

[②] 关于隐私的关系理论,参见 Daniel J. Solove, *Understanding Privacy*, Harvard University Press, 2009。

[③] 〔美〕弗兰克·帕斯奎尔:《黑箱社会:掌控信息和金钱的数据法则》,赵亚男译,中信出版社 2015 年版。

[④] 关于回音室效应,参见 Cass R. Sunstein, *Republic.com 2.0*, Princeton University Press, 2008。互联网越来越成为一个算法主导的封闭世界,不同观念的交流变得日益困难,用户在网上得到的不过是机器经过预测向他推送的类似信息而已,这使得他们在心理上感到无比舒适。

一步好处便是减少消费者剩余和生产者剩余,为平台攫取更大价值。①

和理性的商家寻求推手帮助一样,理性的用户一旦了解声誉机制的算法,就会故意隐瞒真实信息,制造虚假的算法信息,不断与算法展开博弈,寻求自身利益最大化。这一逻辑推到极致便是,人人都将成为有策略的声誉管理者,尽管事实上并非如此。对更多的人而言,评分系统可能产生一系列困扰。首先,不同的评分服务基于不同的服务和数据产生,是针对用户生活某一侧面的过度反映,很难设想这些基于片面数据得出的评分会完整反映和评价个体的工作和生活。其次,对因数据质量产生的问题缺乏有效的救济方式,评分的充分性无法在短时间内得到检验和挑战,只能作为一种服务不断改进。再次,我们很快将见证一个评级滥用的世界,和个人信息被不受约束地倒卖一样,消费者无从知道谁在对自己进行评分,对于用户数据的存留期限、使用方式、挖掘的后果等更缺乏详尽的法律约束。最后,和其他社会性歧视类似,一个领域的声誉积分可能会被不加告知地应用至另一个毫不相关的领域,产生比传统上罪犯歧视、性别歧视、地域歧视更大的危害。

公平性将一直成为声誉评价机制的内在问题,如果网络平台希望这一机制发挥更大作用的话。作为黑箱的算法因为秘密安全的理由无法披露,即使披露也很难评估其社会后果,但仍可以尝试通过增加数据使用透明度加以改观,特别是由用户参与决定自己的信息可以被使用的方式和程度。在多大程度上对日常评分的规制可以适用个人信用评级的高标准是另一个复杂的问题,这涉及评级标准、执法能力、社会后果评估等政策考量。②

四、结　语

网络时代的声誉性质发生了变化,在社会规范的属性之上转向对流

---

① Anna Bernasek and D. T. Mongan, *All You Can Pay: How Companies Use Our Data to Empty Our Wallets*, Nation Books, 2015.

② 一个初步讨论,见 Frank Pasquale, "Reputation Regulation: Disclosure and the Challenge of Clandestinely Commensurating Computing", in Saul Levmore and Martha C. Nussbaum ed., *The Offensive Internet: Speech, Privacy, and Reputation*, Harvard University Press, 2011.

动性资源的管理手段,并得以通过技术措施在超越传统产业组织的更大范围内起作用。① 传统的声誉机制仍在起作用,只是网络平台在探索新商业模式时将这一机制加以创造性利用,使之与降低了的技术成本和不断增长的交易与合作机会相适应。在这个意义上,本章对于在线声誉系统作为一种抽象信任技术的初步讨论不仅仅延续了声誉的社会学和法学研究,更是对网络世界治理机制的探究。由此可以看到赛博空间中权力运作的微观层面,理解平台如何将人类社会常见的社会集体心理转化为可执行的准规则,以及这一实践背后强调"自我规制"、反对政府过度规制的政治经济动力。依靠社会性审查的声誉机制无疑降低了平台实质审查义务的成本,将中心化的信息披露转变为中立的声誉标准和规则制定者,这也会多少推动当下不断高涨的呼吁加强平台事前和事后责任的学术和政策讨论。②

更进一步,在线声誉机制的出现也是现代社会整体上"量化自我"进程的一部分,声誉和个人信息终于从主体身上剥离开来,变成不受自己控制的自我监控的外在手段,而"网络社会"只有靠这种外在压力才变得可能,网络社群的伦理自主性不断受到压制。这提出了评分机制和像区块链这样的信任技术是否能够促成一种新型"合作与信任架构"的疑问,有待进一步观察。③

未来所有的组织都可能是一个声誉搜集和管理的平台主体,从这个意义上说,本章的真正主题从"在线"转向了"储存"和"计算"。"在线"不过意味着可以实时动态地反映更真实的意见而已,但更为重要的是处理这些意见的方式。在线声誉系统无疑为传统社会治理的转型提供了新视角和方法,从所谓"数据库国家"开始,信息技术已经对现代国家治理产生重要影响。④ 本章主要集中在互联网平台和用户之间的关系,未来有必

---

① 这是"代码就是法律"的另一个注脚,见 Lawrence Lessig, *Code Version 2.0*, Basic Books, 2006.
② 这一主张认为,应当在知识产权、产品质量、广告等领域强化信息披露义务,具有信息优势的平台应当进一步履行审查义务。
③ Don Tapscott and Alex Tapscott, *Blockchain Revolution: How the Technology Behind Bitcoin Is Changing Money, Business, and the World*, Portfolio, 2016.
④ 欧树军:《国家基础能力的基础》,中国社会科学出版社 2013 年版。

要进一步探讨新型治理模式对国家的启示。①

　　声誉系统看上去是一个低成本系统,但仍然需要精确设计,并考虑到对平台上交易主体产生的影响,否则其负外部性会使得产生的社会成本在其他地方表现出来。和其他现代化的信任基础设施一样,网络声誉机制和征信记录本身也会失灵,需要其他治理手段协同治理。随着网络平台的不断成熟,相互竞争的声誉系统会出现更多值得研究的新问题,需要更多的经验材料加以验证。

---

　　① 例如,Lucio Picci, *Reputation-based Governance*, Stanford University Press, 2011. 本章并不想把研究意义简单引申到国家对网络舆论的管控和引导上面,因为无论是治理系统还是被治理的对象的复杂性都是呈指数级增长了。

第十二章　架构理论下的脑机接口技术

一、引　　子

自从信息技术普及以来,创业者不断投入催生更多"革命性"的技术,例如人工智能、区块链、虚拟现实、数字孪生、脑机接口等,并吸引相当多的投资进行研发与推广,也不断引发法律和伦理思考。按照法学思维的一般路径,研究者会谨慎评估该种技术的应用,对技术使用过程中出现的问题尝试在现有法律框架下进行解释和解决,例如通过设定外部技术标准、规制使用场景或通过用户协议自治的方式进行分析。这一思路容易忽视某种通用性技术带来的社会生产问题,即如果一种技术不仅仅是可以随意装卸分拆的单一功能的物品,而是以通用功能构成了使用者活动于其中的系统,并不断在系统中通过信息反馈而组织行为主体进行价值生产的活动,那么对于技术的规制就不能单纯集中在其本身的设计和标准上,而是涉及生产方式和生产关系等更为核心和实质的问题。

在诸多新技术不断兴起的时代,本章意在基于经验理解法律如何一般性地回应通用性技术带来的新问题,并进行研究路径的反思。鉴于已经有大量研究围绕人工智能、区块链、虚拟现实等技术应用的规制进行了讨论[①],本章试图选取一个尚未进入主流法学研究者视野的、但在神经医学和生物工程领域中研发较为活跃且有广泛应用前景的技术——脑机接口(Brain Computer Interface,BCI)——作进一步思考。目前选择这一技术进行讨论显然存在着风险:如果以悲观态度讨论,容易被诟病为外行,

---

[①] 这在当下法学研究中已经成为无可回避的热点,但较少有研究将诸多技术问题联系在一起,并上升到理论高度进行反思。

在某种技术尚未成熟的情况下就进行非专业判断、夸大技术风险,甚至可能影响技术发展和舆论,并容易忽视其重要社会价值,事实上大量技术的使用都是"先兴起,后治理";如果以乐观态度讨论,又会被批评对尚未发生(也无法预测是否可能发生)的未来场景进行幻想,而法学研究往往是经验性的,现在少有直接经验可借鉴;更不用说会被直接批评为仅仅是在蹭热点,而相关讨论很快就伴随技术的不断更新或场景的碎片化而消失,无法积累有意义的知识。此外,在 BCI 发展早期,很多时候伦理问题显得较为突出,科技伦理研究者倾向于从安全风险、自由意志、身份认同、隐私、公平等角度进行讨论[1],而法律尚无法给出普遍性回应,最多只能在发生纠纷时进行个案处理,这也给目前开展深入法律研究带来了困难。然而,选取 BCI 切入讨论一般性法律理论问题也有优势,这不仅可以在技术开发之初未雨绸缪,更重要的是可以通过 BCI 展示出通用性技术的潜能,与现有关于其他在先的信息技术核心问题讨论结合起来,进而推进我们对从网络法到人工智能法等学科领域的连续性观察,提炼核心的法律理论问题域,而这些问题虽然在过去二十多年中逐渐稳定成型,却较少有系统性分析。有必要把互联网发展以来的技术应用与规制模式进行总结,并尝试应用至新兴技术中,及早发现既有模式问题加以改进。

  BCI 指在人或动物脑(或者脑细胞的培养物)与计算机或其他电子设备之间建立的不依赖于常规大脑信息输出通路(外周神经和肌肉组织)的一种全新通讯和控制技术。[2] 它可以在概念上进行狭义与广义的区分,前者指仅限于作用在颅骨周围的脑机接口技术、装置和系统,而后者包括"人工耳蜗""人工视网膜"和"人工视觉"等信息输入系统。[3] 从接口对人脑的进入程度看,BCI 按照风险高低可以分为"侵入式""半侵入式"和"非侵入式",目前的实验研究主要集中在"半侵入式"和"非侵入式"。BCI 从

---

[1] 例如参见李佩瑄、薛贵:《脑机接口的伦理问题及对策》,载《科技导报》2018 年 7 月 13 日;唐远雄、孙嘉伟:《审视脑机接口:后人类未来的技术演化与治理》,载《科学·经济·社会》2021 年第 39 卷第 1 期;魏郡一:《脑机接口技术:人的自主性问题及其伦理思考》,载《医学与哲学》2021 年第 4 期。

[2] 于淑月等:《脑机接口技术的发展与展望》,载《计算机测量与控制》2019 年第 10 期;Jonathan R. Wolpaw et al. , "Braincomputer Interface Technology: A Review of the First International Meeting", 8 IEEE Transactions on Rehabilitation Engineering 164 (2000).

[3] 葛松等:《脑机接口:现状、问题与展望》,载《生物化学与生物物理进展》2020 年第 12 期。

20世纪中期开始得到研发,目前发展迅速,在生物医学、教育、游戏、军事应用等领域的潜在应用十分广泛。① 虽然从目前应用场景看仍然是围绕单一功能展开的技术,未来可能会进一步扩展至更多领域。② 本章并不试图(也没有能力)面面俱到地设计在那些尚未发生领域中的法律回应与规制措施,也无意替代未来立法者进行基于大量专业信息的判断,而仍然是从已有技术进展水平和法律理论框架为出发点展开讨论,将 BCI 置于架构理论中观察其可能的特殊性,分析其是否能够延伸这一理论框架。从这个意义上讲,本章既是展望式的也是经验性的,甚至对技术应用的理解是肤浅和暂时性的,但希望通过现有问题意识对 BCI 进行透视,理解技术想要什么,期待未来的政策与制度设计能够回应现有框架提出的理论问题。

架构理论源于信息技术带来的新的生产方式再造,并不断影响作为上层建筑的法律与知识生产。信息技术不仅仅是一种专用技术性物品,还是一种服务,并通过特定媒介演化成生产组织,通过对虚拟"架构"的创设而拥有自身独立的利益主张。③ BCI 作为通过有线或无线方式开展人机交互的技术实际上是信息媒介的深层次延伸,进一步拓展了基于信息交换的生产方式,将使用者纳入生产过程,并在使用者与技术提供者(平台)的关系中围绕核心法律概念与制度重新塑造法律关系,最终确立新型生产方式的合法性。本章将按照如下顺序展开讨论:第二节在介绍 BCI 相关观念和发展过程的基础上区分作为单一工具性技术和通用系统性技术的 BCI,认为该种技术和人工智能技术一样,在经过"非法兴起"后,其大量应用和功能可以嫁接在现有平台经济模式中,从而可以置于架构理论框架下分析,特别是该技术会进一步创设出新的虚拟架构,要求特定法律制度发生改变。第三节详细讨论 BCI 架构如何通过新型基础设施建设成为一个控制/生产过程,其权力运作的微观机制同样通过"账户—数据—算法"影响用户的行为。第四节在综合历史上各种信息技术发展实

---

① 1924 年德国精神科医生汉斯·贝格尔发现了脑电波,发现意识可以转化成电子信号被读取,由此出现围绕 BCI 技术的研究。

② 赵新刚:《面向生命健康领域的脑机接口技术展望》,载中国科学院创新发展研究中心、中国生命健康技术预见研究组:《中国生命健康 2035 技术预见》,科学出版社 2020 年版。

③ 从这个意义上说,技术是"自主"的,有自己的演化路径。

践的基础上,对法律如何规制技术的路径进行反思,认为每一次作为系统性生产方式的技术兴起,都更多地解决了生产要素的创制和流通问题,但对劳动价值的分配的关注较为缓慢,BCI 提供了反思技术公共性的机会。

二、从单一技术到生产方式变革

1. 技术原理与法律想象

脑机接口技术最初源于脑科学研究,并迅速扩展至相关交叉学科领域,被认为是 21 世纪充满前景的技术之一,也是国家技术竞争的重要面向。从 2016 年起国家启动"脑计划",次年"脑科学和类脑研究"被列入《"十三五"国家基础研究专项规划》,其核心问题包括脑与认知、脑机智能和脑的健康等。美国政府在 1989 年提出全国性脑科学计划[1],2013 年提出"白宫脑计划",目的是探索人类大脑工作机制、绘制脑活动全图、推动神经科学研究、针对目前无法治愈的大脑疾病开发新疗法。美国军方也十分重视脑机接口的创新研究及医疗、军事应用,探索神经控制和恢复、脑机接口与外骨骼机器人、无人机、无人车等设备的联用等,以研发医疗救治和康复新途径、增强和开拓脑功能和人体效能、拓展训练方式和作战环境。[2] 2013 年欧盟启动了规划周期为 10 年的欧盟脑计划,包含 12 个子项目,侧重研究超级计算机技术来模拟脑功能。[3]

从技术原理看,BCI 通过信号采集设备从大脑皮层采集脑电信号,经过放大、滤波、A/D 转换等处理转换为可以被计算机识别的信号,然后对信号进行预处理,提取特征信号,再利用这些特征进行模式识别,最后转化为控制外部设备的具体指令,实现对外部设备的控制。典型的 BCI 系统主要包含信号采集、信号处理、控制设备和反馈四个部分。其中信号处

---

[1] 程中和等:《关于大力加强国家脑科学研究的建议》,载《中国科学院院刊》1997 年第 6 期。

[2] 具体参见高越:《美国脑机接口技术研究及应用进展》,载《信息通信技术与政策》2020 年第 12 期。

[3] T L. Neurology, "The Human Brain Project: Mutiny on the Flagship", *13 Lancet Neurology* 855 (2014).

理包括神经信息的预处理、特征提取、特征分类三个环节。① 如果将该过程与现有通过智能终端进行信息生产与反馈过程相比,会发现在抽象意义上它们都是一个信息控制的闭环系统,只是 BCI 会更加个人化和精细化,甚至可能提供因人而异的信息反馈。

和人工智能一样,BCI 的开发与媒介形象也经历了不同的社会想象。② 如果放在人机交互的控制论背景下就不难发现,BCI 不过是人机共生系统"赛博格"(cyborg,Cybernetic Organism 的简写)的最前沿的表现方式,其理念早已出现在科幻文学和影视作品中。③ 人脑通过机器实现远程控制,并能够将意识转化为更加具象的形态,进而在更加自由和解放性的赛博空间中不受约束地活动。这种想象和新自由主义思潮下商业力量对国家规制的排斥一脉相承,并最终形成了我们目前看到的全球互联网。其后不论是虚拟现实、人工智能、加密货币还是 BCI,都可以追溯到早期这种无政府主义意识形态。④ 由于文艺作品的广泛普及又会使公众对 BCI 的出现不会感到极端恐慌或反感,从而为其未来的大规模应用逐渐打下社会认知基础。

一般而言,法律处理新兴技术问题的方式往往放在现有法律框架下进行解释和延伸,以确保法律体系本身的完整性(例如将虚拟物品解释为财产、将网约车解释为出租车),但也会受到一般社会大众想象的影响,作出不符合当下认知和法律规则的判断(例如将人工智能体解释为法律主体,进而拥有各类拟制权利)。类似地,早期 BCI 可能停留在纯粹医学和健康领域,无法影响大众的普遍认知,而一旦和现有各类虚拟服务相结合大规模推广至社会,就会重新以增强用户控制力和体验、去中心化服务或宣称创设一个更美好的虚拟世界等名义出现。互联网兴起的经验告诉我们,以信息自由流通名义出现的信息技术创设出的虚拟"架构"往往在微

---

① 李静雯、王秀梅:《脑机接口技术在医疗领域的应用》,载《信息通信技术与政策》2021 年第 2 期。

② 胡凌:《人工智能的法律想象》,载《文化纵横》2017 年 4 月。

③ 唐远雄、孙嘉伟:《审视脑机接口:后人类未来的技术演化与治理》,载《科学·经济·社会》2021 年第 39 卷第 1 期。

④ 但吊诡的是,除加密货币外,这些技术基本上都是依托国家力量研发的,并在成熟后从军事领域转向民用商业领域。

观上对用户行为形成更加深入的控制。①

目前国家法律并没有特别针对此类技术进行规范,重要的法律理论问题是,法律在多大程度上能够准确回应技术及商业应用想要什么,如何通过不同的法律关系掩盖或揭示背后的价值生产过程。第一,BCI 看起来是一种单一的医疗康复技术,更接近一般的医疗器械和健康监测终端,它可以从神经层面触发和修正人脑特定功能的运作,从而潜在地取代其他人类器官的交流辅助功能。② 这种技术对感官残疾患者是一个福音,一旦成熟也可以进一步扩展至其他普通人,即允许他们通过 BCI 分析其脑信号,进而以意念的方式在虚拟空间中操纵和实现特定服务。第二,如果初级阶段的 BCI 延伸到诸如虚拟现实环境下的娱乐和内容产业,就不难看出其重点在于以更加便捷的方式使用户进入服务领域,摆脱感官和四肢的操控。由此 BCI 就成为一种媒介和入口,在特定应用程序中实现中介的功能。第三,一旦用户开始习惯于通过这种方式接入互联网,就可以沿用传统商业模式开展创新,这体现出 BCI 还将成为一个进入系统性的生产组织的连接点,只有通过双边市场模式才能调动各类社会化资源和市场要素通过平台化进行精确匹配。③ 不同层次的视角有助于提前预判 BCI 服务可能使用的各类流行话术,并以完全不同的法律关系看待它:(1) 技术中立,主张 BCI 仅仅是一个接口、管道或信息中介,起到连接器的功能;(2) 用户自由和解放,主张用户可以将双手和五官解放出来,并通过大脑开发无限功能和创意;(3) 控制,主张用户拥有对技术使用的控制能力,更加便利。它们都可能掩盖其背后通过生产性平台进行的生产组织活动,以及对用户活动空间的压缩。

由此看来,表面上单一的技术可能本质上是生产组织,进而为通过此类技术进行的行为承担不同类型的责任。如果说以往的法律研究更倾向于将技术看成是可以独立存在并交由用户进行自主使用的物品,那么一旦认识到技术本身通过商业模式可以包装成服务,并以低成本获取使用服务的信息,逐渐引导和动员用户进行更有效率的价值生产活动,并最终

---

① 这就是"代码就是法律"的意思,见 Lawrence Lessig, *Code and Other Laws of Cyberspace*, Basic Books, 1999.
② 关于一般性的医疗器械规制,见国务院《医疗器械监督管理条例》(2021 年修订)。
③ 双边市场模式构成了平台经济的核心,也是认定竞争关系和相关市场的重要考量因素。

通过商品化过程获利，形成一个有效信息闭环，那就可以说通用型技术是一种生产方式和组织形式，能够有效地动员生产、调配生产要素。通常我们强调技术创新仅仅局限于特定种类的工具性发明创造，而技术背后的模式创新则将具体技术嵌入在无处不在的服务过程中。

2. 理论框架

鉴于我们对人脑的认识仍在不断深化，BCI 何时能否成为一种通用型技术，本章无法预测。从法律视角而言，最好避免对某种无法预料的指数型技术创新进行过早判断（例如何时从弱人工智能实现强人工智能，到达"奇点"），而是关注当下的实际问题。事实上法律并不特别关注单一功能的特定技术的外部性问题，它们可以通过风险评估基础上事前设定技术和质量标准、事后进行侵权损害赔偿救济得到解决。[①] 只有当 BCI 成为构成系统性信息反馈与控制的技术，并嫁接在现有平台商业模式之上，才会引发法律体系的广泛调整，形成具有特定内核的规则集群。从这个意义上说，法律更容易受特定技术的使用和扩散过程的影响，特别是当这一过程能够体现并扩展为普遍性的生产方式的时候。这表明，法律除了对社会主体进行行为控制和调整预期的基本功能外，还有重要的生产性的面向，作为上层建筑需要在深层次上对新型生产方式和生产关系进行回应，能够起到推动先进生产力发展的功能。人工智能技术的广泛应用已经证明了这一点，以单一功能视角孤立地看待某种智能终端不足以认识背后主导和组织经济活动的力量，因此需要将智能算法嵌入数字平台的自动化生产过程进行考察。[②]

当一种新型生产方式兴起的时候，就会涉及谁在生产、生产什么、如何生产、如何分配这样一些基础问题，法律必须对这些问题作出回应，否则该种生产方式可能处于"非法"状态，无法稳定，并会持续给社会和市场秩序带来影响。互联网的早期历史表明，"非法兴起"对低成本获取生产

[①] 这也是为什么早期网络法被称为"马法"，即认为一种具体或独特领域在法律看来并不重要，重要的是一般性抽象出来的法律原理。而后续的人工智能、数据都试图在知识上生成看似独立的法律部门和学科。参见 Frank Easterbrook, "Cyberspace and the Law of the Horse", 1996 *University of Chicago Legal Forum* 207。

[②] 例如，张凌寒：《〈个人信息保护法〉（草案）中的平台算法问责制及其完善》，载《经贸法律评论》2021 年第 1 期。

要素以便形成新商业模式至关重要,这一过程在随后的移动互联网阶段反复不断出现,如分享经济、人工智能、区块链和无人驾驶等模式和技术创新都或多或少经历了这一过程。[①] 类似地,BCI技术一旦成熟,广泛应用最便利的方式就是逐步嵌入已有互联网服务的场景中,并通过特殊的硬件和软件重新创设新的虚拟空间入口,或者整合进现有信息基础设施当中加以适当改造。对BCI服务提供者而言,仍可能会按照既有免费与补贴的商业模式对该种技术进行推广,以便低成本获取大量人脑脑波信息,培育开发相关智能算法,并尽可能以低成本获取生产资料,盗版、侵权、不正当竞争也会不断发生,直至这一新型生产方式拥有足够多的流量、趋于稳定并与既有平台开展合作。

由此法律对系统性技术变革回应的方式往往通过(1)确认新兴技术合法性,和(2)协调新旧生产组织利益冲突两个方面展开。这一过程包含对新型生产方式、生产工具、生产过程和生产关系等问题的全面审视。有必要认识到,对于特定技术而言,生产方式视角意味着超越使用者—工具的关系,而是看到使用者如何被一种外在权力机制纳入一整套系统中,系统权力通过微观机制展示出来并影响人的行为。一旦确立了合法性,体现新生产方式和内容的法律体系才会逐渐扩展趋于稳定。

法律在确认这一过程合法性的时候,逐渐形成和保护"架构"这种主要通过技术和商业模式建构起来的利益形态。架构本质上是通过信息生产、收集、储存、加工、分析、反馈等活动产生衍生的集合性价值的闭环控制系统,也代表了新型权力的运作方式。用户在特定架构中注册独一无二的账户,形成虚拟身份进行在线活动,无论是在架构内生产的内容数据还是其活动的元数据都可以被追踪,并通过各种算法集中分析,形成更为多元的数字身份,进而在不同场景下通过评分、推荐等方式刺激用户进一步按照架构的目标开展活动。不难看出,BCI架构作为一种新型信息控制系统实际上也是按照这一逻辑发挥其功能的:用户需要以真实身份注册账户以使用BCI,并通过大脑电信号发出指令,机器通过算法模式识别脑波后实现架构中的特定功能操作,并积累行为数据。这无论在速度上还是效能上都可能超过传统上通过肢体或语音等方式进行人机交互的方

[①] 胡凌:《互联网"非法兴起"2.0——以数据财产权为例》,载《地方立法研究》2021年第3期。

式,从而大大便利了价值生产。

3. BCI 架构想要什么

从历史上看,任何一种生产性的系统技术都会依托于现有商业模式进行迅速扩张,但其基本原理没有显著变化,即试图对社会主体进行认证,创制出新型生产空间,并以低成本组织他们进行生产活动。空间的创制是系统技术的精髓,依赖于使用对用户持续而低成本追踪的技术,也便利了生产要素的流动性。一旦架构开始形成,就需要通过技术、商业模式和法律不断保护其逐渐扩张但封闭的边界。实际上,架构本身也要求在确立自身地位的同时改变某些法律关系的适用,主张自己是反映旧生产关系法律规则的"例外",一旦这一非法兴起过程完成,这些例外就迅速变成常态和默认设置,新的规则和生产秩序会逐渐稳定。

基于过去二十余年的历史经验总结,生产性系统技术形成的架构从以下方面不断要求法律进行相应调整,以维护架构本身的权益,但法律内容本身并没有明显改变[①]:

➢ 数字身份:要求通过账户为用户创设虚拟身份,在架构中持续追踪账户行为,不断识别用户的真实性和唯一性,确保账户追踪的精准和管理便利;

➢ 虚拟财产:要求用户只能使用特定服务中的虚拟道具或装备,未经许可不得转让或处分,用户仅能获得一种有限的使用权而非绝对所有权;

➢ 知识财产:要求用户在架构中的公开区域生产的信息内容授权架构以非排他、永久且免费的使用权;用户无权改造或破解下载到个人电脑上的终端软件架构(如添加外挂);

➢ 个人信息:要求用户在架构内的一切行为数据会被记录和分析,以满足特定商业模式(如定向广告),或者改进服务(如个性化推荐);

➢ 合同关系:要求用户和平台之间是使用、合作关系,而非劳动关系,因此灵活劳动者无法依照劳动合同法要求平台承担雇主责任,也不享

[①] 本段基于对以下论文相关部分的改写。胡凌:《合同视角下算法治理的启示与边界》,载《电子政务》2021 年第 7 期。

有劳动法规定的各项基本权利；

> 秩序管理：架构有权对用户不当行为和言论进行一定程度的管理，防止竞争对手入侵架构进行不正当竞争。

按照这些主张，我们也可以根据 BCI 技术特殊性合乎逻辑地推导出 BCI 架构需要法律进行何种改变以确保其生产性权益[①]：

> 数字身份：为用户创设唯一真实的账户，用户特定区域的脑波可以被用来形成唯一独特的身份，使用 BCI 的过程既是真实身份创设和认证过程，也是多元身份创设和识别过程；

> 虚拟财产：用户通过 BCI 在架构中生成的信息以非排他、永久、免费的方式授权给服务提供者，形成集合性价值，但无权处分架构中提供的虚拟物品，仅能使用；

> 个人信息：通过算法解读出的人脑电信号属于个人敏感信息，需要用户明确授权同意使用，以不断改进服务体验，但会通过去标识化技术降低隐私泄露风险；

> 知识财产：用户不得尝试自行破解相关硬件或软件进行自我调整，需要根据 BCI 服务提供者的指引进行使用，否则可能侵犯相关知识产权，并自行承担所有可能的安全风险；

> 算法黑箱：用于识别用户脑信号的算法是一项服务，可以以可视化的方式向用户展示部分功能，或通过服务人员加以解释，BCI 服务提供者有权随时进行更新和调整，但算法代码本身不向用户及公众披露；

> 行为规制：用户脑波一旦被算法解读，形成可供识别的外在行为或操作过程，就不再是用户思想的一部分，因此需要对其后果负责，平台有权对用户行为基于信息安全或市场秩序需要进行管理；

> 合同关系：用户与 BCI 服务提供者的法律关系按照用户协议性质是合作关系或技术服务使用关系，BCI 仅仅是一种技术接口，并非劳动活动的组织者；

> 商业模式：用户需要容忍定向广告等基于用户个人特征自动推送的服务，不得使用第三方工具屏蔽；

[①] 需要提醒读者注意的是，这些要求并非某个特定 BCI 服务提供者单独提出来的，而是作为一个整体，经过与既有平台不断竞争后实现的稳定状态。

> 秩序管理：在 BCI 架构非法兴起过程中，要求法律确认适用既有法律的特殊性和例外性，保护其创新地位，但不允许后续竞争者以同样方式获取架构内的数据、内容和流量，维护架构的封闭性。

需要再次强调，本章无法设计 BCI 服务场景及具体的用户协议内容，但基于已有的生产性架构实践，完全可以合理推断出 BCI 架构会延续已有法律对平台经济合法性的确认需求。只有先解决了生产行为的合法性，才可能进一步讨论更为具体的稳定状态下的法律问题。

三、脑机接口架构的微观机制

本节将进一步讨论 BCI 架构中的微观控制和生产机制，试图理解围绕这种新型技术的法律结构如何展开。这一新型架构起作用的方式会延续以往互联网宏观架构的构成，并继续通过"账户—数据—算法"的微观结构对使用者发生作用，最终通过其他配套的信息基础设施进行扩展。例如，BCI 可以接入现有在线视频、游戏或自动驾驶服务，通过特定终端硬件和软件和虚拟现实技术结合在一起提供网络服务，不断延伸至各类场景。

1. 通过账户的认证

在虚拟空间中实现对使用者的身份认证已经成为网络治理的重要环节。[①] 账户是赛博空间与现实世界的连接点，用户通过用户名与密码进行登录，以唯一账户身份行动。通过对用户真实身份的认证，可以最终定位到具体个人，也可以持续在架构中追踪用户，积累数据并画像，进而生成多元的社会身份。由此账户就成了具有获取（access）在线服务权利的个人化权限和资质。平台企业有能力进一步将用户按照各种标准分类和预测，通过引入更多生产性资源实现商业创新，进而构建更多新型网络，

[①] 《网络安全法》第 24 条规定，网络运营者为用户办理网络接入、域名注册服务，办理固定电话、移动电话等入网手续，或者为用户提供信息发布、即时通讯等服务，在与用户签订协议或者确认提供服务时，应当要求用户提供真实身份信息。用户不提供真实身份信息的，网络运营者不得为其提供相关服务。国家实施网络可信身份战略，支持研究开发安全、方便的电子身份认证技术，推动不同电子身份认证之间的互认。

将用户不断纳入更加复杂的网络中,促成了用户新的社会身份生产与再生产。①

从历史上看,账户的法律演进原理在于将赛博空间中的账户和物理世界中的用户(及其数字身份)在法律上尽可能分离,即强调账户是一种属于平台的服务,用户对产生在账户中的有价值的数据不拥有财产性权利,这意味着平台企业使用用户数据的一切分析挖掘试验都只会关联到账户,而不会直接关联到物理世界中的本人,产生的价值也与用户在分配意义上无关。在既有生产关系下,法律关系的松散反而有利于平台对用户价值的获取。直接结果便是,匿名或去标识化的数据分析仍然可以对用户产生影响,持续地进行监控,并通过账户将其纳入生产体系。

BCI 在实现人脑与机器交换信息的过程中,实际上也为用户开启了一个账户。这一账户的特点是:首先,算法通过识别不同用户的脑波,可以为其创设一个独一无二的基于生物信息的标识符,使用起来会比传统的身份证件更加便利,也可以避免像人脸这类标识符的社会争议,因此也将成为身份法律制度的一部分,但其推广使用有赖于国家制定统一的技术标准。其次,这一账户需要通过特殊的硬件和软件才能登陆访问,从而进一步确保了该账户密切的人身属性,无法转让,这在技术上确保了用户协议规定的账户只能向唯一用户提供服务的要求,但也会产生账户内积累数据的转移和继承问题。最后,BCI 服务提供者对账户的管理形式可能不会发生较大变化,仍然会开发出一整套管理用户的行为(如封号、禁言等),也会通过展示经验等方式为这一在线身份赋予声誉价值,进而实现劳动管理和交易匹配。

2. 算法与黑箱

BCI 技术及其服务的算法实际上存在三类功能,一是上述识别到特定大脑信号进行身份认证,二是将大脑信号转化为机器识别的信息并发出操作指令,三是通过身份识别创设多元虚拟身份并进行自动化服务推送和决策。这三重算法功能紧密结合在一起,更为有效地组织生产,将用

---

① Jim Harper, *Identity Crisis: How Identification is Overused and Misunderstood*, Cato Institute, 2006.

户纳入价值生产活动。

这里可能存在的问题是,第二阶段的算法模型在多大程度上能够反映用户大脑真实的活动和意志,进而影响用户意思表示的准确程度。实际上对 BCI 服务提供者而言,用户的意志是否独立真实作为一个科学问题并不重要,就像人工智能究竟是否真的有"意识"的哲学问题一样,法律完全可以设定外在标准加以确认。重要的是平台算法会确立一套计算机语言进行转译,用户要做的只是接受用户协议并按照算法给出的功能一一确认使用,最终转化为可以生产价值的操作行为即可,如果发生了认知错误或非入侵 BCI 情况下解析颗粒度较低等情况,还可以不断调整算法予以修正,但不会影响正常服务流程。

随着算法规制越来越倾向于将算法视为平台经济运转中的重要环节,越来越多的资源也已经投入针对各领域的算法功能与外部性上,如内容审查[①]、自动化决策与推荐[②]、定价机制[③]等。对未来 BCI 的发展而言,也将存在类似针对算法黑箱的外部规制与信息披露问题,在制度上可以不断衔接,限于篇幅本章不加详述。

3. 开发神经数据推动生产

类似于人脸数据,经过 BCI 转化过的神经数据也是一种新型生物信息,除了生物伦理争议外,也会引发更进一步的数据权属问题。个人信息从来都依托于特定技术的开发,只有当 BCI 终端变得更加普及,经由此类技术开发出的神经数据才可能逐渐变得敏感。鉴于 BCI 已经十分接近人的大脑,可以想见会有社会利益群体主张用户必然应当有权控制其神经数据,要求创设一系列新型民事权利或消费者权利。而在 BCI 服务提供者看来,大脑信号只有通过专门硬件和软件的生产和解读才能成为有意义的信息,平台投入了资本和劳动,仍然希望按照用户协议免规定费收集此类新型生产要素,形成稳定的集合性数据资源池,进而开发出更加符合

---

① 《网络信息内容生态治理规定》第 12 条规定,网络信息内容服务平台采用个性化算法推荐技术推送信息的,应当设置符合要求的推荐模型,建立健全人工干预和用户自主选择机制。

② 《个人信息保护法》第 24 条规定。

③ 例如,交通运输新业态协同规制部际联席会议讨论决定,督促网约车平台公司公开定价机制,保障消费者合法权益。

人脑真实运作的算法模型,其财产性价值与用户个人无关。由于 BCI 操作需要大量脑波信息,由此产生的生物信息在处理过程中势必更加敏感。为避免可能的麻烦和纠纷,BCI 服务提供者会大力开发个人数据的去标识化处理,或者主张自己有能力证明去标识化技术手段使得重标识风险较低,不具备识别特定自然人的能力,那么一旦用户通过身份认证,脑波数据被算法转化为操作信息后就接受去标识化处理,使其仅仅能够关联到账户而非个人,从而在个人和架构之间架设起适当的防火墙。

四、反思技术规制的研究路径

1. 法律如何规制技术

本章对脑机接口技术讨论的前提是,假定 BCI 技术未来成为一种通用的系统性技术,并被广泛地应用,这需要新的基础设施进行配套和生产方式变革,而且其演进路径也可能需要长时间与其他技术应用的融合,甚至冲突。如果这一假定成立,那么一方面,BCI 会逐渐嫁接在现有的平台经济模式当中,在嵌入过程里进一步调整和加社会成员和互联网的生产关系;因此该技术不仅不是宣称的革命性的,反而是借助创新之名对现有生产方式的强化,而非偏离。另一方面,在此过程中,会出现利用该种技术非法兴起形成的新平台,和既有平台一起推动 BCI 应用的合法化,并通过各类意识形态和话术要求法律进行调整。法律在形式上仍然会保持稳定性和连续性,但背后反映的生产过程和方式则发生了激烈的不断变化。从这个意义上说,本章并不特别关注 BCI 本身的特殊性问题(这需要时间观察并通过实践来解决),而是关注其反映的法律与技术关系的普遍性问题。

传统法律在处理法律与技术的关系这一议题时往往倾向于将技术视为可以独立存在的人造物,在法律上体现为某种客体。但二十余年的网络法发展经验告诉我们,将技术看成孤立物品的视角在 21 世纪无法持续,也不反映真实世界,特别是在物联网时代,任何小型的边际上的技术设计或终端都可能被嵌入一个芯片向中心服务器传输数据,从而和一个更大的信息网络与系统连在一起。因此,需要从一个更加广泛的角度看待技术系统,即不论技术本身还是技术的开发者、控制者、使用者,都共同存在于一个不断形成的系统中,在生产经济价值过程中具有不同的分工。技术系统通过对"空间"的拟制和想象,重新塑造新的空间和价值增长点,并主导形成平台,进行生产。这可能是 BCI 带来的真正法律问题的核心,即是否允许该种技术以扩展性的方式存在,以及一旦扩展,会如何在生产过程中扩展其权力,如何在与竞争对手的关系、与用户的关系中体现出来,等等。这些问题要比诸如赛博格一类的科幻问题更有社会价值。

　　无人驾驶技术规制的研究历史已经表明,将技术事物本身仅仅视为孤立存在和运作的物品无法把握系统性技术的核心。早期法律研究者对无人驾驶汽车的想象仅停留在智能汽车会单独卖给消费者并随意上路,由此出现关于交通事故责任认定的讨论,这说明研究者实际上无法预测某种新兴技术的使用场景和商业模式,而且往往是错的。其错误在于未能看到智能汽车实际上是一个生产平台的入口(后来改称为智能网联车),车体本身被转化为一个不断生产汇集数据的新型架构空间,通过网络不断与云端联系,并进行车路协同,从而带动新型基础设施的翻新改造;而且长期看更有效的方式是按照共享单车模式分时出租而非个人购买,既便于管理也降低了社会成本。因此本章没有就事论事地讨论 BCI 具体法律问题,例如技术标准、风险与安全、侵权责任等,而是基于过去技术发展和应用模式进行分析。

　　法律与科技的关系是法学中持久的话题。如前所述,传统法律大部分时候应对的是单一功能的技术,因此需要事前设定技术和质量标准,并在事后通过落实侵权责任进行损害赔偿救济,或者保护特定专利的使用。但法律在应对系统性技术时往往无能为力,只见树木不见森林,这主要是因为系统性技术改变了生产方式和生产性资源的组织方式,加速了经济循环和生产效率,必然要求法律加以确认而非抵制。因此针对单一功能技术创造的法律规范对系统性技术和生产组织主体并不适用,也是无效的,后者反而要求对这些规则进行例外适用。如果 BCI 仅仅是一个普通的专用型技术,那么和其他神经医学上改进人的神经心理健康的技术和药品就没有区别,也会使本章的研究变成一个单纯的医事法研究。而一旦看到 BCI 成为可以开展人机协作与互动的媒介和入口,就会发现相较以往的技术环境,其具有更强的组织力和控制力,也会重新塑造关于模式同意、认知行为的问题。

　　本着历史唯物主义的研究思路,本章将技术视为一个不断演化的系统和组织形态,法律作为另一套相对独立的系统如何介入其运作过程将是十分持久的问题。法律究竟需要以反对不正当竞争的名义维护既得利益群体的生产方式及其相关利益,还是以保护创新的名义维护新兴创业者的生产方式及其相关利益,难以一概而论。我们已经看到,任何创造性破坏的技术本质上都是系统性技术,最终帮助确立有效组织生产的数字基础设施。互联网的非法兴起过程表明,法律需要认识到系统性技术的公共性维度,即数字基础设施建设和对流动性资源的集合性使用,如果新兴技术及其调配的生产要素无法在现有基础设施之上开展生产活动,法律就需要为该种技术保留一定的灰色空间,允许双方进行(不正当)竞争,对其商业模式应当保持谦抑态度。

　　如果架构理论具有解释力,本章就可以据此尝试总结出法律在面对新型技术时的一般性规制模式,并对我们过去的研究路径进行反思,还可以对 BCI 所处阶段进行预判。该模式事实上是一个历史和动态的过程。第一阶段可以观察某种新兴技术和服务在初始阶段的变化与发展,特别是它如何在现有新型经济模式下得到开发,以及如何与新兴商业模式加以融合,法律在这一过程中保持开放审慎态度(例如无人驾驶技术)。第二阶段需要区分单一功能的技术和通用功能的技术,从而较早跟踪观察该种技术如何进一步扩展为平台经济模式,并在此过程中解决与既有经济利益之间发生的冲突与不正当竞争问题,如果出现通过网络扩散急速扩大的风险,则需要及时限制叫停(例如虚拟币引发的非法集资)。第三阶段是逐步确认平台模式下的新兴技术的合法性,通过对现行法律的重新解释、修改或制定新的单行法律法规的方式加以确认,并推动新型基础设施的建立和完善。第四阶段则是在确认生产方式的基础上加强更细致的规制,包括制定技术标准、审查用户协议、推动日常规制等,充分利用其生产性优势,推动集合性经济价值在社会范围内的公平分配。而法律系统也正是在这一过程中发生变化,既在形式上保持着既有的原则和规则,也会逐渐更新内容,适应新技术的特殊性。不难发现,本章正是按照这四个阶段对 BCI 的开发与应用轨迹,以及可能的法律影响进行讨论。这一框架也可以用来分析其他具有潜在平台经济系统能力的技术,从而更好地帮助我们规划与评估不同类型技术的开发。

2. 增强技术的公共性

从早期互联网到人工智能到 BCI,我们见证了一种新型生产方式的不断形成与扩展,并在既有基础设施的基础上开发调动新的生产要素,但同时也看到消费者权利的削弱、用户自主空间的压缩以及抽象意义上更加自动化的过程对人主体性和自由意志的影响。在面对此类问题时,有必要识别和避免几类常见的理论性偏差:第一类是在哲学上讨论在人通过机器进行调适和改进过程中,人的主体性在不断丧失(例如人工智能的自动化决策机制会让人降低判断力,或者 BCI 可能会允许机器过度介入人脑而最终取代人自身的判断和决策),这类讨论抽象而言似乎有道理,但如果放在具体时空条件下审视则会发现实际上社会看待技术的方式本身也在不断调整变化,有了技术辅助,人们实际上可以作出更好的决策。有必要看到人的主体性问题相当程度上需要放置在社会经济生活的生产关系中理解,即因为生产资料占有的不平等,人们的社会主体地位也持续保持了某种不平等状态,机器的出现反而加剧了这种情况。第二类是按照传统法学分析,简单以赋权的方式设定新型权利以反对歧视等问题,如数据权利、算法权利、神经权利等①,这些权利(或权能)可能在具体法律分析中构成形式上有效的说辞,但仍然没有能够看到背后的生产过程和分配机制(实际上是默认接受),因此可能只是在边际上解决问题。第三类是在面临政策选择时进行非黑即白的抉择,即倾向于夸大技术的风险(如鼓吹人工智能会控制或取代人类,或 BCI 会产生非人),这也同样没有看到 BCI 技术有推动生产效率的潜力,而且 BCI 技术展示了经济转型过程中机器换人的另一种可能性,即人与机器开展有效协作,增强人的主体性。第四类主张对技术使用的不同场景进行特殊规制,并努力寻找不同场景中的特殊性。"场景化规制"看起来较为合理,但一般很难厘清何为

---

① 《自然》杂志曾撰文提出围绕脑机接口的四个主要伦理问题:(1) 隐私和知情同意,对个人神经信息和活动的保护甚至可能上升为一项神经权利;(2) 个人身份和能动性,如何在技术赋能人类身心的同时确保人类自由和自主性;(3) 增强人类,技术增强、赋能人类的边界问题需要更多探讨;(4) 偏见,其他 AI 领域已经出现很多偏见,类似的偏见可能蔓延到脑机接口和神经科学领域,对人类身心造成影响。见 Rafael Yuste et al., "Four ethical priorities for neurotechnologies and AI", 551 Nature 159(2017).

场景,仍然需要围绕技术的特殊性按照其在生产过程中所起到的功能加以剖析(如认证、行为评价、实现特定政策目标等)。综上所述,不能仅仅就技术本身开展讨论,而需要穿透技术背后代表的生产方式,合理认定使用者在这一生产过程中所处的地位。

如前所述,目前法律已经开始形成较为稳定应对系统性技术的分步骤思路,而且在每一种新型技术出现之后,都会重复提出上一种系统技术带来的治理问题。按照目前的经验,在技术发展过程中需要继续思考改进如下核心问题:(1)如何持续推动生产要素的跨平台流动,抑制平台企业的垄断效应;(2)如何推动数字基础设施的建立,并加强互联互通;(3)如何强化对用户协议在边际上的司法审查,保护消费者权利;(4)如何以低成本推动个人信息逐渐转化为公共信息,鼓励基于公共数据的创新与开源;(5)如何加强劳动者权益保护,设计适应流动性的社会保障制度。本章认为,未来关于BCI的讨论也应当遵循上述思路,既看到该技术存在的问题,也需要在发展中不断探索改进,并通过大众媒体与教育过程逐渐达成关于技术使用的共识,避免数字鸿沟。特别是,我们不仅要看到新兴技术的循环开发模式和生产面向,也需要更加关注价值的分配面向。每一次系统性技术兴起的过程仅仅解决了生产要素的创制和流通问题,但对劳动价值的社会化分配的关注不足(或者认为市场环境下的流通本身就解决了分配)。类似地,在市场主导下的平台经济过程中,承认BCI场景中带来的碎片化数字劳动,推动多元的获取收入和报酬的机制十分关键。但仅仅依靠市场仍然会出现富者愈富的情形,因此有必要在现有灵活用工政策基础上采取一系列措施,包括推动流动性、允许用户个人积累数据性生产资料、推动建立一个更加具有公共性的平台、及时跟进和发现因BCI带来的新型工伤与劳动保障问题等。

五、结　　语

太阳之下无新鲜事。限于能力,本章无意对还在初步开发中的BCI技术进行未来的规制方案设计,也没有深入讨论诸多具体法律问题的细节,历史上大部分这类并非基于实践而来的知识生产注定会被遗忘。相反,本章尝试跳出传统讨论视角,采取一种看似讨巧但更为基本的方式对以 BCI 为代表的新型技术展开讨论,即通过架构理论逐一审视该种技术的起源、兴起、扩展,特别是其作为新型平台经济的一部分如何开展价值生产,需要何种政策和法律环境加以支持,希望以此为例进一步充实这一理论框架。

本章具体展示了作为上层建筑的法律需要对新型生产方式进行回应,并确保生产资料与新生产关系的合法性。在此过程中,经济和社会价值被不断生产和再生产出来,通过以生产资料财产权利为核心的法律制度加以确认;同时,以技术为表现形态的生产系统逐渐嵌入市场与社会,成为我们日常生活的默认设置,直至下一次经由新的"破坏式创新"技术出现,不断以非法兴起的方式对既有稳定系统发起挑战。在每次挑战过程中,新型技术的特殊性被作为普遍性写入法律规范,自互联网以来的核心法律问题也会一直延伸,涉及身份认证、数据权属、算法黑箱、竞争政策、数字基础设施以及价值分配机制等,它们构成了我们所处信息时代的独有法律问题。历史带给我们的教训是,越来越需要在每种生产性技术开发之初就从深层次上对这些问题进行综合评估考量,思索能否在现有治理实践基础上进行政策和法律上的调整改进,推动新旧系统融合改造,从而在确保代表先进生产力的新生产方式得以快速兴起的同时,降低对市场秩序、消费者与劳动者权益的影响。

第三部分
架构的未来

第十三章 网络安全、隐私与互联网的未来

一、引　　子

2010年底的腾讯QQ与奇虎360的战争(以下简称"3Q大战")引发了对中国平台企业问题的深入讨论,除了普通用户与网络推手在网上表达的或真或假的意见之外,较为严肃的讨论主要集中在涉及的法律问题(例如隐私、恶意软件、不正当竞争、垄断)[①]和企业的社会责任[②]。这些讨论往往就一个单独的话题进行分析,缺乏与其他话题的联系,也没有看到引发这些话题的真正原因和实质。例如,在关于网络隐私的讨论中,主流意见认为显然应当加强法律对网民隐私的保护力度,但矛盾在于:安全和隐私是一枚硬币的两面,安全软件提供商只有在对用户电脑进行扫描的基础上才能查杀病毒,提供更加方便的服务,其前提是用户对提供商的信任。这一信任的极端版本是"云计算",即用户的全部信息和文件全部存放在服务商的中心服务器,用户甚至不必拥有自己的上网设备,只要一个经过认证的密码即可随处使用各种云端服务。如果用户信任安全软件提供商,目前的安全软件侵犯用户隐私的指控就不复存在,因此问题不在于扫描行为本身,法律不能解决这样的问题。

本章试图从网络安全的角度重新解读这一事件及其相关法律问题。[③]认为是赛博空间的安全问题导致了平台企业对其产品、用户对其

[①] 王雅平:《"停战以后"——由中国互联网产业"3Q大战"所引发的法律思考》,载《中国电信业》2011年第1期。

[②] 蓝狮子编:《X光下看腾讯》,中信出版社2011年版。

[③] 本章分析的网络安全,仅仅指计算机系统、终端设备和基础设施的安全问题,主要包括系统病毒、漏洞攻击、黑客入侵等,并不包括信息内容安全。

电脑和各种服务产生了安全防护需求;随着安全问题的日益严重,这种需求可能伴随着集体恐慌、对服务便利的期待、互联网商业模式的刺激、政府的默认和鼓励等因素而日益高涨。同时,网络安全服务企业还试图成为互联网"入口"或"平台",提供安全以外的诸多服务以扩大市场份额,甚至要垂直整合互联网不同层面的应用和服务。从整体上看,互联网巨头们试图提供排他服务的意图与对云计算的追求将会极大减少终端设备的创生性,使互联网架构变得更加封闭可控,减少互联网创新的规模,对互联网发展的控制权从边缘逐渐回到中心。这一趋势随着互联网逐渐转向移动领域而变得愈发明显。"3Q 大战"的实质是一场争夺用户桌面和终端设备的战争,软件不兼容正是这场战争中不可或缺的标志性战役。下一章继续将"3Q 大战"作为个案讨论互联网架构对用户和社会的影响。

本章的结构如下:第一节简要讨论网络安全带来的新问题及其防护模式,其特征是由私人安全软件企业向社会提供广泛的服务,其模式经历了一个从产品到服务的转变以回应日益严重的网络安全威胁。第二节分析"3Q 大战"的过程,特别强调网络安全是这一事件的导火索,并且同样是隐私安全引发了网民的集体恐慌,其后果是用户纷纷转向声称自己更加安全可靠的安全软件公司。第三节从流行的法律分析入手,探讨传统的隐私、恶意软件、不正当竞争乃至垄断如何镶嵌在这一具体事件过程中,作为解决个案纠纷的法律分析并不能阻止或有效规制"3Q 大战"背后隐蔽的商业逻辑。第四节进一步展开这个商业逻辑,即平台企业(包括安全软件企业)成为互联网入口或平台的企图,这一企图和实践在中国缺乏有效市场竞争规则和创新激励的环境下迅速膨胀,导致少数巨头做大,其后果是在内容层和应用层,它们将主导形成一个更加封闭的互联网架构,并在表面上可以消解既有的法律问题。第五节着重分析两种互联网架构的理想类型:开放与封闭,并简要讨论我们该如何在日益严重的安全威胁下保持两种状态之间的动态平衡,建构一个繁荣开放而安全的互联网。

二、谁保护赛博空间?

网络安全问题既同互联网原初架构有关,也同作为主要终端设备的个人电脑有关。首先,根据经典的"端对端"原则(end-to-end principle),

互联网的设计应该尽量保持数据传输过程的简捷,将对数据的认证置于终端而非传输过程之中。① 互联网独特的 TCP/IP 协议将数据分割成若干数据包,只有在传输至终端设备时才能被重新组装,成为完整的信息,在此过程中运营商无法得知数据包的内容。其次,作为终端的个人电脑和操作系统使得用户有能力编写病毒和恶意程序,并极易迅速扩散至整个互联网。② 自从1988年世界上第一例蠕虫病毒"Morris"出现以来,世界上各种病毒、木马和网络攻击层出不穷,严重威胁到互联网的繁荣和用户数据的安全。③ 特别是制造网络病毒逐渐成为一种有利可图的产业,网络安全就基本上成为伴随互联网扩散的常态问题,且愈演愈烈。最后,随着互联网的服务和应用程序愈加多样和复杂,市场竞争愈加激烈,很多未经安全审查的软件程序常带有某些缺陷和漏洞,从而使得病毒和恶意程序有各种机会入侵个人电脑。用户会下载使用各种软件,但缺乏足够的警惕和技术能力进行自我保护,也无法判断软件质量与安全风险。④

由于互联网一开始是一个超越国界的匿名开放系统,在无法根本改变其原初架构的情况下,针对其弱点,网络安全防护就有必要从信息流通的端点入手。现实中至少有如下几种选择:首先,对国家而言,为保护本国网络使用者免受来自国外的攻击,可以控制本国网络同其他国家网络连接的出口,并在出口信道设置入侵检测系统以排查可疑的数据包。但是这样做要受到本国通讯和言论法律的制约。其次,互联网骨干和接入运营商(以下统称 ISP)逐级进行安全防护,这就违反了"端对端"原则,可能受到公众质疑以及国家的规制。当然国家也可以制定法律要求它们承担安全责任。再次,同理,互联网内容和应用服务商(以下统称 ICP)为了保障交易和服务安全、保护用户信息免受攻击侵犯,也会采取安全措施,

---

① J. H. Saltzer, et al., "End-to-end arguments in system design," 2 *ACM Transactions on Computer Systems*, issue 4 (1984), pp. 277-288.

② 电脑病毒同生物病毒的不同之处在于,电脑病毒永远不会被清除消灭,而会一直存留在互联网上,等到时机成熟便会大规模爆发。见〔美〕巴拉巴西:《链接:网络新科学》,徐彬译,湖南科学技术出版社2007年版。

③ OECD, *Computer Viruses and Other Malicious Software: A Threat to the Internet Economy* (2009); Mark Bowden, *Worm: The First Digital World War*, Atlantic Monthly Press, 2011.

④ 此处涉及的另一个问题是软件产品质量责任的问题,这牵涉软件的生产流程、行业竞争环境和法律的缺位,不加展开。

国家也可以施加法律责任。最后,由用户自主选择在电脑终端安装安全软件,防护本地个人资料。在不同的国家,以上四点措施可以综合运用,也可以偏重于某些端点。另外,无论谁来实施防护,所需的安全系统可以由国家统一提供,也可以由专门的安全软件企业提供。由于软件产品复制与分发的成本为零,软件提供者的前期研发投入与后期技术更新就成了关键的问题。

和前互联网时代的武器制造与使用相比,发动网络攻击的技术门槛大大降低,并使以国家为目标的网络战与一般的网络攻击之间的界限模糊不清,原先存在于核战争时代的战争规则与策略也不再适用。① 面对不确定的网络攻击,国家无法像提供传统公共品一样承担整个赛博空间的防卫,而只能聚焦于国家基础设施和政府部门信息设备的安全;同时由社会中大量的企业和个人用户负责自己的安全,安装安全软件采取私力救济。② 这样既可以减少国家不必要的财政支出,又可以通过市场竞争产生更好的安全软件服务,针对不同种类网络威胁提供独特产品③,是有效率的资源配置方式。④ 国家若采取传统防卫观念,认为互联网安全隶属于国家信息主权安全,那么在架构上就必然要求采取控制出口信道的做法,这样才能在第一道关口最大限度地防止病毒入侵,但成本极为高昂。⑤ 这些措施都属于 Lawrence Lessig 提出的通过代码规制赛博空间的行为,比单纯地立法禁止要更加有效。⑥

中国互联网自建设伊始就极为强调网络信息安全工作,早期为数不多的法规几乎全部侧重于这一方面。经过十多年的建设,国家已经建成

---

① Richard A. Clarke and Robert K. Knake, *Cyber War: The Next Threat to National Security and What to Do About It*, Ecco, 2010.
② 和传统的国内安全保卫与军事防卫的二分法相似,网络安全防护也可以区分针对国内和国外的攻击。在中国前者由公安部网络安全保卫局负责,后者由总参信息保障基地领衔。
③ 例如,病毒、木马、网络攻击的对象和防护措施是不同的:病毒和木马通过文件或网页点击传播,病毒可能造成文档感染和系统失灵,木马则是为了窃取记录电脑密码,一般对文档不造成损坏;网络攻击更多地针对重要的数据库和服务器。入侵检测系统可以深入数据包查询,但无法防止被操纵的僵尸网络发起拒绝服务攻击。
④ Mark F. Grady, Francesco Parisi ed., *Law and Economics of Cybersecurity*, Cambridge University Press, 2006.
⑤ 当然,这道关的实际作用有限,原因包括:很多新型病毒从国内制造和传播;国外的威胁更多来自像拒绝服务(Denial of Service, DoS)一类的攻击,入侵检测系统无法阻止。
⑥ Lawrence Lessig, *Code: Version 2.0*, Basic Books, 2006.

较为完善的互联网安全防护法律和技术体系①，确立了安全等级标准和应急处理程序②，并向 ISP 和 ICP 逐级施加了安全责任。③ 在架构上采取了监控互联网出口信道的做法，对国际流量进行防范检测。④ 更重要的是，国家通过"双软认定"许可认定了一批网络安全企业，在统一技术标准的前提下向单位和个人用户提供安全服务。近年国家更有使用公共财政征集绿色软件的企图，通过向社会免费（甚至是强制）发放该安全软件，试图控制用户终端信息流通。⑤ 该项计划的部分失败（至少成功在中小学电脑上推广安装）表明了网民对国家权力延伸至互联网终端的抵触，因为个人电脑被认为是私人领域，通过国家权力强制推行已经无法被欣然接受，即使是打着保护未成年人的旗号。⑥ 无论如何，在相当长的一段时间里，网络安全由专门的安全软件企业向用户提供有偿服务来实现，国家缺乏提供此类公共服务的激励和能力。

对网络安全软件企业进行认定和许可，是基于如下现实：占据中国互联网主流市场的 Windows 操作系统作为开放的操作系统允许开发者和企业编写各种新软件和应用程序，由用户自主选择安装使用。这些软件在操作系统中不能相互干涉，依靠各自的 API 接口运行于操作系统平台上。由于安全软件的重要，以至于需要单独核发许可。对软件提供商而言，安全软件同其他产品没有交叉关系，尽管他们可以开发其他应用软件，但和安全软件之间是相互独立的。安全软件可以单独下载安装，通过本地的病毒程序库认定用户是否感染了已知的病毒，如果是新型病毒则需要用户主动定期更新。⑦ 安全软件需要对用户下载的文档和程序根据病毒库进行核对，并定期扫描硬盘，遇有安全风险时提醒用户采取措施。

---

① 《计算机病毒防治管理办法》。
② 《信息安全等级保护管理办法》《互联网安全保护技术措施规定》《国家网络安全事件应急预案》《木马和僵尸网络监测与处置机制》。
③ 《电信条例》。
④ 《计算机信息网络国际联网出入口信道管理办法》。
⑤ 胡凌：《过滤软件与互联网的治理》，载《二十一世纪》2010 年 6 月号。
⑥ 这个问题和本章主题紧密相关，虽然国家权力受到约束无法通过强硬方式渗透至终端，但商业力量可以轻易进驻网民桌面，其结果造成对终端更加软性而全面的控制，个人电脑也会转变成非私人的信息设备。
⑦ 早期的安全软件用户在购买软件之后，需要每周到服务销售点领取最新的病毒库磁盘。见徐晓辉等：《梦想金山：一个坚持梦想的创业故事》，中信出版社 2008 年版。

软件即服务(Software as a Service, SaaS)模式的兴起改变了人们对软件产品的认识,软件不再是一次性购买消费的应用程序,而是可以源源不断地提供更新和新功能的长期服务。对于安全软件而言,病毒库可以随时在线更新;对于新型病毒和未知程序,甚至可以不需更新病毒库直接提交到安全软件中心即时处理,这就是所谓"云查杀"。① 但无论如何,传统的安全软件行业始终坚持同其他信息服务相分离,靠出售软件赢利,市场份额是衡量安全软件企业业绩的最重要指标。

随着安全隐患威胁日益加重、安全软件企业的数量增多,市场竞争变得愈发激烈。安全软件原本只是应用程序之一种,但因为安全威胁而变得越来越重要,以至于用户对它们形成了强烈的依赖,甚至需要一个安全"总管家"来帮助管理个人电脑。但是当非安全软件企业涉足此类领域的时候,就不可避免发生抢夺用户桌面的矛盾和冲突。这就是"3Q大战"的导火索。

三、谁保护用户桌面?

在传统的病毒之外,木马程序和流氓软件逐渐兴起并形成一条完整的产业链。② 因为木马本身可以悄然隐藏在用户电脑中,窃取用户资料和密码,给用户造成经济损失。对主要的信息和应用服务提供商而言,如果不能确保用户的桌面安全,就无法向他们提供稳定高效的服务,可能会面临用户流失的问题。这个问题对腾讯而言极为严峻,作为中国最大的即时通讯公司,腾讯逐渐将业务扩展至娱乐、信息服务、增值服务等领域,用户可以通过一个QQ号码登入统一的终端,享受"一站式"服务。那么QQ号码的价值就不仅仅是好的号码数字(比如吉利易记的数字或位数少的以表明自己是老用户),而是背后一整套个人数据和财产。从2005年起,窃取QQ账户已经慢慢发展为集团犯罪行为,有着极为详细的分工流程:制作传播木马—窃取QQ密码—窃取其他QQ财产信息—转卖账

---

① 云查杀模式赋予安全软件公司极大权力,在缺乏约束的情况下可以决定任何软件的生死,其背后还是用户的信赖和恐惧问题。见《南方周末》对马化腾的采访,载 http://www.infzm.com/content/52334,2022年10月20日最后访问。

② 互联网实验室:《中国流氓软件及治理对策研究报告》(2006年12月)。

户——猜测用户其他密码(如网络银行)——进行其他犯罪活动。如果用户持续遭受这样的损失,将会有不少人放弃使用 QQ。因此保护用户的 QQ 账户安全就是保护腾讯自己的市场,其要点在于帮助用户抵御猖獗的木马侵害。

除了求助于政府[①]、依靠用户自我保护以外,腾讯决定开发安全模块保护自己的应用程序,这就是 QQ 医生。[②] 最初的 QQ 医生只针对威胁腾讯账户的木马,但如前所述,开放的操作系统平台允许用户自主安装使用未经安全测试的软件,安全风险无处不在。一旦 QQ 成为用户日常的主要应用程序,一旦腾讯提供的一站式服务成为用户主要的网络活动,其安全检测势必要扩展到整个桌面系统甚至整个电脑硬盘,因为在理论上用户的任何网络行为和电脑使用行为都将潜在地威胁 QQ 账户的安全。那么 QQ 医生更进一步成为整个电脑的大管家就势在必行,这就是 2010 年推出的升级版 QQ 电脑管家,从名称即可看出腾讯的意图。由于电脑管家是镶嵌在 QQ 的终端软件中的,用户只需要正常登录 QQ 即可以享受安全保护,不再需要其他安全软件。很明显,腾讯借助庞大的用户群推广自己的新服务,这对传统的安全软件商而言是重大挑战。[③]

这就和另一款市场占有率颇高的网络安全软件 360 发生了冲突,其提供商奇虎 360 公司以查杀流氓软件著称。[④] 按照奇虎公司的逻辑,自己是专业的安全软件提供商,正在扩展市场份额,不愿意放任半路杀出的

[①] 深圳市公安局将保护虚拟财产作为打击网络犯罪的头等大事,主要的受益对象就是腾讯,因为腾讯作为深圳的地方大型企业,有必要进行特殊保护。深圳市公安局已经破获了几个全国性的 QQ 号码盗窃团伙。参见《深圳市公安局 2010 年度公共服务白皮书》。类似地,盛大也和上海市公安局浦东分局合作成立"盛大警务室",加强对虚拟物品的保护。因为普通用户个别的网络物品被盗往往无法确认价值,在警力资源有限的情况下,只有达到价值 1 千元的标准公安机关才会立案侦查,就有必要由平台企业出面统一报案。需要注意的是,政府保护的基础不是保护用户的财产,而是腾讯的财产,因为按照《软件许可及服务协议》,QQ 号码所有权属于腾讯。

[②] 开发安全软件程序保护自己的主要应用服务的做法比较常见,例如支付宝也开发了安全控件,用户如不下载安装则无法使用。

[③] 腾讯以不断扩展为特征的商业模式被广泛批评为抄袭和模仿,借助庞大用户群打压专门市场中的竞争对手,见《狗日的"腾讯"》,载《计算机世界》2010 年第 28 期。

[④] 奇虎董事长周鸿祎早年曾以设计一款流氓软件 3721 助手闻名,但后来转向网络安全领域,抗击病毒和木马,2008 年奇虎声称其断绝了中国境内的流氓软件产业链。见《奇虎称流氓软件产业链已基本消灭》,载 http://it.people.com.cn/GB/42892/42927/115725/7709828.html,2022 年 10 月 20 日最后访问。

腾讯占领自己的领地,特别是后者可以凭借其庞大用户迅速扩张。① 但通过正常的市场竞争无法一下子挽回失去的用户,在互联网服务市场不正当竞争规制比较模糊的情况下,奇虎放手一搏,试图激发用户恐慌来放弃使用 QQ 电脑管家,于是通过开发隐私保护器广为宣传 QQ 正在扫描用户的电脑、窥探他们的隐私。②

对绝大多数技术盲用户而言,这一宣传引发了极大的恐慌,他们不是仔细审查奇虎提交的证据,而是先行卸载或停用 QQ,并倒向同样扫描用户电脑的 360。③ 媒体和公共知识分子没能起到应有的作用,反而给人站队攻击对手的不良印象。④ 腾讯(以及奇虎的竞争对手们)和奇虎双方都雇用了大量网络水军,在各种论坛和信息平台上造势,更加剧了问题的模糊。

奇虎深知无法通过似是而非的指控动摇腾讯的主导地位,自己也尚无能力扩展至其他服务领域取而代之,只能争取牢牢控制网络安全服务市场。只要用户不再使用电脑管家,双方即可相安无事。但问题就在于电脑管家镶嵌在腾讯一站式服务的软件架构中,用户只要安装 QQ 就会自动开启使用,若要阻止用户除了恐吓,还有必要采取技术措施。这就是所谓"扣扣保镖"的目的。安装"扣扣保镖"的非会员用户会发现 QQ 安全防护的按钮已经被悄然取代,并且还有屏蔽 QQ 上嵌入的幅式广告的诱惑。此举不仅妨碍了腾讯自我防护的长远意图,更直接减少了其广告收入。于是腾讯一边向法院起诉奇虎不正当竞争,一边采取果断的技术措施,这个"艰难的决定"就是宣布两款软件互不兼容。尽管其本意是"让用

---

① 见《南方周末》对周鸿祎的采访,载 http://www.infzm.com/content/52335,2022 年 10 月 20 日最后访问。

② 奇虎提供了 QQ 电脑管家运行的截图,但从未详细说明此种扫描对安全防护是否必要,是否真正威胁到用户私人信息的安全,是否回传个人信息。相反,随后奇虎扫描搜集用户信息的证据被其竞争对手金山公司披露,最后也不了了之。

③ 这被认为是腾讯长期公关工作的失败,并没有提供一种深刻的价值将用户聚在一起,用户也只是从实用角度使用 QQ,没有根本的认同。参见蓝狮子编:《X 光下看腾讯》,中信出版社 2011 年版。

④ 这部分是因为懂计算机技术的公共知识分子较少,无法就技术问题解惑,媒体也没能组织专业人士进行讨论。尽管金山公司出具了对奇虎证据的反驳意见,腾讯也发表了声明,但人们并不在意。退一步说,马化腾和周鸿祎在接受《南方周末》专访时都用较大篇幅说明安全问题是引发两者争斗主要原因,但盛行的外界评论却很少提及这一问题,造成公众认识上极大的盲点。

户先删除 QQ 下网避开，或者等过一段时间再装回来"①，此举还是激怒了网民，认为是凭借市场地位对他们的要挟。

对腾讯而言，任由用户安装扣扣保镖未必会像马化腾声称的那样"再过三天，QQ 用户有可能全军覆没"②，毕竟用户只是更换了安全软件，还在继续使用其他 QQ 服务；也未必能大幅减少广告收入。③ 关键在于：第一，扣扣保镖允许用户卸载腾讯的其他捆绑服务，并禁止 QQ 软件升级自救；第二，在马化腾看来，它可以诱导用户备份好友列表，从而顺利获取这些有价值的信息，为 360 最终开发即时通讯软件做准备④；第三，它开了一个极具破坏力的先例：其他腾讯服务的竞争者们可以群起效仿，纷纷开发独立的插件屏蔽腾讯的诸多服务，例如网络游戏，从而肢解统一的一站式服务，这将是对腾讯"帝国式"商业模式的沉重打击。由于竞争规则的模糊，缺乏有说服力的先例，法律启动和运行的过程极为缓慢⑤，动员媒体号召公众也无法获得信任，采取不兼容的举措、鲜明地宣示立场似乎是马化腾仅有的杀手锏。

在工信部的协调下，最终两家公司和解，恢复兼容。尽管双方互有损失⑥，但腾讯更大的教训是认识到其商业模式和架构在当下不良竞争环

---

① 《经济观察报》对马化腾的专访，载 http://www.eeo.com.cn/industry/it_telecomm/2010/11/05/185013.shtml，2022 年 10 月 20 日最后访问。

② 同上。

③ 腾讯放置在聊天客户端的幅式广告曝光率很高，在腾讯发展早期起到重要作用。但随着腾讯业务的扩展，客户端广告收入所占比重逐渐减少，更多的广告被放置在腾讯网和微博上。

④ 《经济观察报》对马化腾的专访，载 http://www.eeo.com.cn/industry/it_telecomm/2010/11/05/185013.shtml，2022 年 10 月 20 日最后访问。这一点在 360 首席架构师李钊看来是"被人利用了"，并暗示传出的伪造证据是雷军和从奇虎离职的安全卫士总经理傅盛所为。见李昭：《傅盛离职内情：从 360 叛将到腾讯马前卒》，载 http://blog.sina.com.cn/u/2460042820，2022 年 10 月 20 日最后访问。本章则试图说明，不论具体原因如何，只要个人电脑还是网民上网的主要终端，"3Q 大战"就不可避免。

⑤ 在"3Q 大战"之前，奇虎同百度、金山发生过诸多摩擦，相互起诉对方不正当竞争，但大多没有宣判。腾讯诉奇虎的一审直到 2011 年 4 月才宣判，法院判决奇虎因不正当竞争赔偿 40 万元，这时奇虎已经成功上市，这种赔偿既不能威慑，也不能弥补对手失去的市场份额，甚至连象征意义也不具备。二审判决更拖到了 2011 年 9 月底，距离"3Q 大战"已近一年版。同理，2011 年 5 月北京一中院判决奇虎诋毁及强行卸载金山网盾等行为构成不正当竞争，赔偿金山 30 万元，几乎也不起作用。

⑥ 马化腾估计有 2000 多万台装有扣扣保镖的电脑受到强制性影响卸载 QQ，占腾讯总用户的 15%，360 安全卫士则损失了 20% 的用户——3 亿用户中的 6000 万。

境中的脆弱性，加紧整合各种服务的步伐，并坚持开发安全产品。[1] 而奇虎则借此名声大噪，还成功在美国上市，巩固了其安全软件的市场地位。[2] 本章关心的问题是，经由"3Q 大战"，中国互联网巨头通过网络安全问题整合资源，争夺用户，并形成较为明确的商业目标，造成互联网架构的集中。在详细分析这一模式之前，下一节将简要分析涉及的几种法律争议及传统解决方案。

四、主要的法律争议

1. 隐私

腾讯扫描用户电脑是否侵犯隐私，这首先取决于用户对个人电脑的法律属性的认识。比照传统观念，人们普遍认为储存在自己电脑上的一切文件和软件程序都是私有物品，如果有人翻查、扫描或记录就是侵犯了其隐私，无异于未经同意就闯入房间搜查。按照这样的想法，无论是 QQ 还是 360 实际上都扫描了用户的电脑，都有能力记录用户的上网行为，都可能侵犯了隐私；而这是任何安全软件得以生效的前提，如果不能扫描，也就无从得知何处藏有病毒。问题的关键在于，在个人电脑产生的相当长的时间里，这种最高标准的隐私观念往往无视隐私与安全的妥协，当病毒和网络攻击猖獗的时候，人们不得不安装安全软件，允许它们仅仅根据病毒程序类型和特征防护安全，其基础在于对软件提供商的信任。[3] 只要安全软件不涉及用户的信息内容就是可以信赖的，这有赖于一个专业

---

[1] 腾讯于 2011 年推出了开放平台，将其属下的应用服务向开发者开放。另外根据马化腾在"3Q 大战"终审胜诉后的一封内部邮件，"安全是所有互联网服务的基石，而我们的安全产品是肩负着用户与合作伙伴的双重责任。所以我们必然要加倍重视，把安全这个产品和服务做到极致。我们会长期关注和大力投入安全领域，不会懈怠"。见 http://tech.ifeng.com/internet/detail_2011_09/30/9592989_0.shtml，2022 年 10 月 20 日最后访问。

[2] 有分析认为马化腾的不兼容决定是周鸿祎没有想到的，否则奇虎将会使中国互联网市场变得更加黑暗；腾讯的反击使奇虎不得不借助外力结束这场由它自己挑起的战争。见铁军：《狩猎：我看"3Q 大战"》，载 http://hi.baidu.com/litiejun/blog/item/c58d34ce2444f129b700c86a.html，2022 年 10 月 20 日最后访问。

[3] 腾讯诉 360 不正当竞争案的一审法院认为，QQ2010 软件监测提示的可能涉及隐私的文件，均为可执行文件，涉案的这些可执行文件并不涉及用户的隐私。二审法院也认为，根据现有法律，360 并没能充分证明腾讯的安全软件侵犯了用户的隐私。

的知识共同体的监督。因此,网络隐私的标准应当降低一级:安全软件的功能应当仅限于查找发现可疑的程序,并告知用户可能的风险。但是如果安全软件超出了其许可范围,扫描了其他不相关的文件,并记录用户的可识别身份信息(例如浏览记录、使用其他软件情况、密码等,且不论用于何种用途),就无疑违反了隐私的最低标准。但安全软件公司的云查杀模式已使得本地扫描变得不必要,回传相关信息可以精确定位新型病毒,这更增加了侵犯隐私的风险。

360利用公众对隐私内涵的模糊理解和腾讯公关的失误广为宣扬,令公众对腾讯产生了深深的不信任。360的宣传策略是说,QQ安全防护是不专业的,不值得信赖;同样是扫描病毒文件,用户只能相信作为专业安全软件公司的360自己,这和它对腾讯的指控显然是矛盾的。用户因为一开始的广泛宣传形成恐慌,凭直觉他们也愿意相信自己的隐私遭到威胁,宁愿接受360软件长期而稳定的监控。即便后来当人们发现扣扣保镖劫持QQ,360贮存用户的上网信息的时候,也会更愿意接受360"给用户自主选择"的说法,这是一种先入为主的效应。

但实际上,最高隐私标准背后的精神在于独立和自主,这一理念产生于前互联网时期的长期实践。① 信息技术则将这种得到物理架构庇护的权利变成某种"信息隐私",个人数据可以被大规模挖掘、搜集、聚合、处理和利用,实现政治和商业目的。② 特别是当个人信息被广泛搜集之后可以被用来提供个人化服务的时候,独立和自主已经慢慢遭到侵蚀,这远远比扫描硬盘的行为更为强大。下文将要说明,未来的信息服务将不会受到这种法律指控,却可令用户进一步失去自主。③

---

① Alan F. Westin, *Privacy and Freedom*, Atheneum, 1967; W. Prosser, "Privacy," 48 *California Law Review* 383 (1960); Samuel D. Warrenand Louis D. Brandeis, "The Right to Privacy," 4 *Harvard Law Review* 193 (1890); I. Altman, *The Environment and Social Behavior*, Brooks/Cole, 1975.
② 胡凌:《网络隐私保护:信息生产与架构的视角》,载《法律和社会科学》(第5卷),法律出版社2009年版。
③ 腾讯的《软件许可及服务协议》单方面规定了隐私的界线:个人隐私指"那些能够对用户进行个人辨识或涉及个人通信的信息,包括下列信息:用户的姓名,身份证号,手机号码,IP地址,电子邮件地址信息"。而非个人隐私指"用户对本软件的操作状态以及使用习惯等一些明确且客观反映在腾讯服务器端的基本记录信息和其他一切个人隐私信息范围外的普通信息。因此对诸如使用习惯和偏好的分析就不会违反隐私法律,因为那更多是通过软件程序自动完成的,用户也感觉不到被侵犯。"

2. 恶意软件和不正当竞争

按照现有的官方定义,扣扣保镖属于破坏技术保护措施的外挂程序,劫持了 QQ 自己的安全软件,并通过过滤腾讯广告的方式侵害了其利益。① 在互联网发展史上,很多恶意软件往往是主流应用软件的辅助软件,它们寄生于主流软件麾下,在不损害主软件服务商利益的条件下会增加该软件的价值,帮助用户更好地了解和应用,并形成产业链。但是由谁来开发辅助软件就成为涉及市场竞争的问题。主流软件开发商可能会禁止其他企业开发该种产品,而想自己提供全套服务,并防止本软件的缺陷被其他企业利用。其他企业的行为就被称为"外挂"或"恶意软件",受到法律的笼统禁止,但其提供的服务很可能是对用户有利的。360 开发扣扣保镖的理由是,它给予了非成员用户更多的选择权,让他们可以摆脱内嵌广告;而这正是腾讯收入的一个重要来源。但同时不应忽视的是,作为云查杀安全软件提供商,奇虎自己也握有极大权力来规定哪些软件属于恶意软件,之前已经和很多其他安全软件不相兼容。② 360 的目的很明显,就是采用强硬手段和 QQ 争夺用户桌面,阻止腾讯开发自己的安全软件。只有当主流软件升级为平台的时候,其外挂才能顺利转型为独立的产品,相互促进共同升值,而不是原来的竞争关系,外挂问题也会逐渐消失。

除此之外,两个阵营都采用了不正当竞争手段,他们动用大量网络推手攻击对方,侵害对方名誉,让用户无所适从。③ 尽管 QQ 也采取了法律手段,但由于网络用户的非理性选择,如不采取紧急避险措施,很可能威胁腾讯的市场占有率和商业模式;它也没有采取无休止的劫持手段,而是

---

① 中国互联网协会《恶意软件定义细则》(2007 年)。详细的分析,见周汉华:《对 360 隐私保护器、扣扣保镖相关法律问题的分析》,载 http://www.iolaw.org.cn/showArticle.asp?id=2766,2022 年 10 月 20 日最后访问。

② 和 360 产品不兼容的软件包括金山、瑞星、傲游、百度,以及可牛。据傅盛单方面宣称,可牛甚至遭到了封杀,在产品还没上市之前,360 的病毒库中就已经将其列入。

③ 《反不正当竞争法》。"3Q 大战"后,工信部出台了《互联网信息服务市场秩序监督管理暂行办法(征求意见稿)》和《互联网信息服务管理规定(征求意见稿)》,希望加强互联网信息服务市场秩序规范。中国互联网市场的不正当竞争比比皆是,不仅竞争法软弱无力,政府相关部门作为看得见的手更加肆无忌惮,例如安全软件行业就因为计算机信息系统安全专用产品检测和销售要由政府许可而出现了像"微点案"这样的冤案。

以让用户自己决定为名义宣布互不兼容,实际上相当于逼迫用户进行两难选择。在这个过程中,很难说谁的行为更加道德或正当,当恶性竞争启动时,这一结果已经不可避免地发生了,这是它们争夺桌面的最终目标决定的。

3. 垄断

腾讯的行为已经超越了传统意义上的垄断。传统经济学和法律上的垄断需要对单边市场进行界定,并计算市场份额,判断是否有滥用支配地位的行为。① 但是平台企业拥有很多种产品和服务,属于新型的多边市场,不同市场相互交叉补贴,很难判断是否属于垄断。② 例如,腾讯虽然占据即时通讯市场,但在网络音乐、游戏、增值服务等领域均无法和其他专门的巨头相比。③ 也就是说,腾讯的诸多服务是交叉补贴的,有些并不盈利但可以吸引大量用户,在吸引到用户和流量时再赚取广告和增值收入。人们常常以微软垄断案为类比主张对腾讯的拆分,但论者往往忽视的是,微软主要是因为其操作系统平台捆绑了自己开放的音乐播放器和浏览器,是平台和之上的应用程序之间的关系,捆绑一定会造成排他效应。但腾讯的即时通讯同其他服务是平行的关系,尚没有严格证据表明其即时通讯的市场份额同时造成了其他单独服务市场份额的独占。④

上述争议如果按照传统法律分析,可以给出标准答案,但无法解决问题,因为它们没能同新经济的商业模式联系在一起,也就无从反映现实的快速变化。如果我们换个角度思考,下一节将表明,腾讯与360行为的共同本质毋宁是努力成为互联网不同层面的"入口",向用户提供一站式服务,最终提供排他的整个互联网服务,将不同层面(内容层、应用层、代码层、物理层)垂直整合在一起。它们不是提供开放的平台,而是要赢者通

---

① 《反垄断法》第18、19条(2022年修订的《反垄断法》第23、24条)。
② Eisenmann, T. R., G. Parker, and M. van Alstyne. "Strategies for Two-Sided Markets," 84 *Harvard Business Review* 92(2006);李剑:《双边市场下的反垄断法相关市场界定》,载《法商研究》2010年第5期。
③ 谢文:《为什么中国没出Facebook》,凤凰出版社2011年版。
④ 互联网实验室《中国互联网行业垄断状况调查及对策研究报告》(2011年)认为,腾讯、百度等企业的市场地位已经构成"多方市场垄断",其判定"具有隐蔽性,即用免费市场上的垄断掩盖了收费市场的垄断得利"。这实际上已经超越了传统的垄断概念,相关认定也更加复杂。

吃,减少其他平台企业的创新。上述法律争议都可以通过架构改变而得到解决,"3Q 大战"在这个意义上就不是单纯的法律问题,而是网络巨头们庞大的帝国野心的一个微小征兆。

五、互联网"入口"与新经济的商业模式

不难发现,尽管安全问题是"3Q 大战"的导火索,但背后的深层次问题是安全软件服务的自我定位。如果安全问题只是对操作系统平台的防护,那么对用户而言,使用哪家产品都大同小异,只要严格禁止不正当竞争,最终的桌面市场份额还是要通过更好的服务来获得。但有战略眼光的平台企业早已不满足提供某一类单一市场的产品,即使其产品能够迅速在线更新。它们关注的毋宁是创造一个一站式入口,并排他地提供互联网使用的大多数服务。即使这些服务在严格意义上并没有达到市场支配地位,但服务之间的交叉补贴为扩展市场提供了较大的空间。我们看到腾讯、百度、奇虎 360 等公司已经显露出这样的姿态,一方面它们凭借既有的优势产品服务(即时通讯、搜索、安全软件)稳定市场份额,并积极扩展业务,所有这些业务都镶嵌在一个(或一揽子)一站式的入口程序中,例如浏览器和聊天客户端。这些业务主要由自己的研究团队开发,但它们也开始开放部分平台,允许众多程序开发者在其上开发大量应用程序,这大致对应着谷歌(以 html5 为特征的浏览器云计算平台)和苹果(iOS 操作系统)模式,它们都在逐渐架空和取代现有的 Windows 操作系统,甚至有取代个人电脑之势。①

这样的模式是如何形成和演变的呢?让我们先回到互联网经济的基本模式。互联网在 1990 年代中期向商业力量开放,并一直由商业力量和伦理主导其架构变化。中国引入互联网的主要目的之一也是加强信息技术和信息产业,这样我们就可以对比中西方互联网的商业模式。概括说来,新经济的特征是"免费"。② 企业通过提供免费的内容(新闻、音乐、影

---

① 未来的互联网趋势究竟是以 Web 为主还是以 Internet 的交互性为主,仍有很大争议。参见 Kevin Kelly:《Web 已死 Internet 永生》,载 http://www.techweb.com.cn/news/2010-08-19/664571.shtml,2022 年 10 月 20 日最后访问。

② 〔美〕克里斯·安德森:《免费:商业的未来》,蒋旭峰等译,中信出版社 2009 年版。

视、游戏)换取用户的时间、注意力和黏度,再通过收取广告收入实现赢利。增值收入是另一种方式,通过向用户收取少量服务费用实现。比较好的模式是向用户提供个人化的定制服务,精确地定位用户的偏好和个人信息,从而预测和推荐。这就需要广泛地搜集用户信息,这些信息可以被转卖给其他商家,加快网络个人档案的整合。因此平台提供多方面的服务就可以产生规模效应,对用户的信息掌握得越多,就越可以向用户投放有针对性的广告,并提供更完善的服务。在一个复杂的商业创新生态环境中,不同的产品尽管分属不同的市场,却可以交叉补贴:某些服务向用户免费(例如视频),同时在另一些服务上收取增值收入(例如会员资格)。因此平台企业不再是传统的单边市场上单一产品的供应商,它们提供着两个或两个以上市场中的产品,这些产品的市场占有率要分别计算,很难估算一个整体性的市场支配地位。

这个意图的最终目标是成为互联网"入口",只要占据了入口,任何用户使用互联网都必须经过自己的领地,就可以永远立足。① 互联网可以大致分为内容层、应用层、代码层和物理层。② 在每一个层面我们都可以发现互联网巨头努力成为该层入口的努力,例如,在内容层,门户网站提供海量的信息,这是为了将用户尽可能地留在本站;与之对应的则是搜索引擎,这是为了让用户迅速离开本站(但以个人搜索信息为交换)。在应用层,可以开发自己的浏览器、即时通讯客户端、安全防护客户端,将很多服务以按钮的形式镶嵌在上面,用户即可通过这些软件完成全部互联网工作。在代码层,可以开发独占的操作系统,其源代码有封闭与开放之分。在物理层,少数电信运营商垄断电信服务和移动互联网服务,这实际上是将上述几个层面的垂直整合。另外,随着云计算技术的成熟和移动终端的兴盛,用户的数据完全可以存贮在服务商的终端服务器中,服务商可以在后台运行安全扫描,用户不能知晓和控制,任凭服务商对其文档和信息进行扫描分析,根本不需要回传信息这样的引起争议的行为。这样网络安全服务完全和其他在线服务融合在一起,它们各自获取的用户信

---

① 业界有口号云:做流量不如做联盟,做联盟不如做导航,做导航不如做搜索,做搜索不如做客户端。实际上流量、联盟、导航和搜索都是收集个人信息的模式,但唯有客户端可以保持长久稳定的忠诚用户与收入来源。

② 〔美〕劳伦斯·莱斯格:《思想的未来》,李旭译,中信出版社2004年版。

息可以相互补充,为用户提供更加个人化的服务。

腾讯是中国最早探索这一模式的平台企业之一,因为免费的即时通讯服务本身无法带来利润(甚至是广告收入,比如聊天软件上面空间有限),必须扩展至其他领域进行互补,这是典型的多边市场中的交叉补贴行为,也摸索出一条实用的赢利之路。百度和腾讯没有发生过正面冲突,因为百度主要是基于浏览器网页服务,与腾讯的软件客户端并没有直接关联,因此也在利用其搜索引擎的绝对优势开发应用平台。① 安全防护软件的地位非常微妙,如果没有疯狂的盗号行为,很难预测腾讯是否会向安全领域进军,但其应用整合的意图已经逐渐明晰。② 对于像奇虎360这样的安全软件公司,为了巩固安全软件市场地位(同时也是路径依赖),不仅要和传统安全公司如金山和瑞星竞争,更要同腾讯这样非传统安全公司展开争夺,其举措也是先采用免费策略占领市场和用户,再试图通过安全软件客户端或浏览器增加功能从而取代操作系统。③ 尽管这三家公司都在高调强调平台建设和开放,但能否做到像英特尔、微软和苹果那样的"平台领导"还有待观察。④

---

① 类似的例子还有庞升东的 51.com,这是腾讯的热忱的模仿者,但由于它主要基于浏览器,和腾讯没有利益冲突,因此腾讯能够接受这样的互补者。但当以彩虹 QQ(也为庞升东开发)和珊瑚虫 QQ 为代表的直接竞争模仿者出现时,腾讯毫不犹豫地进行了封杀回击。参见林军、张宇宙:《马化腾的腾讯帝国》,中信出版社 2009 年版;薛芳:《企鹅凶猛:马化腾的中国功夫》,华文出版社 2009 年版。

② 腾讯目前的模块化"蜂鸟"平台架构更像是曹操的巨型战舰,通过铁锁将不同种类的服务连接起来,表面上不怕风浪,但并不处于一个统一的平台上面,被逐个击破的风险较大。其技术、内部组织和资源调配机制决定了腾讯向开放平台转变的艰巨性。但腾讯另辟蹊径,进军手机终端,推出了采用云计算架构的手机 QQ 浏览器。值得注意的是,该架构也采用马化腾批评过的云查杀,更说明该项技术已经不可避免地被广泛采用。参见《腾讯刘成敏详解手机 QQ 浏览器云战略:将建开放平台》,载 http://www.donews.com/original/201108/587531.shtm,2022 年10月20日最后访问。

③ 360 的免费策略在一开始遭到其他传统安全软件公司的打压,因为这无疑会极大减少它们的市场份额。但随着多边市场模式的明显和竞争压力增加,像金山、瑞星这样的收费杀毒企业也纷纷宣布其安全软件永久免费使用,而通过其他渠道补贴,整个安全软件行业的商业模式被彻底改变。其他领域像盛大那样的网络游戏企业也很早就意识到免费策略,参见刘琦琳:《免费经济:中国新经济的未来》,商务印书馆 2011 年版。关于周鸿祎的大战略,见岑峰:《TABLES:改变中国互联网未来的六大力量》,浙江大学出版社 2011 年版,第六章。

④ 〔美〕安娜贝拉·加威尔、迈克尔·库苏麦诺:《平台领导:英特尔、微软和思科如何推动行业创新》,袁申建、刘凤兰译,广东经济出版社 2007 年版;姜奇平:《谁最有可能成为中国的互联网 OS?》,载《互联网周刊》2012 年第 4 期。

六、互联网的两种未来

至此,我们可以在一个规范的意义上辨识互联网巨头所带来的互联网架构的转变。本章设想的第一种未来"理想类型"就是经由互联网入口模式而带来的一站式互联网,这可能最终由几家大型平台企业提供,形成一个长尾式的产业链,但其创新要受到高度审查。① 其要点在于,少数平台企业作为基础性平台向用户提供全部网络服务,以至于他们并不需要访问其他网站,全部只需要用一个实名认证的账户登录(未来可以是虹膜、静脉一类的生物信息)。为向用户提供更方便快捷的服务,网站掌握用户基本资料和偏好,并动态地预测用户的需求,提供完全个人化的信息服务。为确保绝对安全,用户的全部信息将存放在"云端",一切网络活动都将在服务商的终端服务器中进行,现有的个人电脑将被取代,成为随处可用的信息设备。这就意味着现有的创生性的操作系统将不再能生产病毒,但同时也将丧失其创新能力,越来越多的用户变成纯粹的消费者,他们只是消费,鲜有创造(或者仅仅是通过某些特定服务软件"创造",例如绘画和制图)。由此带来的结果必然是一个集中封闭的互联网架构,网络提供商甚至可能垂直整合物理层和应用层(请设想一下中国电信同腾讯的合并,并生产智能终端设备),集中资源和力量对服务器进行防护。广大用户将实际上不享有终端可以控制的隐私和个人自主(从而目前的电脑隐私问题被消解)。按照第三部分的论述,隐私在根本意义上意味着自主选择,但集中化的智能分析使得用户的个人信息可以得到精确预测,用户将变得更加依赖个人化服务,从而平台企业对终端用户的控制变成软控制,用户乐在其中丝毫不感到压迫。②

目前国家能力无法做到这一点,因为这一过程的转变涉及大量分散

---

① 例如苹果公司拥有一整套开发规范,约束应用开发者,并对他们的产品进行严格审查,更禁止普通用户随意编写软件发布。苹果的 iOS 系统因此可以说是高度安全,和 Windows 截然相反,同时也减少了相当程度的创新。

② 在这个意义上说,本章的观点和流行的意见并不矛盾。这些意见认为互联网加强了人们的自由度,使他们得以从事之前做不到的事情、享受之前无法得到的服务和信息、并赋权给大众。这样的观念容易忽视硬币的另一面:新世界中崛起的信息巨头,以及我们作为交换而(永远)失去的东西。

的市场信息、交易和私人成本,只有私人企业通过激烈而精细的市场运作和技术开发,才能最终实现。① 首先,促成这一未来的首要动力就是市场竞争,使得原来开放的操作系统和终端设备也逐渐转向垂直模式(例如微软和谷歌),特别是当互联网快速向移动终端发展的情况下。② 从长远来看,"3Q大战"远未结束,巨头们的下一个目标便是生产操作系统(或替代品),控制手机生产市场,加强同电信运营商的合作,从而做到真正的垂直整合。③ 原先的竞争只是发生在内容层或应用层,但未来的竞争将是三个层面整体上的割据与合纵连横。其次,网民的集体选择在封闭架构的形成过程中起到相当的作用。由于网络服务样式繁多,用户希望减少复杂的密码认证,最好由几家企业提供统一便捷的认证登录,这已经成为普遍的趋势④;由于安全软件不兼容带来的不便使用户也希望仅仅使用一种软件⑤;另外,就像"3Q大战"暴露出来的,当集体恐慌超过理性思考的时候,他们就会拥抱暂时的安全而舍弃长远的自由。但问题在于,互联网架构一旦改变就很难恢复,以至于像"3Q大战"这样的冲突将把我们带进一个愈加封闭的网络世界。最后,国家的网络控制目前仍然属于某种硬控制,一旦国家默许这种转变,甚至将政治治理的逻辑慢慢转向商业运作的逻辑,学习、利用商业模式和组织,那么粗糙的硬控制将会转变为精细的软控制,表面上看来分散的权力实际上回归中心,使国家能力进一步增强。⑥ 因此,商业模式的动力、国家的默许支持、用户的集体选择都无可

---

① 类似的经验还包括实名制和安全软件,政府强制推行网络实名制和安装绿坝都无法达到商业网站和服务商通过市场扩展类似服务的效果。

② Brian X. Chen, *Always On*: *How the iPhone Unlocked the Anything-anytime-anywhere Future—and Locked Us In*, Da Capo Press, 2011. 开放的智能手机操作系统仍饱受病毒的侵袭,这也许会成为其走向封闭的关键因素。

③ 腾讯推出了定制手机,尽数整合全部QQ服务;另一个开拓方向则是Q+平台,力图取代现有的操作系统。其专属硬件和软件的整合尚需时日。

④ 例如一些大型网站合作,允许各自的用户可以相互用自己的账号登陆而不用申请新账户,其背后是网站们分享用户个人信息的协议。

⑤ 根据一项最新研究,国内安全软件之间广泛存在不兼容现象,可以极大消耗用户电脑资源,甚至造成功能缺失,迫使用户只能选择一种。参见上海交通大学"反恶意软件研究小组":《安全软件兼容性问题白皮书》(2011年)。

⑥ 就在这次"3Q大战"过程中,有人提出政府"应建立实时高效整合化的网上公众服务与规制体系""在市场主要的互联网桌面客户端软件中,强制设置'超级管理权限',并内嵌'网上110'模块、'网上315'模块,夺取"软件的最高管理权"。这种思路和争夺桌面的商业模式如出一辙。参见《律师称客户端软件已成第六大媒体,建议强化规制》,载 http://tech.sina.com.cn/i/2010-11-18/01264877449.shtml,2022年10月20日最后访问。

避免地将我们卷入这样的未来,它们是这一转变的最大动力。

另一个较为温和的未来则需要在目前的状况基础上加以改进。我们被保证得以拥有具有较多创生性的开放式的网络架构,这个架构允许终端用户享有较大自主权和匿名性,但也需要承担保护自己的安全责任;个人电脑可以进行诸多创新,但也可能带来安全隐患。为这个架构仍然保持着不同层面的相互独立和演进,从而允许每一层的最大限度的创新。个人的信息不会被系统地搜集,个人需要作出努力才能使用互联网服务,找到适合自己的信息,并针对安全威胁采取适度的自我防御。

个人选择无助于阻止集体的自然选择。要想阻止第一种利维坦式的未来,同样必须依靠集体的力量。① 人脑无法体会到的长期价值(例如作为个人自主的隐私)就必须成为一种意识形态,甚至公民宗教,以至于要提醒人们像本能一样快速反应才可以,这就需要广泛的权利团体和媒体的呼吁,靠外在的理性声音来对抗人脑几百万年演化形成的直觉系统和恐惧本能,并需要社会的放大效应加以辅助补充。② 例如,需要不断提醒人们理性思考如下问题:封闭互联网架构可能对个人自主的侵蚀,以及,集中化的云计算未必能确保绝对安全。③

目前的隐私法和反垄断法都无法阻止正在发生的互联网架构大转型,因为其中涉及的隐私和垄断观念并不能直接反映新经济的要求。同时,立法者既没有看到用户隐私和个人信息与新经济的商业模式之间内在的隐秘联系,也没能预见到作为硬币另一面的安全问题会促使网络服务商们采取极端措施、铤而走险。"3Q 大战"折射出的、更重要的用户自主、创新繁荣与开放架构的复杂关系更不可能逐一反映在法律中。法律在新世界似乎无能为力,但至少这次事件为规制者提供了管窥全豹的些许机会,我们需要重构财产、隐私、垄断等法律观念和制度。④

---

① 霍布斯在《利维坦》中的逻辑就是自然状态下的人们因恐惧、骄傲等激情而订立社会契约,由强有力的国家掌管其自由和生死。见〔英〕托马斯·霍布斯:《利维坦》,黎思复、黎廷弼译,商务印书馆 1997 年版。

② 有关恐惧和风险的关系,参见〔加〕丹·加德纳:《黑天鹅效应:你身边无处不在的风险与恐惧》,刘宁、冯斌译,中信出版社 2009 年版。

③ 互联网的分布式架构本身就是为了应对核打击而设计的,大量复杂系统的研究也表明,当网络资源向少数中心节点集中时,整个网络将极为脆弱。我们已经看到互联网服务正在经历像水、电、天然气一样由分散到集中化服务的模式。参见 Nicholas Carr, *The Big Switch: Rewiring the World, From Edison to Google*, W. W. Norton & Co., 2008。

④ 一些初步讨论,见胡凌:《探寻网络法的政治经济起源》,上海财经大学出版社 2016 年版。

在中国,保持目前的互联网开放架构还面临着两大竞争对手,它们恰好是第一种未来的热烈拥护者:广电系统和电信系统。广电系统正在利用三网融合的机遇整合零散的地方广电网,尽管困难重重,但要紧的是其意图:将网络电视做成全国范围内最主要的信息设备终端,这样互联网将成为一个完全封闭运行的内联网。三家电信巨头虽然相比之下要更加开放,但始终控制着 3G 智能手机的开发主导权,并着眼于垂直控制终端操作系统(例如基于 Android 开发自己的操作系统,以及定制专门的终端,利用运营商地位拉拢更多用户),其一贯的风格也是凭借其平台地位打压排挤有利可图的应用服务商。① 未来两大终端设备的演进将决定互联网的演进方向。由于新经济的诸特征,架构的变化似乎不可避免,目前的技术状态也许不过是人类信息技术发展史上的短暂过渡阶段。② 未来虽然未知,但我们的自由和自主笃定要受到新商业模式的影响。

七、结　　语

西方学界一直关注的问题是:互联网是什么?③ 既然有多种多样的信息网络设计方案,为什么要保持互联网的原初架构?④ 如何在其终端创新性和安全隐患之间保持平衡? 如何在个人自由和架构控制之间保持平衡?

通过本章的叙述可以看到,市场的无序竞争不会导致开放的互联网;相反,正是网络经济的商业模式决定了互联网架构的封闭性。政府有必要摆脱控制的思维,对这一趋势进行规制,不仅是为了经济效率,更是为了限制架构整合和人的异化。即使是在有序竞争放松规制的国家如美国,消费者也会通过市场选择和集体行动选择一个更加封闭的互联网,其

---

① Henry Hu,"The Political Economy of Governing ISPs in China,"the *China Quarterly*,September 2011.
② 互联网架构或生态系统是不断演化的,从科学角度看并不能说明偶然出现的后者一定优于或劣于前者。参见〔日〕滨野智史:《架构的生态系:资讯环境被如何设计至今》,苏文淑译,大鸿艺术 2011 年版。
③ Lawrence Lessig,*Code*:*Version 2.0*,Basic Books,2006.
④ Barbara van Schewick,*Internet Architecture and Innovation*,MIT Press,2010;Yochai Benkler,*The Wealth of Networks*:*How Social Production Transforms Markets and Freedom*,Yale University Press,2006.

引爆点正是安全问题。① 从西方历史上看,总是会出现大资本集团试图控制信息流通的架构、技术和效果,尽管每次技术发明都可能给人类带来自由幸福,但最终的结果往往是由少数商业力量进行控制。② 自由的技术如何能摆脱利益集团的操控已经远远超出了本章的范围,本章仅从微观的角度提供了一个中国语境下技术如何被商业力量主导演变的诠释。

---

① 〔美〕乔纳森·齐特林:《互联网的未来:光荣、毁灭与救赎的预言》,康国平等译,东方出版社2011年版。
② Ithiel de Sola Pool, *Technologies of Freedom*, Belknap Press, 1983; Tim Wu, *The Master Switch: the Rise and Fall of Information Empires*, Knopf, 2010.

第十四章 "3Q大战"的遗产

一、引　　子

　　2010年底发生的"3Q大战"①是中国互联网史上最重要的司法案件之一，遗憾的是，对这一案件的研究总体较少，且仅局限于反垄断法在新经济中的教义学应用②，无视其对互联网在生产方式意义上的重要影响，更不要说为网络法理论带来的诸多启示。③"3Q大战"对后续通过反不正当竞争法和反垄断法规制平台企业的行为都产生了较大影响：就不正当竞争而言，干扰行为被明确写入《反不正当竞争法》第12条④，且大量侵权行为被提起不正当竞争诉讼，使第2条原则性条款成为某种意义上的"帝王条款"，法院在适用中扮演了十分积极主动的角色；而对垄断认定而言，相较于行政部门不断推进线下反垄断执法⑤，法院则较为克制，不

---

①　主要涉及腾讯和奇虎360因"干扰"和"二选一"而引发的反垄断与不正当竞争两个纠纷，分别经历了二审判决。

②　张江莉：《互联网平台竞争与反垄断规制：以3Q反垄断诉讼为视角》，载《中外法学》2015年第1期；侯猛：《不确定状况下的法官决策——从3Q案切入》，载《法学》2015年12期。相比而言，诸多其他类型的互联网不正当竞争案件成为研究的热点。

③　正是在这个意义上，本章认为"3Q大战"开启了非法兴起的第二阶段，即法律转向保守，不再继续支持侵权，而是开始划定财产权利边界，因此为既得利益平台提供了更多保护。

④　工信部先出台了《规范互联网信息服务市场秩序若干规定》，重点强调了恶意干扰、诋毁和恶意不兼容行为，2017年全国人大修订了《反不正当竞争法》，吸纳了这些具体行为；2019年修正沿用此条。

⑤　尽管行政机关不断开展旨在保护竞争的反垄断执法，密集出台规章文件，但也主要针对线下企业与行业，对平台企业的大量兼并仍然没有任何干预，最为典型的是滴滴和优步中国合并的反垄断调查自2016年8月起至今没有结果。国务院反垄断委员会专家咨询组召集人张穹认为，平台经济独特的竞争格局，决定了大型平台企业即使占有较高的市场份额，仍然会承受着种种巨大的竞争压力，超级平台抑制竞争的说法是伪命题。见张穹：《平台竞争的几个重要问题》，载《比较》（2018年第4辑），中信出版社2018年版。

仅垄断诉讼较少(主要针对微信平台①),其推理思路和逻辑也基本上遵循了最高法院在"3Q大战"中的二审判决逻辑,不认为涉诉平台企业具有市场支配地位,从而在根本上保护了平台企业(不论大小)不受反垄断法诉讼的威胁和影响。②

"3Q大战"反垄断判决实际上以一种不可知论的立场保护了互联网作为一种新型生产方式不受影响,其要害在于相关市场的界定,这实际上涉及创造双边市场的平台企业的真正价值源泉。由于市场之间的边界十分复杂,变动也十分迅速,这种司法哲学不能简单地说成是新经济游说或国家政策的直接后果,而毋宁是法院面对不确定性作出的最好判断。③目前看来,最高人民法院当时的选择在平台经济时代推动数字红利进一步增加,其正确性得到了证明,即平台基础设施本身和运行于其上的多变市场之间存在交互而复杂的关联,基础设施无疑是加强连接性、催生网络效应的坚强后盾,动摇不得;从而拆分作为工业经济时代的反垄断重要举措始终未能成为决策者的选项。"3Q大战"即使不是发生在PC互联网时代,也会发生在智能终端,故该反垄断判决的历史意义在于及早为中国互联网垄断设定了方向,体现出制度优势。

"3Q大战"未得到充分重视的原因之一是,它发生在PC终端,集中体现了平台企业在走向垂直整合过程中对用户桌面控制的追求,本质上是不安全(却具有创生能力)的网络促成的必然结果。随着互联网发展转向移动智能终端甚至物联网,PC操作系统上的控制权争夺就变得没那么突出了。但其理论意蕴远不止如此,更主要的是折射出从赛博空间产生以来不断出现的核心问题,而"3Q大战"恰好在中国语境下将其具体化。

本章认为,其最大的历史与理论遗产就在于将事件背后互联网内在的不安全与不稳定性反映出来,解释了安全问题如何使赛博空间的架构转变得以发生,进而将不同利益群体关于空间争夺的立场和诉求加以充

---

① "深圳微源码软件开发有限公司与腾讯科技(深圳)有限公司等滥用市场支配地位纠纷案",广东省深圳市中级人民法院(2017)粤03民初250号;"徐书青与深圳市腾讯计算机系统有限公司等再审案",最高人民法院(2017)最高法民申4955号。
② 因此拆分在中国从来都没有成为打击平台企业的选项,特别是平台企业强烈依赖于数字基础设施,一旦拆分竞争力将受到极大影响,而这在美国和欧盟则时常被提起和建议。
③ 侯猛:《不确定状况下的法官决策——从3Q案切入》,载《法学》2015年12期。

分展示，最终的答案在后续反不正当竞争和垄断判决中都得到了直接或间接回应。具体而言，首先，"空间"作为一个拟制概念在互联网上的体现和法律意义值得探究，有必要重启网络法中"空间"概念，使我们更好地理解赛博空间如何形成，背后的权力关系如何扩展；其次，应用软件和服务如何从一个不受约束的丛林状态转向常态竞争的秩序，这背后实际上反映了虚拟财产权利通过侵权、谈判和技术措施重新划定边界的过程，也契合了数字经济繁荣发展的需求；最后，用户在赛博空间中真正主体性的缺失值得重视，其原因在于互联网的演进逐渐将从云端到终端的全部系统都纳入其"架构"中，用户作为"租客"实际上没有可以自主控制的空间。以至于只有弱化的"知情同意"或者大量侵权者打着用户代理人的旗号才能彰显其存在，也为法院判断侵权行为的性质带来了新挑战。

本章将简要讨论上述问题，实际上也是通过"3Q大战"重新讨论网络法的核心问题，即架构性企业之间、架构和用户之间的法律关系以及背后的权力关系。第二节展示这一案例真正需要面对的问题是平台企业如何扩张、围绕"空间"展开争夺的过程，这一过程本身是新经济发展的必然结果，有必要展示"空间"作为一个基本概念如何在网络法中体现意义，即通过桌面、操作系统、登录账户等行为具象化，为我们重新思考用户和互联网的关系、打通线上和线下提供了思路。第三节认为"干扰"行为的实质是平台企业争夺空间、重新界定虚拟财产权利的过程，大量不正当竞争纠纷及判决事实上和反垄断判决保持一致，对基础设施以及集合性财产权利提供了保护。第四节讨论了在空间不断吸纳压缩的情况下，用户如何逐渐失去对虚拟空间的控制权，丧失虚拟身份，无法像在物理空间中一样行使信息自决、知情同意等基本权利。最后对本章的发现进行总结。

二、空间与数字圈地运动

1. 网络化空间的生成

赛博空间不是自然出现的与物理空间相对应的"空间"，而是被创设出来的,是一个语词上的隐喻。① 即使抛开这一术语和"控制论"(cybernetics)在词源学上的关联②,在无政府组织者看来,这一空间应当独立于物理世界中的政府管辖③;而对于在其中投入了大量资本的平台企业而言,这一无国界空间仍应独立于政府,但不应没有秩序,只不过这些秩序要服从于资本主义生产的需要,且私人平台与行业主导的自治权力更为关键(例如管理、征税、发币);即使需要政府介入,也要确保其保护和反映新经济的特殊性,不受传统物理世界中各项法律的约束,否则会阻碍先进生产力的发展。这就是所谓"赛博空间例外论"(exceptionalism),从这个角度看,赛博空间似乎是一种高度理论化的意识形态修辞和想象。

理论修辞的成功依赖于对"架构"的发现、设计和扩展,伴随着不断创造、投入、劳动,扩展的同时产生了新的权利需求和经济利益诉求,由此需要作为上层建筑的法律加以承认和保护。抽象来看,赛博空间的发现是一个生产和再生产过程,空间开拓者在扩展过程中希望划界封地,最终成为"唯一的"赛博空间(The Internet)。这一过程需要对财产权利的确认和保护,也需要一整套有效率的生产方式不断将物理空间吸纳驯服,从而最终重新定义公共和私人领域。

从根本上说,赛博空间的权利基础既可以是公共的,也可以是企业主导或个人的。从目前而言,赛博空间的主要性质正迅速向企业主导的私人产权转变,即平台企业推动互联网商品化,打造自身可控的生态系统,以企业形态拥有资产所有权,用户和其他生产者按照协议获得有限使用权,集体为平台生产价值(美其名曰"同侪生产")。

后两节将从企业和用户两个角度说明这一过程如何发生,在此之前为更好地理解这一过程,有必要在理论上反思作为网络法核心概念的"空间"。如果说赛博空间较为抽象,那么空间则是稍微具象、塑造出来的可

---

① 美国法学界在互联网发展早期关于空间的哲学与法律定位有过十分集中的讨论,而中国讨论较少,见李良荣、方师师:《网络空间引论》,复旦大学出版社2018年版。

② 〔德〕托马斯·瑞德:《机器崛起:遗失的控制论历史》,王飞跃等译,机械工业出版社2017年版。

③ 〔美〕约翰·P. 巴洛:《网络独立宣言》,李旭、李小武译,载《清华法治论衡》(第四辑),清华大学出版2004年版。

感知操作的形态,并可以在法律论证中适用。① 例如,当我们浏览网页或使用 APP 时,在物理上我们通过点击按钮访问了特定服务器,并通过物理管道进行了数据传输和信号交换,但在拟制意义上可以想象成为我们在不同的"空间"中以使用者的虚拟身份开展活动,这一空间可以产生在任何网络节点、服务功能和应用中。正是空间的开拓带来了权力关系的变化,产生了各类冲突的权利需求,因此在使用这一普遍性概念时,有必要理解背后使用这一概念的主体及其诉求,特别是其如何试图将自身的特殊性诉求上升为普遍性,才能更好地理解网络法的诞生与实质。②

传统法律必然反映物理空间的现实:空间大致分为私人和公共两类,私人空间更贴近财产、隐私、家庭等需要保护的价值,而公共空间则涉及公共活动的场所和秩序。两者的区分不仅是法律概念上的,也是物理架构上的。陌生人社会中,住宅、楼宇的封闭性确保了隐私保护不受低成本打扰的需求和想象。③ 而在赛博空间中,当架构变化时,传统法律关系不断瓦解,产生了新的法律问题,例如,对这一空间性隐私的需求没能顺利延展至网上,人们更愿意接受互联网无非就是一种商业服务的观念,愿意将隐私与服务商分享,哪怕有可能的隐私泄露的风险。在个人信息保护呼声和需求开始增长的今天,也有必要重启空间这一概念,从根本上反思鼓励信息自由流动的赛博空间如何能够真正确保我们在私人领域不受打扰,同时又能平衡商业创新,充分参与在线公共活动与沟通。④

互联网的形态从早期初级的简单链接转向平台推动塑造的连接—生产模式,而且越来越自动化。当赛博空间不断通过平台创设的连接将各类生产性资源连在一起的时候,就形成了某种网络化的空间。⑤ 这种空间在形态上和物理空间截然不同,是整合性与碎片化的统一,是中心化与

---

① 类似于法律中"场所"的概念,例如在赛博空间中仍然可以比拟公共场所,认定为寻衅滋事。

② 吴伟光:《构建网络经济中的民事新权利:代码空间权》,载《政治与法律》2018 年第 4 期。该文强调了空间概念,但未能看到空间背后的权力机制和利益诉求。

③ 岳林:《论隐私的社会生成机制——以习俗和法律关系为视角》,载《学术月刊》2019 年第 6 期。

④ 关于公共领域,见胡凌:《互联网与公共领域:财产与劳动的视角》,载《探寻网络法的政治经济起源》,上海财经大学出版社 2016 年版。

⑤ Julie E. Cohen, *Configuring the Networked Self: Law, Code, and the Play of Everyday Practice*, Yale University Press, 2012.

分布式的统一,也是生产性与消费性的统一。如果说早期互联网更多地体现碎片化、分布式和消费性,那么平台主导的互联网则日益转向整合性、中心化与生产性。

2. 空间扩展中的开放/封闭

空间有赖于架构设计,简言之架构和空间的扩展至少可以有几种方式:(1)捆绑更多新的功能;(2)因公司合并而产生账户打通合并;(3)通过账户进行第三方登录,扩展活动边界;(4)直接打通产业链上下游。其本质上都是在互联网不同层面上增加相互支撑的入口与资源,从而扩大双边市场的规模,把各种生产要素都聚拢到一起。更关键的是,不同层面的相对权力重心发生了转移,早期互联网强调 PC 终端和分布式计算的重要性,但现在的平台和云服务已经将终端彻底边缘化,权力朝向看不见的云端汇集,能够更好地提供大规模自动化低成本服务。[①] 有意思的是,权力的触手却在同时不断从终端扩展到物理空间中的物件,将后者彻底赛博空间化,权力关系就从终端设备之上转移到了设备之外,例外论也成了普世论。本章将此类空间的扩展称为数字圈地运动,类似于工业资本主义诞生之初的圈地运动,数字圈地运动的实质也在于通过空间扩张蓄养生产资料,但其过程更加宁静而迅速,伴随着每一次新产品的发布,都意味着新的开拓者在主张它们疆域的边界。

表面上看,赛博空间是无限的,似乎并不需要争夺,人人机会平等。例如电子商务网站的网页比实体店铺货架上的空间多出无数倍,提供的信息可成几何级数增长,但却无需付出低效的维护成本,竞争力必然优于实体店铺,人们只需要通过一个搜索引擎就能够找到想要的信息;但从另一个角度看,这种无限又存在边界和限制,信息拥有者可能拒绝爬虫爬取、提供信息,同时为了确保高质量信息,电子商务网站势必要求排他控制这些信息,防止竞争对手以低成本获取。对低成本生产资料的渴求导致所有平台企业都想扩展自身,吞并竞争者。这些相互冲突的需求以一种戏剧化的方式在"3Q 大战"案件中淋漓尽致地展现出来。

"3Q 大战"发生在 PC 终端上并非偶然,其发生的主要原因在于:

---

① Vincent Mosco, *To the Cloud: Big Data in a Turbulent World*, Routledge, 2014.

(1) 十余年来创生性的互联网产生了持续的安全隐患;(2) 创生性的操作系统(主要是 windows 系统)不受其生产商——微软公司——控制;(3) 用户和服务提供者都产生了对保护桌面安全的需求。① 因此问题转变为谁有权利排他地为用户提供防护服务,进而管理整个智能终端,或者说,谁有能力更好地在桌面扩展其空间和权威,为所有其他软件和用户安排生产秩序。只有适时改变早期互联网生产方式,才能真正解决"3Q 大战"的问题,使此类问题不再发生,这个答案就是平台化生产和转型。看上去悖论的是,赛博空间的开放性恰好是导致其走向封闭的主要原因之一,除此外因,平台化转型作为内因同样值得重视,这为我们摆脱教条式理解互联网演进提供了绝佳案例。

三、干扰、不兼容与竞争秩序

1. 空间争夺与数字财产权边界的重构

本节将进一步讨论"3Q 大战"中的不正当竞争面向,它与空间生产密不可分。用户桌面作为一种空间拟制和想象,实际上为作为一个整体的数字经济提供了扩展的机遇。但一旦深入数字经济内部,就不得不回答究竟谁有权利和能力扩充生产性的空间,扩大自身的规模效应。"3Q 大战"充分展示了其中的冲突:由于微软公司并不对 Windows 操作系统行使任何后续控制力,用户桌面就成为平台企业的竞争领域,为的是获得排他控制用户电脑的权力。奇虎 360 对 QQ 软件干扰行为的动力即源于此,同时现实中也出现了同类软件相互不兼容的行为,这些都被写入了《反不正当竞争法》第 12 条,这一立法上的修订有力限制了平台企业争夺桌面的行为。

如果我们将一个软件或应用看成是一个开放空间中的封闭领地,为了与其开展竞争、抢夺用户,除了干扰不兼容在同一个空间中争夺之外,竞争者至少可以从以下要点出发开辟新空间、免费利用他人资源、劫持流量,空间再造其实是互联网竞争的实质:

---

① Jonathan Zittrain, *The Future of the Internet-And How to Stop It*, Yale University Press, 2008.

> 外挂:通过外挂更改相关软件的功能,变相吸引用户;

> 叠加:开发输入法,在用户打字输入时,在他人搜索框之上叠加新的搜索框空间;

> 转移:通过爬虫爬取竞争对手的价格信息,在比价网站上显示,赚取流量;

> 加框:通过深度链接技术在他人网站的视频上加框,放置广告;

> 屏蔽广告:通过上游路由器设置,更改访问请求,从而屏蔽干扰他人广告播放;

> 屏蔽链接:关闭 API 接口,阻止竞争对手的内容或链接在本平台传播或自动跳转。

对于这些新型"搭便车"行为,法院不得不依靠《反不正当竞争法》第 2 条原则性条款加以解决。① 原则性条款在解释过程中具有较强的灵活性,在没有明确立法规定的情况下,适用这种条款可以帮助快速解决纠纷,较少引起争议,但也会给人无所适从的感觉,不符合竞争法谦抑的精神。② 最需要突破的争议点是竞争关系的认定:在物理世界的经济行为中,往往是经营范围相近的企业才存在此类竞争关系,市场边界也相对固定;但在赛博空间中,具有不同业务和功能的平台企业也存在争夺用户和流量的竞争,法院的理念由此从狭义竞争关系转向广义,并被广泛接受。这一解释实际上是对平台企业争夺桌面空间现状的真实反映,也是对平台双边市场模式的一种确认,如果法院仍然坚守传统的狭义解释,将无法处理诸多新型侵权行为。

法院如此适用法律的本意在于维护市场竞争秩序,这凸显了秩序形成的一个主要来源。市场实际上也能部分地解决问题,如果我们把干扰侵权看成是一种为获取竞争性资源的"非法兴起"过程,那么按照科斯定理,只要交易成本足够低(或收益足够大),理性的双方就会达成交易开展合作,从而使该资源得到有效利用,将蛋糕做大。从这个意义上说,干扰

---

① 批评者认为《反不正当竞争法》引入的网络条款旨在评价网络竞争行为的正当性,但该条款在解释论上面临诸多困境,根源在于方法论研究之欠缺,即立法者未曾反省类型化原理就盲目选择了案例群类型化的修法进路。见蒋舸:《〈反不正当竞争法〉网络条款的反思与解释:以类型化原理为中心》,载《中外法学》2019 年第 1 期。

② 张占江:《论反不正当竞争法的谦抑性》,载《法学》2019 年第 3 期。

侵权是赛博空间中财产权利重新配置划界的重要途径。有趣的是,无论是第12条还是法院在各类不正当竞争判决中,都认可保护受到侵权的在先权益,即权益的初始配置仍然赋予投入合法劳动的一方,无论侵权可能带来何种创新或消费者福利。

这一思路在互联网早期"非法兴起"阶段还不曾发生,其时法院更倾向于对代表先进生产力的互联网进行保护。但在平台和移动互联网阶段,保护数字产权开始成为法院的共识,其结果是通过不正当竞争法确认竞争性权益,间接地保护在先企业的数字内容及其架构,实际上承认了通过劳动投入进行的架构设计和信息系统本身具有可保护性(这一点尤其体现在刑法规定的一些入侵、破坏计算机系统犯罪中)。

2. 通过封闭统合防止碎裂化

法律和司法赋予在先权益的正当性客观上符合数字经济发展在这一阶段的需求。首先,从宏观上看,如果说在PC互联网时代,数字经济主要靠针对物理空间资源的数字化进程释放红利(从而体现为大规模侵权以转换生产方式),那么在移动互联网时代,数字经济更多地依靠平台基础设施增强网络效应,突出其双边市场特征,排他地从平台可以调动的资源中获利,因此需要法律保护这种排他使用权。在这一逻辑下,平台企业一方面不断将更多资源纳入其平台,扩张空间,另一方面则通过技术和法律手段保护其架构不受侵犯,架构逐渐走向封闭。在整体上,数字经济也需要较为成熟的产业组织稳定、协调生产。

其次,从微观层面看,赛博空间中需要有主导力量来组织众人进行有序生产(无论是操作系统、应用商店还是搜索引擎),否则高效的竞争秩序不会主动实现。在缺乏有效组织的平台上,任何层面的应用程序都可以去干涉竞争者,防不胜防,最终导致该种平台陷入混乱无序状态,被用户和开发者抛弃。个体开发者需要付出的成本包括:(1)识别用户是否在使用插件可能屏蔽广告;(2)识别用户是否安装外挂可能干扰服务;(3)识别安装其他类似软件的用户;(4)部署反数据抓取技术;(5)搭建基础设施服务;等等。法律的统一保护事实上默认了需要巨头平台管理生产秩序,提供基础设施服务,这在一定程度上可以弥补大量私人技术投入的成本,从而在整体上降低了社会投入。只要私人技术投入的成本低于它们向平台管理者缴纳的管理费用("苹果税"),这一模式就是有效率的。当然,法律并非完美,在国家能力有限的情况下,竞争者之间仍然可以通过签署协议、自力救济、谈判等方式加以补充。这些手段都反映出干扰侵权无非是希望重新划定空间和虚拟财产边界的一种方式,法律和司法作出的回应使这些边界更加清晰,也使得法律权利边界和技术架构边界趋同。

再次,推动平台企业对内统合生产性资源、对外扩展空间也有助于防止产权的碎裂化。在缺乏统一控制的平台上,不论是横向平行层面(如360和QQ)还是纵向垂直层面(如路由器和视频网站)都试图重新划定各自边界,在法律救济较弱、谈判成本较高的情形,容易发生破坏秩序、难以合作的权利碎裂化问题。这个问题在集合性的数据财产权利情形下通过强制性用户协议授权而解决,但对于更大范围新经济来说仍然不够,新经济作为一个流动性强的复杂生态系统需要更加有效率地生产,因此需要某种机制将分散零散的资源统合在一起,产生集体性价值。像Windows那样不受控制的操作系统无法完成这样的工作,这就是为什么只有苹果公司的应用商店模式才能像企业一样提供基础设施服务,为开发者设定规则,防止应用之间发生冲突,产生秩序混乱,这一模式已经逐渐成为平台企业的标准模式。

最后,仍需要提醒读者注意的是,平台整合背后的安全性需求不容忽视。抽象的问题是赛博空间的安全秩序谁来维护?"3Q大战"的双方实际上重新定义了安全,外部威胁可能来自赛博空间的每一个角落,以至于需要私人公司帮助维护自身的资产,客观上也保护了用户的终端。然而一旦安全防护本身和其他通行商业模式结合在一起的时候,任何安全公司都可能掌握着动员民众、影响市场秩序的权力,成为底层基础设施。[①]一旦成真,就有必要重新思考这类企业的法律性质,即从一个纯粹私人企业变为受到约束规制的某种准公共服务企业。[②]

[①] "百度在线网络技术(北京)有限公司等与北京奇虎科技有限公司等不正当竞争纠纷上诉案",北京市高级人民法院(2013)高民终字第2352号。
[②] 周鸿祎称奇虎360为"国家企业",界定了"国家企业"的三个"一致":企业发展方向和国家战略方向一致;企业的主业和国家急迫的需求一致;企业利益和国家利益一致。载 https://tech.sina.com.cn/i/2018-06-30/doc-ihespqrx6403749.shtml,2022年10月20日最后访问。

由此，本节解释了"3Q 大战"如何折射出软件背后产业组织形态的变化以及在 PC 终端进行圈地运动的实质。这一圈地运动是必然的，法律形式上的平等无法阻止商业模式和技术的变化与扩张；和反垄断教义学一起，诸多反不正当竞争诉讼判决客观上也帮助生成了一种集合性财产权利的合法性，无论立法上是否认可虚拟财产和数据财产，平台已经得到了它们希望获得的法律保障。

四、用户主体性的削弱与重建

1. 自主控制力的迷思

用户在赛博空间中的自主控制是一个老问题，这个问题起源于用户能否像拥有一台收音机或电视机一样拥有一台电脑或一个软件，从而可以自由地改造与合理使用，豁免于知识产权保护的指控，这在二十年前 PC 互联网时代的公共讨论中被称为"终端用户许可"。① 但并非法律为用户的此类权利提供了保障，那时人们对互联网模式的力量一无所知，宁愿相信互联网不过是将自己拥有的电脑用网线连起来而已，一切计算和数据处理都在终端完成，因此也相信其仍然能够对终端上的软件和数据拥有最终控制力。随着带宽成本降低和计算能力提升，云计算开始将 PC 以及移动终端变成真正的"哑终端"，只是用来接受流媒体服务的界面和工具。架构中权力重心的变化必然使终端成为附属品，从而直接影响到用户的使用行为。换言之，互联网发展早期认为用户对上网行为有完全控制的迷思现在已经基本破除，这不仅意味着用户地位从单纯的使用者转为产消者，也意味着 PC 终端带来的自主空间的想象不复存在。"3Q 大战"正体现出这一空间是如何被巨头平台企业争夺，从而不断通过封闭资源模式割裂赛博空间的。用户丧失自主控制力体现在多个方面，都和互联网的生产方式密切相关：

➢ "3Q 大战"中任由巨头争夺自己的桌面，被迫接受"二选一"；
➢ 不得对智能终端进行越狱破解；

---

① 寿步等编：《我呼吁：入世后中国首次立法论战》，吉林人民出版社 2002 年版。

> 不得对特定软件进行改造,开发外挂;
> 被动接受用户条款,丧失知情同意的意义;
> 无法拒绝作为商业模式的商业广告推送;
> 因存储空间有限不得不上传至云端,失去对自己虚拟物品的控制;
> 仅能通过流媒体方式接受服务,下载的电子书或歌曲是一种有时限的租赁而非购买;
> 手机通讯录和手机相关的存储空间不被认为是隐私,从而可以被服务商访问挖掘;
> 无法控制自身生产的内容和数据,一切隐私都将和服务商分享;
> 经由数据分析形成的推荐和预测进一步加强对用户自身的监控。

不难看出,在新经济生产方式扩张过程中,一方面用户的电脑使用行为失去传统意义上"空间"和私人财产规则的庇护,私人空间因此转化为生产劳动和接受控制的空间;另一方面,甚至用户所处的物理空间也同样经历着类似的转换,哪怕在一个封闭的房间内,物联网的存在也使空间隐私和不受打扰荡然无存,用户的数据时刻传输至他们无法控制的云端。

从空间性的财产和隐私转向信息性和网络化的财产和隐私的直接后果是,用户置身于十分不平等的权力结构中。传统法律注重对通信隐私和入户搜查等"空间"理念的保护,"私人空间"成为各类权力难以突破的默认设置和法律底线,但经由相互连通的网络,平台企业的架构得以顺利渗透进这一私人空间,并通过关系隐私理论获得合法性,在赛博空间中很难再次回归到不受随意打扰的空间隐私理念。[①] 此外,一直以来社会和法学研究缺乏关于空间隐私的讨论,而大量集中于信息隐私,最终回到更加中性的个人信息保护[②],某种程度上就丧失了和原有空间理论及其权益相连接的可能性。例如,支持者们可以声称,赛博空间中的隐私预期因架构不同很难比拟物理空间中的预期,而用户愿意放弃隐私选择服务便利也会鼓励新型架构的出现,这种循环论证再次为"赛博空间例外论"开

[①] 例如朱烨与北京百度网讯科技公司隐私权纠纷上诉案,江苏省南京市中级人民法院(2014)宁民终字第 5028 号。

[②] 张新宝:《从隐私到个人信息:利益再衡量的理论与制度安排》,载《中国法学》2015 年第 3 期。

了后门。

"账户"可能成为解决这一问题的契机,但仍然不乐观:按照现有商业账户的性质,它仅仅是用户得到平台授权使用的通行证而已,用户无法行使对其账户的绝对控制力,例如不得拒绝分析账户行为数据,无法拒绝向账户推送定向广告或推荐信息,并面临可能违反平台规范注销账户的风险(数据并不彻底删除)。账户并非类似传统的不受打扰的默认设置空间,平台的商业属性决定了用户账户注定成为吸纳用户和传统物理空间的连结点,可以直接影响用户行为却在法律上与用户身份相分离(从而降低运营风险)。结果便是,原本与物理世界平行的赛博空间愈加扩张,用户却没有相应的屏障抵抗这一趋势。

2. 虚假代理与政府规制

尽管用户在赛博空间中实际上的自主权利受到影响,法律在形式上仍然倾向于体现平等民事主体的自由选择,这导致了无视法律形式背后的生产关系变革,及其反映出的不平等权力关系。例如,尽管知情同意通常被认为是无用的,而且有一些替代性方式表达授权,但仍然成为《网络安全法》收集和处理个人信息的核心原则;又例如,尽管在事实上平台企业对灵活的劳动者施加了较多控制,体现出较强的人身从属性,法院很多情况下仍倾向于不在事后确认劳动关系。① 在"3Q大战"中,用户貌似拥有充分的选择权,只不过必须接受巨头平台给予的两种选择之一。

在用户无法充分行使自主权时,往往会出现两种相伴随的现象:首先,从商业角度看,一些平台企业会打着用户的旗号干扰其竞争对手,或定向抓取另一些平台上用户生产的数据内容,帮助其一键搬家,声称自己仅仅是用户的代理人,已经获得用户授权同意,实质上仍然是将这些内容看成可以免费获取的生产资料,并非真正看重用户自主性;同时,鉴于《反不正当竞争法》在修订时在原则性条款中增加了消费者权益保护内容,也可能带来价值之间的冲突,即一种不正当竞争侵权行为(或创新)可能在

---

① 在确认劳动关系时这一点尤为明显,见胡凌:《分享经济中的数字劳动:从生产到分配》,载《经贸法律评论》2019年第3期。

客观上暂时有利于消费者,但却可能破坏了竞争秩序和公认商业道德。① 其次,由于用户在面对平台企业时难以有效进行讨价还价,行使信息自决权,因此公共规制部门就扮演了重要角色,需要不断从外部介入行业实践,纳入自上而下的专项执法整治方式。② 这可能在短时间内起到威慑作用,但难以形成长期稳定有效的内生治理机制,也取决于国家投入的资源和能力。在本章看来,上述现象同样是用户主体性削弱的表现,其根源也在于用户/消费者真正的信息自决权无法实际操作和行使,无法在空间上拥有自主选择的能力。③

随着架构的不断延伸,创设出更多新空间,转移权力关系争夺的阵地,用户在未来仍有机会争取和重建自主地位。这首先需要用户真正拥有不受商业契约影响的更加普遍稳定的虚拟身份,而这种身份只能由国家提供,并作为一种基础设施嵌入赛博空间日常活动中,从而不同于目前常见的身份认证过程。在此基础上,可以围绕基础身份重建一系列关于虚拟财产、隐私、空间、人格等基本制度,不受平台商业力量的任意影响。赋予用户更大自主性未必会削弱数字经济整体发展,反而可能会进一步释放数字红利,促进生产性资源的流动性,赋予用户在自主可控的空间内创造与交流的机遇。此外,还需要在现有法律制度基础上,不断跟踪理解平台企业的形态变化,抓住多变技术和噱头背后不变的法律关系,才能更好地理解不同利益相关方想要什么。④

五、结　　语

"3Q 大战"本质上反映了在一个开放性的、内在不稳定的网络上,平台企业针对作为连结点的、不断增加扩展的智能终端的争夺,最终争夺的

---

① 张占江:《不正当竞争行为认定范式的嬗变:从"保护竞争者"到"保护竞争"》,载《中外法学》2019 年第 1 期。法院至今难以调和几种价值冲突,摇摆不定。
② 例如中央网信办、工业和信息化部、公安部、市场规制总局于 2019 年 1 月起开展了为期一年的 App 违法违规收集使用个人信息专项治理。
③ 丁晓东:《论个人信息法律保护的思想渊源与基本原理——基于"公平信息实践"的分析》,载《现代法学》2019 年第 3 期。类似地,职业打假人可能利用了消费者保护机制对某些商家进行冲击,但却不可能在整体上提升消费者群体的议价能力。
④ 一个例子,见胡凌:《平台视角中的人工智能法律责任》,载《交大法学》2019 年第 3 期。

是赛博空间的塑造和控制权力。在本章看来,最高人民法院持有的不可知论立场巧妙地帮助了平台企业不受反垄断指控的诘难,守护了整个新经济模式,在理论研究尚未对互联网垄断达成共识的时候,确保中国互联网在移动时代享受基础设施带来的网络效应红利。法院并未真正介入这场争夺,而是默认平台企业作为市场力量任意扩张。尽管 PC 终端变得日益不重要,但移动终端延续了平台扩张的逻辑,依靠垂直整合、兼并和封闭实践,最终使赛博空间由一个个平台主导的封闭生态系统勾连起来,用户的桌面正是这张大网的底层基础。赛博空间的"封建化"[①](反映在国家之间则称为"巴尔干化"[②])是对无边界互联网安全威胁的自然回应,也是政治逻辑和商业逻辑演进的必然结果。从产业组织角度看,封闭的生态契合了数字经济发展的需求,通过数字基础服务避免财产权利进一步碎裂化,又是有效率的。因此,如何平衡封闭、开放、创新、效率和自主性就成了未来互联网治理中的关键问题。

本章限于篇幅无法深入讨论,主要希望借助"3Q 大战"案件回到网络法的元问题:谁创设、控制赛博空间,赛博空间如何扩展,进而反映了何种生产关系、要求何种法律关系。本章也试图借助空间这一概念,沟通中西方研究脉络,尝试提炼(特别是中国)互联网演进以及网络法变迁的理论框架。这一框架不同于传统自由主义的赛博空间观,即主张国家公共权力不能介入赛博空间,后者需要不断摆脱前者的约束;它能够解释暗网和比特币的实践,同样也可以适用于平台企业主导的跨国公司,即它们持续奉行创造性毁灭口号,不断将更多新型资源数字化和商品化,从而通过架构扩展其主导的赛博空间——若干不受主权国家规制的数字封建经济体。[③]

由此,本章框架希望从政治经济学角度展示数字封建经济体形成的过程,特别是平台企业如何通过技术变迁和商业模式最大限度地从事赛博空间的生产和再生产,在智能终端挤压私人隐私和公共领域;同时又和

---

① Joshua A. T. Fairfield, *Owned: Property, Privacy, and the New Digital Serfdom*, Cambridge University Press, 2017.
② Milton Mueller, *Will the Internet Fragment?: Sovereignty, Globalization and Cyberspace*, Polity, 2017.
③ Anupam Chander, *The Electronic Silk Road: How the Web Binds the World Together in Commerce*, Yale University Press, 2013.

其他竞争对手展开争夺，最终塑造赛博空间。在面对商业力量不断扩张的时候，我们有必要反思如何确保一个合理平衡的赛博空间秩序，特别是当用户缺乏真正的数字身份和控制力，而依靠不稳定的商业契约关系维持的时候，赛博空间不会持久地繁荣。因此无论是从个人数字身份和尊严的宪法角度看，还是从数字经济的长期发展看，都需要对既有权力边界进行重新配置和协商。作为一个起点，有必要重新审视数字社会的权力结构和社会关系，关注商业力量以外兴起的社会组织和社会生态，围绕诸如基础身份认证这样的"制度—技术"机制、或以账户为基础的真正 AI 代理人展开，在机理上重建空间观念，探讨赛博空间中主体性及其法律和技术支撑。

第十五章 架构的开放与封闭及其法律回应

一、引　子

　　从互联网诞生以来,"开放"就成为一种意识形态,特别是 20 世纪 90 年代后不断内嵌于新自由主义潮流推动信息经济全球化的过程中。① 时至今日,人们仍然在直觉上认为互联网需要开放,尽管在使用这个词的时候,不同的人心里想象的是完全不同的事物和问题。例如,在政治层面,开放意识形态往往指源于美国的平台企业要求按照贸易协定进入各国,主导本地信息服务,而如果有国家主张网络主权,自主管理本国领土上的互联网服务,则被认为是封闭或互联网碎裂化。② 在经济或技术层面,开放意识形态意指任何人都有权不受阻碍地通过网线和终端设备平等接入互联网,在不同层面进行创新和竞争,如果有运营商或平台企业实行流量控制,或者对上下游资源垂直整合,则被认为是走向封闭。③ 实际上随着互联网逐渐嵌入社会政治经济生活的各个方面,不断促成各类社会主体和事物之间的连接,形成愈加复杂的网络,就很难简单地针对这一问题给出一刀切的答案。同时,在讨论这一问题时,论者常常忽视一些给定的基本假定和话术,从而有意无意忽视开放—封闭话语背后的利益关系。例如,为主张一种理想中的互联网开放状态,在逻辑起点上需要先假定存在

---

　　① 互联网于 20 世纪 80 年代末商业化,并在美国信息高速公路计划下推向全球,中国也是在这个大背景下设立国际出口信道和美国骨干网相连通,开启互联网时代的。

　　② 例如参见,Milton Mueller, *Will the Internet Fragment?*: *Sovereignty*, *Globalization and Cyberspace*, Polity, 2017; Monica Horten, *The Closing of the Net*, Polity, 2016.

　　③ 例如参见,Jonathan Zittrain, *The Future of the Internet-And How to Stop It*, Yale University Press, 2008; Tim Wu, "Network Neutrality, Broadband Discrimination," 2 *Journal of Telecommunications and High Technology Law* 141(2003).

一个经由信息技术构建起来的赛博空间（现在叫"元宇宙"），不论是无政府主义者还是巨头平台，都试图论证该空间应当较少由国家介入，任由其在自治过程中扩展，其结果是演进成了希望不受外部约束的平台权力。开放—封闭话语恰好依托于这一过程展开，即构成赛博空间的"架构"本身形成某种不断扩展延伸的自主性力量，吸纳生产性资源，因此需要更加"开放"；但同时，随着不同数字平台对生产要素的竞争加剧，为防止他人进入自身主导的空间，又是逐渐走向"封闭"、和他人清晰划分边界的过程。不难看出，开放—封闭话语是围绕着某种抽象的"架构"权益而不断变化的。

作为本书的结尾部分，本章不想继续纠缠在传统话语当中，希望置于中国经验中追溯现实中互联网形态究竟发生了何种变化，即在原理上分析当赛博空间演进为一种抽象复杂的经济社会系统时，决定其开放或封闭的动力学机制是什么，后果如何，以及法律在何种程度上推动或顺应了这一趋势。承接此前的部分研究，本章将重塑开放—封闭讨论，认为这一话语实际上指向互联网架构，有必要看到架构如何从一种简单的技术和连接方式转化为一种复杂的政治经济利益。第二节简要回顾互联网原初开放架构的理念、意识形态和问题，由此引出若干导致架构走向封闭的社会性因素，生产方式的变化在其中起到了关键作用。第三节分析走向封闭的架构希望法律在何种程度上保护其独特权益。第四节超越单纯的以平台企业为核心的开放—封闭论述，重新回到问题的实质，即互联网如何便利生产要素流动性和建设强劲的基础设施两个维度，需要在制度上进一步探索如何推进更大范围内要素安全有序流动的数字市场和社会。

二、互联网架构的生成和转变

1. 原初互联网架构及其问题

原初互联网架构在技术上采取一种"端到端"（end-to-end）的理念，即通信信息通过域名系统和包交换系统不受阻碍地从一个终端传输至另一个，即使有些传输路线阻塞，仍然还会有其他路由帮助完成传输。这种去中心化的理念很容易解读成要求便利信息自由流通，特别是不受诸如电信运营商等中立传输管道的影响。① 端到端的沙漏型网络架构设计也能够推动在网络边缘的大量创新,使参与者更好地在互联网的不同层面上进行活动,而相互不受影响。② 这一架构成功的核心在于网络自身和边缘操作系统的创生能力(generativity),促成了我们目前看到的大部分信息服务创新。③ 伴随这一过程产生的另一个观念便是任何人都可以接入通信网络使用终端软件与他人交流并参与到大众社会生产当中,这被认为是超越传统经济生产的新范式,可以形成某种有利于创造的新型公共资源池。④ 特别地,上述观念和一些传统无政府主义理念相结合,推动了诸如赛博空间这类拟制概念的产生,即想象一种不受物理空间政府权力介入的新型空间,借由开放技术架构而形成了一个完全由工程师、黑客、无政府主义者等自主治理的领域,从而完成了从技术层面向社会意识形态的转变。这一理念宣称,赛博空间向所有爱好自由的人开放,但不欢迎现实世界的政府。⑤ 伴随这一思路还诞生了诸如开源、匿名性、P2P 传输、加密货币等延伸至当下的理念和软件设计。

敏锐的观察者很快意识到,支持网络开放诸多理由的支撑性制度和技术条件一旦发生变化,会对这些真空中的理念提出疑问。第一,赛博空间并非绝对自由,其设计架构本身蕴含着权力关系,会对人的行为产生影响和约束,其本质仍然是政治性的,与线下世界无异。⑥ 第二,随着互联网服务的扩展,越来越多的人开始加入这一空间,发现分布式的互联网本质上是不稳定的,网络上各类失范的匿名行为不断增多,这些行为不受原

---

① H. Saltzer, P. Reed, and D. Clark, "End-to-end Arguments in System Design," 2 *ACM Transactions on Computer Systems* 277 (1984); Mark A. Lemley and Lawrence Lessig, "The End of End-to-End: Preserving the Architecture of the Internet in the Broadband Era," UC Berkeley Law & Econ Research Paper No. 2000-19 (October 2000).

② Lawrence B. Solum and Minn Chung, "The Layers Principle: Internet Architecture and the Law," Univeristy of San Diego Public Law Research Paper No. 55 (2003).

③ Barbara van Schewick, *Internet Architecture and Innovation*, MIT Press, 2012.

④ Yochai Benkler, "Sharing Nicely: On Shareable Goods and the Emergence of Sharing as a Modality of Economic Production," 114 *Yale Law Journal* 273 (2004); Lawrence Lessig, *The Future of Ideas*, Random House, 2001.

⑤ 〔美〕约翰·P. 巴洛:《网络独立宣言》,李旭、李小武译,载《清华法治论衡》(第四辑),清华大学出版 2004 年版。

⑥ Alexander R. Galloway, *Protocol: How Control Exists after Decentralization*, MIT Press, 2006; Lawrence Lessig, *Code and Other Laws of Cyberspace*, Basic Books, 1999.

初小群体社会规范的约束,创造性的工具(个人)和网络(群体)都会带来不确定的安全问题,这预示了互连接/互操作性的风险,需要新型秩序及其维护者。[①] 第三,与之相关的是,传输管道的中立性无法确保信息本身的准确和相关用户行为的可信程度,不同场景中的具体信任无法取代跨场景的抽象信任,由此需要能够在大量陌生人当中不断产生信任的有效机制。第四,互联网价值的确由大量边缘创新产生,但并非全部,为实现规模和网络效应,仍然需要稳健的市场基础设施加以辅助引导,特别是精确匹配和分发。第五,开放接入虽然不会导致在线信息公共资源枯竭,却可能产生大量垃圾信息,不断扩大公共资源的范围和稳定供给也需要外力加以介入。

在中国引入互联网的早期阶段,尽管没有出现像美国一样的赛博空间开放意识形态,但随着互联网的不断商业化,也出现了有关安全和失序的类似问题,本质上是因为网络用户的增加无法短期内实现多次重复博弈,由此无法形成有效的声誉约束,就需要思考如何重建秩序的问题。无论如何,由于反对封闭和控制的政治意识形态如此强大,人们对网络架构的开放性始终抱有好感和想象,并遮蔽了探讨有效解决其负外部性的可能路径。而这些问题实际上逐渐由推动一种新型生产方式的互联网平台在实践中不断加以回应,这就回到问题的核心,即仅仅认识到网络架构设计的政治性和控制性远远不够,还需要看到架构逐渐变成生产性的组织方式,解决了原初开放互联网的诸多问题。由此,互联网开放—封闭问题实际上就转化为架构的开放—封闭,接下来简要探讨其经济和商业动力。

2. 架构作为一种生产方式

如前所述,网络开放希望促成互联网上任意两个主体发生联系,虽然技术成本逐渐降低,但应用场景十分有限,也可能不太安全。例如在互联网早期,QQ聊天软件便利了陌生人连接,由此出现大量诈骗和犯罪活动;淘宝上基本上是一次交易,使机会主义盛行,假货不断。这都意味着作为连接中介的软件如果无法有效维护秩序,可能给自己带来潜在用户流失,并影响整个互联网的价值。如何能够有效解决这种问题实际上也

[①] Jonathan Zittrain, "The Generative Internet," 119 *Harvard Law Review* 1974 (2006).

是商业导向的平台企业关注的核心。

　　这一问题的根源首先需要回到商业互联网兴起的逻辑。开放网络的部分意识形态（如"信息想要自由""信息孤岛"）实际上掩盖了互联网早期"非法兴起"的过程，即需要以低成本获取生产资料，推动新型生产方式的转变。而生产资料从传统物理载体（如唱片、纸质书、电影）变成数字化的虚拟物品，转换生产和分发渠道，正是信息自由流动转换的完美例证。在这个过程中，免费（盗版）的信息内容吸引了用户流量，并帮助探索基础＋增值信息服务的新模式；消费者作为传统生产过程的末端原来难以变成精确统计对象，现在变得更加重要，一旦用户产生黏性，就可以通过账户对其在线行为持续追踪，通过数据分析反馈调节生产，并长期锁定；消费者还可以被转化成有效率的生产者，通过分享经济平台在同一个架构中活动，成为产生交叉网络外部性的一个稳定群体，从而在认知上促成了"双边市场"的分析框架。从这个意义上说，互联网需要开放，因为数字经济引发的新型生产方式本身需要大量灵活分散流动的劳动力从网络边缘做出贡献，并形成网络效应。开放在互联网早期的真实含义就成了平台企业通过对架构空间的创设，不断吸纳架构之外的（特别是依附于传统生产组织的）生产要素，并不断增强其流动性。

　　流动性的社会经济意义是，各类能够产生价值的要素在时空中的活动碎片化，可以不断增加交易机会，理想状况是每一个连入互联网的主体或客体都可以相互连接，创造新的可能性。早期互联网的非法兴起阶段事实上扩大了传统商品或服务的受众范围，以免费方式吸引用户是数字经济模式在社会中广泛确立需要付出的必然代价，尽管这沉重打击了传统行业。然而，即使通过网络相连，有效的交易与合作仍然存在交易成本和不确定性，平台企业的功能就不能是单纯地提供可以匹配的信息，而是需要帮助有效降低进一步的信息不对称等成本，在交易全过程确保安全，才能真正发挥互联网的价值[①]；平台企业也不仅在创设一个便利资源要素自由流动的市场，而且需要使这一市场变得有序和高效。从生产方式的角度说，互联网只是便利生产和消费循环的组织工具而已，无论是开放

[①] 这个道理类似于科斯关于企业性质研究的放大版本，即平台企业从降低市场成本中获利，有效组织生产。

还是封闭,只要能稳定地产生价值,降低流动性风险,就值得投入和扩展。开放为互联网提供了低成本生产资料和日益扩大的消费者群体,并开始显示出强大的规模效应,如何能够稳定生产要素来源,持续地吸引消费者将是促成互联网走向封闭的重要动力。①

3. 架构的控制力和封闭性

按照原初开放意识形态,如果人们无法通过网络相连而受到阻碍,似乎就意味着互联网走向封闭了。但这种观念显然忽略了真实世界中的行动成本,各类网站和平台的出现,更好地实现了特定领域中的信息或商品服务,更好地满足了消费者需求,大量将传统服务数字化。但人们观察到,随着平台企业更加成熟,特别是在移动互联网阶段,相当多的 APP 都试图将生产资源留在自己创设的架构空间中,而不希望其跨平台流动,也不希望其他平台采取可能手段进入自身架构争夺要素。这种趋势让我们可以在抽象意义上想象赛博空间中开始形成了若干封闭的架构,其中每一个架构内部都是一个市场,符合市场价值交换的逻辑;而架构中的要素如果被第三方影响而转移至其他市场,则受到平台企业的规制。由此形成了一种继续向更多资源开放扩张,但同时又保持边界封闭的混合状态,十分接近"封建化"过程。这也再次说明,市场并不存在于真空中,而是被国家和平台企业等外力不断塑造而成。平台企业需要市场机制发挥资源配置功能的时候,就会努力加强信息披露和价格透明度促成交易,而一旦其不希望要素大规模转移,则会采取强制手段确保其空间不受侵犯。

形成这一状态的动力是多元的,伴随着平台经济的不断成熟而强化。首先,为了降低交易成本,促成要素的有序流动,大型平台企业有能力开发嵌入自身市场的基础设施服务(如支付、物流、评分、认证、纠纷解决等),这些基础设施在传统市场往往由国家投入建设,在数字市场上则能够更有效地帮助实现安全便捷交易,进而希望获取要素的长远稳定价值。其次,平台企业继续通过企业合并、自行开发、小程序、第三方账号登录等方式吸纳新型服务,促成多边市场,目的是在架构空间内部形成多种可能

---

① 胡凌:《互联网"非法兴起"2.0——以数据财产权为例》,载《地方立法研究》2021 年第 3 期。

性,不断推动生产者和消费者改变行为和偏好,使生产过程得以持久,同时也可以看成是针对竞争对手的防御性可替代服务。如果平台企业无法短时间内降低交易成本,则需要依赖市场中的二级或三级代理人(如MCN机构)帮助聚合资源,形成新型产业链条。最后,包含基础设施在内的平台企业投入实际上因为其可信度和交易稳定性帮助增加了要素和资源的价值,从而形成了相对于中小平台的竞争优势。由于传统本地形成的经济交易网络规模不大、较为脆弱,大型平台形成的更加密集强劲的网络会逐渐将其吸纳。即使随着生产进一步智能化,人力生产开始被机器大规模生产取代,这一逻辑仍然不会有太大变化,封闭的大型平台仍然可能具有竞争性优势。

由此不难看出,数字经济的基本模式是通过平台这样的生产组织推动各类要素的流动性,并采取有效措施降低流动性风险,在风险较小的场景中,平台控制力并未显现,因此更能显示其开放的一面,而在风险较大的场景下,平台需要投入更多基础设施建设,为要素增加硬性和柔性的约束和控制,形态上看起来更接近企业对雇员的组织和管理。① 网络架构的开放—封闭过程表现较为明显的是当下的平台企业采取自我优待、二选一、屏蔽服务等方式,这些行为未必和垄断地位相关。仔细思考这些反流动行为背后的逻辑就不难发现,其目的都在于抑制资源跨平台流动,阻止其他竞争性平台上的生产者和自身平台上的消费者发生连接,获取流量。

在数字经济商业模式影响下,甚至原来的开放分布式技术也可能被应用至平台的封闭实践。在原初开放互联网架构下,分布式技术被认为和大众自主参与联系在一起,并宣称可以提升抽象社会信任(如区块链技术是对数学的信任)。但平台模式完全可以吸纳分布式技术,例如将区块链作为生产过程的底层技术,使生产者的生产过程变得更加精细和可量化;平台企业仍然可以采取既有措施鼓励生产,加强要素匹配。从这个意义上说,分布式记账的技术机制并不会影响架构走向封闭的实践,中心化与否是就市场内部要素之间的关系而言的,是不同的要素配置方式,与架构边界的封闭性没有必然关系。

---

① 大量劳动法研究集中在如何将从属性理论应用至互联网平台对劳动者的控制过程。

封闭的架构重新塑造了交易网络。① 生产要素的连接不再是传统台式机时代的网页"链接",而是变成 APP 中可视化界面的转换。用户会意识到通过账号登录后保持登录状态持续活动的边界,一旦要素通过点击超越架构跳转至另一个 APP 时,则往往意味着两个平台企业之间开展了合作(例如开放了 API 接口共享流量和数据)。和台式机时代的网页为媒介的连接相比,原来从一个页面跳转至另一个的过程无法被特定网站控制和屏蔽,但在当下则可以由平台企业通过接口统一进行控制,从而凸显了链接跳转的流量转移意义。此外,被传统开放观念认定的相互联通的理想类型是通过浏览器访问网页链接,但浏览器本身不能调动网页内容和其他软件之间的联通,从服务广度来说仍然是有局限的,而当下的 APP 内置服务实际上提供了更多的可能性,也促成了更多流动性,可以看出平台企业本身是一个控制不同侧面市场的整全性权力引擎。交易和合作网络由此得以通过大型平台企业不断拓展业务和服务而扩展,最终的结果仍然是将越来越多用户纳入赛博空间,但在连接质量和深度上要远远超越早期开放的互联网。

综上所述,尽管开放仍然是一种流行的意识形态,但随着数字平台生产不断将各类复杂的生产关系和社会关系卷入架构当中,架构边界的封闭性就不可避免地发生了。这一封闭性不仅继续伴随着架构的扩张(从而仍然是开放的),而且同时发生在可见的不同层面上:市场要素的有限流动性、网络连接的内化、通过账户合并进行持续追踪、基础设施的不断延伸,等等。当然,这一过程并非一帆风顺,除政治经济因素外,也需要外部法律提供支持,这就涉及法律如何回应架构的开放—封闭过程。

三、法律如何回应架构的开放—封闭

1. 架构是新型政治经济利益

网络架构一旦形成,就开始形成某种自主意识和价值,试图掌控整个架构形成的空间以及在其中活动的要素带来的整体性利益。虽然平台企

---

① 胡凌:《网络法中的"网络"》,载《思想战线》2020 年第 3 期。

业有能力采取各类手段保护这一整体性利益,但更加需要法律的承认和保护,从互联网非法兴起以来,可以分为生产方式的合法性和架构利益的保护两个层面,其中前者对于整个数字经济的奠基更为关键。从历史上看,立法和司法在新型生产方式的迅速扩张过程中有意无意地扮演了某种从属性的角色,基本符合数字经济发展的需求。

就生产方式的合法性而言,由于平台力量和资本需要不断延伸至各类传统行业和服务当中,就需要法律不断确认在不同领域的合法性(以及非法兴起的历史进步性)。如果传统领域需要许可进入,则在对应的新兴领域也需要获得牌照(如互联网金融、网约车),但总体而言,国家已经逐步意识到数字平台能够释放出较大的生产力,规模经济和富者愈富的垄断效应事实上有助于帮助蛋糕做大,实现经济循环加速。在"互联网＋""双创"等政策影响下,数字经济的合法性逐渐确立和巩固,并未受到社会质疑阻碍(或出现"数字勒德主义")。同时由于国家整体上采用试验方式观察不同特定种类业务的运行,及时叫停或严管特定领域,就使创新和开放的意识形态一直得以延续。

就架构利益的保护而言,平台企业需要构建出一整套抽象的需要法律在各个部门中不断加以保护的新兴利益。这种利益进一步体现在两种关系中,一种是架构与架构内活动的生产要素之间的关系,另一种是架构之间的关系。前者主要表现为架构需要在内部保持一种灵活流动的状态,才能最大限度开发资源的价值和可能性,促成更多连接,因此在法律关系上仅仅维持一种松散的合作或软件使用关系;后者主要表现为针对架构之间试图相互进入获取要素资源的不正当竞争关系。由于数字经济本身的特性,非法兴起实践不断发生在创业者和中小平台上面,由此推动了既有稳定的平台企业采取措施保护自身架构不受侵犯,并在法律和技术上逐步厘清其边界,这必然会导致架构空间的进一步封闭。

2. 若干法律回应示例

实际上,立法与司法已经在多个领域中对架构的特殊利益和封闭性作出了回应,即确立架构利益的合法性,并解决架构性企业和其他企业或行业之间的利益冲突。① 具体到开放—封闭这一议题,主要体现这三个层面上:(1)流动与效率;(2)竞争秩序;(3)安全。下面简要对法律如何面对和解决这些问题进行示例说明。

首先,就流动和效率而言,需要法律确认的是,用户在赛博空间中表面上具有自主选择地位(消费者自主选择权、知情权、公平交易权),却在实际上不享有任何稳定的生产资料,整个架构对用户而言仅具有使用意义。这不仅可以确保大量灵活工作不间断产生价值,还可以降低平台责任。创设这种访问权(access)将架构视为一个大型数据库服务,用户根据不同条件获取不同权限,但并不能根据自己需要对软件或界面进行更改调整。用户被纳入平台持续追踪的范围,成为多边市场的一边,个人信息在去标识化或匿名化处理后仍然会被持续利用,算法推荐会持续反馈至个人账户界面中。消费者群体和劳动力群体被绑定在同一生产链条上,他们之间的利益博弈也变得更加清晰。特别是在消费者福利意识形态占优的情况下,劳动者只能接受非劳动关系的工作状态。核心问题在于当消费者本身也可能是生产者或循环经济中的再生产者的情况下,如何在两个群体之间进行合理的价值分配。

其次,就竞争秩序而言,架构权利已经作为一种观念上的核心利益得到大量法律和司法判例的确认,这体现在诸多不正当竞争案件和规则中,即架构空间及其中的市场要素在未经许可的情况下不得任意侵犯。法律仅仅需要动态地确认囊括全部要素的外部架构财产权即可,而不需要对架构内要素进行单独确权,因为确权只是实现市场要素价值的一种方式(也不一定最好),平台企业的自主经营权允许其综合利用各类手段发掘市场要素的数据,保留充分的空间进行测试。② 竞争法对架构权利合法性的最大贡献是确认了竞争关系无处不在,这使得任何主体试图使用特定平台架构内资源的努力(如为获取更多消费者信息的行为被视为流量劫持,为获取更多免费公开内容的行为被视为不当爬虫)都可能被认为是不正当竞争,也使得《反不正当竞争法》第二条成为最容易被滥用的原则性条款。另外,鉴于平台经济的扩张特征,反垄断法及其教义学本身在过

---

① 详细的列举见胡凌:《合同视角下平台算法治理的启示与边界》,载《电子政务》2021年第7期。

② 胡凌:《数字经济中的两种财产权:从要素到架构》,载《中外法学》2021年第6期。

去十余年中也显得不太重要,直到 2020 年年底国家开始反对资本无序扩张,加强对平台经济的反垄断规制。但这也主要体现在资本进入金融、媒体、科技等领域带来的经营者集中负外部性,可能对国家正式权力造成冲击,目前并未完全否认平台经济模式,因此架构空间的扩张和封闭性可以预见还将持续。[1]

最后,就安全秩序而言,平台企业的自主经营权也容易被放大和强化,这主要是因为国家需要平台企业不断承担主体责任,帮助管理架构市场内的各类要素行为,承担繁重的网络安全和数据安全责任,平台企业也有动力据此搭建基础设施有效组织和管理生产。[2] 无论是通过用户协议约定,还是通过平台规则强制执行,平台的市场和社会权力都很少直接受到行政和司法部门的约束,大量针对竞争者的屏蔽和自我优待的反流动行为实质上也反映了这一点,而法律目前尚未深入到对此类问题的集中审查。一些希望增强用户自主性的权利如个人信息转移等也往往在安全名义下不被作为优先考虑的话题,除非能带来流动性红利。

上述例子都说明了,法律作为上层建筑如何具体而微地反映经济生产方式的变化,因此客观上推动了互联网架构以独特的方式持续开放—封闭的过程。然而,这并不是说互联网只能按照目前唯一路径演变彻底走向封建化的领地,从流动性和基础设施角度考虑,我们可以从网络经济本身的逻辑出发探索未来可能的突破。这也并不是说作为上层建筑的规则没有试图约束平台权力,平衡消费者、生产者和其他社会各种利益群体的不同价值观念和选择,而是想经验性地指出,这种架构空间的利益如何逐渐累积形成,最终无法动摇。

四、架构之间的互联互通

如前所述,架构走向封闭并非一朝一夕,而且基本上满足了消费者的

---

[1] 胡凌:《数字平台反垄断的行为逻辑与认知维度》,载《思想战线》2022 年第 1 期。
[2] 例如,国家市场规制总局发布《互联网平台落实主体责任指南(征求意见稿)》,从公平竞争示范、平等治理、开放生态、数据管理、内部治理、风险评估、风险防范、安全审计、促进创新等九个角度,对超大型平台提出了细致的要求。而同时发布的《互联网平台分类分级指南(征求意见稿)》则对平台进行了分级,依据用户规模、业务种类、经济体量以及限制能力四个指标,将互联网平台分为超级平台、大型平台和中小平台三个级别。

需求，增加了劳动力供给，在国家相关规制要求下，尽最大可能在架构内推动流行性，提升整个网络的价值。目前的僵局在于，随着网络效应加剧和大型平台资本不断进入更多领域，如何在宏观上判断不断扩展的巨头平台架构不会影响更多新兴平台企业进行创新和竞争，以及如何允许不同生态系统之间的流量和服务相互共享。换句话说，如果巨头平台的架构已经成为创新和竞争的潜在阻碍，如何既保持其动态的竞争力，又能够在整体上推动更多资源要素的跨平台流动。

2021 年下半年国家市场规制总局发布《禁止网络不正当竞争行为规定》（征求意见稿），拟禁止平台企业"无正当理由，对其他经营者合法提供的网络产品或者服务实施屏蔽、拦截、修改、关闭、卸载，妨碍其下载、安装、运行、升级、转发、传播等"。在随后的工信部专项行动中，部分头部平台企业也被要求尽快相互解除屏蔽链接，允许竞争性平台的服务内容可以通过软件内置打开相关链接，目前已经有一定的进展。这些措施被广泛解读为推动数字平台互联互通，但目前来看，其重点还主要停留在头部平台企业之间的强制流量共享，对于其他中小平台是否能够平等地获取流量还有待观察。[①] 从这个意义上说，目前互联互通政策不能仅仅局限于交换流量，因为任何流量都有价格，需要平台企业间谈判才能更好地开展合作。如果我们仍然希望发挥市场在资源配置中的基础性作用，就需要认识到可能的思路在联通市场本身。

从互联网在中国演进的路径看，架构与平台权力塑造了市场，使市场力量得以在赛博空间中发挥作用。一旦竞争日益激烈，互联网的非法兴起不断持续，以封闭的方式保持开放就成了架构扩展的最优策略，已经形成的市场基础设施扮演了私人推动市场扩展的重要功能。由于难以在法律和经济学中对相关市场给予准确界定，导致我们无法就基础设施外部效应展开进一步分析。如果想推动市场的联通，实际上更多地应当采取竞争法意义上的市场概念，而非反垄断法意义上的狭义相关市场，即将市场看成是一个充满无限竞争的整体空间，即架构本身。在这个整体空间中，既可能存在单一市场，也可能存在双边或多边市场，如果评估交叉网

[①] 邓峰：《强制取消外链限制的矛与盾》，载 https://finance.sina.com.cn/tech/2021-09-20/doc-iktzqtyt7121279.shtml，2022 年 10 月 20 日最后访问。

络外部性的努力耗费成本的话，可以首先搁置具体细节，而是将市场看成是由平台企业控制的整体，需要做的就是打通封闭的架构空间，从规制市场基础设施的角度出发推动市场要素跨平台流动。

推动资源要素流动可以有若干种方式，例如，按照《个人信息保护法》的规定进行个人数据转移，或者通过企业数据的流量交易，或者通过 API 接口开放相互进入，以及推动数据服务分析交易等。问题在于，为了使这些市场资源进行有效转移，必须利用诸多辅助性的基础设施功能帮助有效提升资源价值，否则基础设施健全的平台仍然有足够的话语权对流量进行控制，因此根本上涉及基础设施的互联互通问题。

如前所述，数字市场基础设施的悖论是，在建立早期有助于提升要素价值和流动匹配速度，但随着市场要素数量的增加，基础设施的完善反而成为某种反流动机制，会潜在地限制要素流动，在其他平台获取更优的交易机会。因此重要的问题是，如何通过基础设施的互联互通提升整个市场的标准，从而使得其他小型市场能够在保持独立的同时获得更多优质要素。基础设施的延伸可以有两种方式：一种是将头部企业变成必需设施，接受统一规制，让更多中小企业和用户都可以使用；另一种则是尝试打破不同的架构空间，由外部法律和规制力量对分散在不同架构内的基础设施进行逐步统合。中国目前在第二类路径上积累了一些经验，具体而言，可以将一般性的数字市场基础设施分为四大类模式：

第一类模式要求数字平台数据库无差别地与全国统一的数据库逐渐对接打通，这主要涉及认证和纠纷解决功能。例如，按照《电子商务法》的要求，确保所有平台都能平等接入身份证或电子证照数据库；或者要求地方法院完善相关电子诉讼平台，将平台企业上的证据通过区块链等技术措施进行留存，便于流转。地方政府也倾向于借助私人基础设施推广公共服务，使公共服务和私人平台结合得更加紧密，例如有些公共服务直接经由企业平台渠道提供（如公共卫生中的健康码、缴费服务等）。

第二类模式是牌照许可，在此基础上由中央单位牵头对具有特定牌照的数字基础设施运营商强制要求互联互通，这主要涉及支付和征信功能。例如"信联"要求成立合资公司共享个人征信信息，统一征信标准和分值，便于流动；"网联"也是以合资公司的名义要求强化对第三方支付清算活动的规制，动态掌握大型支付公司的支付与金融服务。虽然目前"信联"的运作并不完善,但从长期看是一个既保留大型平台企业自主经营地位,又能通过中央权威加强基础设施建设的路径。

第三类模式是通过具体的规制措施要求大型平台的基础设施保持中立性,这主要涉及物流服务和自动化推荐服务。例如要求此类服务平等地对待平台上所有商家和消费者,不能基于自营与他营的区分而进行歧视。

第四类模式是更为传统的强制要求共享物理基础设施,全国统一规划,防止盲目重复性建设。例如 2014 年三大运营商联合成立铁塔公司,实现了行业内资源共享,三大运营商不得自行建立移动终端基站。

按照这些模式的做法,可以尝试逐步推进一些现有的数字基础设施服务进行联通。例如,首先是可信账户联通,即国家加强对各类账户的真实身份认证,允许用户以统一身份登录不同平台进行活动,在这一过程中可以发生账户行为数据的交换和增值。其次是支付方式联通,即国家推动包括银联在内的各类支付方式进入不同的生态系统,允许消费者自主选择不同的支付渠道和金融服务。最后是评价信息的联通,即对生产要素价值的评估需要统一标准,和传统价格反映价值一样,对数字市场中的劳动力的评估也需要标准化,从而帮助要素在流动之后还能保持一定的市场价值和竞争力,带动更多平台获益。

五、结　　语

本章本质上是对一种新型生产方式的演进及其外部性进行的考察,也是对一个简单系统如何转化为更大复杂系统的简要解释。法律作为上层建筑无疑对这一过程起到推动作用,帮助实现数字市场中的秩序与安全,同时也需要其不断发挥有效的连接功能,推动生产要素得到有效利用。[①] 从这个意义上说,互联网架构的开放—封闭话语本身仅是表面上的意识形态,我们需要将其转化为更为实质性的问题,即伴随新型生产方式出现的生产要素聚合与分散的动力学,以及何种权力在其中能够发挥

[①] 从数字劳动角度的类似讨论,见胡凌:《企业、市场还是社会?——法律如何回应技术系统》,载《文化纵横》2022 年第 1 期。

作用。

　　我们既想要安全可信的互联网,也想要充满创新和竞争、提供多种可能性的互联网,兼顾和平衡两种存在张力的价值需要重新回到原初互联网面对的要素流动性问题,思考如何通过基础设施的延伸逐渐带动各类要素,提升整个赛博空间的价值。如果政策措施得当,生产性资源将是一个不断重新组合流动的过程,最终真正打破各种架构的无形界限,形成一个统一的赛博空间。互联互通的诉求帮助推进了我们对互联网开放—封闭问题的理解。如果不是单纯纠结于理念和语词,就需要认识到真正的互联互通应始终围绕生产要素流动性和基础设施的延伸展开,网络不再是单纯的管道,而是价值的联通,数字经济如果需要进一步提升价值,就要基础设施的不断推进,帮助吸纳更多市场要素产生新的连接和交易。

后　记

本书是过去十余年间我对网络架构理论思考的阶段成果，大部分章节都曾公开发表，在收录本书时进行了增删、修订和组合，使内容结构更加紧凑完整，同时每章的写作也尝试体现多元风格和视角。已经发表文章信息如下：

➤ 导论：《"马的法律"与网络法》，载《网络法律评论》（第11卷），北京大学出版社2010年版；《中国网络法治演进的逻辑与前景》，载《社会科学报》2022年4月29日；

➤ 第一章：《非法兴起：理解中国互联网演进的一个视角》，载《文化纵横》2016年第5期；

➤ 第二章：《论赛博空间的架构及其法律意蕴》，载《东方法学》2018年第3期；

➤ 第三章：《人工智能视阈下的网络法核心问题》，载《中国法律评论》2018年第2期；

➤ 第四章：《信息基础权力：中国对互联网主权的追寻》，载《文化纵横》2015年第6期；《网站治理：制度与模式》，载《北大法律评论》（第10卷第2辑），北京大学出版社2009年版；《互联网对广电管理体制的挑战》，载《清华法律评论》（第4卷第1辑），清华大学出版社2010年版；

➤ 第五章：《超越代码：从赛博空间到物理世界的控制/生产机制》，载《华东政法大学学报》2018年第1期；《平台视角中的人工智能法律责任》，载《交大法学》2019年第3期；

➤ 第七章：《商业模式视角下的"信息/数据"产权》，载《上海大学学报（哲学社会科学版）》2017年第6期；

➢ 第八章:《从"治理软件"到"通过软件的治理"》,载《政治与法律评论》(第 2 辑),法律出版社 2013 年版;

➢ 第九章:《作为规则的推荐算法:演进与法律治理》,载《图书情报知识》2023 年第 2 期;

➢ 第十章:《数字社会权力的来源:评分、算法与规范的再生产》,载《交大法学》2019 年第 1 期;

➢ 第十一章:《在线声誉系统:演进与问题》,载胡泳、王俊秀主编:《连接之后:公共空间重建与权力再分配》,人民邮电出版社 2017 年版;

➢ 第十二章:《理解技术规制的一般模式:以脑机接口为例》,载《东方法学》2021 年第 3 期;

➢ 第十三章:《网络安全、隐私与互联网的未来》,载《中外法学》2012 年第 2 期;

➢ 第十四章:《"3Q 大战"的遗产——空间、干扰与用户自主权》,载《人大法律评论》(2020 年第 2 辑),法律出版社 2021 年版;

➢ 第十五章:《互联网的开放与封闭及其法律回应》,载《交大法学》2022 年第 2 期。

本书的主体部分完成于我在上海财经大学法学院工作的十年之中,谨以此书纪念过去那段难忘的经历和回忆。